Constitutional Law

警察官の
ための
憲法講義

【改訂版】

MASAHIRO TAMURA
田村 正博 　著

東京法令出版

改訂版まえがき

　本書は，日本で初めての「警察官の実際の仕事に役立つ憲法解説書」として十年あまり前に発刊し，幸いにも好評を得ることができた。今回，内容の面でも，表現の面でも，「令和の時代にふさわしい警察官のための憲法解説書」とすることを目指して，改訂を行った。

　改訂方針の一つ目は，近年の最高裁判所の判例で示されている考え方，今日の憲法感覚を反映したものとすることである。具体的には，平成20年代以降の判例をできるだけ多く記述することに加えて，その底にある考え方・とらえ方を紹介するようにした。GPS捜査判例とエックス線検査を強制であるとした判例，税関における国際郵便の検査に関する判例を，プライバシーへの期待を重視するという見方に立った一連のものと位置付けている。その一方で，今日の考え方からすれば維持されにくいと思える判例の見解は，そのまま記述することのないようにした。また，京都府の風俗案内所条例をめぐる判例など，警察が制度をつくる場面で役立つ情報も提供するようにしている。

　改訂方針の二つ目は，実務との関連性をより多くの場面で明らかにすることである。憲法の考え方に沿って実務が行われるべきこと

は当然であるし，また実務の運用が制度や仕組みに対する評価に影響を与える。特に今日では，データを含めたプライバシーをめぐる問題が重要であり，保管・使用制限を守ることがなぜ必要なのかを明らかにした。そのほか，録音録画の法制化を受けた警察捜査のあり方，「忘れられる権利」と逮捕事実の公表などに関するコラムも追加している。

　改訂方針の三つ目は，表現をできるだけ分かりやすいものにすることである。本書を全体にわたって見直し，分かりにくい表現を改め，読みにくい漢字はできるだけ使わないようにした。正確な理解のためにどうしても変えることのできない用語については，読みを記載し，補足的な説明を必要に応じて付けている。

　本書が，令和の時代の多くの警察官に読まれることを願っている。

　　令和3年4月
　　　　　　　　京都産業大学法学部教授・弁護士（元警察大学校長）
　　　　　　　　　　　　　　田村　正博

まえがき

　本書は，「警察官の実際の仕事に役立つ憲法を明らかにする」という観点から作られた初めての「警察官のための憲法解説書」である。警察官が憲法を学ぶ目的は，①憲法の定める基本的人権を不当に侵害しないようにする，②警察に関する様々な制度や法令を憲法と関係付けてより深く理解する，③「憲法」「人権」を理由にした警察に対する不当な批判に自信をもって反論できるようにする，ことにある。このため，本書では，刑事手続上の人権，表現の自由，みだりに容ぼう等を撮影されない自由など，警察官の権限行使に関係のある人権について，保障と限界（権力的介入が可能とされる程度と理由）を解説するとともに，警察関係の法制度と国民主権の原理等との関わりを明らかにすることに努めた。

　本書では，専ら最高裁判所の判例と法令とを基にして解説を行った。最高裁判所は，憲法解釈についての最終的な判断機関である。また，最高裁判所によって違憲とされていない法令は，すべて憲法に適合したものといえる。本書は，これらの有権的な憲法解釈のみを記述し，既存の「憲法教科書」にあるような研究者の見解には一切触れていない。法の執行者である警察官にとって求められるのは，「判例等で明らかにされた現実に有効な憲法解釈を学ぶ」ことであって，「学問として憲法のあるべき解釈を探求する」ことではないからである。学問的に重要と考えられている解釈上の論点で，触れてい

ないものも多い。これに対し，「警察行政法」（一部は「刑事訴訟法」）につながる場面では，憲法の規定にとどまらず，個別の法令に至る解説も行った。特に，条例については，警察官も制定に関わる場面があり得ることから，かなり詳しく記述している。

本書は，二部構成となっている。第1部では，「警察官のための憲法」と題して，警察官にとって意味のある規定だけを取り上げ，前記の目的に対応する憲法知識の解説をしている。これに対し，第2部では，「社会常識としての憲法」と題して，憲法の全条文につき，簡単な逐条的解説をしている。警察官も社会人，主権者の一人として，憲法全体の概略を知っておくことが必要だと考えたからである。

本書が，警察官にとって本当に意味のある憲法解説書となることを，筆者として期待している。

平成22年7月

早稲田大学客員教授
(警視監，前福岡県警察本部長)

田村　正博

（本書をお読みになる方のために）

1　本書の第1部では，専ら警察官が職務上必要とする憲法知識について，解説しています。第1章で警察と憲法の関わり，第2章から第6章まで基本的人権，第7章で統治機構について，記述しています。第8章は，憲法以下の法令の全体について，憲法に規定されていないことも含めて，詳しい解説をしています。

2　第1部では，それぞれの項目ごとに，ポイントとなることを冒頭に2行から4行程度で記載しています。また，本文の中で特に重要な部分は青色，その他の重要な部分はゴシックにしています。

3　特に重要な判例については，「重要判例」として事案と判決要旨を掲載しています。また，平成20年以降の判例で注目すべきものは，「最新判例」として紹介しています。

4　コラムは，憲法の解釈を離れて，外国の制度との比較，実務のあり方への影響，より詳しい論議のための考え方などを紹介しています。本文とは違い，私の個人的意見も書いています。難しい部分もありますので，興味のあるところだけを読んでいただければ結構です。

5　注は，本文の基になった判例や，補足的説明をしています。本文の理解に参考になればと思って付けていますが，無理に読む必要はありません。なお，注番号は，各章ごとになっています。

6　第2部は，序章で憲法の全体像を述べた後で，補則を除く全規定について，逐条的に解説しています。天皇，戦争の放棄，警察の職務執行と関連性の低い人権規定，国会の運営に関する規定などは，第2部だけで取り上げています。第1部で取り上げているものについては，簡単な解説をした上で，第1部のどこで説明しているかを明らかにしています。

7　本書をより分かりやすく意味のある憲法解説書とするために，皆さんのご意見をお待ちしています。

目　　次

第1部　警察官のための憲法

第2部　社会常識としての憲法

巻 末 付 録

第 1 部
警察官のための憲法

第1章　序論　警察と憲法

◆第1節　警察官と憲法

1　警察官が憲法を学ぶ意義

> 警察の権限行使と組織をめぐる仕組みと考え方は憲法に基づく
>
> 憲法を学ぶ＝自分の仕事の本来の意味とあり方の根本を知る

　警察官は，警察学校の初任科教育で憲法を学び，その後も各階級の昇任試験を受けるたびに憲法を学ぶことが求められる。憲法をそれだけ学ばなければならないのは，警察官が法を執行することを職務とし，国民の人権に大きな影響を与えるからである。

　警察官の権限は，国民の代表が作った法律によって定められる。警察という組織そのものも，国民の代表が作った法律に基づくものである。警察に責務が課せられ，警察官に権限が与えられているのも，すべて，自らの平穏な生活を求める国民の意思に基づいている。警察は，国民のコントロールの下で，国民から与えられた権限を行使することによって，国民から課された使命を果たさなければならない。同時に，警察官の権限行使は，相手方の自由を制約するものであるから，憲法が保障する人権を不当に侵害することがあってはならない。違法な活動は，裁判所によって，是正が求められることになる。

　これらの仕組みと考え方は，すべて憲法に基づくものである。したがって，**警察官は，憲法を学ぶことによって，初めて，自らの仕事の本来の意味と，そのあり方の根本を知ることができるのである。**

2　憲法の働き方

　警察官にとって憲法がどのような意味を持つのかについて，憲法が働く場

面の例を，二つに分けて説明する。

> **憲法の規定，考え方が直接法律や警察等の行動を規律する場面**
> 国民の代表で構成される国会のみが法律を定める
> すべての法令や行政活動は憲法に違反してはならない
> 国民の基本的人権が保障される（表現の自由，適正手続の保障など）

　警察官の権限行使は，個々の法律の具体的な規定を基にしているが，その法律の背景には，国の最高法規として国のあり方を決めている憲法が存在している。そもそも，**法律が国民の代表で構成される国会によってのみ作られるという仕組みは，憲法に基づくものである。国民の権利を制限し，義務を課す警察の活動は，すべて，法律（住民の代表が定める条例を含む。）の根拠がなければならない。また，権限行使が人権に対する不当な侵害として違法視される場合も，憲法の人権の考え方が基になっている。**したがって，警察官は，憲法を学ぶことによって，自らが行う職務執行のあり方の基本を学ぶのである。

　憲法は国の最高法規であり，法律は憲法に反するものであってはならない。最高裁判所が憲法に違反すると判断した法律は無効となる（その意味については，第7章第2節3で解説する。）。例えば，刑法には以前，「尊属殺人」の規定があり，自分と配偶者の直系尊属（両親，祖父母，曾祖父母等）を殺した場合には，死刑又は無期懲役とすることが定められていたが，昭和48年に最高裁判所によって憲法に反するとされた（最高裁大法廷判決昭和48年4月4日）。この判決によって，尊属殺人の規定は存在しないものとして扱われることになった（一般の殺人罪が適用された。なお，平成7年の刑法改正によって，尊属殺人の規定は削除された。）。

　憲法は，国民の人権保障を中心的な課題としている。警察官の様々な権限行使は，国家権力の発動として，相手方の人権との関係で問題となり得る。憲法は，表現の自由，適正手続の保障，財産権など，多くの人権保障規定を置いており，警察官がそれらの人権を尊重すべきことはいうまでもない。

　そのほかにも，個人の人格的な生存に不可欠な利益を守るために，新たな人権が認められる場合もある。例えば，憲法に「肖像権」という規定はない

が，最高裁は，正当な理由がない限り容ぼう等（容ぼうと姿態）を撮影され
ない自由を有する（警察官は正当な理由がないのに個人の容ぼう等を撮影し
てはならない。）という考え方を示した上で，個別の事案に応じて，正当な
理由があるかどうかを判断している（最高裁大法廷判決昭和44年12月24日）。
顔写真を撮影することには，憲法及び法律の直接の規定はないが，警察官は，
この判例で示された考え方を基にしなければならないのである。

> **憲法の基本理念，発想が様々な制度に影響を与える場面**
> 権力の集中を避ける考え（例：地方自治の尊重，警察も地方分権）
> 国民主権の実質的な実現（例：情報公開制度，警察も積極的開示の必要）

　憲法が働くのは，個々の法律の規定が憲法に違反するかどうか，法律に定
められていない活動が憲法上許されるかどうか，といった場面に限られるわ
けではない。様々な制度が，憲法の理念を踏まえて作られている。**警察組織
が国に一元化されることなく，都道府県警察を中心としたものとなっている
のも，地方自治を重視し，権力がある特定の機関，個人に集まることを避け
ようとする憲法の理念が背景にある**（憲法の基本に，どのような政府機関で
あっても，強大な権力が行使できることになると，独善的になり，その権力
を乱用して大規模な人権侵害につながる事態を引き起こすおそれがある，と
いう発想がある。）。警察を独立捜査権の主体とし，検察官の指揮下に置かな
いこととしているのも，検察組織への権力集中を避けるという発想によるも
のといえる。

　また，情報公開制度が平成10年代に整備された。行政機関が持つ情報を公
開することは，国民主権の理念を実質的に実現するためのものである（国民
が実情を知ってはじめて，適切なコントロールを及ぼすことが可能になる。）。
警察も，他の行政機関と同じく，国民・住民に対する説明責任を負う。

◆第2節　国民主権の原理と警察

　日本国憲法は，国民主権と，基本的人権の尊重とを，基本理念としている^(注1)。以下では，まず，国民主権の原理について，説明する。

1　国民主権と権力分立

> 国民主権：国民が国の最高意思決定主体
> 　国民が国政のあり方の最終決定者，国家権力行使を正当化する根拠
> 　国民の意思は代表者（選挙で選んだ議員）を通じて行使される
> 権力分立：権力集中による乱用のおそれを防ぐ（三権分立，地方自治）

(1)　**国民主権**^(注2)とは，国民が国の最高意思決定主体であることを意味する。有権者としての国民全体が国政のあり方を最終的に決定する。国家権力の行使を正当化する根拠は，最終的に国民にある。行政組織のあり方も，行政の仕組みも，個々の行政活動も，最終的には，国民の意思によって正当化されなければならない。

> **column　憲法前文における国民主権の原理の説明**
>
> 　憲法は，前文第1段の冒頭で「日本国民は，正当に選挙された国会における代表者を通じて行動し，…ここに主権が国民に存することを宣言し，この憲法を確定する。」と定め，国民主権の原理に立つことを明らかにする。そして，「そもそも国政は，国民の厳粛な信託によるものであつて，その権威は国民に由来し，その権力は国民の代表者がこれを行使し，その福利は国民がこれを享受する。これは人類普遍の原理であり，この憲法は，かかる原理に基くものである。」と，国民主権の意味を格調高く説明している。
> 　この表現は，アメリカ南北戦争時の大統領リンカーンが行った演説の中

にある「人民の，人民による，人民のための政治 (government of the people, by the people, for the people)」と共通している。この演説は，ゲティスバーグの戦没者墓地を開設する式典で行われたもので，死者たちが捧げた大義を受け継ぎ，死を無駄にしないことを決意し，この国に自由の新たな誕生をもたらすこと，そして，人民の人民による人民のための政治（政府）を「地上から絶やしてはならない」と結んでいる。

国民によって選ばれた代表（国会議員）が国会を構成する。その国会が，国権の最高機関として，法律を制定し，内閣総理大臣を選ぶ。内閣総理大臣と内閣総理大臣によって任命された国務大臣とが内閣を構成し，その指揮下にある政府諸機関が，国の行政を行う。これが，国民主権の基本的な現れである。地方公共団体の場合には，その長（都道府県の場合は知事，市町村の場合は市町村長）と議会の議員とがともに住民によって選挙され，長の下でその行政が行われる。選挙によって国会議員等を選任することは，国民の側からは，個々人の参政権として位置付けられる。

憲法前文にも述べられているように，国民の意思は，代表者を通じて行使される。国民が直接に行動するのは，代表者（国会議員，地方公共団体の長及び議員）を選任するほかは，最高裁判所裁判官の国民審査と，憲法改正の投票のときである。

column　民主主義

「民主主義」(democracy) という言葉が今日の政治形態に関してよく用いられる。ギリシャ語の人民（demos）と権力（kratia）とが結合したもので，国民が権力を持つ，国民の意思に従って国政が行われるべきものである，という考え方を基本的な内容とする。民主主義に立脚した政治形態を民主制と呼ぶ（代表を通じて行動するものを「間接民主制」，国民自身が直接に意思を決定するものを「直接民主制」という。日本を含めて現代の国家は，間接民主制を基本としている。）。国民が政治に積極的に参画する面を重視する考えであり，個人を国家権力から守ることを第一に考える「自由主義」とは，出発点を異にする。もっとも，現在では，参政権を重視するのに加えて，個人の尊重や人権の保障も，民主主義の実質的な内容として説明されることも多い。他方，「民主主義」という言葉は，国家の目指すべき価値，目標までを含めて用いられる場合には，政治スローガンとなりがちであって，内容も用いる人によって異なってくる。自己正当化

に用いられることもある（例えば，北朝鮮の国名は「朝鮮民主主義人民共和国」である。）。

(2) 国民によって代表者を選び，選ばれた代表者が権力を行使することが，憲法の定める国民主権の基本である。しかし，実際には，国民によって選ばれた者であっても，国民の意思に従って常に行動するとは限らないし，「国民の声」を理由にして誤った行動をとるおそれもある。強大な権力を集中させると，それが乱用される危険も大きくなる。**憲法は，権力乱用防止の観点から，国民主権と同時に権力分立を定め，国の立法権を国会に，行政権を内閣に，司法権を裁判所に帰属させている。また，地方自治を定めることにより，中央政府にすべての権限が一元化されることを防いでいる。**

　どのような行政を地方自治の対象とするかは，憲法の規定で決定されているわけではなく，法律によって定められる。戦後の制度改革において，警察が地方自治の対象とされたのは，権力集中防止に重要な意味を持っている（警察が完全に国に一元化されていると，それだけ乱用された場合の影響が大きいと考えられている。）。

column　裁判員制度の意義

　平成16年に成立した裁判員法（裁判員の参加する刑事裁判に関する法律）に基づいて，平成21年5月から裁判員制度が開始された。抽選によって選ばれた一般の国民が，刑事裁判に参加し，裁判官とともに，被告人の有罪無罪と有罪の場合に被告人に科す刑とを決定する。

　司法は，立法，行政と並ぶ重要な統治作用であり，最終的には，主権者である国民の支持に基づくことが求められる。近年，国民の間では，様々な公的問題に関して，権威者に一任するのではなく，自らが参加し，統制することを求める機運が高まっている。司法が国民と無関係に運営されていたのでは，国民からかけ離れた存在となり，国民の支持を得ることができなくなるおそれすら生じる。このため，刑事裁判に国民が参加する制度が導入され，裁判を国民の身近なものとするとともに，司法に対する国民の信頼を確保し，司法の国民的基盤を確固としたものにすることが期待されている。[注3]　なお，アメリカ，イギリス，フランス，ドイツ，イタリアなど多くの国で国民が裁判に参加する制度が設けられているが，その方法は様々であり，裁判員制度はわが国独自のものである。

2　国民主権と公務員・行政組織

> 公務員の地位は国民の意思に基づくもの
>   国民から選ばれた者が，国民から託された権限を，国民のために行使
>   公務員は選挙で選ばれた者の選任監督を受ける
>   情報公開は国民主権の実質化のための制度

⑴　国民主権の原理を，公務員との関係で定めているのが憲法15条である。国及び地方公共団体の公務員は，国民全体の奉仕者であり，「公務員を選定し，及びこれを罷免することは，国民固有の権利である。」と規定されている（同条1項）。この規定は，公務員の地位が最終的には国民の意思によるものであることを明らかにしたものである。**公務員は，国民によって選ばれ，国民から権限を託された者として，国民全体のためにその権限を行使しなければならないのである。**

国会議員，地方公共団体の長，地方議会の議員は，国民・住民によって直接選任されなければならないし，内閣総理大臣は国会によって選ばれることが，憲法上定められている。一般の公務員の場合には，直接国民から選ばれるわけではないが，国の場合には国民－国会（議員）－内閣（内閣総理大臣）－行政機関の長－職員，都道府県の場合は住民－知事－職員というつながりが基本的に存在し，選任，監督関係が及んでいる。警察のように，政治的中立の要請など特殊な事情がある機関の場合には，これと一部異なる場合もあるが，最終的には国民によって選任されるものでなければならないということに変わりはない。

（注3）　裁判員制度は，本文に述べたように，司法の国民基盤確保のために導入されたものであって，従前の刑事訴訟制度に具体的欠陥があったから導入されたわけではない。制度導入日における検事総長のあいさつの中で，「私達は，これまでも，刑事司法において，基本的人権の保障をまっとうしつつ，事案の真相を明らかにするよう努力してまいりましたし，わが国の刑事司法は，世界でも第一級のものであることを自負しています（中略）検察としては，今後とも，国民の皆様の声に謙虚に耳を傾け，裁判所，弁護士会，警察等関係機関と協力して，裁判員制度をより良いものとし，司法がより国民に身近でより頼りがいのあるものとなるよう，精進してまいりたいと思います」と述べられている。

　公務員の側からは，国民主権の原理について，自らが国民の奉仕者であり，国民によるコントロールを受ける存在であるととらえることが必要である。もとより，この「国民」は，個々の国民ではなく，主権者としての全国民を意味する。

```
━━━ column ━━ 国民から都道府県警察職員に至る選任関係 ━━━

　警察官をはじめとする都道府県警察の職員は，警視総監・道府県警察本
部長によって任命される。警視総監・道府県警察本部長は国家公安委員会
によって任命される国家公務員である。このため，国の機関の職員や一般
の都道府県庁の職員の場合とは異なり，国民－国会（議員）－内閣総理大
臣－国家公安委員会（委員）－警視総監・道府県本部長－警察職員という
選任関係となっている。
```

(2)　行政組織は，国民の代表の定める法律（地方公共団体の場合は，住民の代表が定める条例）によって設置される。警察の場合は，国家的な性格と地方的な性格をあわせ持つことから，警察法によって警察組織の全体像と警察の責務が定められ，都道府県警察の組織の具体的な姿は条例で定められている。

　行政機関は，国の場合は国会で選ばれた内閣総理大臣によって任命される大臣，地方公共団体の場合は住民によって選ばれた長（知事，市町村長）の指揮監督下で活動するのが原則である。**大臣等の指揮監督下で行政が行われることが，国民による選挙を通じた行政統制の基本**となる。国民が選挙によって自らの意思を明らかにする，国民の意思によって権力を託された者が行政運営の責任を負う，次の選挙においてそれまでの行政運営に対する評価を含めて新たな選択が行われる，という選挙を起点にしたサイクルがこれである。今日，あらゆる行政機関は，国民の厳しい批判の視線にさらされている。そして，知事選挙や市長選挙などでは，それまでの県政，市政が批判の対象とされ，場合によっては新たな者を選出することを通じて，現状を改革すべきとする国民，住民の意思が示される。そのような選挙を通じた行政の統制は，まさに国民主権が実現されたものといえる。

　他方，警察のように，政治的中立が求められるものの場合には，大臣や知

事の直接の指揮下に置くと悪い影響が生じるおそれがある。このため，現行
法は，公安委員会が警察を管理し，大臣等の指揮監督権限が及ばないことと
している。**警察の場合には，選挙を通じた統制（大臣，知事による指揮監
督）が他の行政の場合のように直接には機能しないので，他の手段を通じた
国民の統制に服することがより一層求められることになる。**

(3)　国民主権は，国民が国政上の課題について，責任を持った判断をするこ
とを求めるものでもある。そうである以上，国民が的確な判断をするために
有用な情報が，きちんと国民に提供されていなければならない。**政府は，有
用な情報を提供する，つまり状況を説明する責任がある。**情報公開法は，国
民主権の原理にのっとり，国民に説明する責務がまっとうされるようにする
とともに，国民の的確な理解と批判の下にある公正で民主的な行政の推進に
資することを立法目的としている。地方公共団体の情報公開条例も同様の意
味を持つ。このほか，政策評価制度も，国民主権を現実化する手法の一つで
ある。

　警察の場合には，保有する情報の中で，開示されると犯罪捜査の支障に
なったり，関係者の名誉を傷つけることから非開示となる対象が広い。しか
し，**警察も，国民に対する説明責任を負うことに変わりはない。**このため，
守るべき秘密を守ることを前提とした上で，様々な情報を積極的に公表し，
国民と対話を重ねていくことが求められる。

3　国民主権と法

> 国民・住民代表が法（法律，条例）を制定
> 国民の権利自由を制限する活動には，法律・条例の具体的根拠が必要
> 独立した裁判所で法を適用，違法な活動で被害を受けた個人を救済

　国会は，国民の代表で構成される国権の最高機関であり，唯一の立法機関
である。国会以外の機関は，後に述べる地方公共団体の議会を除いて，法律
と同じような国民を従わせる力のある決まりを制定することはできない。国
内に存在するあらゆる者は（国の機関も地方公共団体の機関も，国民も，あ
るいは外国人も），すべて，国会の制定する法律に従わなければならない。

地方公共団体の条例も，住民の代表で構成される議会が制定するものとして，国法の範囲内で，その地域内にあるすべての者を拘束する。行政組織の基本的な事項（国の機関及び地方公共団体の機関の設置と所掌事務）は，法律又は条例によって定められる。

　また，**国民の権利自由を制限する行政機関の活動には，すべて，法律又は条例の具体的根拠規定がなければならない。**国民又は住民の権利自由を制限できるのは，その代表によって構成される国会又は議会だけなのである。法律又は条例は，それぞれ個別の目的のために，権限を与えているのであるから，行政機関は与えられた権限を他の目的のために行使することはできない。同様に，法律又は条例制定の趣旨に反して，拡大解釈をすることも許されない。

　国及び地方公共団体の違法な活動によって被害を受けたと思った者は，裁判所に訴え出ることができる。裁判所は，他の国家機関からは完全に独立して，法を適用し，判断する権限を有する。裁判所は，争われている事案に適用される法律自体についても，憲法に適合しているかどうかを判断することができる。その最終的な判断権は最高裁判所にあり，最高裁判所が憲法に違反すると判断すれば，法律も効力を否定されることになる。

---

column 「法治主義」と「法の支配」

　「法治主義」とは，議会が制定した法律にのっとって国政が行われるべきとする原則である。「法律による行政の原則」（法律に従って行政が行われること，法律によらない命令や強制が禁止されること）とともに，「法律」以外によって実質的な立法をしてはならないこと，法律によって裁判が行われること（違法な行政活動に対して是正や賠償が命じられること）を内容とする。今日では，法律の内容も人権保障に適合的であることを求め，違憲立法審査制を取り入れた「実質的法治主義」であるべきとされている。

　一方，「法の支配」（rule of law）とは，正義に適合した法（議会の制定した個々の「法律」（code）を超える普遍的なもの）が支配すべき（あらゆる権力も法によって拘束される。）とする英米法の伝統的考えによるものである。人権の尊重，適正な手続，司法の重視といったことがその内容となっている。

◆第 3 節 基本的人権の保障と警察

基本的人権の保障は，警察実務に極めて大きな意味を持っている。その一つは，警察の職務執行において，相手方の人権を尊重しなければならないということである。もう一つは，犯罪その他の人権侵害行為から，個人を保護することに努めなければならないということである。

1 職務執行における相手方の人権の尊重

(1) 憲法の定める基本的人権の保障は，**国家（地方公共団体を含む。）の権力行使から，国民の自由と尊厳を守ること**が中心的な課題となっている。

基本的人権の保障
国家の権力行使から国民の自由と尊厳を守る
人間の生まれながらに有する権利であり，制約は真に必要な場合に限定

憲法には，思想及び良心の自由，信教の自由，集会結社及び表現の自由，通信の秘密が定められており，いずれも，個人の尊厳を守る上で不可欠なものと位置付けられている。また，刑事手続に関して，法定手続（適正手続）の保障，逮捕に対する保障，抑留拘禁に対する保障，住居の不可侵，拷問及び残虐な刑罰の禁止，刑事被告人の権利，自己に不利益な供述強要の禁止と自白の証拠能力等の限定，事後法による処罰の禁止と一事不再理といった，主に被疑者・被告人に関わる権利保障規定が定められている。

憲法は，人権を人間が生まれながらに有するものであって，「侵すことのできない永久の権利」と規定している（11条）。法律の範囲で認められるというものではなく，法律によっても侵害することはできない。このため，立法に当たっては，憲法の定める人権保障に反するものとなることがないように，極めて慎重な検討が行われる。裁判所も，基本的人権を尊重する上で，憲法に違反する法律があればそれを無効とする。

他方，人権も無制限なものではなく，公共の福祉による制約を受ける。他人の生命や健康を害することや，他者の尊厳を傷つけるようなことが，「人

権」の名の下で自由に行うことができることにはならない。人が社会の中で生きている以上，社会との関係，特に他者との関係で，自由が制約されることがあり得るのは当然である。具体的にどこまでの制限が認められるかは，個々の人権の内容によって異なるが，自由の制約には真にそれが必要かつ相当であるといえるだけの理由が求められる。

---

column **人権が公権力に対するものとされる歴史的背景**

　基本的人権は，伝統的に，国家の公権力行使に対するものとして理解されてきた。憲法が形成されたこと自体が，国家権力の乱用を防ぐことが目的であった。近代憲法の制定に至る過程が，国王からの自由，すなわち人身の自由，経済的自由と，政治権力に対抗することを支える政治的自由とを保障することを目指していた。

　また，歴史的に国家によって大きな人権侵害が行われてきたことが，人権保障の考え方に影響を与えている。日本でも，戦前期には，天皇制に反対する思想，言動を処罰する制度があり，宗教団体がそれに反したとして布教がすべて禁止されるようなことがあった。また，いわゆる共産主義国家で，政治的自由を認めず，近年に至るまで強制労働が行われている実態も存在していた。国家による人権侵害があれば，最も強大な力を持つだけに，その影響は極めて大きい。今の日本の国家機関は，国民主権の下にある存在であって，戦前期の日本や共産主義国家とは全く異なるが，強大な組織が誤ったことをした場合への不安は引き続き存在している。

---

(2)　公務員は憲法の定める人権保障規定をきちんと守らなければならない。特に警察官の場合，直接に人の自由を制約する職務を執行する立場にあることから，他の行政機関の場合以上に，人権の侵害につながるおそれがあることを意識しなければならない。

警察官は直接に人の自由を制約する職務を執行

　他の行政機関の場合以上に権利侵害につながるおそれを意識する必要

　人身の自由の制約は，厳に法律にのっとったものでなければならない

　個人の生命と身体の自由は，人の権利自由の中で最も大切なものであるが，警察の場合には，法律によって，一定の場合に人の身体を拘束し，さらに真に必要な場合には拳銃を使用して相手方を死傷させることすら認められてい

る。

　そのような**重大な権利制限を行うことが認められるのは，人の生命その他
の極めて重要な利益を守るために警察の権限行使が必要不可欠であるとして，
法が定めているからである。**したがって，**権利自由に対する制限は，法律に
のっとっていなければならない。**法律の要件を満たしていない場合，真に必
要があるとは言えない場合，より侵害の程度の軽い他の手段で目的を達成で
きる場合，守ろうとする利益より相手方の不利益が大きい場合には，その権
利制限行為を行うことはできないのである。警察官が，刑事手続において，
被疑者を逮捕して取り調べ，関係先の捜索等を行う機関である以上，憲法31
条以下の規定とこれを受けて定められた刑事訴訟法の規定を常に厳格に守ら
なければならないことも当然である。刑法に「特別公務員職権濫用罪」と
「特別公務員暴行陵虐罪」が規定され，警察の職務を行う者が，裁判及び検
察の職務を行う者と並んで，「特別公務員」として特別に処罰される対象と
なっているのは，その行為が人権侵害につながることがあり得ることを踏ま
えたものであることを認識しなければならない。

　現行警察法が，警察の活動について，「いやしくも日本国憲法の保障する
個人の権利及び自由の干渉にわたる等その権限を濫用することがあつてはな
らない。」と定めている（警察法2条2項）のも，このような考えに基づく
ものである。

---

column　適法行為による人権侵害

　法律の規定を形式的にも実質的にもきちんと守っていれば，違法との評
価は受けない。罪を犯したと疑うに足りる相当の理由がある者を裁判官の
令状を得て逮捕する行為は，法が認めているものである。真犯人が別人で
あることが判明したいわゆる「冤罪事件」でも，捜査の時点で法をきちん
と守っている限り，違法となるものではない。しかし，何ら罪を犯してい
ない者を逮捕し，裁判で有罪となって服役するに至った場合を想定すると，
捜査活動として違法との評価を受けなかったとしても，人身の自由を失わ
せ，人生の貴重な時間を奪ってしまったことは，人権の侵害であるという
ほかない。警察の権限行使がそのような事態を招くことがあり得ることの
重さを認識して，職務に当たらなければならないのである。

(3)　基本的人権尊重の観点から，「比例原則」すなわち，公益上の必要性が相手方に与える不利益との間でつりあっていなければならないという原則が働く。

┌─ **比例原則** ─────────────────────────┐
　必要性の存在，代替手段のなさ，不利益を上回る公益上の必要性
└──────────────────────────────────┘

　比例原則の内容は，**i 公益上の必要性が実際に存在すること**（立法においては規制の目的が正当であること），**ii その目的を達成する上で人権侵害性の低い他の有効適切な手段がないこと**，**iii 公益上の必要性が相手方の不利益を上回ること**，を意味する。立法の段階でも執行の段階でも，基本的に同じである。比例原則に反する法律は，それ自体が違憲となり得る。

　もっとも，**法律を執行する場合に，具体的な権限行使の要件等が定められているときには，その要件を満たし，かつ実質的にもその必要があれば，相手方の権利自由の制限を行うことができる。**この場合，その規定が憲法に反するかどうかを個々の警察官が判断する必要はない（国会が合憲と考えた以上，行政機関としてはそれに従うべきである。）。他方，規定がある程度緩やかで様々な解釈が可能な場合には，その規定の目的を果たすことができる範囲で，できるだけ厳格に（相手方の権利侵害を大きくしないように）解釈をするのが原則である。

　警察官職務執行法は，「この法律に規定する手段は，前項の目的のため必要な最小の限度において用いるべきものであつて，いやしくもその濫用にわたるようなことがあつてはならない。」と規定している（警職法1条2項）。これは，法の目的に従って権限を行使すべきこと，必要最小限度の範囲で行うべきことを明示したものである。いずれも，憲法の基本的人権保障の考えから，当然のことといえる。その法律が達成しようとした公益上の必要性がない場合（法律の要件に形式的には該当しても実質的にその必要性がない場合），人権の制約の少ない他の手段で実質的に目的を達成できる場合，公益上の必要性を超えた不利益を相手方に負わせる場合は，いずれもこの「権限濫用（乱用）」に当たる。

┌─ **column** 立法についての合憲性審査の例（ストーカー規制法）─┐

　ストーカー規制法違反で起訴された者が同法が憲法（13条等）に違反すると主張した事件で，最高裁は，「ストーカー規制法の目的の正当性，規制の内容の合理性，相当性」に鑑（かんが）みれば憲法に違反しないとの判断を示している（最高裁判決平成15年12月11日）。このうち，規制内容の合理性相当性に関しては，ⅰ社会的に逸脱したつきまとい等の行為を規制対象とした上で，その中でも相手方に対する法益侵害が重大で刑罰による抑制が必要な場合に限って，相手方の処罰意思に基づき刑罰を科すこととしたものであること，ⅱ法定刑が刑法，軽犯罪法等の関係法令と比較しても特に過酷でないこと，を指摘している。

└──────────────────────────────┘

2　警察の職権行使による個人の保護

⑴　私人による人権侵害も，憲法上，放置できないものである。近年では，従来以上に問題視されてきている。

┌─ **私人間における人権侵害も人の尊厳を損なうものとして憲法上の課題** ─
│　悪質性の高いものの犯罪化を含め，人権保護の観点からの立法が展開
└──────────────────────────────

　憲法の定める基本的人権の保障は，人としての尊厳に根ざしている。人間はどのような関係においても人として尊重されなければならないのであって，**公権力との間だけでなく，国民相互の間でも人権が尊重されなければならない**。差別や暴力は，公権力と無関係な私人の行為でも，人権保障上放置してはならないことである。

　歴史的には公権力からの人権侵害が主に問題とされてきたが，今日では，一般の私人からの侵害の方が目立つ。国の人権擁護機関に人権侵犯事件として被害申告のあったものの7割は公務員又は公的組織（学校など）とは関係のないものである。(注4)学校におけるいじめ事案，暴行・虐待事案，インターネットなどによるプライバシー関係事案，パワー・ハラスメントなどの労働関係事案，住居・生活の安全関係事案などが件数的に多くを占めている。

　このほか，例えばホテルが特定の目的の集会に会場を貸す契約を一方的に取り消すといったことが，集会の自由や表現の自由を侵（おか）すとして問題とされ

ることもある。自らの政治的主張を表現するために街頭活動（集団行進や集団示威活動）をしようとしても，反対する勢力の妨害があって行うことができないとすれば，集会結社あるいは表現の自由は実現されない。

　これらの私人による人権侵害の中で，悪質性の高い児童虐待や人身取引は，犯罪として処罰の対象となる。近年，人権保護の観点から，児童買春・児童ポルノ処罰法，配偶者暴力防止法，ストーカー規制法，児童虐待防止法，高齢者虐待防止法など，様々な法律が制定されてきている。

---

column　憲法の基本的人権尊重と配偶者暴力防止法

　配偶者暴力防止法（配偶者からの暴力の防止及び被害者の保護等に関する法律）は，配偶者暴力相談支援センター，被害者の保護（発見者による警察等への通報，警察官による被害の防止，警察本部長等の援助に関する規定を含む。），裁判所の保護命令等について定めた法律である。この法律の前文では，「我が国においては，日本国憲法に個人の尊重と法の下の平等がうたわれ，人権の擁護と男女平等の実現に向けた取組が行われている。ところが，配偶者からの暴力は，犯罪となる行為をも含む重大な人権侵害であるにもかかわらず，被害者の救済が必ずしも十分に行われてこなかった。また，配偶者からの暴力の被害者は，多くの場合女性であり，経済的自立が困難である女性に対して配偶者が暴力を加えることは，個人の尊厳を害し，男女平等の実現の妨げとなっている。このような状況を改善し，人権の擁護と男女平等の実現を図るためには，配偶者からの暴力を防止し，被害者を保護するための施策を講ずることが必要である。」と述べている。配偶者からの暴力という私人間の人権侵害について，個人の尊厳と両性の平等という憲法上の問題であり，公権力的関与によって防止すべき対象であることを，国権の最高機関である国会自身が明らかにしたものといえる。

---

(2)　警察は，権限行使によって，個人の権利自由を保護する（人権を守る）立場にある。

（注４）　人権擁護機関として，法務省人権擁護局，法務局（地方法務局）の人権擁護部（人権擁護課）と人権擁護委員が置かれている。人権擁護機関は，人権侵犯の事実が確認されれば，要請，説示，勧告，通告，告発の措置をとる。人権侵犯の被害を受け，また受けるおそれがある旨の申告がなされるなどして，調査などの救済手続が行われた「人権侵犯事件」は，令和元年（平成31年）中に受けたものが１万5,420件，そのうち公務員によるものは1,539件で１割にすぎない。学校におけるいじめが2,944件，私人によるものが１万937件となっている。警察官を対象としたものは247件あったが，同年に要請，説示又は勧告の対象となったものはなかった。

> **警察の権力的介入は，私人の加害から被害者の人権を守るもの**
> 身体に対する犯罪は最も重大な人権侵害
> 国民の側から，警察は「自由と権利の擁護者(ようご)」として高く評価

　個人に対する犯罪，特に人の身体に対する犯罪（性的自由に対する犯罪を含む。）は，私人による人権侵害の中で最も重大なものである。したがって，**警察がこれに権力的に介入して，被害状態を解消し，あるいは新たな被害の発生を防ぐことは，被害者（被害にあうおそれのあった者を含む。）の人権を守る行為そのものである。**児童虐待や人身取引事案において，犯罪者を拘束し，被害者を救出する行為がその典型である。犯罪以外でも，行政命令によって対処する場合がある。暴力団員による暴力的要求行為に対して中止を命ずることや，ストーカー規制法のつきまとい行為を行っている者に対して警告，命令をすることがこれに当たる。

　犯罪捜査も，単に過去の行為について刑を科すための準備ではなく，犯罪行為の継続や次の犯罪行為を止めさせる機能を有する(例えば，性犯罪を行った者を早期に逮捕して隔離することにより，次の犯行を防止することができる。)のであって，人権侵害を防ぐものである。また，犯罪行為に至らないもの（被害者側の要望等を受けて犯罪として処理しないものを含む。）の場合，個別法の根拠がなければ強制的措置を講ずることはできないが，任意の措置として加害者側に指導警告を行うといったことも，人権侵害を防ぐものといえる。このほか，集会や行進への妨害が予想される場合に，警察が警戒をして妨害活動を阻止することは，集会・結社・表現の自由を守る活動といえる。

　警察の活動は，国民の側から，自らの人権を守るものとして，高く期待され，評価されている。かつて行われたある調査では，「自由と権利の擁護者」として，警察が，裁判所やマスコミ，自治体，政府，政党，労働組合などの中で，最も上位に位置付けられていた。(注5)国民は，犯罪被害にあわないことを強く求め，国家にその実現を強く期待しているのであって，警察を，「自分たちを犯罪被害から守る（自分たちの権利と自由を守る）存在である，自分たちを守るための行動をしなければならないはずの機関である」と認識している。

　今日，被害防止のために警察に適切な権限行使を求める国民の声は一層高まっているのであって，「人権を守る」見地からも，警察官には積極的な職務執行が求められるのである。

---

column 法律家の意識と国民の意識との違い

　警察が人権を守る存在であることを国民は率直に受け入れているのに対し，法律家には「警察は人権の侵害者」という発想が強い。その背景には，ⅰ法律家にはその職業上の先入観やイデオロギーによって，自由・権利を対権力的なものに限定してとらえる傾向がある，ⅱ法律家が目を向けるのは，警察が捜査活動などにおける自由・権利の侵害者としての場合がもっぱらである，ⅲ警察が市民生活において自由・権利の擁護者として日常的に果たしている役割は，適切に果たされていればいるほど法律家の視野の外に置かれている，ということがある。これに対し，一般市民からは，警察機構の存在，制服警察官のパトロール，警察安全相談などを含め，日常生活の安定あるいは安心感にとって警察が大きな役割を果たしており，それが高く評価されているといえる。(注6)警察にとって，このような国民の意識と評価こそ，活動の基礎にしなければならない。

---

(3)　日本国憲法では，直接「安全」について定めた規定はないが、(注7)基本的人権は，安全があって初めて意味を持つ。

> **安全の確保は，多くの市民の自由の前提となるもの**
> 市民と連携した安全確保は，警察の本来あるべき姿

　安全のための各種措置は，一面ではそれだけ自由度を減らすものではある

(注5)　昭和52（1977）年に京都大学の紛争処理研究会が行った調査の中に，自由と権利の擁護者，侵害者各2を12の社会的存在から選択して答える設問があった。その結果は，擁護者としては，警察が1位で31.9%，家族が2位30.4%，裁判所が3位25.5%で，以下，労働組合，地方自治体，隣人，同業者組合，地元の有力者，マスコミ，政府，政党，大企業の順であった（侵害者については，警察は2.8%で9位，マスコミが1位25.5%，大企業が2位21.9%で，以下，政府，地元の有力者，労働組合，政党，隣人，同業者組合，警察，家族，地方自治体，裁判所の順であった。）。田中成明「日本人の自由感覚・権利意識と警察イメージ」法学セミナー増刊『現代の警察』（昭和55年，日本評論社）参照。

(注6)　これらについて，田中成明前掲（注5）参照。

(注7)　憲法13条の「生命，自由及び幸福追求に対する国民の権利」として，安全に対する権利を位置付けることも考えられる。なお，35条など国家の権力行使からの安全についての規定は存在している。

が，逆にそれらの措置をとらないで安全でない状態になれば，実質的な自由を減少させる結果となる。空港で手荷物検査があるからこそ航空機の安全な利用が可能であり，移動の自由が保たれているのはその一例である（詳しくは，第5章第1節3（自由の保護）で述べる。）。

　今日，警察その他の公的機関と地域住民とが連携し，地域の安全を守る活動が展開されてきている。その中で，住民側で防犯カメラの設置が行われる例も目立つ。これらは，いずれも，市民の安全に対する要望を踏まえたものである。このような警察と市民との協働による安全確保に対して，一部に，「個人と国家の対立を前提とした憲法の理念に反する」といった批判がある。しかし，警察は，主権者としての国民の統制を受けつつ，市民の安全のために活動をする存在であり，憲法の理念と何ら反するものではない。

　警察は，権限行使対象者との関係では対立関係にあり，**行き過ぎによって相手方の人権を侵害するおそれがないようにしていかなければならない。同時に，市民とともに市民の安全を守る，それによって多くの市民の自由を確保するという観点から，より積極的な職務執行に当たらなければならないの**である。

---

column　国家による自由

　近代国家の存在意義は，犯罪や不正な権利侵害を防ぎ，人々の生命と自由とを守る，つまり安全を確保するところにある。個人は，他の人間や社会の様々な存在（例えば地域の共同体）から，生存や行動の自由を侵害される可能性がある。国家が存在し，権力を行使することによって，各人の自由が守られるのである。国家によって自由が侵害されるおそれがあると同時に，国家によって自由が守られることは，国家の本質そのものといえる。

第2章　基本的人権総説

◆第1節　基本的人権の意味

1　基本的人権の考え方

> 基本的人権：人間として当然に有する固有の権利
> 　　　　　　立法によっても侵すことはできない

　基本的人権は，人間の尊厳に根ざした人間として当然に有する権利，人として固有の権利である。（注1）日本国憲法は，このことを，「国民は，すべての基本的人権の享有を妨げられない。この憲法が国民に保障する基本的人権は，侵すことのできない永久の権利として，現在及び将来の国民に与へられる。」（11条）と述べている。国民であれば常に有する権利であって，何らかの資格を得ることで初めて認められるようなものではない（外国人については第3節で説明する。）。

　基本的人権尊重の根本は，個人の尊厳，個人の尊重にある。日本国憲法は，「すべて国民は，個人として尊重される。」（13条）と規定し，この考え方を明らかにしている。人間の尊厳は，人類共通の理念であり，世界中どこでも尊重されるべきであるから，国際的に共通する人権保障の確立に向けた努力が進められている。（注2）

　基本的人権は，「侵すことのできない」権利である。行政機関の行為によって侵されてはならないというだけでなく，立法によっても侵すことはできな

（注1）　「憲法で規定されて初めて認められた」のではなく，「人類共通の理念として，人間の尊厳が維持される上で必要なものを人間は固有の権利として持っている。日本国憲法はそのことを確認したのだ。」という考え方がとられている。もっとも，これは自由権や平等権といった典型的な人権についてのことであって，国家賠償請求権や刑事補償を受ける権利，刑事手続上の権利のように，世界的に共通とはいえないもの（日本国憲法が特に規定したもの）も一部存在している。

い。他方で，憲法は，「この憲法が国民に保障する自由及び権利は，国民の不断の努力によつて，これを保持しなければならない。又，国民は，これを濫用してはならないのであつて，常に公共の福祉のためにこれを利用する責任を負ふ。」（12条）と定め，乱用されてはならないと注意を与えている。[注2の2] 次節で述べるように，基本的人権に対して公共の福祉の見地から必要最小限の合理的な制約を加えることはできるが，法律によっても限度を超えた制約をすることは許されない。

---

column　基本的人権の歴史

フランス革命後に制定された人権宣言では，「人は，自由かつ権利において平等なものとして出生し，かつ生存する。社会的差別は，共同の利益の上にのみ設けることができる。」と定め（1条），自由と平等という人権の根本理念を宣言した。アメリカで最初に制定されたヴァージニア州憲法では，「すべての人は，一定の生来的権利を有する。」とした上で，「すなわち，生命及び自由の享受，幸福と安全の追求と獲得である。」と述べ，安全への志向も人権の課題として明らかにしている。

その後，19世紀の各国憲法では自由権を中心に規定されたが，20世紀には経済的自由を制限し，社会権を宣言するもの（例えば第一次世界大戦後のドイツで制定されたワイマール憲法では，「経済生活の秩序は，すべての者に人間に値する生活を保障することを目的とする正義の原則に適合しなければならない」「所有権は，義務を伴う。その行使は，同時に公共の福祉に役立つべきである。」と定めた。）が制定されるようになった。

今日では国民が基本的人権を有することは当然のことと受け止められているが，それまでの過程は，平坦なものではなかった。憲法は，「人類の多年にわたる自由獲得の努力の成果」であり，「過去幾多の試錬」にたえ

（注2）　国際的な定めとして二つの国際人権規約（「経済的，社会的及び文化的権利に関する国際規約」と「市民的及び政治的権利に関する国際規約」）が制定されている。国際人権規約は，人権が「人間の固有の尊厳に由来する」ことを明らかにした上で，加盟国が保障すべき人権を定めている。そのほか，人種差別撤廃条約，女子差別撤廃条約，児童の権利に関する条約，拷問等禁止条約，難民の地位に関する条約，結社の自由及び団結権の保護に関する条約などが制定されている。日本は，これらのいずれにも加盟している。

（注2の2）　権利・自由の名の下に極めて自分勝手な行動をとる者が多数現れて，他者の尊厳が傷つけられ，社会が混乱すると，権利や自由が悪いことのように思われてしまい，強く制限されることにつながってしまうおそれがあるからである。もっとも，乱用を防ぐとして権利・自由の行使に枠をはめることが，少数者の意見や権利を圧殺するものとなってしまいかねないことにも注意しなければならない。

> て現在及び将来の国民に永久の権利として信託されたものであると，位置付けている（97条）。

2　基本的人権の種別

> 自由権：基本的人権の中心，国家の干渉を排除するもの
>
> 　＊人身の自由，精神的自由，経済的自由
>
> 　＊刑事手続における権利保障も，自由権を実現するもの
>
> 自由権以外の基本的人権
>
> 　参政権：選挙権など，国政に参画するもの
>
> 　社会権：生存権など，国家の保護を受けるもの
>
> 　受益権：裁判を受ける権利など，国家に特定の行為を求めるもの
>
> 　平等権：自由権と並ぶ人権の中心，差別を否定するもの
>
> 包括的基本権：憲法に具体的規定のない人権（幸福追求権）
>
> 　＊「みだりに容ぼう等を写されない自由」など

(1)　**基本的人権は，①自由権，②参政権，③社会権**（例えば「生存権」），**④受益権**（例えば「裁判を受ける権利」），**⑤平等権，⑥包括的基本権**（幸福追求権）**に分けられる。**国家との関係では，①は国家の干渉を排除する，②は国政に参画する，③は国家の保護を受ける，④は国家に要求する，ことがそれぞれの基本にある。⑤及び⑥は，国家による侵害だけでなく，差別など私人による侵害を排除することも含んでいる。^(注3)

(2)　自由権は，憲法の人権保障の最も中心となるものである。憲法の人権保障とその制限に関する問題の多くは，自由権をめぐるものである。

　自由権は，国家から侵害されないこと（国家からの自由）を本質としてい

（注3）　ここで述べているのは，それぞれの権利が想定している基本的なものであり，それ以外の関係が存在しないという意味ではない。社会権の場合でも国による侵害があり得る（例えば，特定の労働運動を不当に制限するといったもの）し，自由権でも私人による侵害があり得る（例えば，他者の政治活動を妨げる目的でその集会を物理的にさせないようにする，地域社会の圧力で様々な行為をさせないようにするなど）ことに注意を要する。

る。主なものとして，人身の自由，精神的自由（思想・良心の自由，信教の自由，集会・結社・表現の自由など）と経済的自由（職業選択の自由，財産権の保障など）がある。人身の自由への制約は，刑罰（刑事手続上の拘束を含む。）による場合を除けば，極めて限られた場合しか認められない。また，精神的自由への制約は，経済的自由の制約に比べて，より厳格な必要性・合理性が求められるものとされている。

このほか，刑事手続に関する人権保障として，適正手続の保障とそれを具体化する多くの規定（逮捕に関する保障，住居等の不可侵，刑事被告人の権利，黙秘する権利，刑事補償など）が憲法に定められている。これらは，自由権（主として人身の自由）を守るための手段的なものである（ただし，刑事補償請求権の場合は，刑事手続に関連するものであるが，受益権の一種と位置付けられる。）。

(3)　自由権以外の基本的人権のうち，**参政権は，選挙権など国政に参加する権利**である。「**国家への自由**」ともいわれる。国民主権は，国民が参政権を行使することによって成り立つ。

社会権は，主として社会的経済的弱者が国家によって保護される権利であり，生存権が有名である。もっとも，「健康で文化的な最低限度の生活を営む権利」といっても，その内容は抽象的であり，財政負担の問題もある。このため，社会権は，自由権とは全く異なる性格をもち，制度を作る上での指針としての働きをする場面が中心となる。

受益権は，裁判を受ける権利，国家賠償を受ける権利など，基本的人権を確保するために国家の行為を求める権利である。裁判制度，国家賠償制度など，いずれも憲法の規定を受けて定められた法律によって，具体化されている。

平等権は，自由権と並ぶもう一つの人権の代表である。**国民は法の下に平等であって，人種，信条，性別，社会的身分等によって差別されない**ことが定められている。憲法自身が家族生活における両性の平等に関して定めているように，国家による侵害だけでなく，私人による侵害（差別）を防ぐことも重要な対象になっている。

(4)　自由権から平等権までの基本的人権は，いずれも憲法で個別に定められ

ている。これに対し，**包括的基本権は，憲法13条の規定を基にした一般的包括的な人権であり，「幸福追求権（生命・自由・幸福追求権）」と呼ばれる。**人間の尊厳を尊重する観点から必要と考えられる権利が，この規定から導かれる。例えば，最高裁は，この規定を基に，「個人がその容ぼう等を警察官からみだりに撮影されない自由を有する」ことを認めている。

　他方，人身取引，児童虐待，性的自由に対する犯罪など，人間の尊厳を侵害する行為は，多くの場合，国家権力とは無関係な一般人によって行われている。この場合，国家が介入することによって，人権が守られることになる。警察を含めた国家機関が人権の擁護者となるのは，平等権とこの包括的基本権の問題であることが多い（第1章第3節2で引用した配偶者暴力防止法前文参照）。

---

column 団体内における人権の「間接適用」

　会社や団体とその従業員や構成員との関係において，憲法の人権保障の規定が適用されるかが問題となる。これまで争われた事件に，ⅰ特定の思想信条を有することを理由とした企業の採用拒否，ⅱ私立大学における学生の学則違反行為を理由とする懲戒処分，ⅲ民間企業の男女別定年制度，ⅳ司法書士会による特定目的（他県の司法書士会への復興支援金寄付）のための会員からの負担金徴収，ⅴ労働組合による選挙運動費用の組合員からの徴収，などがある。判例は，私人間に憲法が直接適用されることはないが，民法90条の公序良俗違反等の対象となり得るとの立場をとり，ⅰ企業が思想信条を調査して雇い入れを拒んでも違法でない（企業側も雇用の自由がある。），ⅱ大学による学生の学則違反を理由とした退学処分は違法でない，ⅲ男女別定年制は性別のみによる不合理な差別を定めたもので民法90条に違反し無効である，ⅳ会の目的の範囲内であり多数決原理で決定できる（強制加入団体であるが，本件の徴収は会員の政治的，宗教的立場や思想信条の自由を害しない。），ⅴ労働組合は費用徴収を含む選挙運動への協力を組合員に強制してはならない（組合活動の実効性と組合員個人の基本的利益の調和を図る必要がある。），との判断を示している。

　なお，「公序良俗違反」に当たる範囲は時代とともに変化するものであって，最高裁が過去に違法でないと判断していても，今日では異なった結論になることがあり得る（上記ⅰについては，一般的な企業が応募者の思想信条を調査し，採用拒否をすることは，今日では認められないものとされる可能性が高い（第5章第4節注42参照）。）。

◆第 2 節　基本的人権の保障（人権の実現と制約）

1　人権の実現方策

┌─**裁判所が保障の中核的役割**─────────────────
│　人権を制限する根拠法規自体の合憲性も含めて審査（違憲審査）
│　　法規の内容を限定して合憲とする合憲限定解釈も人権保障機能
│　立法を通じた人権の実現（社会権の場合はこの方法）
└────────────────────────────────

⑴　自由権や平等権などの基本的人権を守ることは，すべての公の機関の義務であるが，**公平で独立した裁判所によって憲法に違反していないかどうかを審査されることが，人権保障の上で特に重要である。**

　国（地方自治体を含む）は，憲法の保障する基本的人権を守らなければならない。自由権についていえば，警察を含む公の機関は，憲法の保障する自由を侵害することのないようにしなければならない。法律（条例を含む）によって与えられた権限であっても，その要件を実質的に満たしていない（形式的には満たしていても実態的な必要性がない），必要な限度を超え，あるいはふつりあいな負担を相手に負わせる，その法律の趣旨目的と異なるもののために権限を用いるといった行為は，相手方の人権を不当に侵害するものとなり得る。法を適用する機関（行政機関，司法機関）だけでなく，立法機関である国会も，法規の内容が基本的人権を侵害しない（自由権の不当な侵害とならない，法の下の平等に反する不合理な差別とならない）ようにすることが求められる。

　国民は，行政機関や裁判所の課す不利益な措置が自らの基本的人権を侵害していると考える場合には，裁判を通じて是正を求めることができる。刑事訴追されている被告人がその行為を犯罪と定めた法律の規定が憲法に違反することを主張する，処分を受けた者がその行政機関の措置が憲法に違反するとして取消訴訟を提起する，違憲違法な活動によって被害を受けた者が国家賠償を請求するといったものがこれに当たる。

　国家機関による人権の侵害から国民を救済するのは，裁判所の重要な任務である。裁判所は，個別の事件に関して，その措置あるいは根拠とされた法

規が違憲かどうかを判断する。根拠となった法令の規定自体が憲法に違反していると判断されれば，その規定は無効とされる。根拠法令が無効となれば，その法令に基づく処分は違法なものとなる。最高裁判所が違憲と判断した場合，その判断は最終的なものとして，全国家機関を拘束する。これを違憲審査権と呼ぶ。憲法の定める人権実現の手段の中で，最も重要なものである。

---

column 社会情勢の変化を反映した解釈の変化

憲法の規定自体は昭和22年に施行されて以来全く変わっていないが，具体的な内容（憲法の解釈）は変わってきている。例えば，尊属殺人の規定に関して，最高裁は当初憲法に違反しないとしたが，四半世紀後に判断を改め，違憲とした（大法廷判決昭和48年4月4日）。親族関係に関する社会通念の変化が反映したものといえる。このほかにも，わいせつ物として輸入が制限される範囲について，最高裁の判断が実質的に変わってきている（最高裁は平成11年に外国人作家の写真集にわいせつ性を認めて輸入を禁じたが，これと一部同じ写真を含む同一の作家の写真集につき，平成20年2月19日にはわいせつ性を否定する判断を示した。）のは，表現の自由として容認される範囲を実質的に変えたものといえる。

家族関係に関わるものや平等権に関して，近年，国民の意識の変化や世界的な潮流を踏まえて，制限や差異を認めないとする判断が目立つ。婚姻関係のある者の間の子（嫡出子）とそうでない子（非嫡出子）との間で相続分に差異を設けた民法の規定について，最高裁は，平成7年には憲法に違反しないとしたが，その後に違憲であると判断を変更した（最高裁大法廷決定平成25年9月4日）。選挙権の平等に関しても，従来以上に投票価値の平等を求める判断が示されている（最高裁大法廷判決平成23年3月23日）。

昭和から平成の初めころまでは，今日と比べると，人権感覚において，鈍感な社会であった。少数者・弱者が声を上げることができない（声を上げても無視される）社会であったともいえる。これに対し，平成の後半からは，人権に敏感な社会，少数者の声が無視されてはならないとお互いに思う社会に変わってきている。差別やハラスメントが許されないものとされ，様々な異議申立てが広がり，行政側・組織の運営者側には，「以前からこうなっているから」ではなく，「この制度・運用が合理的だ」といえる理由の説明が求められる。最高裁判所の判断にも，そういった社会の変化・人権感覚の変化が反映されているのである。

法令の規定を条文の文字のとおりに解釈すると憲法に違反する（人権に対する不当な侵害となる）場合でも，**規制対象などを条文の表現より狭い範囲**

のものと解釈し，その限定された解釈によれば憲法に違反しない，という判断を示す場合もある。これを「合憲限定解釈」と呼ぶ。「合憲」とするものではあるが，人権制約の範囲を限定することで，実質的に人権を保障するものといえる。

　例えば，旧監獄法における未決拘禁者の新聞を読むことの制限が争われた事件で，最高裁は，監獄内の規律と秩序の維持上放置できない程度の障害が生ずる相当の蓋然性(がいぜんせい)がある場合にその障害を防ぐために必要かつ合理的な範囲で行うことを認めたものと限定して解釈し，その範囲であれば憲法に違反しないとの判断を示している。(注4)

(2)　**基本的人権の保障を実現する上では，憲法に違反しないというだけでなく，憲法の規定，ないし憲法の理念に適合した制度を作ることが求められる。**ことに，国家に積極的な行為を求めるものや国民が国政に関与するものについては，法律で制度を作ることによって初めて人権が実現される。例えば，国家賠償請求権を具体化するものとして国家賠償法が制定され，生存権を実現するために生活保護制度が作られ，参政権を実現するために公職選挙法が制定されている。さらに，人権を侵害から積極的に守っていくための立法が，今日に至るまで引き続き行われている。(注5)

　このほか，様々な人権問題の解消を目指して，人権尊重の理念を国民に広める人権教育・啓発が政府によって行われている。国や地方自治体だけでなく，国民自身も人権が尊重される社会の実現に寄与するように努めることが求められている。

(注4)　いわゆるよど号ハイジャック記事抹消事件判決（最高裁大法廷判決昭和58年6月22日）。このほか，泉佐野市民会館事件判決（後注6）でも，「公の秩序をみだすおそれがある場合」に市民会館の使用を不許可とすると定めた市条例について，集会の自由を保護する重要性よりも，人の生命，身体又は財産が侵害され，公共の安全が損なわれる危険を防止する必要性が優越する場合に限って不許可とするものであると，極めて限定して解釈し，その範囲であれば合憲とした。第3節2で説明する公務員の政治活動の制限に関する最高裁の判決も，人事院規則で定める政治的行為の範囲を限定して解釈し，限定された範囲内の規制は憲法に反しないとしたものである。

(注5)　近年の例として，児童買春・児童ポルノ処罰法，ストーカー規制法，配偶者暴力防止法，児童虐待防止法，高齢者虐待防止法の制定や，刑法改正による人身取引処罰規定の導入が行われている。このほか，個人の権利利益の保護を目的として，個人情報保護法や行政手続法が制定されている。

column 人権教育・啓発と警察

　平成12年に人権教育及び人権啓発の推進に関する法律が制定され，人権教育・啓発に関する基本計画が政府によって定められた。生命・身体の安全にかかわる事象や不当な差別などの人権侵害がある現状を踏まえ，すべての人々の人権が尊重されるためには国民一人ひとりの人権尊重の精神を養い育てることが不可欠であるとの基本的認識が示されている。主な人権課題としては，ⅰ女性（性差別，暴力，ハラスメント），ⅱ子ども（いじめ，虐待ほか），ⅲ高齢者（虐待，社会参加の困難性），ⅳ障害者（障壁，偏見差別），ⅴ同和問題（差別のほか，えせ同和問題を含む。）に加えて，ⅵアイヌの人々，ⅶ外国人，ⅷHIV感染者・ハンセン病患者等，ⅸ刑を終えて出所した人，ⅹ犯罪被害者等，ⅺインターネットによる人権侵害，ⅻ北朝鮮当局による拉致問題等が挙げられている（ⅵからⅸは主として差別の問題，犯罪被害者については配慮と保護の必要性及びマスメディアの行き過ぎの問題，インターネットによる人権侵害については差別や中傷，有害情報掲載，少年被疑者実名掲載などの問題が，それぞれ記述されている。）。

　この計画では，人権にかかわりの深い特定の職業に従事する者（警察職員のほか，検察職員，矯正施設・更正保護関係職員，入国管理関係職員，教員，医療関係者，福祉関係職員，消防職員，マスメディア関係者など）について，研修等を行っていくべきことが定められている。警察では，「警察職員の職務倫理及び服務に関する規則」において，「人権を尊重し，公正かつ親切に職務を執行する」ことが職務倫理の基本の一つとして定められている。警察の場合，権限行使の相手方の人権を損なわないようにするだけでなく，適切な権限行使によって，関係者の人権を保護することが求められる。女性の人権を例にとれば，女性に対する暴力事犯への厳正かつ適正な対処，女性に対する防犯対策，女性に対する暴力を助長するおそれのあるものの取締り，相談への的確な対処と被害者の保護，事情聴取における配意，職場におけるセクシャル・ハラスメントの防止などが挙げられる。少年の人権に関しては，少年非行の防止，非行事案の捜査・調査過程において少年を傷つけないようにすること，少年の保護対策（福祉犯の取締り，児童虐待事案対処を含む。）といったことが挙げられる。

2　公共の福祉による人権の制約

┌─ **基本的人権も無制約ではなく，公共の福祉による制限が可能** ──────
　人権を最大限尊重することを前提としつつ，他の法的利益と調整
　「公共の福祉」の典型は，他者の権利侵害の防止
　　社会共通財産保護，国家機関の正当な機能発揮，社会経済政策も
└──

　基本的人権が「不可侵」であるといっても，無制約ではない。ことに自由権に関しては，憲法が「○○の自由を保障する」と一般的に定めていても，制約が必要になる場合が実際に広く存在する。例えば，表現の自由があるからといって，虚偽の事項を広めて他人の名誉を傷つけることは許されないのであって，刑法の名誉毀損罪の対象となる。「表現の自由」「政治活動の自由」の名の下に大音量で拡声器を用いて地域の静穏を著しく損なう行為に対して，地域住民の正当な利益を守るために，それを止めさせる制度を作ることが憲法に違反することにはならない。

　憲法は，「生命，自由及び幸福追求に対する国民の権利については，公共の福祉に反しない限り，立法その他の国政の上で，最大の尊重を必要とする。」と規定し（13条 2 文），**人権を最大限に尊重すべきことと，公共の福祉による制約が及ぶこと**とを，明らかにしている。「公共の福祉による制約」とは，個人の人権（通常は自由権）を最大限尊重することを前提とした上で，他者の人権その他の社会的利益との調整を図るものである。

　公共の福祉の内容（人権制限事由）としては， i 他者の権利の侵害（特に他者への危害）を防止すること， ii 社会の共通財産を保護すること（自然的文化的環境の保護，動物虐待の禁止といった公共倫理の保持）， iii 国家機関の正当な統治機能が発揮されるようにすること（徴税や裁判過程などにおける妨害排除，情報取得）などが挙げられる。企業活動などの経済的自由に関しては， iv 社会経済的政策実現（社会的経済的弱者の保護（社会権との調整）や経済全体の発展）のための制約も許される。

column 本人を保護するための人権制限

　自らを害する行為を防ぐことを理由にして，人権を制限する国家の介入を正当化できるかが問題となる。子どものように本人に十分な意思決定能力がないとみなされる者の場合には，国が保護的に介入することができる（これを「パターナリズム」という。）。これに対し，判断能力のある大人の場合には，本人の自由意思に任せるのが基本であるが，死に至ることがあり得る場合については，国が保護的に介入することも許される。例えば，自殺の自由を認めない（刑法で自殺幇助を処罰する），道路交通法でシートベルトやヘルメットの着用を義務付けるといったことは，その例である。

基本的人権制限の可否（合憲か違憲か）の判断枠組み

　制限は必要合理的でなければならない（人権を重視することが基本）
　　被侵害利益の重要性と制限によって守られる利益の重大性を比較
　　精神的自由の場合は，経済的自由に比べて，より厳格な審査

　基本的人権の制限が正当化されるのは，その制限が必要かつ合理的な場合に限られる。被侵害利益の重要性の程度（人権を制限することで失われる利益の重さ）と，人権を制限することで守ろうとする他の利益の重要性の程度（人権を制限することで得られる利益の重さ）とを比べ，人権の重大性を前提としても，制限することで得られる利益の方が重いといえる場合には，制限をすることが認められる（二つの利益を比較し，どちらが重いかによって判断することを，比較衡量（ひかくこうりょう）という。なお，判例で較量という表現を用いることもあるが意味に違いはない。）。**精神的自由の場合には，経済的自由の場合に比べて，必要性合理性に関してより厳格な審査が加えられる。**最高裁も，集会への市民会館使用不許可処分に関して，必要かつ合理的なものとして是認されるかどうかは，「基本的人権としての集会の自由の重要性と，当該集会が開かれることによって侵害されることのある他の基本的人権の内容や侵害発生の危険性の程度等を較量して決せられるべきものである」とし，「このような較量をするに当たっては，集会の自由の制約は，基本的人権のうち精神的自由を制約するものであるから，経済的自由の制約における以上に厳格な基準の下にされなければならない」と述べた上で，

具体的な判断を示している。

　経済的な自由の制約については，精神的な自由の場合ほどの厳格さは求められず，第一次的には立法府としての国会の裁量が認められるが，「必要かつ合理的な規制」でないと判断されれば違憲となることに変わりはない。

　なお，自由権以外の基本的人権のうち，平等権については，「不当な差別」か「合理的区別」か，といった形で論じられることが多い。詳しくは，平等権に関する解説の中で後述する。

<hr>

（注6）　最高裁判決平成7年3月7日（泉佐野市民会館事件）。この事件は，中核派が実質的に主催する「関西新空港反対全国総決起集会」開催に関して，泉佐野市が市民会館の使用を不許可としたことが争われた国賠訴訟である。最高裁は，集会開催に対して市民会館の使用を不許可にできるのは，明らかに差し迫った危険の発生が具体的に予見される場合でなければならないとした上で，実質上の主催者と目されるグループが当時関西新空港の建設に反対して違法な実力行使を繰り返し，対立する他のグループと暴力による抗争を続けており，この会館で集会が開かれれば，会館内又はその付近の路上等において暴力を伴う衝突が起こるなどの事態が生じ，その結果，「本件会館の職員，通行人，付近住民等の生命，身体又は財産が侵害されるという事態を生じることが，客観的事実によって具体的に明らかに予見された」として，憲法に違反しないとの判断を示している。この集会は昭和59年6月に予定されていたが，判決の中で，同年3月及び4月に中核派が関西新空港に関連する施設等に連続爆破や放火事件を起こしていたことなど，具体的なそれまでの状況が述べられている。
（注7）　最高裁は，薬事法（当時の名称）の薬局許可の距離制限について，「不良医薬品の供給の防止等の目的のために必要かつ合理的な規制を定めたものということができない」として，憲法22条1項の職業選択の自由に反し，無効であるとした（最高裁大法廷判決昭和50年4月30日）。

◆第3節　基本的人権が限定・制約される立場にある者

　基本的人権は，国民である限り，人が生まれながらに持つものであって，人種，性，身分などとは関係がない。しかし，外国人や法人の場合には一般の国民とは異なる存在であり，人権保障が及ぶかどうかそれ自体が問題となる。また，公務員のように，人権を有することは明らかでも，その地位に起因して，一定の制約が及ぶ場合もある。以下では，警察実務と関係の深い外国人の人権と公務員の人権制限及び刑事施設被収容者等の人権制限について，説明する（法人に関しては第2部の逐条解説（第11条2の部分）参照。）。

1　外国人の人権

> 外国人にも原則的に基本的人権の保障が及ぶ
> 　参政権，社会権，入国の自由（在留する権利を含む）は持たない
> 　人身の自由，適正手続の保障は，日本人と同じように及ぶ
> 　政治活動の自由などは日本人よりも制約される

　日本にいる外国人にも，基本的人権の保障が及ぶが，権利の性質上日本人のみが対象となるものは除かれる。また，権利が認められる場合でも，日本人よりも制限される場合がある。

⑴　参政権や社会権，日本に入国する自由（日本に在留する権利を含む）は，外国人には保障されない。

　参政権は国民のみの権利であり，外国人に与えることはできない。地方自治体の選挙権被選挙権とも外国人には認められていない（ただし，永住者等でその区域の自治体と緊密な関係を持つに至った外国人に，法律によって選挙権を与えることは，禁止されていないとする最高裁の判例がある。[注8]）。**外国**

（注8）　最高裁判決平成7年2月28日。この判決は，憲法は日本国籍を持たない住民に選挙権を保障していないが，永住者等であってその居住する区域の自治体と特に緊密な関係を持つに至った者について，自治体の長や議員の選挙権を付与することを禁止してはいないとの見解を述べている。

人は，選挙で選ばれる公職に就くことができないだけでなく，公権力を行使
し，あるいは重要な施策を決定するような公務員の職に就くことも，国民主
権の原理からみて，想定されていない。

---

column　外国人の公務員への採用

　外国人を公務員に採用することに関して，国の法律上個別の定めはない
が，「公権力の行使又は国家意思の形成への参画にたずさわる公務員」は
日本国民に限るというのが政府の公定解釈である。ただし，直接国の政策
に影響を与えないような職については，外国人が就くことを認める立法を
することもできる（外国人を国立大学教員に採用することを可能とする立
法が行われている。）。地方公務員についても，公権力の行使に当たる行為
を行うもの，重要な施策に関する決定を行うもの，又はこれらに参画する
ことを職務とするもの（公権力行使等地方公務員）は，原則として日本国
籍を有する者のみが就任することが想定されている（最高裁大法廷判決平
成17年1月26日）。公権力行使等公務員でなければ外国人を管理職に就任
させてもよいが，人事の適正な運用の見地から管理職につき一律に外国人
を排除する制度を作っても違法ではないとされている（同大法廷判決）。
　なお，警察署協議会の委員については，公権力行使等地方公務員には当
たらず，外国人を任命することができるものとされている。

　社会権についても，外国人には保障されない。在留外国人に社会保障的な
施策を及ぼすかどうかは，国が政策的判断として自由に決定できる（例えば，
現在は国民年金制度の対象に外国人も含まれているが，昭和57年より前は対
象外とされていた。外国人を対象としてもしなくても，憲法上の問題とはな
らない。）。また，教育を受ける権利及び子どもに教育を受けさせる義務に関
しても，外国人の場合は適用されない（したがって，例えば，日系ブラジル
人の子どもは「義務教育」の対象とされていない。）。

　外国人は，日本に入国する自由を持たない。国際法上も，自国の安全や福
祉に危害を及ぼすおそれのある外国人の入国を拒否することは国の主権に属
するものであって，入国を拒否するかどうかその国が自由に決めることがで
きるとされている。入国の自由がない以上，日本に在留する権利も，憲法上
保障されない。**日本に在留している外国人が出国する自由はあるが，一時出
国しその後再入国する自由はない。**法務大臣が再入国許可を拒否しても，社

会通念に照らして著しく妥当性を欠く場合以外は，違法とならない。^(注9)

---

column 外国人の指紋押なつ制度

外国人登録法に基づいて，日本に居住する外国人に登録原票などに指紋を押させる制度（拒否は罰金の対象）が長年行われてきた。最高裁は，みだりに指紋押なつを強制されないという自由を国民，外国人ともに持つが，外国人の公正な在留管理の観点から，戸籍制度のない外国人の人物特定のための制度として合理性，必要性があり，方法としても相当であるので，憲法に反しないとの判断をしている（最高裁判決平成7年12月15日）。この制度は，平成5年施行の法改正によって永住者や特別永住者については適用外とされ，平成12年施行の法改正でその他の外国人についても全廃された。

他方，近年のテロ情勢を踏まえ，出入国管理及び難民認定法の改正によって，平成19年から，特別永住者や16歳未満の者などを除くほとんどの外国人について，入国時に個人識別情報の提供を義務付ける，具体的には指紋情報の読み取りと顔写真の撮影に応ずる義務を課すこととなった。これを拒んだ外国人は入国が認められない。他人になりすまして入国することを防ぐなど大きな効果を発揮している。

---

(2)　これに対し，自由権は，基本的に外国人にも保障されるが，一部で制約される場合もある。

まず，**適正手続などの刑事手続上の権利については，外国人であっても，日本人と同様に保障される。**人身の自由に関しては，国外退去に関することは別であるが，その他の点では日本人と異ならない。

精神的な自由の保障は外国人にも及ぶが，参政権が認められないこととの関係で，政治活動の自由には日本人とは異なる制約を受ける。例えば，日本の政治に直接介入するための政治結社の結成や政府打倒の運動を禁止したとしても，憲法に反することにはならない。なお，日本国内でデモ行進に参加するなどそれ自体としては適法な政治活動を行ったことを理由に在留期間の更新を拒否することも，在留管理について広い裁量が認められていることから，違憲違法とはならない。^(注10)経済的自由権に関しては，国民と異なる特別の制約が種々の分野で課されているが，権利の性質上，憲法に反することには

(注9)　最高裁判決平成4年11月16日。指紋押なつを拒否していたことを理由に再入国の許可をしなかったことが争われた。

ならない。

　平等権については，外国人にも及ぶ。就労差別や入居入店拒否は，人権問題と位置付けられている。ただし，外国人であることを理由に合理的制約を加えられたことによる不平等（例えば，特定の在留資格を持たない場合には就労を認めず，あるいは就労時間を限定すること）は，不当な差別には当たらない。

　受益権については原則として外国人にも及ぶが，その外国人の国籍国における日本人の扱いとの関係で，限定される場合がある。[注11]

(3)　憲法は，「日本国民たる要件は，法律でこれを定める」と規定している（10条）。この要件を定めたのが，国籍法である。出生時に父又は母のいずれかが日本人である場合に日本国籍を取得する。[注12]

　外国人（日本国籍を持たない者）は，帰化によって，国籍を取得することができる。帰化には，法務大臣の許可を要する。**帰化した後は，他の日本人と同じ地位を有する。**

> **column** 日本国籍を取得した元外国人の政治参加
>
> 　帰化によって日本国籍を取得した者は，出生時から日本国籍を持っていた者と全く同じ日本国民として扱われる（そうでなければ憲法の平等権の規定に反する。）。したがって，国会議員になり，さらに内閣総理大臣になることも可能である。アメリカ合衆国憲法では，大統領になる資格を出生時に米国市民権を有していた者に限定しているが，日本では，そのような制度は存在しない。明治憲法下では，帰化をした者は大臣などの重要な官

(注10)　最高裁大法廷判決昭和53年10月4日で，最高裁は，ベトナム反戦活動などの政治活動を行ったことを理由に法務大臣が更新を拒否したことを適法とした。なお，この判決で，最高裁は，外国人の人権について，「権利の性質上日本国民のみをその対象としていると解されるものを除き，わが国に在留する外国人に対しても等しく及ぶものと解すべき」との一般論を明らかにした上で，政治活動の自由について，「わが国の政治的意思決定又はその実施に影響を及ぼす活動等外国人の地位にかんがみこれを認めることが相当でないと解されるものを除き，その保障が及ぶ」との見解を示している。

(注11)　国家賠償法は，被害者が外国人であるときは，相互主義の保証があるときに限り，この法律を適用する旨を定めている（国家賠償法6条）。したがって，外国人の国籍国で日本人が被害にあった場合に，その国に対して賠償訴訟を提起することができないときは，国家賠償法の適用を受けないことになる。

(注12)　日本は血統主義をとっており，日本国内で外国人の両親から生まれても日本国籍を認めない。ただし，無国籍を防ぐため，父母がいずれも分からないとき，あるいはいずれもが無国籍であるときに限り，日本国籍が認められる。

職に就くことができないという制限があったが，現行憲法制定時に廃止されている。

2　公務員の場合の制限

> 公務員の人権には，国民全体の利益の保障という見地からの制約
>
> 　行政の中立性確保とそれに対する国民の信頼のため，政治的活動制限
>
> 　公務員の地位の特殊性と職務の公共性から労働基本権が制限

(1)　**公務員は，個人として人権を享有するが，国民全体の奉仕者として，国民全体の利益の保障という見地から内在的な制約がある。**これまで，公務員で構成される労働組合（官公労）の組合員が行う政治的活動や争議行為をめぐって規制の合憲性が争われてきたが，政治的行為や争議行為を禁止し，刑罰を科することは憲法に反しないと判断されている。

(2)　**公務員の政治的活動は，行政の中立性を確保し，行政の中立性に対する国民の信頼を確保する観点から，制限が加えられている**（国家公務員法及び地方公務員法。国家公務員の場合は，懲戒処分だけでなく，刑事罰（3年以下の懲役又は100万円以下の罰金）の対象ともなる。）。実質的に政治的中立性を損なうおそれのある公務員の政治的行為を禁止し，刑罰を加えることは，何ら憲法に違反するものではない。

　最高裁は，政治活動の自由が立憲民主政の政治過程にとって不可欠の基本的人権であり，民主主義社会を基礎付ける重要な権利であることを認めつつ，国家公務員法による政治的行為禁止違反を理由として刑罰を科すことについて，その対象が「公務員の職務の遂行の政治的中立性を損なうおそれが実質的に認められるもの」に限られるものとし，その解釈を前提にして，規制をし，刑罰を科すことは合憲であるとしている（最新判例参照）。これまでに，国家公務員の職員団体の活動の一環として政治的文書の掲示等をした行為に刑罰を科した事例[注13]，制服を着用して反軍の表現活動に従事した自衛官を懲戒免職とした事例や，政治集会で発言したことを理由に裁判官を戒告とした事例などがいずれも合憲とされている。禁止される政治的行為の範囲は，国家

公務員法を受けた人事院規則によって定められているが,「内閣打倒」を記載した横断幕を作成し, メーデーのデモ行進に参加する行為は, 禁止される政治的行為に含まれる (最高裁判決昭和55年12月23日)。その一方で, 人事院規則の文言に該当しても, 公務員の職務の遂行の政治的中立性を損なうおそれが実質的に認められるとはいえない行為は, 規制の対象に含まれない。管理職的地位になく, 裁量の余地のない職務を担当している公務員が, 職務と全く無関係に, 公務員の職員団体とのかかわりもなく, 公務員であることが分からないような状態で行う行為の場合には, 規制対象外となる。

　警察官の場合, 一般の公務員法の規制に加えて, 公職選挙法上, 在職中の選挙運動が全面的に禁止されている (選挙管理委員会の委員と職員, 裁判官, 検察官, 会計検査官, 公安委員, 収税官吏・徴税吏員が, 警察官と同様に禁止されている。)。選挙の公正確保の観点から, このような制限が課されているものであって, 憲法に反するものではない。

　政治的活動の制限以外にも, 公務員は, 国家公務員法及び地方公務員法によって, 法令等及び上司の職務上の命令に従う義務, 信用失墜行為の禁止, 秘密を守る義務, 職務に専念する義務, 営利企業の従事制限といった義務が課されており, 秘密を漏らした場合に刑事罰の対象とされている。これらの義務付けは公務員の性質上, 当然に課せられるものといえる。

[最新判例：**公務員による政党機関紙の配布事件**（最高裁判決平成24年12月7日, 刑集66巻12号1337頁）]

(**事案**)

　社会保険庁の年金審査官として勤務していた被告人は, 平成15年施行の衆議院議員総選挙に際し, 日本共産党を支持する目的で同党の機関紙「しんぶん赤旗」の号外等を東京都中央区内で複数回配布したことを理由に, 国家公

（注13）　最高裁大法廷判決昭和49年11月6日（猿払事件）。この事件は, 猿払村の郵便局員で, 地区労働組合協議会事務局長を務めていた者が, 協議会を支持基盤とする特定政党を支持する目的をもって, 衆議院選挙用のポスターの掲示等を行ったものである（郵便事業は現在は民営化されているが, 当時は国営であり, 職員は国家公務員法の適用を受けていた。）。下級審は, 機械的労務を担当する現業職員が勤務時間外に, 国の施設を利用せず, 職務を利用することなく行った行為まで処罰することは憲法違反だとしたのに対し, 最高裁はそのような主張を否定して有罪とした。

務員法110条違反（政治的行為制限違反）の罪で起訴され，一審で有罪（罰金10万円，執行猶予2年）の判決を受けたが，二審で無罪とされたので，検察官が上告したもの。二審は，本件行為が罰則規定の保護法益である国の行政の中立的運営及びこれに対する国民の信頼を侵害する危険性が全くないので，これに罰則規定を適用することは憲法21条1項及び31条に違反するとした。

（判決の要旨）

1　国家公務員法の政治活動規制と刑罰規定

⑴　国家公務員の政治的活動を制限する規定は，「行政の中立的運営を確保し，これに対する国民の信頼を維持することをその趣旨とするもの」である。

⑵　政治活動の自由は，「立憲民主政の政治的過程にとって不可欠の基本的人権であって，民主主義社会を基礎付ける重要な権利である」ことに鑑（かんが）みると，公務員に対する政治的行為の禁止は必要やむを得ない限度にその範囲が画されるべきものである。

⑶　国家公務員法の規定の「政治的行為」とは，「公務員の職務の遂行の政治的中立性を損なうおそれが観念的なものにとどまらず，現実的に起こり得るものとして実質的に認められるもの」を指し，人事院規則もその範囲に限って規定したものと解すべきである。

⑷　公務員の職務の遂行の政治的中立を損なうおそれが実質的に認められるかどうかは，「当該公務員の地位，その職務の内容や権限等，当該公務員がした行為の性質，態様，目的，内容等の諸般の事情を総合して判断」され，行為者の管理職的地位の有無，職務の裁量の有無，行為が職務時間の内外か，国ないし職場の施設の利用の有無，地位利用の有無，公務員により組織される団体の活動としての性格の有無，公務員による行為と認識されるかどうか，行政の中立的運営と直接相反する目的や内容の有無などが考慮の対象となる。

⑸　本件罰則規定は，合理的，正当な目的で，禁止されるのは⑶の範囲に限られる，必要かつやむを得ない制限で，目的を達成するために必要かつ合理的な範囲であり，不明確なものとも，過度に広範な規制ともいえないから，憲法21条1項，31条に違反しない。

2　本件行為の該当性判断と結論

⑴　管理者的地位になく，職務の内容に裁量の余地のない者が，職務と全く無関係に，公務員により組織される団体の活動としての性格を有さず，公務員による行為と認識し得る態様によることなく行った本件行為（公務員であることを明らかにすることなく無言で郵便受けに文書を配布）は，公務員の職務の遂行の政治的中立性を損なうおそれが実質的に認められるとはいえないので，本件罰則規定の構成要件に該当しない。

⑵　検察官の上告を棄却し，無罪とした原審が確定。ただし，無罪の理由については，⑴のとおり，構成要件に該当しないからであって，原審が述べたように適用をすると違憲になるからという理由ではない，と判例の中で述べられている。^(注13の2)

3　備考

⑴　猿払事件（注13）との違いに関し，本判決は，同事件が職員団体の活動の一環として行われ，公務員により組織される団体の活動としての性格を有するものであることを指摘し，「公務員が特定の政党の候補者を国政選挙において積極的に支援する行為であることが一般人に容易に認識されるようなものであった」ことを理由に，管理職的地位や裁量がなく，勤務時間外に，施設や地位を利用することなく行われたなどの事情を考慮しても，公務員の職務の遂行の政治的中立性を損なうおそれが実質的に認められるものであった，と述べている。

⑵　本件被告人は，社会保険事務所の相談室付係長として，利用者からの年金の受給の可否や見込み額等の相談を受け，記録を調査して回答し，必要な手続をとるよう促すものであって，全く裁量の余地がなく，決定に関する権限もなく，組織内の人事や監督に関する権限もなかったことが認定されている。

⑶　同日に言い渡されたもう一つの政治的文書配布事件（最高裁判決平成24

（注13の2）　判決文では，罰則規定の解釈上その構成要件に該当しないから本件罰則規定の適用がないのであって，「憲法の各規定によってその適用が制限されるものではない」と述べている。人事院規則を文言より狭く解釈し，解釈された結果としての規制の対象に起訴された行為が含まれないから無罪だと判断したのであって，人事院規則をこの場合に適用すると憲法に反することになるから適用対象から除外したというわけではない，という意味である。もっとも，人事院規則を狭く解釈しているのは，背景として政治的自由の保障があることによるものであり，実質的には合憲的限定解釈の一態様だといえる。

年12月7日，刑集66巻12号1722頁）は，国家公務員である被告人が平成17年に前記の事件と同様の行為を行った（日本共産党を支持する目的で，「しんぶん赤旗号外」を休日に世田谷区内で配布した（警視庁職員住宅の集合郵便局に投かんした））ことを理由に，国家公務員法違反で起訴され，一審で罰金10万円の判決を受けた（二審も控訴を棄却した）事件であるが，被告人が厚生労働省社会統計課の総括課長補佐であって，課内の総合調整等を行う立場にあり，公務員法上の管理職員に当たることから，「当該公務員及びその属する行政組織の職務の遂行の政治的中立性が損なわれるおそれが実質的に生ずる」ものであって，構成要件に該当するとし，被告人の上告を棄却している。

(3) 憲法は，勤労者（雇用されている労働者）に，労働組合を結成し（団結権），雇用者と団体交渉を行い（団体交渉権），団体行動を行う権利（団体行動権）を保障している（28条）。これは，生存権の規定（25条）の理念に立ち，勤労者の経済的地位の向上を目的としたものである。団体行動権の典型は，争議権である。労働組合法により，労働組合の正当な団体交渉その他の行為（ストライキなどの争議行為が含まれる。）について，刑事上の責任を負わない（刑法の正当行為に当たる）こと及び使用者に対して損害賠償責任を負わないことを定めている。

　公務員も，雇用されている労働者として，憲法上の勤労者に当たる。しかし，公務員は，国民，住民全体への奉仕者であり，その職務内容からして，争議行為（ストライキ）が行われれば国民生活に大きな影響を与えることとなる。また，公務員の勤務条件は，国民全体の意思を代表する国会における法律，予算の議決（地方公務員の場合であれば住民の意思を代表する議会における条例，予算の議決）によって決定されるべきものであり，労使間の自由な交渉に基づいて決められるものではないので，民間の労働者の場合と同じような意味での団体交渉権は認められない。したがって，団体交渉の手段として認められた争議権がそのまま公務員にも同じように保障されているとはいえない。

　このように，労働基本権が公務員に認められているとしても，民間労働者

とは違う制約が存在している。通常の公務員の場合，団結権が認められるのに加えて，組合（職員団体）は当局側と勤務条件等に関して交渉することができるが，団体協約を締結することは認められていない。争議行為（怠業行為を含む）も全面的に禁止される。国家公務員法及び地方公務員法は，争議行為をあおり，そそのかした者を処罰する規定を置いている。警察職員，消防職員，自衛隊員，海上保安庁の職員，刑事施設に勤務する職員の場合は，労働組合の結成自体が禁止されている。

　このような制限は，**国民，住民全体への奉仕者という公務員の地位の特殊性と，その職務の公共性に鑑みて，必要やむを得ない範囲で制限が加えられているものであって，憲法に違反するものではない。**最高裁も，公務員が争議行為を行うことは国民全体の利益を損なうものとなり得ること，公務員の勤務条件は国民の代表である国会（地方公務員の場合は議会）が法律（条例），予算を通じて定めるものであること，私企業なら存在する抑制機能（会社が倒産してしまえば労働者が困るので過大な要求は行えない。また，使用者側は争議行為に対してロックアウトをすることができる。）が国の場合には存在しないこと，人事院（都道府県の場合は人事委員会）による代償措置があることを指摘し，現行法の制限に合理的な理由があるとして，合憲と判断している。

> ■ **column** 　**公務員の労働基本権制限に関する最高裁判例の変遷**
>
> 　昭和30年代まで，最高裁は，公務員が全体の奉仕者であることを理由に，公共の福祉による制限として，争議行為を禁止し，違反に刑罰を科すことは当然に認められるとの判断を下していた。
>
> 　昭和40年代に，最高裁は，労働基本権の制限が過大になることは許されず必要最小限でなければならない，特に刑事制裁を科すことは必要やむを得ない場合に限られるとの見解を明らかにし，違法性の高い場合以外は刑事処分を受けないとの判断を下した（最高裁大法廷判決昭和41年10月26日（全逓東京中郵事件），最高裁大法廷判決昭和44年 4 月 2 日（東京都教組事

（注13の 3 ）　争議行為の禁止として，同盟罷業（ストライキ）のほか，怠業その他の争議行為，活動能率を低下させる怠業的行為をしてはならないことが規定されている。怠業とは，サボタージュとも呼ばれ，団体の行為として意図的に活動能率を低下させることを意味する。争議行為に当たらない怠業的行為を含めて禁止され，そそのかし等をした者が処罰対象となる。

件))。

　最高裁は，昭和48年に再び見解を変更し，争議行為の一律かつ全面的な制限を合憲とし，刑罰対象を限る（争議行為とあおり行為の双方の違法性の程度の強い場合に限る）考え方は誤りであるとの見解を示した（最高裁大法廷判決昭和48年 4 月25日（全農林警職法事件））。その後も，最高裁は同様の判断を繰り返し（最高裁大法廷判決昭和51年 5 月21日（岩手教組事件），最高裁大法廷判決昭和52年 5 月 4 日（全逓名古屋中郵事件）），国家公務員，地方公務員，公共企業体職員のすべてについて，争議行為の禁止は憲法に反しないとの判断が定着している。

　なお，かつての公共企業体（国鉄，電信電話公社，専売公社）は，今日では民営化され（JRグループ，NTTグループ，日本たばこ産業），一般の民間労組と同じ扱いになっている。また，国が行っていた郵政事業についても，民営化されて，一般の民間労組と同じ扱いになった。なお，独立行政法人のうち，役職員が国家公務員の身分を有するもの（印刷局など）については，「行政執行法人の労働関係に関する法律」（かつての公共企業体等労働関係法が名称を変えたもの）により，争議行為の禁止が継続されている。

3　刑事施設被収容者等の人権

> 拘禁制度に伴う大きな人権の制約
> 　拘禁目的の実現及び規律秩序維持のために必要かつ合理的な限度

　刑事収容施設（刑務所，拘置所，警察の留置施設など）は，刑法，刑事訴訟法などの規定に基づいて，受刑者（懲役，禁錮の刑に処せられた者）や未決の者（刑事手続過程で逮捕勾留されている者）などを収容・留置する施設である。被収容者等（刑事施設に収容されている者（被収容者）又は留置施設に留置されている者（被留置者））は，身体の自由が制限されるだけでなく，拘禁の目的を実現する（未決の場合は罪証隠滅及び逃走の防止，受刑者の場合は刑の執行）観点及び施設内の規律や秩序を維持する観点から，食事をはじめ，通常では制約されることのない様々な自由が制限されることになる。

　もとより，**被収容者等も人権を享有する以上，その制限は，必要かつ合理的な限度内でなければならない。必要かつ合理的といえるかどうかは，制限**

の必要性の程度と，制限される人権の内容，具体的な制限の態様によって判断される。^(注14)特に，未決の者の場合には，犯罪をしたことの容疑はあっても，有罪が確定しているわけではないので，矯正の見地からの制限は許されず，あくまで罪証隠滅及び逃走の防止と，その施設における規律秩序維持のために真に必要なものに限られる。

　これまで争われたもののうち，喫煙の禁止に関しては，個別の事情を問題とすることなく，憲法に反しないとされている。^(注15)これに対し，**知る自由や外部との通信という重要な意味のある自由の制限に関しては，限定された場合に限って認められる**（その要件を満たすかどうかについての施設側の裁量権は認められるが，裁量権を逸脱し又は乱用すれば違法となる。）と解されている。未決拘禁者の新聞を読むことの制限（特定記事の抹消）については，情報に自由に接することの重要性と未決拘禁者の場合は一般市民としての自由が原則として認められるべきものであることを指摘した上で，**施設内の規律及び秩序の維持上放置することのできない程度の障害が生ずる相当の蓋然性が認められる場合であって，制限の程度もその障害発生の防止のために必要かつ合理的範囲にとどまるべきもの**とされている。^(注16)受刑者の信書の発受の制限をめぐっても，同様に，これを許すことによって刑務所内の規律及び秩序の維持，受刑者の身柄確保，受刑者の改善・更生において放置できない程度の障害が生ずる相当の蓋然性があると認められる場合に限られ，その程度

(注14)　判例上も，監獄（刑事収容施設）においては，その目的に照らして必要な限度において，身体の自由以外の自由に対しても合理的制限を加えることもやむを得ないとした上で，「制限が必要かつ合理的なものであるかどうかは，制限の必要性の程度と制限される基本的人権の内容，これに加えられる具体的制限の態様との較量のうえに立つて決せられるべきもの」とされている（最高裁大法廷判決昭和45年9月16日）。

(注15)　前注の最高裁判決は，拘置所における喫煙の禁止を合憲としたものである。なお，諸外国の拘禁施設では，喫煙が当然に禁止されているとは限らない。日本でも，従来は，警察の留置施設で運動時間中の喫煙が認められていた（平成25年に，タバコが自弁物品の使用を認める対象から削除され，留置施設でも全面禁煙となった。）。

(注16)　最高裁大法廷判決昭和58年6月22日（よど号ハイジャック記事抹消事件）。この事件は，国際反戦デー闘争等に際して公務執行妨害罪等で逮捕起訴されていた者が定期購読していた新聞記事に掲載されたよど号ハイジャック事件の記事を拘置所が抹消したことが争われたもので，障害の発生する蓋然性，制限の程度とも要件を満たすとして，憲法に反しないと判断されている。

も合理的な範囲に限られるとされている。^(注17)

　人権の制限は，法律の具体的な根拠を要するのが原則である。他方，旧来の監獄法では，権利制限に関して，詳細な規定は置かれておらず，監獄法施行規則には法律の委任を受けていない規定もあった。刑事訴訟法の規定に基づいて拘束されている者について，一般人との関係における場合と同様の法律の根拠が常に求められるとまではいえない（法律の委任のない規則によって喫煙を制限してきたことについて，判例で認められている。）。しかし，今日的には，少なくとも，被拘禁者にとって重要な意味を持つ権利自由を制限するには，法律の具体的な根拠規定（法律の具体的な委任に基づく命令の規定を含む。）が存在しなければならず，委任のない命令は無効とされ，広範な規制を定める規定は憲法に照らして限定解釈が加えられるようになってきている。今日では，刑務所等においても，できるだけ法治主義の考え方に立つことが求められているといえる。監獄法が全面改正されたのも，被収容者等の権利制限などに関して，法律によって具体的な定めを設けることが一つの理由となっている。

> **column** 監獄法の全面改正
>
> 　以前において，刑務所等の管理運営は，明治41年に制定された監獄法によっていた。しかし，この法律は，刑務所等では法律の具体的根拠がない規制も可能であるという考えを背景にしていた古い時代に制定されたものであり，被収容者等の権利義務関係（施設職員の権限）が不明確，受刑者処遇の原則やその内容・方法が不十分，代用監獄に関する規定が不十分といった大きな問題があった。昭和50年代から全面改正の必要が指摘されてきたが，警察の留置場（当時の名称）に被疑者を勾留することに関して，弁護士会等において強い反対論があり，政府が国会に法律案を提出しても成立しないまま推移してきた。ところが，平成15年以降，一部の刑務所に

（注17）　最高裁判決平成18年3月23日。この事件は，国会議員宛の請願書や検察庁宛の告訴告発状を送付した受刑者が，それらの取材や調査等を求める手紙を新聞社宛に送付することが刑務所長によって不許可とされたことを争ったもので，不許可は違法とされ，国家賠償が認められている。

（注18）　最高裁判決平成3年7月9日は，監獄法施行規則が14歳未満の者との接見を禁止していたことについて，監獄法の委任規定は接見の時間，手続等の制限を委任する趣旨であり，14歳未満の者との接見を認めないとするのは，委任の範囲を超えた無効なものであるとした。

おける問題事例の発覚等を契機として，監獄法を早期に全面改正すべきとの考えが急速に高まり，警察の改善努力によって「代用監獄の弊害」主張の根拠が解消されてきたこともあって，平成17年5月に刑事施設の基本と受刑者の処遇の部分を対象とした法律が制定され，平成18年には警察の留置施設の設置管理などと受刑者以外の被収容者等の処遇の部分についても対象とする法改正が行われて，平成19年6月に施行され，監獄法の全面改正が実現した。

　新しい法律である刑事収容施設法（刑事収容施設及び被収容者等の処遇に関する法律）は，刑務所等に関して，行刑運営の透明性の確保（刑事施設視察委員会を設置，被収容者との面接の権限を明記），被収容者の権利義務・職員の権限の明確化（ⅰ宗教上の行為，書籍や新聞の閲覧の権利保障と制限要件の明確化など，ⅱ規律秩序の維持のための措置（身体検査，手錠等の使用，隔離・保護室収容）の要件の明確化，ⅲ懲罰の要件の明確化と科罰手続の整備（事前告知，弁解の機会の付与など）），受刑者の社会復帰に向けた処遇の充実，被収容者の生活水準の保障，外部交通の保障・拡充（面会・信書の発受を一定の範囲で保障（制限要件を明確化），受刑者に電話による通信を許容），不服申立制度の整備を行ったほか，警察の留置施設に関して，設置根拠を規定し，留置施設への代替収容に関する規定を設け，留置施設視察委員会を設置し，被留置者の処遇に関する規定（留置業務管理者の権限と行うべき措置を含む。）の整備を図るといったものとなっている。

（注19）　昭和55年にそれまで捜査部門が留置業務を所管していたのを改め，捜査と留置を分離し，身柄の処遇を利用して自白を得ようとしているといった誤解を招かないようにするとともに，留置施設の物的な面の改善，弁護人の接見要望への確実な対処も図ってきた。その結果，弁護士の間においても，接見の便宜などから警察の留置施設の方がより良いという見解が広まった。

第3章　刑事手続上の人権

◆第1節　人身の自由と刑罰

1　人身の自由

> 人身の自由（自分で自らの身体をコントロールできること）
>> 人間の尊厳にとって最も本質的な人権
>>> 奴隷的拘束は絶対的禁止，意に反する苦役は原則的禁止
>>> 私人による侵害も直接的禁止の対象
>> 人を拘束する警察官の権限は，決して乱用してはならないもの

　人身の自由とは，人間が拘束を受けることなく，自分で自らの身体をコントロールできることを意味する。人身の自由は，人間の尊厳にとって最も本質的なものであり，これを奪うことは極めて深刻な人権侵害となる。警察官には，法律によって，**被疑者の逮捕，精神錯乱者の保護**など，**人を拘束する権限が認められているが，それらの行使が人身の自由という重要な人権を制限する重大なものであって，決して乱用してはならないものであることを常に意識する必要がある。**たとえ法律の要件を形式的に満たしていても，実質的な必要がない（乏しい）場合には，人を拘束することは許されない。

　憲法は，何人も奴隷的拘束を受けず，犯罪による処罰の場合を除いて意に反する苦役に服させられないことを規定している（18条）。「奴隷的拘束」とは，人間の尊厳に反するような身体的拘束のことであり，絶対に許されない（例外なく禁止される。）。これに対し，「意に反する苦役」は，本人の意思に反して強制される労役のことで，原則として禁止されるが，例外として認められる場合もある。憲法が直接に定める刑罰（懲役刑）の場合のほか，災害時に応急的な措置として労務負担をさせる場合のように，公共の利益のために，一時的な義務付けを行うことも，この規定に反しないものと解されてい

る。警察官職務執行法 4 条に基づいて危険な事態に際してその場に居合わせた者に通常必要と認められる措置をとるよう命ずることや，災害対策基本法に基づいて市町村長が関係者に応急措置の業務に従事させること，消防法に基づいて消防吏員が消防業務に従事させることなどは，いずれも憲法に違反しない。

　この規定は，国家の行為だけでなく，私人の行為も直接的な禁止の対象としている。^(注1)人を事実上拘束して売春や労働をさせる行為や人身取引行為がその典型である。これらの侵害から人身の自由を守るのは，国家の役割である。**警察が人身取引や逮捕監禁などの犯罪を摘発し，被害者を救出するのは，まさに人身の自由を守る重要な活動である。**このほか裁判所も，人身保護法等に基づいて，人身の自由を回復させる役割を担っている。

■column■　人身保護法

　人身保護法は，不当に奪われた人身の自由を回復させるための制度として，昭和23年に制定された。法の目的として，「基本的人権を保障する日本国憲法の精神に従い，国民をして，現に，不当に奪われている人身の自由を，司法裁判により，迅速，且つ，容易に回復せしめる」ことが定められている（1条）。「法律上正当な手続によらないで，身体の自由を拘束されている者」が請求権を持つ（2条）。裁判所は，請求に理由があるとするときは，判決をもって，被拘束者を直ちに釈放する（審理の段階であらかじめ被拘束者を裁判所に出頭させる決定を「人身保護命令」という。）。請求が認められるのは，その拘束（拘束が裁判又は処分に基づくものであるときはその裁判又は処分）が，権限なしにされ，又は法令の定める方式若しくは手続に著しく違反していることが顕著である場合（明らかである場合）に限られる。警察官が法令に基づいて職権を行使したことについて，この法律による請求が認められることは通常考えられない。

　近年，子どもの引渡しを求める手段として，この法律に基づく請求がしばしば行われている。共同親権者である夫婦間では，今の状態が子の幸福に反することが明白であるような例外的な場合に限って認められるが，

（注1）　憲法上の自由権の規定は私人間には直接適用されないものが多いが，この規定は直接適用される。当事者間に契約があったとしても，これに反する行為を認めることはできない。労働基準法は，使用者が暴行，脅迫，監禁その他精神又は身体の自由を不当に拘束する手段によって，労働者の意に反して労働を強制することを禁じている（5条。この規定に違反した者は，1年以上10年以下の懲役又は20万円以上300万円以下の罰金が科される。）。

元々監護権（子供と一緒に生活し，子供の面倒をみる権利で，通常は親権の一部であるが，離婚に当たって分離される場合もある。）を有しない者に対して監護権がある者から請求する場合には，認められるのが通例である。なお，子どもの養育監護をめぐって争っている当事者が法律の手続によらないで，子どもを有形力を用いて連れ去る行為は，未成年者略取罪に当たる（最高裁決定平成17年12月6日）。

　人身の自由に対する制限は，刑罰として科される場合及び刑事裁判手続の一環として行われる場合（逮捕，勾留等）のほかは，本人自身や他人への危害を防ぐ上で必要性の高い場合に限って認められる。精神面の病状を背景にしたものとして，警察官職務執行法に規定する保護（警察官の権限），精神保健及び精神障害者福祉に関する法律に規定する入院措置（都道府県知事の権限），心神喪失者等医療観察法に規定する入院（裁判所の権限）といった制度がある。なお，外国人にも人身の自由が認められるが，在留する権利を持たないことから，日本人とは異なり，退去強制事由のある場合（疑いのあるときを含む）における収容の対象となる。

2　国家刑罰権の行使と人権保障

刑罰はそれ自体大きな人権制限，刑事手続過程でも人身の自由等を侵害
　　刑罰や捜査権限が乱用された場合の悪影響は極めて大きい
憲法で刑罰権行使を制限し，対象者の人権を保障する規定

　犯罪を行った者に刑罰を科すことは，社会秩序を保つ上で必要不可欠なことである。人を傷つけ，社会生活の基盤を損なう行為が，何らの制裁も受けず，放置されていたのでは，社会正義を守ることはできず，正常な社会生活を営むことが不可能になる。人身の自由にしても，それを損なう人の犯罪行為を処罰することが行われなければ，保護することができない。

　他方で，刑罰は，人間の権利を大きく制限するものである。死刑はまさに人間としての存在そのものを奪う行為である。懲役及び禁錮並びに拘留の刑は，刑事施設に拘置するものであって，人の身体の自由を大幅に制限する（懲役刑の場合にはさらに労役の義務が課される。）。罰金及び科料の刑の場

合には，直接は金銭の支払い義務を課す行為であるが，払えないときには労
役場に留置されることが予定されている。さらに，これらの刑罰を科する手
続において，逮捕勾留や捜索のように対象者の人身の自由や生活の平穏を損
なう行為が行われる。このように国家刑罰権の行使は極めて強大なもので
あって，刑罰や強制捜査権限が乱用された場合の悪影響は極めて大きい。専
制国家では，権力者が自らの意向に反する者に刑罰を科すことが実際にもし
ばしば行われてきた。さらに，自白を得ようとして，非人間的な扱いが行わ
れたこともあった。

　このため，**国家が刑罰権を行使することに対して，これを制限し，対象者
の人権を保障する規定が憲法で定められている。その趣旨は，刑罰とこれに
至る手続が重大な人権制限であることを踏まえて，真に必要な場合に限定さ
れ，かつ手続的な適正さが維持されなければならないということである。**日
本国憲法は，刑事手続に関連して，適正手続（法定手続）の保障（31条），
逮捕に対する保障（33条），抑留及び拘禁に対する保障（34条），住居の不可
侵（35条），拷問及び残虐な刑罰の禁止（36条），刑事被告人の権利（37条），
自己に不利益な供述と自白の証拠能力（38条），遡及処罰の禁止・一事不再
理（39条），刑事補償（40条）と，数多くの規定を設けている。これは，旧
憲法下において，著しく不当な国家刑罰権行使が行われていたことを踏まえ，
そのような人権侵害が行われることのないように，特に詳細に定められたも
のである。

　警察は，個人の生命身体財産を守り，公共の安全秩序を維持するために，
国家の刑罰権行使の一環としての犯罪捜査を行う機関である。警察官は，そ
の使命の重さとともに，様々な決まりをきちんと守らなければ自らの行為が
重大な人権侵害につながり得ることを認識しなければならない。本章で述べ
る刑事手続上の人権保障の規定は，警察官にとって特に重要な意味を持って
いるのである。

◆第2節　適正手続の保障

1　適正手続の保障の意味

　憲法31条は、「何人も、法律の定める手続によらなければ、その生命若しくは自由を奪われ、又はその他の刑罰を科せられない。」と定めている。刑罰に関する「適正手続の保障」（「法定手続の保障」と呼ぶ場合もあるが意味は同じである。）を定めたものである。

　この規定は、刑事手続に関して、刑罰を科する手続が法律（刑事手続法）で定められること及びその内容が適正であることと、刑罰の内容（いかなる行為が犯罪となるのか、その犯罪にどのような刑が科されるのか）が法律（刑事実体法）で定められること及びその定められたものが適正であることの、4つの意味を持っている。以下、刑事手続法に関するものと、刑事実体法に関するものとに分けて解説する。

刑事手続の法定：法律での定め
刑事手続の適正：適正さを守るための諸制度（無罪の推定など）
　　　　　　　　告知、弁解・防御の機会の付与

　刑事手続の法定とは、刑罰を科す手続が、法律によって定められていなければならないことを意味する。国会の制定する法律で定められることを要する。[注2]

　また、その**手続規定の内容は、適正なものでなければならない。適正手続（デュー・プロセス）の原理を受けて、無罪の推定をはじめ、多くの刑事手続上の制度が設けられている。**令状主義の原則、自白の過大な位置付けの防止、刑事被告人の権利保障などについては、憲法の別の規定（33条以下）で

（注2）　刑事訴訟手続に関して、最高裁判所が刑事訴訟規則を定めているが、憲法自体が訴訟に関する手続などに関する事項についての規則制定権を最高裁判所に認めていること（77条1項）、刑事訴訟に関する基本的事項はすべて刑事訴訟法で定められていることから、憲法上の問題はない。なお、条例で刑事罰を設けることはできるが、刑事罰を科す手続は地方自治体の事務ではないので、条例で刑事手続規定を設けることはできない。

具体化されているので，それらの各規定の解釈として論じられる。この条文が直接に働くのは，**刑事手続における告知と弁解・防御の機会付与の要請**についてである。本人に，どのような行為をしたことを理由として罪に問われるのかを告げ（告知），これに対して自らに有利なことを主張し，有利な証拠を提出できるようにすること（弁解と防御）が，一般的に求められる。これを受けて，刑事裁判では，起訴状によって審理の対象が明示され，被告人が公判廷に出頭して審理が行われ，被告人側から証拠調べの請求，証人尋問ができ，証拠の証明力を争う機会が与えられ，意見を陳述する制度が設けられている。他方，起訴されていない事件（余罪）を実質的に処罰することは，この規定に反し，許されない。[注3]

　被告人以外の者が所有する物が没収の対象になる場合には，その所有者との関係でも「適正な手続」がとられなければならない。最高裁は，昭和37年に，その所有者に告知，弁解及び防御の機会が与えられないままに没収をすることは，憲法31条（及び財産権を保障した29条）に違反するとの判断を下した。[注4] これを受けて，「刑事事件における第三者所有物の没収手続に関する応急措置法」が制定され，被告人以外の第三者が所有する物の没収を必要と認めるときはその者に検察官が告知する（所在不明のときは公告する）こと，第三者が手続参加を申し立てることができること，参加人は没収に関して被告人と同じ訴訟上の権利を有することなどが定められている。

（注3）　最高裁も，「起訴されていない犯罪事実をいわゆる余罪として認定し，実質上これを処罰する趣旨で量刑の資料に考慮し，これがため被告人を重く処罰すること」は憲法31条に反して許されないことを明言している（最高裁大法廷判決昭和41年7月13日。同時に，量刑の判断に際して，被告人の性格，経歴及び犯罪の動機，目的，方法等の情状を推知するための資料として余罪を考慮することは禁じられないとの判断を示している。）。

（注4）　最高裁大法廷判決昭和37年11月28日。事案は，密輸出をしようとした者が関税法違反で起訴され，船舶と貨物の没収判決が言い渡されたのに対し，被告人が貨物は第三者の所有であるとして上告したもの。最高裁は，憲法29条と31条を引用して，「所有物を没収せられる第三者についても，告知，弁解，防禦の機会を与えることが必要であつて，これなくして第三者の所有物を没収することは，適正な法律手続によらないで，財産権を侵害する制裁を科するに外ならない」とし，貨物に関する没収は認められないとした。なお，これは，最高裁が違憲と判断した最初の判決である。

```
column  デュー・プロセス
```

　アメリカ合衆国憲法では，何人も「法の適正な過程（due process of law）によらずに，生命，自由又は財産を奪われることはない」，各州は「法の適正な過程によらずに，何人からも生命，自由又は財産を奪ってはならない」ことを定めている。英米法における手続的人権保障の重視，公権力を手続的に拘束しそれによって人権を保障していくという考え方が，表明されたものといえる。日本国憲法31条もこれと同様の考えで定められている。

　刑事訴訟法１条が同法の目的として「刑罰法令を適正且つ迅速に適用実現する」ことを掲げているが，これもデュー・プロセスを重視するものと考えられている（ただし，この規定で「事案の真相を明らかに」することを定めていることからも明らかなとおり，真実に立脚した刑罰法令の実現が必要であることに変わりはない。）。違法収集証拠について，一定の場合（令状主義の精神を没却するような重大な違法性があり，将来の違法捜査抑制の見地からも証拠能力を認めることが相当でない場合）に証拠能力が否定されるとする判例の考え方の背景にもなっている。

　刑罰規定の法定：法律での定め（罪刑法定主義）
　刑罰規定の適正：規定の明確性と内容の妥当性

　刑罰規定は，法律によって定められなければならない。これは，刑事法で「罪刑法定主義」と呼ばれる原則と同じである。どのような行為が犯罪に当たるのか，どのような刑に処せられるかが法律によって定められている必要がある。慣習法に基づいて犯罪とすることや，どのような刑に処せられるか（刑の重さの上限下限）を法律で定めないことは許されない。また，刑罰法規を遡って適用することも，この原則に反し許されない（憲法39条で実行の時に適法であった行為について刑事上の責任を問われないことが定められているが，これも罪刑法定主義の内容に含まれる。）。

　国会の定める法律以外でも，**条例は，住民の代表によって制定されるものであることから，地方自治法で認められた範囲内（上限は懲役２年）で，刑罰規定を設けることができる**。行政機関の定める命令（内閣の定める政令，内閣総理大臣又は各省大臣の定める内閣府令・省令，委員会の定める委員会規則など）で刑罰規定を置くことについては，法律によって個別に委任され

た場合に限って可能と解されている。その理由は，憲法に罰則についての委任命令を前提とした規定があること（憲法73条 6 号で「政令には，特にその法律の委任がある場合を除いては，罰則を設けることができない。」と定められており，法律の委任があれば政令で刑罰規定を定めることができると考えられること。），技術的な細部事項などについて国会が自ら定めずに行政機関の命令に委任することに合理性が存在することが挙げられる。もとより，すべてを命令に一任するような白紙委任となることは許されない。

> **column　委任の態様の変化**
>
> 　以前の立法では，法律の委任が比較的広汎なものもあった。例えば，国家公務員法では政治的行為を処罰することを定め，その政治的行為の具体的内容を人事院規則に委任している。また，船舶安全法では，危険物の運送等に関して規制内容を国土交通省令に委任し，30万円以下の罰金を規定することができることとし，これを受けた危険物船舶運送及び貯蔵規則において，詳細な規制を定め，罰則を設けている。
>
> 　これに対し，今日の立法では，委任する対象について法律で相当程度明確にした上で委任することが多く行われている。例えば，サリン人身被害防止法(サリン等による人身被害の防止に関する法律)は，サリンの製造，輸入，所持，譲渡等を禁止し，違反を処罰する規定を置くとともに，サリン以外の物質で，サリンに準ずる強い毒性を持ち，人を殺傷する目的に供されるおそれと発散した場合の人の生命身体への危害が大きく，人の生命身体の保護や公共の安全を図るために規制を行う必要性が高い，という各要

（注 5 ）　地方自治法は「条例に違反した者に対し，2 年以下の懲役若しくは禁錮，100万円以下の罰金，拘留，科料若しくは没収」の刑を科する旨の規定を条例に設けることができることを定めている（14条 3 項）。判例は，法律の委任があれば他の法令で罰則を制定することができるとの一般論を述べた後で，条例が法律に類したものであることを指摘し，市町村の事務を列記した地方自治法 2 条 3 項（当時）の規定に触れて，法律の授権が相当程度具体的であり，14条で罰則の範囲が限定されているので，憲法31条に違反しないとの判断を示している（最高裁大法廷判決昭和37年 5 月30日。売春防止法制定以前に大阪市が定めていた売春勧誘取締条例に違反した者の上告を棄却したもの。）。これは，憲法31条との関係では，国の法律の委任があって初めて条例等で罰則を定めることができるとの考えによるものといえる。しかし，法律が相当程度具体的に委任しているとの解釈には無理がある（かつての地方自治法では市町村の事務を列記した規定（判例が法律の授権として挙げたもの）があったが，今日では，市町村は一般的に地域における事務を処理することが定められているだけであって，個別の事務は規定されていない。）。今日の地方自治重視を踏まえれば，憲法31条の「法律」には，条例も含まれると解する方が，適切である。

件を満たす物質を政令で定めることによって，その物質をサリンと同様に
規制，処罰できるという仕組みを設け，政令でタブン，ソマン，ＶＸ（い
ずれも通称で，公式には分子構造を基に表記される。）といった物質を定め
ている。

　刑罰を定める法律の規定は，明確なものでなければならず，また内容的に
も妥当なものでなければならない。明確性とは，通常の判断能力のある一般
人（社会常識のある者）であれば，規制の対象となる行為を一応理解できる[注6]
ことを意味する。明確性が求められるのは，何が処罰の対象とされるか分か
らないままでは法律で刑罰を定めることとした意味がなくなる（あらかじめ
国民に告知するという機能を果たさないし，関係機関による勝手な運用のお
それもある）からである。内容の妥当性とは，その行為を犯罪として刑罰の
対象とすることが妥当であることと，罪の悪質さと刑の重さとの均衡がとら
れていることを意味する。不明確な規定や妥当性を欠く規定に基づいて人を
処罰することは，憲法31条に反することになる。法律の処罰規定が，実際に
憲法31条違反とされた例はないが，それは立法に当たって，規定の明確性や，
罪刑の均衡を含む内容の妥当性が慎重に吟味されているからである。最高裁
で，憲法31条に反するかどうかが実質的に争われた（裁判官の中に違憲とす
る見解の者もいた）事例としては，条例の規定の明確性に関するものが目立
つ。**条例でも，法律の場合と同様に規定の明確性が必要である**ことは当然で
あり，義務付ける内容のすべてを厳密に規定することができないときでも，
例えば典型的なものをできる限り例示列挙するなどによって，できるだけ明

(注6)　どのような規定でも，ある程度抽象的にならざるを得ないものであり，何の解
　　釈の余地もないほど明らかだとはいえない。しかし，法令全体の趣旨や規定の文言
　　を踏まえて，基本的な規制対象が明らかとなるのであれば，明確性を欠くことには
　　ならない。詐欺罪の適用可能な限界が明らかでなくとも，おおよそ人をだまして物
　　を得たり，利益を得たりすることが処罰されるという程度の理解が一般人にある以
　　上，明確性を満たすといえる。判例も，一般人が「禁止される行為とそうでない行
　　為とを識別する基準」が求められるものとしつつ，その基準も絶対的なものではな
　　く，「通常の判断能力を有する一般人の理解において，具体的場合に当該行為がその
　　適用を受けるものかどうかの判断を可能ならしめるような基準が読みとれる」ので
　　あれば，憲法31条に違反しないとの見解を示している（最高裁大法廷判決昭和50年
　　9 月10日，徳島市公安条例事件）。

確化を図っていくことが求められる。また，刑事罰を直接加えるのではなく，行政機関の命令の対象とし，その命令違反のみを処罰するという方式によることも，現実の適用対象を限定し，段階的なものとすることで，規制の合理性を確保する上で，有効な手段となり得る。(注7)

[重要判例：福岡県青少年保護育成条例事件（最高裁大法廷判決昭和60年10月23日）]

（条例の規定と事案）

　福岡県青少年保護育成条例（当時）は，「青少年の健全な育成を図るため青少年を保護する」ことを目的に定められた条例であって，青少年（18歳未満の者）に対し，「淫行又はわいせつな行為をしてはならない」（10条1項）と規定し，この規定に違反した者を2年以下の懲役又は10万円以下の罰金に処するものとしている（16条1項）。被告人は，16歳の少女と相当期間付き合い，性的関係をもったことについて，「淫行」をしたとして起訴され，有罪判決を受けた。被告人及び弁護人は，この条例の規定が，結婚可能な年齢の青少年の自由意思に基づく性関係もすべて一律に規制しようとするもので処罰の範囲が不当に広汎に過ぎ，また「淫行」の範囲が不明確であって，憲法13条等のほか31条違反にも当たるとして上告した。

（判決の要旨）

　この規定の趣旨は，青少年の健全な育成を図るため，青少年を対象としてなされる性行為等のうち，その育成を阻害するおそれがあるものとして社会

（注7）　広島市暴走族追放条例による集会規制に関して，最高裁は，「直ちに犯罪として処罰するのではなく，市長による中止命令等の対象とするにとどめ，この命令に違反した場合に初めて処罰すべきものとするという事後的かつ段階的規制によっていること」等を理由として，規制目的の正当性，弊害防止手段としての合理性，規制により得られる利益と失われる利益との均衡等の観点に照らして，憲法（21条1項及び31条）に違反しないとの判断を示している（最高裁判決平成19年9月18日）。なお，暴走族と異なるものまで規制対象にしていて広すぎる（判決の中で「規定の仕方が適切ではなく，本条例がその文言どおりに適用されることになると，規制の対象が広範囲に及び，憲法21条1項及び31条との関係で問題がある」とされている。）ことから，本来的な意味における暴走族の外は，服装，旗，言動などにおいて暴走族に類似し社会通念上これと同視することができる集団に限られるとの限定解釈がなされている（5人の裁判官中2人はこのような限定解釈はできず，憲法に違反するとの反対意見を述べている。）。

通念上非難を受けるべき性質のものを禁止したものである。この趣旨及び文言（「淫らな」という言葉の意味）からすれば，本規定による「淫行」とは，青少年を誘惑し，威圧し，欺罔し又は困惑させる等その心身の未成熟に乗じた不当な手段により行う性交又は性交類似行為のほか，青少年を単に自己の性的欲望を満足させるための対象として扱っているとしか認められないような性交又は性交類似行為をいうものと解すべきである。

　このような解釈は通常の判断能力を有する一般人の理解にも適うものであり，「淫行」の意義をこのように解釈するときは，処罰の範囲が不当に広すぎるとも，不明確であるともいえないから，本件各規定が憲法31条に違反するものとはいえない。

　被告人と少女の年齢，性交渉に至る経緯，両者間の付合いの態様等の諸事情に照らすと，本件行為は，その少女を単に自己の性的欲望を満足させるための対象として扱っているとしか認められないような性行為をした場合に該当するので，「淫行」に当たるとした原判断は正当である。（上告棄却）

（補足）

1　本判決には，３人の裁判官から，刑罰規定として求められる明確性に欠ける（通常の判断能力を有する一般人の理解として，条例の規定から多数意見が述べるような内容を読みとることはできない）ことを理由に，違憲とする反対意見が表明されている（うち１人は，年長少年を対象とした部分は適正処罰の原則にも反するとする。）。

2　「淫行」について，かつての裁判例では「健全な常識を有する一般社会人からみて，結婚を前提としない，もっぱら情欲を満たすためにのみ行う不純とされる性交又は性交類似行為をいう」という解釈がとられていた。これに対し，本判決では，「単に反倫理的あるいは不純な性行為と解するのでは，犯罪の構成要件として不明確であるとの指摘を免れない」と述べ，より限定する解釈をとっている。

3　他の条例の中には，福岡県の条例（現在の名称は「福岡県青少年健全育成条例」）と比べ，より具体的に禁止行為を定めているものがある。例えば，大阪府青少年健全育成条例では，「みだらな性行為及びわいせつな行為の禁止」として，「青少年に金品その他の財産上の利益，役務若しくは職務

を供与し，又はこれらを供与する約束」，「もっぱら性的欲望を満足させる目的で，青少年を威迫し，欺き，又は困惑させ」るなど4類型による青少年に対する性行為又はわいせつ行為を禁止し，処罰の対象として定めている。このような規定であれば，憲法31条に反するおそれは生じない。

2　行政手続における憲法31条の適用

> 行政手続にも憲法31条の保障は及び得る
> 　告知・弁解・防御の機会を与えるべきかどうかは処分によって異なる

　憲法31条は，「刑罰を科せられない」との文言からも明らかなとおり，直接的には刑事手続について定めたものである。国家の刑罰権行使が対象者に重大な不利益を与えるものであり，権力行使における適正さが強く求められることから，刑事手続における適正手続の保障が憲法によって定められたものといえる。

　しかし，行政上の権限行使も，対象者の人権に制約を加えることになり得ることに変わりはない。伝統的に，行政上の権限行使については，権利自由を制限する場合に法律の根拠が必要とされ（立法機関による権限付与段階での統制），違法な権限行使を受けた者から裁判所に是正を求めることができること（裁判所による事後的統制）が，重視されてきた。今日では，それに加えて，手続的な面でも関係者の保護が図られるべきとする考え（事前手続的な統制）が広まっている。処分の前に関係者に処分理由となることを告げ，相手方に言い分を述べさせるとともに自らに有利な証拠を提出できる機会を与えることは，手続上の権利保障になると同時に，処分自体の適正さを担保するものともなる。

　このように，手続的な権利保障が重視される中で，最高裁は，**31条の保障が行政手続にも及び得る**ことを明らかにした。[注8] もっとも，**行政手続は多種多様であるから，刑事手続と同じような保障が求められるわけではない。**告知と弁解及び防御の機会を与えなければならないかどうか，与えるとしてもその態様をどうするかは，制限される権利の程度や，公益の内容，緊急性と

いった点を踏まえて，総合的に判断される（その手続の性質等に応じて個別に考えられる）ことになる（人の拘束を含む場合について注13の2参照）。今日では，行政手続法によって，行政機関が不利益処分をしようとする場合には，相手方に告知し，弁解と防御の機会を与えるための手続（不利益の程度の重い場合は「聴聞」，その他の場合は「弁明の機会の付与」）をとることが，原則として義務付けられている。ただし，警察官が現場で行う処分のように緊急性を要する場合についてはこれらの手続を要しないといった例外が設けられている。[注9] なお，条例に基づく行政処分に関しては，それぞれの地方公共団体が定める行政手続条例によって，基本的に同様の手続規定が設けられている。

（注8）　最高裁は，成田空港反対の過激派対策として制定された法律（成田国際空港の安全確保に関する緊急措置法（成田新法））に基づく工作物の使用禁止処分に関して，「憲法31条の定める法定手続の保障は，直接には刑事手続に関するものであるが，行政手続については，それが刑事手続ではないとの理由のみで，そのすべてが当然に同条による保障の枠外にあると判断することは相当ではない」としつつ，「同条による保障が及ぶと解すべき場合であっても，一般に，行政手続は，刑事手続とその性質においておのずから差異があり，また，行政目的に応じて多種多様であるから，行政処分の相手方に事前の告知，弁解，防御の機会を与えるかどうかは，行政処分により制限を受ける権利利益の内容，性質，制限の程度，行政処分により達成しようとする公益の内容，程度，緊急性等を総合較量して決定されるべきもの」であるとの一般論を述べた上で，この処分については，緊急性や公益性を踏まえると，それらの手続がとられていなくとも憲法に違反しない，との判断を示している（最高裁大法廷判決平成4年7月1日，成田新法事件）。

（注9）　行政手続法では，現場において警察官等（公益を確保するために行使すべき権限を法律上直接に与えられた職員）によってなされる処分，留置施設において収容目的達成のためにされる処分，刑事事件に関する法令に基づいて司法警察職員等が行う処分，学校などで教育のために学生等に対して行われる処分といったものについては，適用除外としている。また，公益上，緊急に不利益処分をする必要がある場合については，意見陳述のための手続（聴聞又は弁明の機会の付与）をしないことも行政手続法上認められている。緊急の必要があるときには聴聞等を行うことなく短期間のみ有効な仮の命令を行い，その後に聴聞等を行って，本来の処分をする制度も，暴力団対策法，道路交通法（仮停止）などで用いられている（このほか，ストーカー規制法では，緊急の場合は禁止命令等をした後に，事後手続として意見の聴取を行い，それを考慮することになっている。）。

◆第3節　不法な逮捕からの自由

1　逮捕における令状主義

> 裁判官の発する令状によらなければ逮捕されない
>　現行犯の場合のみが例外として規定（緊急逮捕は解釈上合憲）

　憲法33条は，現行犯の場合を除いては，何人も令状（権限を有する司法官憲が発し，逮捕の理由となる犯罪を明示しているもの）がなければ逮捕されないことを定めている。「司法官憲」とは裁判官を意味する。「何人」にも認められる人権であり，外国人も日本人と同様に保護される。刑事訴訟法では，これを受けて，逮捕状による逮捕の制度を設けている。

　人を逮捕するには事前に令状の発付を受けていなければならないという原則（令状主義の原則）は，裁判官が，事前に，逮捕すべき理由があるかどうかを審査することで，捜査機関による不当な逮捕を防ぐことを目的としている。個別の犯罪の容疑があること（被疑者が罪を犯したことを疑うに足りる相当な理由があること）が前提であり，犯罪事実を特定しない令状（逮捕すべき人だけを記載した「一般令状」といったもの）は許されない。逮捕状には罪名とともに犯罪事実の要旨を記載すべきことが刑事訴訟法で定められているが，これは憲法上の要請である。

　憲法の定める「逮捕」は，刑事手続上の身体拘束を広く指すものであって，刑事訴訟法で定める「勾留」，「勾引」が含まれる。刑事責任追及のための手続以外でも，これに準ずるような非行少年に対する保護手続での身柄拘束（少年鑑別所や少年院への収容，引致状や同行状の執行など）に関しては，刑事手続と同様に及ぶものと考えられる。他方，公権力機関による人の身体の拘束でも，刑事裁判と全く無関係に行われるものには，令状主義の原則がそのまま及ぶことにはならない（2のコラム参照）。例えば，退去強制手続での入国警備官による容疑者の収容は，裁判官の令状を要しない（収容令書は行政官である主任審査官が発付する。）。警察官職務執行法に基づく保護についても，事前に裁判官の令状を得ることを要しない（事後的にも令状を得

る必要はなく，24時間を超えて引き続き保護をしようとする例外的場合にのみ簡易裁判所裁判官の許可を得ることが求められるのにとどまる。）。

現行犯の場合には，憲法自体が定める例外として，逮捕に令状を要しない。刑事訴訟法では，罪を行い終わってから間がないと明らかに認められる状態にあり，犯人として追呼されているなどの要件のいずれかに該当する者（準現行犯）を現行犯人とみなす規定があるが，これも憲法上の現行犯に含まれる。したがって，現行犯逮捕の制度は，当然に合憲である。

これに対し，刑事訴訟法の定める緊急逮捕については，事前に裁判官の令状を得ておらず，現行犯とも異なることから，この規定に反しないかどうかが問題となる。最高裁判所は，「罪状の重い一定の犯罪のみについて，緊急已むを得ない場合に限り，逮捕後直ちに裁判官の審査を受けて逮捕状の発行を求めることを条件とし，被疑者の逮捕を認めることは，憲法33条規定の趣旨に反するものではない」とし，憲法違反ではないことを明言している[注10]。もとより，緊急逮捕は憲法に規定のない例外的なものとして容認されている（注10参照）のであるから，その運用は十分慎重でなければならない[注10の2]。

> ■**column** **アメリカにおける無令状拘束**
>
> アメリカ合衆国憲法では，不合理な捜索・押収の禁止に関する規定があり，これが逮捕についても及ぶものと解されている。不合理な捜索・押収

（注10）　最高裁判所大法廷判決昭和30年12月14日。合憲性の理由付けとしては，逮捕後に令状を請求することに着目して一種の令状逮捕と構成するもの，犯人性が明らかな場合に限られる（罪を犯したことを疑うに足りる十分な理由がある）ことに着目して一種の現行犯逮捕と構成するものなどがあるが，いずれも難点がある（令状主義の本質は事前に令状が求められるところにあるし，現行犯は犯罪の現在性を前提としている。）。憲法の文言自体にはなくとも，このような例外は社会の安全を維持し，正義を守るという国家の役割を果たすためのものとして当然に認められている（憲法はそこまでを禁ずる趣旨ではない）と解するのが，妥当であると考える（重要な犯罪の被疑者を裁判官の令状がない限り一切拘束できないとするような国家はない。アメリカでは相当な理由がある場合の無令状拘束が一般的に行われている（コラム参照）。）。

（注10の2）　現行刑事訴訟法の制定当初は，逮捕権運用に関する意識が高いとはいえず，緊急逮捕が多用されていた（昭和26年10月の調査では，全被疑者の8.9%が緊急逮捕されていた。）。その後における逮捕権の適正な運用により，緊急逮捕の適用は真に必要な場合に限定されている（令和元年の刑法犯検挙統計では，緊急逮捕されたのは3,289人で，刑法犯検挙人員中の1.7%になっている。）。今日，緊急逮捕の合憲性に何の疑いも抱かれていないのは，警察において慎重な運用が積み重ねられた結果だといえる。

から人の身体，家屋，書類及び所有物の安全が保障されるという人権を定め，令状には相当な理由を要することと，逮捕すべき人や押収すべき物件が特定されていなければならないことを定めている。

この規定は，「不合理な逮捕」を禁止したものであって，令状がなくとも，①犯罪が行われたこと及びその被疑者がその犯罪を行った者であることについての相当な理由（probable cause）を警察官が証明できるとき，②警察官の面前で犯罪が行われたとき，には逮捕が可能と解されている。ただし，軽い罪（刑の上限が懲役1年以下又は罰金のみのもの）の場合には，①の無令状逮捕は認められない。

実際の運用としては，裁判官の逮捕令状で逮捕する例はほとんどなく，無令状逮捕が一般である。また，日本のように任意の書類送検という取扱いもなく，被疑者を特定した場合にはすべていったん「逮捕」する扱いとなっている（このため，日本の「検挙」を英訳しても理解が得られにくい。犯罪統計を英訳する際には，「検挙」を「arrest（逮捕）」と表記することもある。）。アメリカで，逮捕とその後の身柄継続拘束が全く異なるものと認識されている背景には，逮捕がほとんど司法審査を受けていないことと，身柄継続拘束の必要性を考慮しないで行われていることがあるといえる。[注11]

2　被逮捕者の権利（不法な抑留・拘禁からの自由）

> 身体拘束時にはその理由を告げられる権利が保障
>
> 　継続的拘束の場合には，その理由を公開法廷で示される権利
>
> 身体を拘束された者は弁護人を依頼する権利が保障
>
> 　＊被疑者と弁護人の接見は，憲法上の権利に関わるもの

憲法34条は，①理由を告げられ，かつ，直ちに弁護人に依頼する権利を与えられなければ，抑留又は拘禁されないこと，②正当な理由がなければ拘禁

（注11）　アメリカで，逮捕後早期（州によって異なるがおおむね24時間以内又は72時間以内）に裁判所に身柄が引き渡され，そのほとんど（8割以上）ですぐに保釈されていることが，「日本の長期身柄拘束」との違いを示すものとしてしばしば主張されている。しかし，保釈に関していえば，その前提となる逮捕権の運用が日米間で極めて大きく異なっている（日本では現行犯の場合を除きすべて裁判所の令状を得ているのに，アメリカではほとんど司法審査を経ないで行われている。日本では刑法犯検挙人員の3分の2は全く身柄拘束が行われないが，アメリカではすべて逮捕される。）ので，単純に比較することはできない。

されず，その理由は要求があれば本人及び弁護人の出席する公開の法廷で示
されなければならないこと，を定めている。「抑留」とは一時的な身柄拘束
を，「拘禁」は継続的な拘束を意味する。逮捕後に引き続く留置が「抑留」
に，勾留が「拘禁」に当たる。本人の求めに応じて理由を公開の法廷で示す
ことは，「拘禁」の場合にだけ求められる。

　刑事訴訟法で，逮捕後の弁解録取手続において逮捕理由を告げることが定
められているのは，この①の規定を受けたものである。また，刑事訴訟法で，
勾留に関して，理由開示制度があるのは，この②の規定を受けたものである
（勾留の場合，逮捕よりも厳格な要件が求められているのも，憲法上の「抑
留」と「拘禁」の違いを反映したものといえる。）。

　弁護人依頼権を直ちに与えることが，身柄の拘束に際して要求される。憲
法37条で刑事被告人の弁護人依頼権の保障が規定されているが，34条は，被
疑者か被告人であるかに関わらず，身体が拘束されている状態にある者につ
いて，弁護人を依頼する権利を保障したものである。身柄が拘束されている
者にとって，自己の権利を守るためには，法律の専門家の助力を得ることが
重要だという判断が前提になっている。

　弁護人依頼権の保障は，直接的には，捜査機関ないし身柄拘束機関に，被
疑者・被告人の弁護人依頼を妨害してはならないことを義務付けるものであ
る。弁護人選任の要望を伝えないことや，弁護人となろうとする者と面会を
全くさせないことは，この権利を侵害するものに当たる。これに対し，弁護
人への依頼を容易にする制度（弁解録取に際して弁護人依頼権を告知するこ
と）や，被疑者国選弁護制度（いわゆる刑事司法改革の一環として，被疑者
について勾留段階で国が選任した弁護人の弁護を受けることができるとする
制度が設けられた。^(注11の2)）は，憲法上で義務付けられたものではなく，国会の立

（注11の2）　被疑者国選弁護制度は，平成16年の法改正によって制度化され，平成18年
　　10月から施行された。当初の対象は一部の重大事件（短期1年以上の懲役・禁錮に
　　当たる事件）に限られていたが，平成21年5月には長期3年を超える罪に広げられ，
　　さらに平成28年の法改正により，平成30年6月から対象事件の限定がなくなり，勾
　　留状が発せられたすべての被疑者について，「貧困その他の事由により弁護人を選任
　　できない」場合に付されることになった。なお，国選弁護人は，日本司法支援セン
　　ター（法テラス）が，裁判所からの求めに応じて，契約をしている弁護士の中から
　　候補を指名して裁判所に通知することになっている。

法判断によって設けられたものである（これらの制度がなくても，違憲にはならない。）。

　身体の拘束を受けている被告人及び被疑者は，弁護人又は弁護人になろうとする者と立会人なくして接見し，書類等の授受をすることができることが刑事訴訟法で定められている。**弁護人と会って助言を得ることができなければ弁護人を選任した意味がなくなるので，立会人なくして接見できることは，憲法上の権利の実質的な内容である。**もっとも，逃亡や罪証隠滅，戒護に支障のある物の授受を防ぐために必要な措置をとることは，これに対する合理的な制限として許される。

　他方，起訴前の被疑者については，捜査の対象であり，取調べや引当捜査が行われることから，刑事訴訟法で，検察官や司法警察員などが接見の日時場所時間を指定できることが定められている（刑事訴訟法39条3項。その指定が「被疑者が防禦の準備をする権利を不当に制限する」ものであってはならないことが規定されている。）。この規定に関して，最高裁は，弁護人との接見が憲法の弁護人依頼権保障に由来するものであることを前提とし，「弁護人等から被疑者との接見等の申出があったときは，原則としていつでも接見等の機会を与えなければならない」（指定ができるのは「接見等を認めると取調べの中断等により捜査に顕著な支障が生ずる場合」に限られる）とし，指定権を行使するときは弁護人と防御の準備をなし得る措置をとるべきことに照らして，憲法34条の保障を実質的に損なうものではないとの判断を示している。(注12)

　　column　刑事手続以外における継続的な身体拘束制度

　刑事手続以外では，危険な行為を制止するような一時的なものを除けば，人の身体の自由を直接に制限することは極めて少ない。外国人に対する退去強制手続における収容，非行少年に対する保護手続における少年鑑別所・少年院への収容，自傷他害のおそれのある精神障害者に対する入院措置，心神喪失等の状態で重大な他害行為を行った者の入院などがこれに該当する。(注13)外国人の収容及び精神医療のための入院措置を除けば，何らかの形で裁判所が関与するのが一般である。非行少年の保護や他害行為を行った者の入院措置のように，刑事手続に類するようなものの場合には，弁護士を付添人に選任できることが制度化されている。

　外国人に対する収容は，出入国管理及び難民認定法に基づき，退去強制

事由に該当すると疑うに足りる相当の理由があるときに，主任審査官（法務大臣の指定を受けた入国審査官）の発付する収容令書により，入国警備官によって行われる。裁判官の事前審査等はない。外国人には日本に在留する権利が認められていないことが，このような法制の背景にある。

非行少年に対する保護処分における収容等は，少年法に基づき，家庭裁判所が主体となって行われる。少年院在院者が逃走した場合には，少年院の職員が強制的に連れ戻すことが認められている（援助を求められた警察官もこの権限を行使できる。）。なお，児童福祉法に基づく一時保護は，児童相談所長の権限で行われるが，親の立場に代替するのにとどまり，児童の行動の自由を直接的に制限するものではない。児童福祉のためであっても，児童の自由を制限し，奪うような強制的措置を必要とする場合には，家庭裁判所に送致され，裁判所が「とるべき保護の方法その他の措置を決める」こととして行われる。

精神障害者で入院させなければ自身を傷つけ又は他人に害を及ぼすおそれがある者については，精神保健福祉法（精神保健及び精神障害者福祉に関する法律）に基づき，都道府県知事が，精神科病院等に入院させること

(注12)　最高裁大法廷判決平成11年3月24日。この判決は，「被疑者と弁護人等との接見交通権が憲法の保障に由来するからといって，これが刑罰権ないし捜査権に絶対的に優先するような性質のものということはできない」のであって，「接見交通権の行使と捜査権の行使との間に合理的な調整を図らなければならない」とし，「身体の拘束を受けている被疑者に対して弁護人から援助を受ける機会を持つことを保障するという趣旨が実質的に損なわれない限りにおいて」調整の規定を設けることを憲法は否定していないとの考えを明らかにしている。そして，刑事訴訟法39条3項の規定は，ⅰ接見等を全面的に拒むものではない（別の日時を指定しあるいは時間を短縮するだけ）ので接見交通権を制約する程度が低い，ⅱ指定が可能なのは，申出を受けたときに現に被疑者を取調べ中であるとか，実況見分又は検証等に立ち合わせているなど捜査の中断による支障が顕著な場合に限られる（最高裁判決昭和53年7月10日及び最高裁判決平成3年5月10日（間近い時に取調べ等をする確実な予定がある場合も含まれるとする。）でこの判断が示されており，本判決でも引用されている。），ⅲできる限り速やかな接見等の日時を指定し，被疑者が弁護人等と防御の準備をすることができるような措置をとることが義務付けられている，ことを理由に弁護人依頼権の保障を実質的に損なうものではないと結論付けている（あわせて，捜査機関が指定権を行使することに関しては，裁判所に取消し又は変更を請求できるという簡易迅速な司法審査の道を開いていることを理由に，違憲でないとしている。）。

(注13)　他に特殊なものとして，法廷等の秩序維持に関する法律に基づく監置がある。これは，法廷における裁判所の職務遂行を妨害する行為をした者等に対して裁判所が科す制裁であるが，司法権に基づくもので，現行犯的なものであることなどから，理由開示や弁護人依頼権などの憲法上の保障が及ばないものとされている（最高裁大法廷決定昭和33年10月15日）。

ができる（2人以上の指定医の診察結果が一致することが要件とされる。）。
警察官は，これに該当すると認められる者を発見したときは，保健所長を
経て知事に通報することになる。裁判所の関与はない。近年精神科治療の
分野では入院から在宅医療への転換が進められており，いったん入院措置
がとられても，多くの者が早期に退院するようになっている。なお，精神
科入院をめぐっては，患者の人権を守る観点から，本人の同意以外による
入院の限定（医療保護入院における要件の厳格化），入院中の措置に関する
基準の設定，病院による定期報告の義務付けなどが行われている。

　一方，精神障害のある者が殺人，放火，傷害等の重大な犯罪を行い，心
神喪失として無罪とされた場合（心神喪失で不起訴となった場合，心神耗
弱により執行猶予となり若しくは不起訴となった場合を含む。）については，
平成15年に，心神喪失者等医療観察法（心神喪失等の状態で重大な他害行
為を行った者の医療及び観察等に関する法律）が制定され，その者の病状
の改善と同種行為の再発防止のため，検察官の申立てを受けた裁判所の審
判により，入院させる制度が設けられた。裁判官と医師の合議で入退院な
どの処分が決定される。^(注13の2)

（注13の2）　心神喪失者等医療観察法の合憲性が争われた事件で，最高裁は，「その病状
　　の改善及びこれに伴う同様の行為の再発の防止を図り，もってその社会復帰を促進
　　する」という法の目的は正当なものである，処遇も目的を達成するため必要かつ合
　　理的なもので，その要件も目的に即した合理的で妥当なものであるとし，手続につ
　　いても，弁護士による付添人の制度を設けていること，退院の許可等の申立権があ
　　ることなどを詳細に挙げて，「対象者に必要な医療を迅速に実施するとともに，対象
　　者のプライバシーを確保し，円滑な社会復帰を図るため，適正かつ合理的な手続が
　　設けられている」と述べ，憲法14条（平等権），22条1項（居住の自由）に違反する
　　ものではなく，「憲法31条の法意に反するものということもできない」として合憲で
　　あるとの判断を示している（最高裁決定平成29年12月18日）。この決定の中で，憲法
　　31条が直接には刑事手続に関するものであるとしつつ，それ以外のものについて，
　　「その保障の在り方については，刑事手続との差異を考慮し，当該手続の性質等に応
　　じて個別に考えるべきものである」とされ，同法においては，性質等に応じた手続
　　保障が十分なされていると述べていることが注目される（本章第2節2参照）。

◆第4節　住居等の不可侵
（不法な侵入・捜索・押収からの自由）

1　捜索における令状主義

> 裁判官の令状がない限り，住居への侵入，捜索・押収を受けない
> 　逮捕できる場合は，令状なしに侵入・捜索・押収が可能
> 　職務質問の段階では「捜索」はできない

　憲法35条は，住居への侵入，捜索・押収を受けない権利を保障している。人身の自由そのものではないが，それと密接に関連する権利であって，個々人が平穏な生活空間で自由に行動する権利（自らの生活空間への支配権）と自らの物を捜査機関等に勝手に持ちさられない権利（自らの物に対する支配権）を保障したものである。「侵入」とは，住人に無断で，又は住人の拒否を無視して，住居の中に強制的に立ち入ることを意味する（刑事訴訟法上の捜索のために行われる場合のほか，検証として行われる場合もある。）。「捜索」とは，相手方の了承を得ることなく人又は物を探すことを意味する。「押収」とは，相手方の了承を得ることなく特定の物の占有を取得することであって，刑事訴訟法の「差押え」に相当する。誰も支配していない場所や物に対する行為，相手方の承諾を得て場所に立ち入り，物を発見し，物の提供を受ける行為は，いずれも該当しない（任意提出を受けた物又は遺留物を領置することは，刑事訴訟法の「押収」に含まれているが，憲法上の「押収」には当たらない。）。

　捜査機関が，住居に立ち入り，物件を捜索し，押収することができるのは，①司法官憲（裁判官）の発する令状を事前に得ている場合，②憲法33条の規定により逮捕できる場合，に限られる。

　裁判官の令状は，捜索する場所及び押収する物を明示するものでなければならない。捜索と押収は，一連の行為ではあるが，別に令状を要する（捜索と押収という二つの許可を1通の令状にしても，これに違反しない。）。「正当な理由」に基づいて発せられるものである必要があることは，当然である。

「憲法33条の規定により逮捕できる場合」とは，憲法上逮捕できる場合（逮捕についての令状がある場合及び現行犯の場合が憲法に直接定められているほか，緊急逮捕も合憲である以上これに含まれる。）には，捜索等の令状がなくとも，逮捕のために住居に侵入し捜索をすることや，逮捕に際して物の捜索押収をすることが認められる。人権にとってより重大な逮捕権を適法に行使できる場合に，それに付随的な権利侵害をすることに新たな令状は不要である（不逮捕の保障がない場合には，侵入・捜索・押収を受けない権利も保障されない）との考えによるものである。これに対し，**職務質問に際して行われる所持品検査の段階では，捜索に至ることは憲法上許されない。**

　刑事訴訟法は，憲法の規定を受けて，令状による差押・捜索・検証の規定を設けるほか，逮捕する場合に必要があるときの被疑者の捜索と逮捕現場における差押・捜索・検証の規定を置いている。令状に，差し押さえるべき物，捜索すべき場所を明示することが求められるのは，憲法上の要請である。これらの規定に違反して収集した証拠物については，令状主義の精神を没却するような重大な違法があればその証拠能力が否定されるというのが，最高裁の判例となっている。^(注14)

[最新判例：GPS捜査違法事件（最高裁大法廷判決平成29年3月15日，刑集71巻3号13頁）]

（事案と判決）

　窃盗事件に関し，犯行の全容を解明するための捜査の一環として，被告人，共犯者らが使用する蓋然性（相当高い可能性）のあった自動車等19台に，同

（注14）　最高裁は，刑事訴訟法の解釈として，「証拠物の押収等の手続に，憲法35条及びこれを受けた刑訴法218条1項等の所期する令状主義の精神を没却するような重大な違法があり，これを証拠として許容することが，将来における違法な捜査の抑制の見地からして相当でないと認められる場合においては，その証拠能力は否定される」との判断を示している（最高裁判決昭和53年9月7日。この判決は，承諾を得ないで上着のポケットに手を差し入れて中から覚醒剤を取り出した事案につき，職務質問の要件が存在し，所持品検査の必要性，緊急性が認められる状況であったこと，他に強制を加えられていないこと等を指摘し，所持品検査として許容される限度をわずかに超えたものであって，証拠能力は否定されないとしたものである。）。重大な違法を理由に，違法逮捕後に採取された尿の鑑定書の証拠能力が否定された例もある（最高裁判決平成15年2月14日。なお，この判決では，警察官が違法な逮捕であったことを隠すために虚偽の事項を逮捕状に記入し，公判廷で事実と反する証言をしたことが指摘されている。）。

人らの承諾なく，かつ，令状を取得することなく，GPS端末を取り付けた上，その所在を検索して移動状況を把握するという方法によりGPS捜査が実施されたもの。

一審は検証許可状を取得しないで行われた本件GPS捜査は重大な違法があるとして，これによって直接得られた証拠及び密接に関連する証拠の証拠能力を否定したが，それ以外の証拠に基づいて被告人を有罪と認定した。

二審は，被告人の控訴を棄却したが，その中で本件GPS捜査に重大な違法があったとはいえないと説示した。

最高裁は，結論としては上告を棄却したが，以下の判決要旨のとおり，GPS捜査が違法であることを明らかにした。

（判決の要旨）

(1)　GPS捜査は，公道上のもののみならず，個人のプライバシーが強く保護されるべき場所や空間に関わるものも含めて，対象車両及びその使用者の所在と移動状況を逐一把握することを可能にする。このような捜査手法は，個人の行動を継続的，網羅的に把握することを必然的に伴うから，個人のプライバシーを侵害し得るものであり，そのような侵害を可能とする機器を個人の所持品に秘かに装着することによって行う点において，公道上の所在を肉眼で把握したりカメラで撮影したりするような手法とは異なり，公権力による私的領域への侵入を伴うものというべきである。

(2)　憲法35条の規定の保障対象には，「住居，書類及び所持品」に限らずこれらに準ずる私的領域に「侵入」されることのない権利が含まれると解するのが相当である。

(3)　個人のプライバシーの侵害を可能とする機器をその所持品に秘かに装着することによって，合理的に推認される個人の意思に反してその私的領域に侵入する捜査手法であるGPS捜査は，個人の意思を制圧して憲法の保障する重要な法的利益を侵害するものとして，刑訴法上，特別の根拠規定がなければ許容されない強制の処分に当たるとともに，一般的には，現行犯人逮捕等の令状を要しないものとされている処分と同視すべき事情があると認めるのも困難であるから，令状がなければ行うことのできない処分と解すべきである。

⑷　GPS捜査は，刑訴法上の「検証」と同様の性質を有するものの，「検証」では捉えきれない性質を有する。車両及び罪名を特定しただけでは被疑事実と関係のない使用者の行動の過剰な把握を抑制することができない。刑訴法上の各種強制の処分については，手続の公正の担保の趣旨から原則として事前の令状提示が求められており，これに代わる公正の担保の手段が仕組みとして確保されていないのでは，適正手続の保障という観点から問題が残る。GPS捜査について，刑訴法197条１項ただし書の「この法律に特別の規定がある場合」に当たるとして同法が規定する令状を発付することには疑問がある。

⑸　以上と異なる原判断は，憲法及び刑訴法の解釈運用を誤っており，是認できない。

（備考）

⑴　GPS捜査（GPS端末の取り付けによる位置情報検索・把握をする捜査）については，本大法廷判決で，「個人の意思を制圧して憲法の保障する重要な法的利益を侵害するもの」であって強制の処分であることが明言された。また，検証令状を発付することもほぼ明確に否定された。したがって，通常の事件捜査において，GPS捜査を行うことは許されない。[(注14の2)]

⑵　本判決は，GPS捜査が「公道上のもののみならず，個人のプライバシーが強く保護されるべき場所や空間に関わるものも含めて，対象車両及びその使用者の所在と移動状況を逐一把握することを可能にする」ものであることを指摘しており，公道上の存在を肉眼で把握したりカメラで撮影したりするような手法とは異なることを明確にしているのであって，Ｎシステムのように公道上に情報取得対象が限られるものについては，本判決の判断が及ぶものとはならない。

⑶　最高裁は，平成21年に，捜査目的で宅配事業者から借り受けた宅配便荷物に対してエックス線検査を行ったことについて，荷送人や荷受人の内容物に対するプライバシー等を大きく侵害するものであって，強制処分に当たるとの判断を示していた。[(注14の3)]伝統的にはもっぱら物理的な侵入や占有の取得が強制と考えられてきたのに対し，物理的な強制を伴わなくても，プライバシー

(注14の２)　誘拐事件捜査のような現行犯の場合については，憲法33条の現行犯逮捕の例外と同視し得るものとして，適法に行うことのできる余地はあり得る。

侵害がそれ自体として「強制」に当たる（状況によって当たり得る）と位置付けられることを示したものであり，平成21年判決とGPS捜査に関する本判決とは一連のものといえる。後述の国際郵便物に対する税関の検査に関する最高裁の判例（第5章第4節1の注40の2参照）でも，結論としては合憲としているが，従来以上に丁寧な検討が行われている。プライバシー侵害の問題に対して，警察が鈍感であってはならないことを，これらの判決は示しているといえる。

2　行政手続における適用

行政手続にも35条の保障が及ぶ
　刑事責任追及につながる強制の場合には，令状が必要
　刑事責任と無関係なものは，必要性等に応じ，令状がなくても合憲

憲法35条の規定は，元々は刑事責任追及手続における強制について裁判官の事前審査を義務付けたものであるが，それ以外の行政手続でも令状主義の適用が求められる場合がある。判例も，刑事責任追及を目的とするものではないからといって，一切の強制が当然に35条の保障の枠外にあると判断することはできないとの見解を明らかにしている。(注15)

行政手続における立入りやその他の調査において，**裁判官の事前の令状を要するかどうかは，それが実質的に刑事責任追及につながっていくものかどうか及びどのような必要性に応じるものか，どの程度の負担を負わせるもの**

（注14の3）　最高裁決定平成21年9月28日。覚醒剤密売の嫌疑のある会社に送られてくる宅配便荷物について，宅配便業者の協力を得て，5回荷物を借り受け，税関の装置でエックス線検査を行った結果，細かい固形物が均等に詰められている長方形の袋の射影が観察された（荷物は宅配便業者に返還され，荷受人の会社に送られている。その後に捜索差押許可状を得て，会社の捜索を行い，覚醒剤を発見押収している。）。最高裁は，エックス線検査について，「その射影によってその品目等を相当程度具体的に特定することも可能であって，荷送人や荷受人の内容物に対するプライバシー等を大きく侵害するものであるから，検証としての性質を有する強制処分に当たる」として，違法であるとした（ただし，嫌疑が高まっていたこと，宅配便事業者の承諾を得ていることなどを指摘し，令状主義を潜脱する意図があったとはいえず，捜索差押許可状の発付には本件エックス線検査結果以外の証拠も資料として提供されたものとうかがわれることなどを指摘して，覚醒剤の証拠能力を肯定している。）。

か，によって異なってくる（税関による国際郵便物の検査に関しては，第5章第4節1の注40の2参照）。

　例えば，警察官職務執行法6条1項に基づく立入りについては，直接の強制作用ではあるが，「危険な事態が発生し，人の生命，身体又は財産に対し危害が切迫した場合」に，「その危害を予防し，損害の拡大を防ぎ，又は被害者を救助するため」に行われるものであるところから，刑事責任追及とは関係がなく，人の生命等を守るために緊急に求められるものであるところから，令状は不要とされる。

　また，営業の許可を受けている事業者に対して，行政上の監督のために行われる調査（その営業所等に立ち入り，書類を検査し，質問するといった形態のもの）については，ⅰそれぞれの法の定める公益を達成するためのものであり，刑事責任追及とは異なる（「犯罪捜査のために認められたものと解してはならない」旨の規定が置かれることが多い。），ⅱ実力で強制する「直接強制」ではなく，拒んだ場合に刑罰の対象とされるという間接強制にとどまる，ⅲ営業に伴う義務であり私的空間の場合ほど保護の必要性が高くない，といったことから，令状を要しないものとされている。

　これに対し，**刑事責任追及につながることが予定されているような手続の一環として，強制的に立ち入り，証拠品となるものを強制的に収集する場合には，令状主義の対象となる**。例えば，国税犯則事件の調査として行われる

（注15）　最高裁大法廷判決昭和47年11月22日（川崎民商事件）。判決は，所得税法に基づく質問検査（現在の国税通則法に基づく質問検査で，調査について必要があるときに，納税義務者等に対して質問し，帳簿書類等の物件を検査し，物件の提示提出を求めるもので，応じない場合は処罰の対象となる。）に関し，「憲法35条1項の規定は，本来，主として刑事責任追及の手続における強制について，それが司法権による事前の抑制の下におかれるべきことを保障した趣旨であるが，当該手続が刑事責任追及を目的とするものでないとの理由のみで，その手続における一切の強制が当然に右規定による保障の枠外にあると判断することは相当ではない」としつつ，ⅰ検査は所得税の公平確実な賦課徴収のために必要な資料を収集することを目的とする手続である，ⅱこれにより過少申告の事実が明らかになることもあり得るが，実質上刑事責任追及のための資料収集に直接結びつく作用が一般的にあるとはいえない，ⅲ間接的な強制であり，直接的物理的な強制と同視できない，ⅳ徴税権の適正な運用を確保するという公益目的を実現するために，実効性ある検査制度が不可欠である，といった点を指摘し，令状を事前に得ていなくとも憲法35条1項に違反しないとの判断を示している。あわせて，質問に応じない場合を処罰することについても，憲法38条1項には違反しないとの判断を示している。

強制立入り（臨検），捜索差押えについては，その後の告発を経て捜査及び
訴追の資料となるところから，事前に裁判官の令状を得て行うことが定めら
れている。公正取引委員会の行う犯則調査における強制についても，同様に，
令状が必要とされている。入国警備官の行う退去強制手続における違反調査
のための臨検，捜索押収も，裁判官の令状を得て行うことが定められている。
このほか，児童虐待防止のための臨検捜索のように，刑事責任追及につなが
る場合でなくとも，強制立入りに関して，裁判官の事前の許可を必要とする
制度が設けられる例もある。

(注16)　判例も，国税犯則調査が実質的に「特別の捜査手続としての性質」を帯びたも
のであって，「実質上刑事責任追及のための資料の取得収集に直接結びつく作用を一
般的に有する」ものであることを明らかにしている（最高裁判決昭和59年3月27日。
なお，この事件は，35条ではなく，供述拒否権告知の規定がないことが38条1項に
反するかどうかが争われたもので，告知がなくとも違憲ではないとの判断が示され
ている。）。

(注17)　税務調査の場合と同じく，公正取引委員会の調査も，行政処分のための調査と，
刑事責任追及に至る（告発に向けた）証拠収集としての犯則調査とが厳格に区分さ
れている。

(注18)　児童虐待防止のための立入りに関しては，児童の安全確保の必要性と，家庭に
立ち入られる側の利益保護（住居等の不可侵）をめぐって，どのように調和を図る
かが論議された結果，児童虐待防止法（児童虐待の防止等に関する法律）に，裁判
官の許可を得て，都道府県知事が臨検と児童の捜索をさせることができるとする制
度が設けられた。これは，立法における判断であり，裁判官の事前の許可を要しな
いとする制度を設けたとしても，憲法に反することにはならないものと解される。

◆第5節　黙秘権と自白法則

1　黙秘権の保障（自己負罪拒否特権）

> 何人も自らが刑事上不利益となる供述を強制されない
>
> 　行政法令上の報告義務は，犯罪の申告そのものでなければ合憲

　憲法38条1項は，何人も自己に不利益な供述を強要されないことを定めている。「不利益な供述」とは，刑罰を受けることにつながる事態を招くおそれのあるものを意味する。^(注19)**自らの刑事罰を招くことにつながるような供述を拒んだ者に対して，処罰や法的不利益を課してはならない（誰もが，自分が罰せられるような事態を招く発言を拒む権利を持つ。）。**自分に対する刑事手続だけでなく，他の者に対する刑事手続や民事裁判で証言を求められる場合，裁判以外で証言を求められる場合にも，この保障が及んでいる。黙っている権利ということで「黙秘権」と呼ばれることが多いが，「自己負罪拒否特権」と呼ばれることもある。^(注20)

　被疑者被告人は，自分に対して行われる捜査・裁判過程で供述を拒むことができる。供述を強制されることはないし，証人ともならない。自らが犯罪を行ったことを申告させるような制度を設けることはできない（例えば，刑罰の対象である駐車違反をした者に，自らが駐車違反をしたことを警察に申告することを義務付け，不申告に刑罰を科し，あるいは免許を取り消すというような制度を設けることはできない。）。なお，刑事訴訟法では，被疑者の取調べに際して，黙秘権の告知（供述拒否権の告知）を義務付けているが，

（注19）　最高裁は，この規定は何人も自己が刑事上の責任を問われるおそれのある事項について供述を強要されないことを保障したものとした上で，被疑者被告人の氏名については原則として不利益な事実に該当しないとし，氏名を黙秘して行われた弁護人選任届を却下したことを適法としている（最高裁大法廷判決昭和32年2月20日）。

（注20）　アメリカ合衆国憲法第5修正（修正5条）の3項で「何人も，刑事事件において自己に不利な証人となることを強制されることはなく，また法の適正な手続によらずに，生命，身体又は財産を奪われることはない。」と定められていることの前半部分がこれに当たる（後半は適正手続の保障）。この権利は，自らが罪を負わせられることに対して拒否をする特権（privilege against self-incrimination）と理解されている。

憲法上はそこまで保障されていない（黙秘権の告知をしない制度を設けたとしても憲法違反とはならない）と解されている。[注21]

　他人に対する刑事裁判で証言を求められる場合，民事裁判で証言を求められる場合，国会などで証言を求められる場合などでは，証言を拒否すれば刑罰等の不利益を受けることが定められているが，その証言が自らの刑事責任追及につながるものとなり得るときは，証言を拒否できる。刑事訴訟法，民事訴訟法，議院証言法，地方自治法などで，証人は自らが刑罰を受けるおそれがあるときに証言を拒否できることが定められている[注22]（例えば，刑事訴訟法は「自己が刑事訴追を受け，又は有罪判決を受ける虞のある証言を拒むことができる」ことを規定している。）が，そのような拒否を認めていないと憲法に反することとなる。

　行政手続においても，実質上刑事責任の追及のための資料の収集に直接結びつく作用を一般的に有するものについては，この保障が同様に及ぶことになる。独占禁止法や国税徴収法における犯則調査手続上の質問がこれに当たる。他方，一般の税務調査や事業者に対する行政監督上の調査（行政調査）における質問については，相手方に答えることを義務付けている（質問に答えず，あるいは虚偽の説明をする行為を処罰の対象とする）が，それらの行政目的を達成するために必要な調査であり，刑事責任追及に直結するものではないことから，憲法に違反しないものと解されている。[注23]事業者に帳簿の記載義務を負わせたり，輸入申告義務を課したりしている制度で，記帳や申告をすると自らの犯罪行為が発覚することにつながり得るものがその義務の対象に含まれることについても，同様に，憲法違反とはならない。[注24]

（注21）　最高裁判決昭和59年3月27日。この判決は，国税犯則調査について，「実質上刑事責任追及のための資料の取得収集に直接結びつく作用を一般的に有する」ものとして38条1項の適用を受けるとした上で，供述拒否権告知の規定がなくとも違憲ではないとしたものである。
（注22）　地方自治体の議会は，地方自治法100条に基づき、自らの事務に関して調査を行い，関係人の出頭及び証言並びに記録の提出を請求することができる。証人尋問の方法等については，民事訴訟法の規定が準用される。正当な理由がないのにこの規定による出頭，記録の提出及び証言を拒んだときは，6月以下の禁錮又は10万円以下の罰金，証人が虚偽の陳述をしたときは3月以上5年以下の禁錮に処することが定められている。この調査のために設置される委員会を，「100条委員会」と呼んでいる。

━━ **column** ━ 刑事免責制度 ━━━━━━━━━━━━━━━━━━

　本人に刑事罰を科さないことを条件に証言をさせて他の者の有罪を立証するのに用いるという刑事免責制度が，アメリカなどで広く行われている。刑罰を科さない以上，何を証言させても本人が刑事上の不利益を受けることにはならないので，憲法の黙秘権保障に抵触しない。したがって，刑事免責制度を法律で設けることは可能である。これまで我が国には刑事免責制度はなかったが，平成28年に制定された刑事訴訟法等の一部を改正する法律で，新たに設けられ，平成30年 6 月から施行されている。検察官が刑事免責の上で証人尋問をすることを裁判所に請求し，裁判所が証人尋問を決定することにより，証言を行うことが義務付けられる（証言拒絶や虚偽の供述には刑罰が科される。）。同時期に導入された司法取引制度（証拠収集等への協力及び訴追に関する合意制度）とは異なり，被告人・弁護人との協議や合意は不要であり，対象犯罪も限定されていない。また，本人の刑事責任を全面的に免れさせるものではなく，証人尋問に応じた供述とそれに基づいて得られた証拠を証人に不利益な証拠として使用してはならないだけで，他の証拠を基に刑事責任を追及することは法的に可能である。

━━━━━━━━━━━━━━━━━━━━━━━━━━━━━━━━━━━━

[重要判例：交通事故報告義務事件（最高裁大法廷判決昭和37年 5 月 2 日）]

（事案）

　交通事故を起こした者が警察官への報告を怠ったことについて，起訴され

────────────────────────────────────

(注23)　最高裁は，所得税の過少申告の疑いがある者に対する調査として行われた質問を拒否した事案に関して，この調査が「もっぱら所得税の公平確実な賦課徴収を目的とする手続であって，刑事責任の追及を目的とする手続ではなく，また，そのための資料の取得収集に直接結びつく作用を一般的に有するものでもないこと，および，このような検査制度に公益上の必要性と合理性の存すること」を指摘し，このような性質を持つものである以上，自己に不利益な供述を強要するものとはいえないので，憲法38条 1 項に違反しないとの判断を示している（最高裁大法廷判決昭和47年11月22日，川崎民商事件）。

(注24)　覚醒剤を密輸した者が，覚醒剤の輸入とともに，関税法で定める貨物輸入を申告し許可を得る義務に違反したことについても起訴されたことに対し，覚醒剤を輸入する旨を申告させるのは黙秘権侵害であるとして上告した事案について，最高裁判決昭和54年 5 月10日は，輸入申告の性質に照らし，申告義務の伴う貨物の携帯輸入を企てた以上，申告し許可を得る手続を経ることなく輸入すれば関税法違反となるのであって，その罪の成立を認めることが憲法38条 1 項に反することにはならない，との判断を示している。同様に，麻薬取扱者に自らが取り扱った麻薬を記載することを義務付ける規定に関して，最高裁判決昭和29年 7 月16日は，違法な物を記載させる義務付けはできないとした原審判決を破棄している。

て有罪判決を受けたことに対して，交通事故に関して刑事責任を問われるおそれのある事項について報告義務を課したものであり，自己に不利益な供述を強要するものであって，憲法38条1項に違反するとして，上告した。

　なお，事件当時は，道路交通法の前身である「道路交通取締法」において，事故発生時における従業者の義務を果たさなかった場合を刑罰（3月以下の懲役，5千円以下の罰金又は科料）の対象と規定し，具体的な義務については政令で，ⅰ被害者の救護と道路における危険防止その他交通の安全を図るための必要な措置を講ずる，ⅱ警察官が現場にいないときは事故の内容と自らがとったⅰの措置を警察官に報告してその指示を受ける，などを定めていた。

（判決の要旨）

⑴　報告義務を課すことは，警察署として速やかに交通事故の発生を知り，被害者の救護，交通秩序の回復につき適切な措置を講じさせることにより，道路における危険とこれによる被害の増大を防止し，交通の安全を図る等のための合理的な規定である。

⑵　報告が義務付けられている「事故の内容」とは，発生した日時，場所，死傷者の数と負傷の程度，物の損壊とその程度など，交通事故の態様に関する事項を指すものと解すべきである。警察官が交通事故に対する⑴の処理をなすのに必要な限度でのみ報告義務を負うのであって，それ以上に刑事責任を問われるおそれのある事故の原因などまで報告義務に含まれるとは解されない。

⑶　黙秘権を規定した憲法38条1項は，何人も自己が刑事上の責任を問われるおそれのある事項について供述を強要されないことを保障したものであり，⑵の報告を命ずることはこれに当たらないから，憲法に違反しない。

（補足）

1　現行の道路交通法では，「交通事故が発生した日時及び場所，当該交通事故における死傷者の数及び負傷者の負傷の程度並びに損壊した物及びその損壊の程度，当該交通事故に係る車両等の積載物並びに当該交通事故について講じた措置」を報告すべきものと定めており，事故原因等を報告させるものでないことが明確化されている（道路交通法72条1項）。

2　報告義務は，前記のように交通事故の現場処理に必要なものに限られており，事故原因の調査究明に及ぶものではない。交通事故の大半は車両等の運転者の法規違反によるものであるが，違反行為を明らかにするのは，道路交通法の報告ではなく，犯罪捜査として，刑事訴訟法に定める手続によって行われる。

3　本判決では，2人の裁判官から，ⅰ事故原因等について報告義務がないとしても，事故の態様を報告させるのは少なくとも犯罪の発覚端緒を与えるものであって，憲法の定める不利益な供述の強要に全く当たらないとはいえない，ⅱ他方で，道路交通の安全確保，被害増大防止，被害者の救護措置等の公共の福祉の要請を考慮すれば，この程度の報告義務を課しても憲法に反することにはならない，との見解が表明されている。学説の上でも，この種報告義務により一定程度黙秘権を縮減させることを前提として初めて自動車の運転が許されるという制度が設けられたものとして，合憲とする見解がある。

　なお，医師の異状死体届出義務規定（医師法21条）が憲法38条1項に反しないとした最高裁判決（平成16年4月13日）は，公益上の必要性（警察官が犯罪捜査の端緒を得る，場合によって緊急に被害拡大防止措置を講ずる）が高いこと，犯罪行為を構成する事項の供述ではないこと，さらに医師という資格の特質を指摘した上で，「捜査機関に対し自己の犯罪が発覚する端緒を与えることにもなり得るなどの点で，一定の不利益を負う可能性があっても，それは，医師免許に付随する合理的根拠のある負担として許容される」との見解を明らかにしている。

2　拷問禁止と自白法則

> 自白を得るための捜査官等による人権侵害の防止
> 　拷問の絶対的禁止
> 　自白排除法則：強制等による自白は証拠にできない
> 　　強制・拷問・脅迫による自白，不当に長く拘束された後の自白
> 　自白補強法則：自白だけで有罪にできない（補強証拠が必要）

　自白とは，自己の犯罪事実を認める供述である。自白は，自らが犯罪をし

たことを認めるものであるから，刑事裁判において重要な証拠となることは当然である。しかし，自白を得るために拷問等が行われることは，人権上絶対に許されない。また，自白が強制されたのでは，客観的な真実に反する嘘の自白によって，犯罪をしていない者が有罪とされることにもなり得るので，これを防止することが求められる。

　そこで，**憲法は，拷問を絶対に禁止することを宣言する（36条）とともに，刑事裁判における自白の取扱いについて，強制等による自白は刑事裁判の証拠にできないことと，自白だけしか不利益な証拠がない場合にはその者を有罪とできないことを定めている（38条2項及び3項）。**

　拷問とは，自白を得るために，被疑者被告人に肉体的な苦痛を与えることを意味する。人権侵害の典型であり，警察官をはじめとする公務員が拷問をすることは絶対に許されない。そのような行為をした者は，刑法で定める特別公務員暴行陵虐の罪で，厳しく罰せられることになる（7年以下の懲役・禁錮）。

　刑事裁判において，強制等による自白を証拠にできないことを，「自白排除法則」という。憲法は，ⅰ強制，拷問若しくは脅迫による自白と，ⅱ不当に長く抑留若しくは拘禁された後の自白を，証拠にできないものと規定している（38条2項）。そのようにして得られた自白が真実かどうか疑いがもたれることと，強制などが行われないようにするためには証拠に用いられないようにしておくことが必要であるということが，証拠から排除する理由である。ⅰは，肉体的な苦痛（拷問），人に恐怖心を与えるような害悪を告げること（脅迫）など，物理的又は精神的な強制によって得た自白を意味する。ⅱは，不当に長期間の身体拘束の後で行われた自白を意味する。「不当に長い」かどうかは，単に拘束の期間だけでなく，その拘束が実質的に必要であったかどうかの個別の判断を要する。現行刑事訴訟法では，起訴前の逮捕勾留期間は最長で23日間であり，その期間が「不当に長い」とされることは通常は考えられない（実質的に拘束の必要性の欠けた事件で次々と逮捕，勾留を繰り返したり，実質的に拘束の必要性の乏しい事件で起訴後に長期間勾留を継続していた場合などが考えられるにとどまる。）。なお，不当に長い拘束後の自白でも，拘束の影響が全く及んでいないことが明らかであれば排除されないとするのが判例の見解である。

　ⅰ及びⅱに明記されていない事由によるものでも，任意性が欠けた自白を証拠とすることは，憲法の規定に照らし，許されない。刑事訴訟法は，ⅰ及びⅱに加えて，「その他任意にされたものでない疑のある自白」も証拠にできないことを定め，この趣旨を明らかにしている。

　自白だけでは有罪とされないことを，自白を補強する証拠を要するという意味で，「自白補強法則」という。架空の自白によって有罪とされることを防止するための規定である。補強証拠（自白以外で事実の存在を裏付ける証拠）は，犯罪事実のすべてに必要とされるわけではない。現実に犯罪が行われたことの客観的な事実が補強証拠で明らかにされていれば，犯罪事実の一部についての証拠が自白だけだったとしても，これに反することにはならない。なお，公判廷における自白については，身体拘束を受けておらず，強制等の不当な干渉も受けない，自由の状態で供述されるものであるので，憲法38条3項の自白補強法則は及ばない（その自白が唯一の証拠であったとしても，有罪とすることができる）というのが判例の解釈である。また，共犯者の自白についても，本人の自白ではないので，憲法上，補強証拠を要しない。憲法制定当時には，それまでの自白を重視した捜査・公判が行われていたことから，補強証拠の要否が問題となったが，今日では，起訴前に自白以外の証拠が広く収集されているので，この規定が問題となることはほとんどない（余罪の扱いが実質的に起訴されていない罪を処罰するものとされた際に，憲法31条の適正手続違反とされると同時に，自白以外の証拠がないとして本規定違反とされた例があるのにとどまる。）。

　憲法が自白偏重及び自白獲得のための人権侵害を防ぐ観点から，証拠としての扱いに制限を加えたことを受けて，刑事訴訟法では，自白の証拠能力

（注25）　偽計によって得られた自白について，最高裁は，偽計によって被疑者が心理的な強制を受け，その結果虚偽の自白が誘発されるおそれがある場合には，自白の任意性に疑いがあるので，これを証拠にすることは，刑事訴訟法及び憲法に反するとの見解を明らかにしている（最高裁大法廷判決昭和45年11月25日）。

（注26）　最高裁大法廷判決昭和23年7月29日。なお，この判決は，現行刑事訴訟法制定前（「日本国憲法の施行に伴う刑事訴訟法の応急的措置に関する法律」で，公判廷における自白の扱いが特に定められていなかった時期）のものである。現行刑事訴訟法では，「公判廷における自白であると否とを問わず」自白が唯一の不利益な証拠の場合には，有罪とされないことが定められており，公判廷の自白の場合も補強証拠が必要とされている。

（任意になされたものでない疑いのある自白の証拠能力の否定），自白調書の証拠調べ請求時期（犯罪事実に関する他の証拠の取調べが終わった後でなければ請求できない）に関する規定が置かれている。警察として，被疑者を取り調べ，証拠に基づいて追及することは当然のことであるが，常に，犯罪捜査規範の定める取調べの心構え，取調べにおける留意事項，任意性の確保，供述調書作成についての注意等に係る規定をきちんと守り，裏付け捜査を行うことが求められる。犯罪捜査規範において，法令等を厳守し，「被疑者その他の関係者の供述を過信することなく，基礎的捜査を徹底し，物的証拠を始めとするあらゆる証拠の発見収集に努めるとともに，鑑識施設及び資料を十分に活用」して合理的に進めるようにしなければならないとされているのは，この憲法の基本的考え方に基づくものなのである。

■column 録音・録画の法制化を受けた警察捜査のあり方

平成28年に，時代に即した新たな刑事司法制度の構築のため，刑事訴訟法等の一部を改正する法律が制定され，令和元年6月までに全面施行された。この法律は，取調べ及び供述調書への過度の依存からの脱却を目指し，証拠収集手段の適正化・多様化と充実した公判審理の実現に向けて，取調べの録音・録画制度の導入，合意制度等（司法取引，刑事免責）の導入，通信傍受の合理化・効率化（対象犯罪の拡大と暗号技術を活用した上での通信事業者の立会いの不要化），弁護人による援助の充実化（被疑者国選弁護制度対象事件の全勾留事件への拡大，弁護人選任権告知の際における弁護人選任の申出方法等をも教示することの義務付け），証拠開示制度の拡充，証拠隠滅等の罪の法定刑の引上げなどを一体として整備するものである。

身柄拘束中の被疑者を裁判員裁判対象事件について取り調べる場合に，原則としてその取調べの全過程の録音・録画をしなければならない（それらの供述調書の任意性立証には録音・録画記録の証拠調べ請求を必要とする。）こととなった。裁判員裁判対象事件自体は少数であるが，それ以外の事件を含めて，供述の任意性に疑いをいだかれないようにすることが一層求められる。犯罪捜査規範では，被疑者が精神に障害を有する場合に必要に応じて取調べ等の録音・録画を行うよう努めなければならないとの定めが置かれたほか，やむを得ない理由がある場合のほかは深夜に又は長時間にわたる取調べを行うことを避けるべきものとし，例外的に行うときは承認を受けなければならないことが定められた。組織として，取調べ状況を正確に把握し，供述を吟味することが一層進められる必要がある。

　憲法において，被疑者の弁護人選任権が保障され，黙秘権が保障されているのであるから，捜査段階で弁護人が接見する，被疑者が自己に不利な供述を拒むことは，予定されていることである。捜査の結果被疑者の特定に至らない，十分な証拠が収集できず訴追されない，訴追された事件の一部が無罪になる，ということもあって当然である。現場資料の採取とＤＮＡ型鑑定の活用，防犯カメラ画像の活用，Ｎシステムの活用なども含め，警察の捜査力は過去に比べれば格段に向上しているのであって，全体としての検挙水準，治安水準の確保は達成されている。個々の事件を解決しようとするあまり，不適切な取調べや捜査用カメラなどの各種装置の不適正な使用をすることがあってはならない。「何が何でも解決しなければならない事件」など存在しない。過去の事件に対する刑事責任追及には憲法とその理念を受けた法律とによって枠が設けられているのであって，警察はその枠内でのみ活動することが期待されているのである。

◆第6節　その他の刑事手続上の権利

1　刑事被告人の権利

⑴　公平な裁判所の迅速な公開裁判を受ける権利

　被告人の権利として，「公平な裁判所の迅速な公開裁判を受ける権利」が認められている（37条1項）。

　「公平な裁判所」とは，裁判所の構成がかたよった判断をするおそれのないものであることを意味する。裁判官等の除斥，忌避及び回避制度が刑事訴訟法で設けられているのは，これを実現するためのものである。憲法が，司法権が裁判所に属すること及び裁判官が独立して職権を行うことを定めている（76条）ことからすれば，独立して職権を行使する公平な者によって構成される裁判所によって裁判が行われることを求めているといえる。平成21年に導入された裁判員制度は，公正な裁判を保障するために，裁判員の資格に関する要件と職権行使の独立を定めるとともに，裁判官と裁判員が十分な評議を行って双方の意見を含む合議体の過半数によって決せられるようになっていること，また法令の解釈については裁判官の専権とされていることなどから，憲法の要請に応えることができる制度となっている。

　迅速な裁判を受ける権利が保障されるので，適正な裁判を確保するのに必要な期間を超えて不当に裁判を遅延させることは許されない。その遅延が極めて極端な場合には，裁判が打ち切られることもある。^(注27)

　公開の裁判を受ける権利とは，刑事事件における公判手続及び判決が公開でなされる（傍聴を認める）ことを意味する。裁判の公開については，82条で定められているが，37条1項は，これを被告人側の権利と構成したものである。被害者などの保護の観点から，証人と被告人や傍聴席の間についたてなどを置いて視線が及ばないようにする場合（遮へい措置をする場合）があ

（注27）　最高裁大法廷判決昭和47年12月20日（高田事件判決）は，15年あまりにわたって公判期日が全く開かれなかった事件について，免訴の言い渡しをした。ただし，その後も相当長期間公判期日が開かれなかった事件で免訴にしてはいないので，迅速な裁判違反として裁判を打ち切るのは，極めて異例なときに限られるものといえる。

るが，裁判の傍聴自体は可能であるから，公開の裁判を受ける権利を侵害することにはならない。なお，略式命令の場合には，公開の法廷が開かれないままに罰金刑が科されることになるが，命令を受けた者が正式裁判を請求すれば，通常の手続での公開裁判が行われることになるので，公開の裁判を受ける権利を侵害するものではない。

---

column ■ 裁判員制度の合憲性をめぐる司法の判断

　裁判員制度をめぐっては，憲法上裁判官が司法の担い手とされているのであるから，裁判所において裁判を受ける権利を保障した32条，刑事事件において公平な裁判所による裁判を受ける権利を保障した37条1項，司法権が裁判所に帰属することを定めた76条1項，適正手続を保障した31条に違反するという主張が存在する（裁判員になる義務を国民に負わせるもので意に反する苦役であり18条後段に違反する，という主張もある。）。これに対し，最高裁大法廷判決平成23年11月16日は，以下の理由を述べて，合憲であると結論付けている。

　憲法に国民の司法参加の規定はなく，刑事裁判権の行使の基本的な担い手として裁判官が想定されているが，憲法は国民の司法参加を禁止していない（憲法80条1項は裁判所が裁判官のみで構成されることを要求していない。国民主権の考え方，欧米各国における国民の司法参加，日本国憲法の制定経緯（陪審制が否定されないことが制憲議会で共通認識）からみて，国民の司法参加を許容している。）のであって，適正な刑事裁判権の行使に関する基本原則（憲法31条から39条に定める諸原則）に抵触しない限り，国民の司法参加を認めることは立法政策に委ねられている。刑事裁判に国民が参加して民主的基盤の強化を図ることと，「憲法の定める人権の保障をまっとうしつつ，証拠に基づいて事実を明らかにし，個人の権利と社会の秩序を確保するという刑事裁判の使命を果たす」こととは両立が可能なものである。

　裁判員制度は，裁判官と公平性・中立性を確保できるように配慮された手続の下に選任された裁判員とによって裁判体が構成され，事実認定と刑の量定について，裁判員が裁判官との協議を通じて良識ある結論に達することが十分期待されることができること，憲法の定める刑事裁判の諸原則の保障は裁判官の判断に委ねられていることから，公平な「裁判所」における法と証拠に基づく適正な裁判が行われることは制度上十分に保障されており，裁判官が刑事裁判の基本的な担い手とされているので，憲法の定める刑事裁判の諸原則を確保する上での支障はなく，したがって，憲法31条，32条，37条1項，76条1項に違反しない（また，裁判員になることは，参政権と同様の権限を国民に付与するものであって，「苦役」には当たらない。）。

(2) 証人審問権と証人喚問権

　被告人は，証人を審問する機会を充分に与えられ，公費で自己のための証人を求める権利が認められる（37条2項）。

　「証人審問権」とは，自己に不利な証言をする証人に対して，公判で反対尋問をする権利である。反論の機会がないままに，有罪とされることを防ぐものである。刑事訴訟法は，これを受けて，被告人及び弁護人が証人の尋問に立ち会うことができること及び立ち会ったときには証人を尋問することができる（検察官が請求した証人については，検察官が尋問をした後で，被告人・弁護人が反対尋問を行う）ことを定めている。また，被告人以外の者の供述は，公判での供述を証拠とする（供述書・供述調書は証拠にできない）という「伝聞証拠の禁止」が原則とされているが，これも，証人審問権を実質化するものといえる（伝聞証拠の禁止については，供述者の死亡など公判での証言を得ることができないときなどで，一定の範囲で例外が認められているが，これらの例外を設けることは憲法の規定に反しない。）。なお，証人となる者（特に性犯罪の被害者）の保護の観点から，証人と被告人や傍聴席の間についたてなどを置いて視線が及ばないようにすること（遮へい措置）や，証人尋問をビデオリンク方式（裁判所構内の他の場所に在席させ，映像と音声の送受信により，通話する方式）で行うことを認めるという制度が導入されたが，いずれも被告人の審問権の行使自体は可能であり，憲法に反するものではない。^(注28)

　「証人喚問権」とは，被告人が自分のために証人（刑事訴訟法上の証人のほか，鑑定人，参考人，通訳人，翻訳人を含む。共同被告人を呼ぶことも含まれる。）を公費で強制的に喚問する権利を意味する。自らに有利な証言をしてくれる者を公判で証言させるようにすることで，被告人に十分な防御の機会を与えるものである。もっとも，裁判所は，被告人が求めたすべての証

(注28)　判例は，遮へい装置によって被告人が証人を見ることができなくなった場合でも，被告人が供述を聞いて自ら尋問できること，弁護人が証人の供述態度等を観察できること（この制度は弁護人が出席した場合に限り行うことができる。）から，証人審問権は侵害されていない。また，ビデオリンク方式については，映像と音声を通じて供述を見聞きすることができるから，証人審問権は侵害されていない（ビデオリンク方式と遮へい措置が同時に採られても同じである。）と結論付けている（最高裁判決平成17年4月14日）。

人を喚問しなければならないものではなく，事件を審理する上で，必要適切
な範囲の者を証人とすればそれで足りる。「公費で」と規定されており，証
人の日当や旅費は国が支払うことになるが，裁判で有罪判決を受けた場合に，
証人を呼ぶために要した費用を含めた訴訟費用を被告人に負担させても，こ
の規定に反することにはならない（刑事訴訟法は，「刑の言渡をしたときは，
被告人に訴訟費用の全部又は一部を負担させなければならない。」と規定し，
貧困で納付できないことが明らかな場合を除き，被告人に訴訟費用を負担さ
せている。また，刑事訴訟費用等に関する法律により，証人に支給すべき旅
費，日当等が訴訟費用の範囲に含められている。）。

(3)　弁護人依頼権の保障

　被告人は，資格を有する弁護人を依頼することができる（37条3項）。刑
事裁判において，被告人の正当な利益を擁護する法律専門家が必要であるた
めである。

　被疑者段階では，身柄が拘束されている場合に弁護人依頼権が認められて
いるが，被告人の場合には，「いかなる場合にも」弁護人を依頼できること
が明記されている。また，**弁護人を依頼できないときには，国選弁護人が付
されるべきことが，憲法上明記されている**。貧困のために依頼できない場合
が通例であるが，それに限定されない（例えば，極めて社会からの批判が強
い事件で，弁護人になろうとする者がいないときも対象となる。）。被疑者段
階での国選弁護制度は立法政策の問題である（憲法上の問題とはならない）
が，被告人段階のものは，憲法の要請そのものである。

　なお，刑事訴訟法は，憲法の趣旨をさらに進めて，裁判所が被告人に弁護
人依頼権と国選弁護人依頼権を告知することを定めている。このほか，重い
刑の対象となる事件（死刑，無期又は長期3年以上の懲役禁錮の刑が定めら
れた規定に係る事件で，必要的弁護事件と呼ばれる。）の場合には，弁護人
がいなければ開廷できないこととされている。

2　刑罰に関するその他の規定

(1)　残虐な刑罰の禁止

　残虐な刑罰は，拷問とともに，絶対に禁止される（36条）。不当に精神的，

肉体的な苦痛を与える刑罰で，人道上の見地から残酷とされるものが該当する。時代によって異なるが，火あぶりや釜ゆでといった前近代の刑罰は，「残虐」な刑に当たる。

　現行の刑罰は，死刑，懲役と禁錮（懲役は労役を課すが，禁錮は課さないという違いがある。無期と有期があり，有期の上限は30年である。），罰金，拘留，科料及び没収である。このうち，死刑が残虐な刑罰かどうかが問題となるが，判例上，現在の執行方法である絞首は残虐な刑罰ではないと解されている。^(注29)

---

column　死刑制度

　日本国憲法制定時には，死刑制度はほとんどの国で存在していた。近年においても，日本では，ほぼ毎年，数人に対して死刑判決が言い渡され，執行されている。

　一方，国際的には，死刑は人権に反するという認識が広まり，1983年にヨーロッパ人権条約第六議定書として死刑廃止が条約化され，^(注30)1989年に国連で死刑廃止条約（死刑の廃止を目指す市民的及び政治的権利に関する国際規約・第二議定書）が採択され，1991年に発効している。年々死刑廃止国は広がり，今日では，世界で3分の2以上の国が死刑を正式に廃止し，又は適用を停止している。中国をはじめとするアジアの一部諸国や，イスラム圏諸国，アフリカ諸国を除くと，死刑制度のある国は極めて少ない。先進国（OECD加盟37か国）の中で死刑執行を継続しているのは，日本とアメリカ合衆国の一部の州のみである。

　日本では，死刑制度に対する国民の支持は高く，平成26年の内閣府世論調査でも「死刑は廃止すべきである」は9.7％にすぎず，「死刑もやむを得ない」とする者が80.3％と大多数を占めている。被害者が注目されるようになって以降，死刑廃止の主張は広がっていない。しかし，同じ調査で，仮釈放のない終身刑が導入されるとした場合には，「死刑を廃止する方がよい」が37.7％，「死刑を廃止しない方がよい」が51.5％と，それほど大き

（注29）　最高裁大法廷判決昭和23年3月12日。この中では，憲法13条が生命についても公共の福祉による制限の対象とされていること，31条が生命を奪う刑罰があり得ることを前提としていることを指摘し，執行の方法が残虐となる場合があり得ても，死刑自体は残虐な刑には当たらないとしている。

（注30）　旧西ドイツではナチス政権時代の反省から，1949年の基本法制定時に廃止された。イギリスでは1969年に通常事件に対して死刑が廃止された。ヨーロッパ主要国では，フランスが最後まで残っていたが，1981年に廃止されている。なお，イギリス，フランスとも，世論調査では廃止当時死刑存続派が多数を占めていた。法務省の「死刑の在り方についての勉強会」取りまとめ報告書添付資料19−21参照。

な差ではなくなる。イギリスやフランスが死刑を廃止した際に，両国とも世論は死刑反対が多数を占めていた。国際社会において死刑が人権保障の程度の低い国の野蛮な制度（拷問等と同じようなもの）とみられるようになってきている中で，「平和を維持し，専制と隷従，圧迫と偏狭を地上から永遠に除去しようと努めてゐる国際社会において，名誉ある地位を占めたい」という国のあり方（憲法前文）を踏まえ，日本という国家の利益も考えた選択が求められるといえよう。

⑵　事後法による処罰の禁止

　行為をした際に適法であったものを，その後に変更された法規に基づいて処罰することは許されない。事後法の禁止あるいは遡及処罰の禁止と呼ばれるもので，罪刑法定主義の要素の一つである。憲法39条に明記されているが，31条の適正手続の保障からも，当然のこととされる。行為時に違法とされていたが刑罰対象でなかったものを，その後の法改正で刑罰が定められたことに基づいて処罰することや，行為後の法律によってより重く処罰することも，同様に，許されない^(注31)。これに対し，刑事手続法規については，処罰法規自体とは異なるから，事後の法規に基づいて手続を行うことができる（平成22年に行われた殺人罪等の時効の撤廃は，それ以前の事件にも適用されている^(注32)。）。

　なお，継続的な行為の場合，法改正後にも引き続き行っていれば，法改正後の行為として処罰することに問題はない。例えば，それまで規制のなかっ

（注31）　事後の改正法によって処罰することを禁ずるものであり，同じ法規についての裁判所の解釈が変わったことによるものは含まれない。行為当時の最高裁判例の解釈によれば犯罪とならないと考えられる行為について，新たな解釈によって有罪とすることは，事後法禁止には該当しないとするのが判例である（最高裁判決平成8年11月18日）。

（注32）　最高裁は，公訴時効制度の趣旨が「時の経過に応じて公訴権を制限する訴訟法規を通じて処罰の必要性と法的安定性の調和を図ることにある。」とし，その廃止又は延長が「行為時点における違法性の評価や責任の重さを遡って変更するものではない。」と指摘して，「本法の施行の際その公訴時効が完成していないものについて」適用すると定めたことが，「憲法39条，31条に違反せず，それらの趣旨に反するとも認められない。」との判断を示している（最高裁判決平成27年12月3日）。なお，公訴時効完成前の適用であって，「被疑者・被告人となり得る者につき既に生じていた法律上の地位を著しく不安定にするようなものでもない。」と述べており，時効が完成した者にまで廃止や延長の効果を及ぼす規定を設けるとすれば，憲法39条の趣旨に反するとされるのではないかと思われる。

た威力の強いエアガンが新たに規制された場合，改正前に購入していたものをそのまま継続して所持していれば，改正後の所持行為について，処罰することができる。

(3) 一事不再理と二重の処罰の禁止

　いったん無罪判決が確定すれば，その行為について，その後に新たな事情が判明しても，もはや刑事上の責任を問われることはない（39条前段）。一度判決が確定すれば同じ事を裁判所ではもう審理しないという意味で「一事不再理」と呼ぶが，憲法で定めているのは，無罪になったものを有罪とすることのみを禁じるものである（有罪が確定したものについて新たな証拠に基づいて再審で無罪とすることはできるが，その逆は認められない。）。これは，起訴されて無罪となった場合にだけ当てはまるものであって，不起訴処分を受けた者には及ばない（新たな証拠に基づいて起訴できる。）。また，一審で無罪となった者を検察官が控訴するのは，当然に可能である。

　同じ行為について，二回処罰することはできない（39条後段）。これを二重処罰の禁止という。例えば，ある窃盗行為を窃盗罪で処罰するとともに，他の行為と一括して常習累犯窃盗で処罰することは，二重処罰に当たり，許されない。なお，再犯について刑を加重したり，前科の存在を考慮して量刑の判断をするのは，前の犯罪に重ねて刑罰を科すものではないので，これに反しない。

> **column** 行政上の不利益処分と二重処罰
>
> 　犯罪として処罰するとともに，相手方に不利益となる行政上の処分が行われることは，二重処罰にも，一事不再理に反することにもならない。特に近年，行政制裁が実効性確保に有効であるとして導入が図られている（例えば，放置駐車の場合には，車両の使用者を対象にした放置違反金を制度化することで，違法な放置駐車が大きく減少した。独占禁止法では，

（注32の2）　最高裁は，運転免許の効力の停止処分が行政処分であって刑罰ではないことを理由に，免許上の処分後に刑罰を科されることは一事不再理に反しないことを明確に述べている（最高裁判決昭和35年3月10日）。脱税に追徴税と罰金が科されることに関して，最高裁は，追徴税が「制裁的意義を有することは否定し得ない」とした上で，追徴税が違反の発生を防止して納税の実を挙げようとする趣旨の行政上の措置である旨を述べ，憲法39条が罰金と追徴税を合わせて科すことを禁ずる趣旨を含むものではないと結論付けている（最高裁大法廷判決昭和33年4月30日）。

入札談合等の課徴金を重くすると同時に，自主申告者を減免することによって，入札談合等の申告が多数あり，競争秩序が大幅に改善している。）が，選択的な制度とする（放置違反金納付命令は，行為者の刑事責任追及がなされないことが要件となっている。）だけでなく，刑事上の処分と行政制裁を両方科することとしても，二重処罰として憲法に反することにはならない（平成17年の独占禁止法改正法で，刑罰対象であることを維持しつつ，課徴金の制裁としての機能を強めたのは，二重処罰に当たらないという理解が前提にある。）。もっとも，刑罰と行政制裁と合わせたものが不当に重いものとなってはならないことが，憲法31条から求められる。

3　刑事補償請求権

> 刑事手続で拘束された者が無罪になったときに国に補償を請求
> 　　国が身体の自由を奪ったことの結果責任として補償するもの

　刑事手続において，抑留又は拘禁された者（逮捕，勾留，鑑定留置された者）が，無罪の裁判を受けた（無罪が確定した）ときは，国に補償を求めることができる（40条）。

　逮捕勾留された者が無罪となった場合でも，特別の事情がなければ，それまでの逮捕勾留が違法となるわけではない。しかし，無罪とされた者からすれば，自らの身体の自由が奪われたことに対して，何らかの償いを求めるのは当然であるし，一方的な不利益を放置するのはバランスを欠き，国民の公平感を損なうものとなるので，国が補償をすべきものと考えられる。本条は，そのような刑事補償が，国の恩恵としてではなく，身体の自由という極めて重要な人権に制約を加えた代償で，被拘束者にとっての権利として，請求できることとするものである。

　国家賠償制度が公務員の不法行為に対する損害賠償制度であるのに対し，刑事補償制度は，公務員側の行為の適法違法，故意過失とは無関係に，結果責任として国が補償するものである。逮捕勾留において，公務員側に違法性がある場合には，刑事補償と国家賠償の双方が行われる（ただし，金額の合計額は調整されることになる。）。なお，国家賠償の場合は，警察の捜査が違

法なときは，警察を設置している都道府県が賠償の責任を負うが，刑事補償の場合は国だけが責任を負うという違いがある。

　身体拘束を受けて無罪の裁判が確定した場合だけが対象である。身体拘束については，原則として被疑事実ごとに判断される。[注33]「無罪の裁判」が対象であり，少年審判における不処分決定は含まれない。[注34]また，不起訴となった場合も対象とならない。もっとも，憲法に定める刑事補償とは別のものとして，国（法務省）が不起訴処分となった者のうち，罪を犯さなかったと認めるに足りる充分な理由がある者について，被疑者補償規程（法務大臣訓令）に基づいて，一定の補償をしている。いったん有罪判決を受けた者が再審で無罪とされた場合には，刑事手続上の拘束と，刑の執行としての拘束（懲役，禁錮，拘留）も含めて，補償の対象となる。

　制度の具体的な内容は，刑事補償法で規定されている。補償額は，１日当たりの額と拘束された日数によって決まる。１日当たりの額は，1,000円以上１万2,500円以下の範囲で，裁判所が一切の事情を考慮して決める。本人が身代わりなどで，虚偽の自白をし，有罪の証拠を作為することが拘束の原因となったときは，補償の全部又は一部をしないことができる。免訴や控訴棄却の裁判を受けた場合は，憲法上の刑事補償の対象ではないが，刑事補償法で，もし免訴や控訴棄却の裁判をすべき事由がなかったならば無罪の裁判を受けるべきものと認められる充分事由があるときは，国に対して補償を請求できることを定めている。

（注33）　起訴されて無罪となった事件の捜査に，起訴されていない他の事件における逮捕勾留を利用していたときは，その逮捕勾留も実質的にみれば無罪となった事件の逮捕勾留として，刑事補償の対象とすべきものとされている（最高裁大法廷決定昭和31年12月24日）。

（注34）　最高裁決定平成３年３月29日。なお，憲法の保障の対象外ではあるが，平成４年に「少年の保護事件に係る補償に関する法律」が制定されており，これに基づく補償が行われている。

第 4 章　個人の尊厳と法の下の平等

◆第 1 節　個人の尊重と私的自由

1　憲法13条による保障

> 憲法13条は包括的な形で人権（幸福追求権）を保障
> 　公権力機関から侵害されない個人の私生活上の自由が含まれる

　憲法13条は，「生命，自由及び幸福追求に対する国民の権利については，公共の福祉に反しない限り，立法その他の国政の上で，最大の尊重を必要とする。」ことを定めている。個人の尊重という基本理念に続けて，人権が公共の福祉に反しない限り国政上最大限の尊重を必要とするという，基本的人権の位置付けを明らかにしたものである（第 2 章参照）。

　この「生命，自由及び幸福追求に対する権利」（幸福追求権）の規定は，包括的な形で人権を保障したもの，つまり，個人の尊重の観点から必要となる人権を一般的に保障したものである^(注1)。この規定を根拠に，私生活上の自由として，「国家機関からみだりに個人の容ぼう等を撮影されない自由」，「みだりに指紋の押なつを強制されない自由」などが最高裁判所によって認められている。また，いわゆる「プライバシーの保護」についても，本条の規定がその根拠となる（警察の証拠収集等との関係では，本条のほか，35条が根拠となる場合がある（第 3 章第 4 節 1 参照）。）。

　これらの人権は，規定上からも明らかなように，公共の福祉による制限を受ける。どのような場合に制限が認められるかは，人権保障の必要性の程度

（注1）　過去には，憲法に定める個々の人権の総称を指すものとか，抽象的な権利であり立法の指針となるのにとどまるものといった理解が一般的であったが，今日では，本文で述べたように，具体的な権利として，裁判における救済の対象となると解されている。憲法で具体的に定められた人権だけでは，社会の変化の中で，個人の尊重という人権の基本理念を十分に実現できないとする考えがその背景にある。

と制限する必要性等によって定まる。**警察行政においては，個人の容ぼう等の撮影を含め，様々な形で個人情報収集を行う機会が多いことから，判例で示された考え方を十分踏まえることが求められる。**

　本条によって認められるものの中には，国家機関から侵害されないという自由権的なものだけでなく，プライバシーの保護のように，他の私人からの侵害が問題とされる場合がある。これらのほか，人間の尊厳，身体や自由などが侵害された場合に回復を求めるような権利についても，本条を根拠として認められるべきものがあると考えられる。

---

column 犯罪被害者の人権

　犯罪の加害者ないし容疑者については，憲法31条以下に人権保障の規定が置かれている。これに対して，犯罪の被害者についての人権規定は置かれていない。これは，憲法の人権規定が国家からの侵害防止の面を中心として定めているためである。しかし，近年では，犯罪被害者の置かれてきた状況が認識され，その権利保障の必要性が指摘されてきている。外国の一部（アメリカの一部の州）で憲法に被害者の権利を定めた例があり，国内でも，憲法改正草案の中に犯罪被害者の権利を明記する案もある。

　現行憲法上も，13条を基に犯罪被害者の人権が保障されていると解することができる（被害者が人権教育・啓発における課題とされていることについて，第2章第2節1のコラム「人権教育・啓発と警察」参照。）。犯罪は個人の尊厳，生命・身体・幸福追求権を侵害する典型的な行為であり，その状態からの回復を図ることは，13条の求めるものであると考えられるからである。刑事手続上の被害者の権利保障など，その具体化は刑事訴訟法を含めた個別法を制定する必要があるが，その前提として被害者の権利保障の観点が求められるといえる。

2　容ぼう等を撮影されない自由

何人もみだりにその容ぼう・姿態を撮影されない自由を有する
　警察官が本人の承諾なしに撮影するには正当な理由が必要
　　撮影の必要性と撮影方法の相当性が求められる

　最高裁判所は，京都府学連事件大法廷判決（重要判例）において，**何人も**「みだりにその容ぼう等を撮影されない自由」^(注2)を有するのであって，**警察な**

どの機関が本人の承諾なしに**撮影することは正当な理由がなければ許されない**，との基本的な考えを明らかにしている。

　どのような場合に撮影が認められるかについて，この大法廷判決の中では，**ⅰ現に犯罪が行われ又は行われたのち間がないと認められる，ⅱ証拠保全の必要性及び緊急性がある，ⅲ一般的に許容される限度を超えない相当な方法をもって行われる**，という各要件を満たしていれば，本人の承諾がなくとも撮影は適法であるとされている。自動速度取締装置（いわゆるオービス）による撮影についても，同様に，ⅰ速度違反が現に行われている，ⅱ証拠保全の必要性・緊急性がある，ⅲ撮影する旨を表示しており撮影方法が相当である，として適法であるとしている（最高裁判決昭和61年2月14日）。

　これら二つの判例は，現に犯罪が行われている場面での撮影が争われたものであるが，それ以外の場合（ⅰの要件がない場合）はできないとする趣旨ではない（最高裁決定平成20年4月15日は，そのことを明言している。）。警察が街頭に**防犯カメラを設置して継続的に撮影**することについては，現に犯罪が行われていない段階で撮影をするものであるが，その場所で**犯罪が行われる相当程度の高い可能性**があり，犯罪が行われた場合に撮影した**結果を利用する必要性**が高く，防犯カメラで撮影していることを**明確に表示し，得られた映像を厳重に管理して，犯罪予防及び犯罪捜査以外に用いず，かつ短期間しか映像を保持しない**（犯罪が届け出られるまでの期間を想定し，おおむね1週間程度を超えれば，その映像を消去する。）といった限定を付すのであれば，一般的に違法なものとはならないと考えられている。[注3]犯罪捜査の過程で，犯人特定のための証拠資料を入手するために容疑者の容ぼう等を撮影する行為も，適法なものとされている。

　警察などの公権力機関以外の者が防犯カメラで人を撮影する（そして警察の捜査等に対して提供する）ことに関しては，次の個人情報保護とプライバシーの項で解説する。

（注2）　判決では，「これを肖像権と称するかどうかは別として」としており，「肖像権」という権利が認められたとまではいえない。

（注3）　警視庁が新宿歌舞伎町などに設置している街頭防犯カメラシステムはこの考え方に基づいている。詳細は，都市防犯研究センター「コミュニティセキュリティカメラに関する調査研究報告書」（平成13年）参照。

[重要判例：京都府学連事件（最高裁大法廷判決昭和44年12月24日）]

（事案）

　京都府学生自治連合が主催したデモ行進において，京都府公安委員会が条例（集会，集団行進及び集団示威運動に関する条例）に基づいて「行進隊列は４列縦隊とする」許可条件を付し，警察署長が道路交通法77条に基づいて「車道の東側端を進行する」という条件を付していたにも関わらず，先頭から４列目ないし５列目までが７名ないし８名の縦隊となり道路のほぼ中央を行進していたことから，違法状態の視察，採証の職務に従事していた警察官が行進状況を撮影したのに対し，列外の先頭にいた被告人が手にしていた旗竿を突き出し，１週間の怪我を負わせた。

　傷害及び公務執行妨害罪で起訴された被告人が，警察官の写真撮影行為が本人に無断でかつ令状もなく肖像権を侵害したものであって憲法13条及び35条（令状主義）に違反することを主張し，最高裁に上告した（このほか条例の違憲主張もあるが省略）。

（判決の要旨）

⑴　憲法13条は「国民の私生活上の自由が，警察権等の国家権力の行使に対しても保護されるべきことを規定しているものということができる。そして，個人の私生活上の自由の一つとして，何人も，その承諾なしに，みだりにその容ぼう・姿態（以下「容ぼう等」という。）を撮影されない自由を有する」「**警察官が，正当な理由もないのに，個人の容ぼう等を撮影することは，憲法13条の趣旨に反し，許されない**」

⑵　この自由も「無制限に保護されるわけではなく，公共の福祉のため必要のある場合には相当の制限を受ける」

⑶　「**現に犯罪が行なわれもしくは行なわれたのち間がないと認められる場合であつて，しかも証拠保全の必要性および緊急性があり，かつその撮影が一般的に許容される限度をこえない相当な方法をもつて行なわれるとき**」は撮影される本人の同意がなく，裁判官の令状がなくても，警察官による個人の容ぼう等の撮影は許容される。

　このような場合，「犯人の容ぼう等のほか，犯人の身辺または被写体とされた物件の近くにいたためこれを除外できない状況にある第三者である個人

の容ぼう等を含むことになつても，憲法13条，35条に違反しない」

［最新判例：最高裁決定平成20年 4 月15日］
（事案）

　本件は，被害者を殺害してキャッシュカード等を強取し，そのカードを用いてＡＴＭから現金を窃取するなどした，強盗殺人，窃盗，窃盗未遂事件である。行方不明の捜索願を受けて警察が調べたところ，被害者の自宅に多量の血痕があり，また，ＡＴＭにより被害者の口座から多額の現金が引き出され，あるいは引き出されようとした際の防犯ビデオに，被害者とは別の人間が映っていたことから，捜査が進められた。

　被告人が本件にかかわっている疑いが生じ，警察では，防犯ビデオの人物と被告人との同一性を判断するため，公道上を歩行している被告人の容ぼう等をビデオ撮影するとともに，防犯ビデオに映っていた人間の腕時計と被告人の腕時計との同一性を確認するため，パチンコ店の店長に依頼して店内の防犯カメラと警察官のカメラとでビデオ撮影した。これらの画像の鑑定書は，証拠とされている。

（判決の要旨）

　本件の事実関係からすれば，「被告人が犯人である疑いを持つ合理的な理由が存在していたものと認められ」かつ「犯人の特定のための重要な判断に必要な証拠資料を入手するため，これに必要な限度において，公道上を歩いている被告人の容ぼう等を撮影し，あるいは不特定多数の客が集まるパチンコ店内において被告人の容ぼう等を撮影したものであり，いずれも，通常，人が他人から容ぼう等を観察されること自体は受忍せざるを得ない場所におけるものである」ので，「これらのビデオ撮影は，**捜査目的を達成するため，必要な範囲において，かつ，相当な方法によって行われたものといえ**，捜査活動として適法なものというべきである。」（上告棄却）

（備考）

　本件では，警察が被告人及びその妻が自宅付近の公道上にあるごみ集積所に出したごみ袋を回収し，そのごみ袋内から防犯ビデオに映っていた人物が着用していたものと類似するダウンベスト，腕時計等を発見，領置したこと

についても適法性が争われたが，「排出されたごみについては，通常，その
まま収集されて他人にその内容が見られることはないという期待があるとし
ても，捜査の必要がある場合には，刑訴法221条により，これを遺留物とし
て領置することができる」ことを判決で正面から認めている。

3　個人情報保護とプライバシー

> 個人に関する情報を公権力機関にみだりに開示，公表されない自由
> 　公権力機関以外の場合には「プライバシー侵害」として判断される

　判例上，**公権力行使から保護されるべき私生活上の自由の一つとして，**
「何人も，個人に関する情報をみだりに第三者に開示又は公表されない自
由」が認められている（最高裁判決平成20年3月6日）。「みだりに」に該当
するかどうかは，法的な根拠と情報の内容，提供目的などによって異なる。
住民基本台帳法に基づく氏名，住所等の住基ネット（住民基本台帳ネット
ワークシステム）への提供は，秘匿性が高い情報ではないことと，他に流用
されることのない法的な仕組みが設けられていることなどから，「みだり
に」には当たらない。車両の通行情報がいわゆるNシステム（自動車ナン
バー自動読取システム）で収集されることも，通行情報が元々秘匿されるも
のでないことから，データが目的外に使用されず，長期間保管されないこと
を前提として，「みだりに国民の情報を収集・管理されない自由」を害する
ものにはならないと解されている。これに対し，個人の前科といった秘匿性
の高いものの場合には，弁護士法に基づく弁護士会からの照会に対して回答
するときでも，必要性等を十分に吟味しないで行えば，違法とされる。

　一方，公権力機関以外の者との間では，「プライバシーを侵害する不法行
為に当たる」かどうかという形で争われることが多い。個人に関することを
記事や書籍によって公表する行為は，公表する側の「表現の自由」と，公表
される側の「プライバシー」の対立という面がある。最高裁で公表する行為

（注4）　最高裁判決平成20年3月6日（住基ネット判決）。なお，住基ネットに関しては，
　　　　多数の訴訟が提起され，下級審で2件の違憲判断があったために注目されたが，最
　　　　高裁は本文に述べた理由で合憲との判断を下している。

が違法とされた事例としては，ノンフィクションの中で人の前科を実名入り
で明らかにしたものや，モデル小説で知人の顔にしゅようがあることを取り
上げたものなどがある。^(注7)

　プライバシーとは，当初，出版等との関係で，私生活をみだりに公開され
ない権利として位置付けられてきた。一般人の感受性を基準にした場合に公
開を欲しないであろうと認められる（一般人の感覚から公開されると心理的
な負担，不安を覚えるであろうと思える）もので，人々に知られていないも
のが，保護されるべきプライバシーに該当する。^(注8)その中でも，**人種，信条，**

（注4の2）　東京高裁判決平成21年1月29日は，憲法によって「みだりに自己の私生活
　　に関する情報を収集・管理されない自由」が保障されるとしつつ，Ｎシステムにつ
　　いては，ⅰ情報を収集し管理する目的（自動車使用犯罪の犯人の検挙等犯罪捜査の
　　必要及び犯罪被害の早期回復に限定）は正当なものである，ⅱ収集管理される情報
　　が公権力に対して秘匿されるべき情報ではない（自動車ナンバーは他者が容易に認
　　識できるようにしなければならないことが法律によって義務付けられている。），ⅲ
　　収集管理する方法は，有形力の行使ではなく，走行等に何らかの影響を及ぼすよう
　　な国民に特別の負担を負わせるものではない，ⅳ取得されたデータは目的達成に必
　　要な短期間保存されることはあるが，その後消去され，目的外に使用されることは
　　ない，ことを指摘して，「公権力がみだりに国民の情報を収集，管理するということ
　　はできない」と結論付けている。GPS捜査（GPS装着による位置情報の長期的取
　　得）を違法とした最高裁大法廷判決では，公道以外の場所で個人のプライバシーが
　　強く保護されるべき場所や空間に関わるものが含まれていることと，個人の所持品
　　に装着するものであることが指摘され，「公道上の存在を肉眼で把握したりカメラで
　　撮影」したりするような手法とは違うことを述べられているので，Ｎシステム高裁
　　判決の述べるⅱ及びⅲとは明らかに異なり，同判決の考え方がＮシステムの合憲性
　　を否定することにつながることにはならないものと思われる。
（注5）　最高裁判決昭和56年4月14日
（注6）　名誉を侵害するような内容の場合には，「人格権としての名誉の保護」を侵害す
　　る違法なものとの評価がなされる。これに対し，プライバシーは，その内容が真実
　　であり，また本人の名誉を害さないものであっても，保護対象に含まれる。
（注7）　「逆転」事件（最高裁判決平成6年2月8日），「石に泳ぐ魚」事件（最高裁判決
　　平成14年9月24日）。なお，「逆転」事件では，作者は裁判の不当性を訴える意図で
　　あって正当であると主張したが，「有罪判決を受け，服役したという事実は，その者
　　の名誉あるいは信用に直接にかかわる事項」であるから，公の機関でも私人からで
　　も，「みだりに右の前科等にかかわる事実を公表されないことにつき，法的保護に値
　　する利益を有する」とした上で，その事件の歴史的社会的な意義，その者の社会的
　　な影響力，著作物における実名使用の意義などもあわせて考慮し，「前科等にかかわ
　　る事実を公表されない法的利益がこれを公表する理由に優越する」場合には，精神
　　的苦痛の賠償を求めることができると判断されている。
（注8）　「宴のあと」事件（東京地裁判決昭和39年9月28日）で示された基準である。な
　　お，本件は小説として公表されたため，本文に述べた2要件のほか，一般の人がそ
　　れが私生活と誤認しても不合理でない程度に真実らしく受け止められることを要件
　　としている。

社会的身分，病歴，犯罪の経歴，犯罪被害を受けた事実といった本人に対する不当な差別や偏見といったことにつながるもの，その取扱いに特に配慮を要する記述が含まれている個人情報については，「**要配慮個人情報**」に当たる。これらについては，実際の必要性が高い場合でなければ，収集等を行うべきものではないとされている。^(注9)**警察の場合は，犯罪捜査などで必要なときに，これらを本人の同意なく収集することもあるが，収集自体は適法でも，その後に保有を継続することの可否は別に判断しなければならず，他への転用や公表にはより大きな公益上の必要性が求められる**ことに留意しなければならない。^(注10)

---

column データの保管・使用制限の厳守

　個人情報・プライバシーの保護に関しては，他の自由や権利とは異なり，歴史が浅く，内容が明確なものとはなっていないし，法律による統制も限られている（取得に関する法律の規定も少なく，保管に関しては行政機関個人情報保護法（都道府県の場合はそれぞれの条例）で一般的な定めはあるが，犯罪捜査目的の情報には，開示請求などの規律の大半が及んでいな

(注9)　このような秘匿性の高い「要配慮個人情報」については，個人情報保護法により，事業者等は，原則として本人の同意がなければ取得できないこととされている（例外は，法令に基づく場合，人の生命等の保護のために必要がある場合で本人の同意を得ることが困難であるとき，公衆衛生又は児童の健全育成のために特に必要がある場合であって本人の同意を得ることが困難であるとき，国の機関や地方自治体に協力する必要がある場合であって本人の同意を得ることによりその事務の遂行に支障を及ぼすおそれがあるときなどに限られる。）。また，行政機関の場合には，行政機関個人情報保護法により，要配慮個人情報が含まれる個人情報ファイルを保有しようとするときは，犯罪捜査目的ファイルなどの場合を除き，総務大臣に通知し，かつ，その旨を記載した個人情報ファイル簿を作成し，公表することが義務付けられている。

(注10)　個人情報保護法等の制定前であるが，被疑者の弁護士の所属団体及び政党を他の警察官に聞いて捜査報告書に書いたことに対して，国家賠償訴訟が提起された例もある。一審では賠償が認められたが，二審では，警察官の収集自体は違法ではない（調査対象者の私生活の平穏をはじめとする権利利益を違法不当に侵害するといったおそれのない方法によって行われたものである限り，プライバシーを，違法，不当に侵害するものとはいえない）とされ，略式命令の記録に添付して他の者の知り得る状態に置いた検察官の行為のみが違法とされている（東京高裁判決平成12年10月25日）。なお，この判決の中で，捜査が「広く当該被疑事件に関係すると考えられる事項や公訴提起後の公判活動をも視野に入れた当該事件の処理にとって参考となると考えられる事項について，積極的に情報の収集が行われ，その過程で，時として関係者のプライバシーに関わるような事項についても調査が行われ」ることは当然のことであると述べられている。

い。）。憲法上の権利としても，「みだりに用いられない」といったものとなっている。強制取得を認める根拠法は少ないが，同時に強制にならない限り，広い範囲の情報を警察が収集し，保管することが可能となっている。警察の保有するNシステムによって得られた車両の走行データ，DNA型鑑定データ，指掌紋データとともに，主として民間の保有する防犯カメラで得られた画像情報が，今日の犯罪捜査，社会の安全維持に極めて大きく貢献している。その一方で，個人情報が保護されるべきだという国民の意識は，近年これまで以上に強いものとなってきている。判例が，平成20年代以降に，荷物のエックス線検査やGPS捜査を強制であると位置付けたのは，国民の意識を踏まえたプライバシーを重視する法的判断といえる面がある。それだけに，世論の変化によっては，現在の警察捜査を支えているデータの保有が新たな問題として浮上する可能性がないとはいえない。

　防犯カメラ画像情報を警察のような公権力機関が取得することが適法であるのは，ごく短い期間で確実に消去されるからであるし，公的空間における民間の防犯カメラもおおむね1週間程度で消去されることが前提となっている。Nシステムも，短期間で消去され，他の目的に使われないことが憲法に反しない理由とされている（注4の2参照）。したがって，警察組織は，それぞれの情報の保有目的にのみ使用し，保管期間を超えて保管しない（期間後のデータを消去する）ことを厳守しなければならない。もし，一部であっても，情報の利用目的以外の利用（流用）や保管期間を超えた保管といった事態が起きれば，その影響ははかりしれない。法的権限の付与と法律による厳格な統制が及んでいないだけに，警察自身によるデータ保管・使用の適正の確保（制限の厳守）が一層強く求められることを強調しておきたい。

■column■ 個人情報流出防止の重要性

　個人情報を本来の目的に用いることが許される場合でも，保管管理がずさんで情報が漏えいしてしまうようでは，結果的に不当に個人の自由を侵害することになり，制度の合憲性自体が改めて問題とされることにもつながる（住基ネットをめぐる裁判では，システムからの情報の漏えいの可能性が一つの争点となり，「システムから容易に情報が漏えいするような具体的危険」がないことが合憲判断の理由の一つとされている。）。行政機関個人情報保護法（行政機関の保有する個人情報の保護に関する法律）が，行政機関の長に保有個人情報の漏えい防止等のために必要な措置を講じることを義務付け（個人情報の委託を受けた者も同様），個人情報の取扱いに従事する行政機関の職員（職員であったもの，受託業務に従事し，又は従事していた者も同様）にみだりに他人に知らせ，不当な目的に利用する

ことを禁じ，さらに一定の場合には処罰対象としているのは，漏えい防止の重要性に対応したものである（都道府県警察の場合はこの法律の適用はないが，ほぼ同様の内容が都道府県の条例で規定されている。）。

特に警察の場合には，通常の行政機関の場合であれば保有することが認められないような機微な情報（本人が第三者に特に知られたくない情報）を収集する必要性があるが，漏えいが起きるようでは，そういった情報を警察が保有すること自体が問題とされることになる可能性があるのであって，他の機関の場合以上に漏えい防止に厳格に取り組まなければならない。^(注10の2)過失によって漏えいをした場合，刑事罰の対象とはならなくとも，公務員法上の厳格な処分の対象ともなり得る。

プライバシー保護の基本には，人が人間らしく生きるためには，誰からも邪魔（じゃま）されない場所が必要だという発想がある。近年では，情報の流通や集約を容易にするための技術が著しく発達したため，一つひとつはそれほどの影響がなくとも，組み合わされ，集積されることによって，全体として個人の行動が完全に再現されるのではないか，といったおそれを感じる者が増加している。このため，「プライバシー」という言葉で保護されるものの範囲は，より幅広いものとなってきている。

個人情報に関しては，氏名，住所のような他者に知られることがある程度の範囲で想定されているものであっても，「本人が，**自己が欲しない相手にはみだりにこれを開示されたくないと考えることは自然なことであり，そのことへの期待は保護されるべきものである**」と位置付けられる。このため，本人の同意を得ることなく警察に情報を提供する側に対して，自らの同意を得ていないことを理由に，訴訟を提起する例も近年では生じている。このうち，大学で行われる外国要人の講演会参加者リスト（学籍番号，氏名，住所及び電話番号）を警察に提供したことが争われた事件では，最高裁は，「プライバシーに係る情報として法的保護の対象となる」「取扱い方によっては，

（注10の2） 国際テロ対策に係る個人情報を含むデータがインターネットに掲出された事案では，警察から流出したと認定し，情報収集を適法と認めつつ，絶対に漏えいすることのないよう徹底した対策を行うべき情報管理上の注意義務を負っていることを指摘した上で，プライバシーの侵害及び名誉毀損の程度は甚大であるとして全体で約9,000万円の賠償が命じられている（東京地裁判決平成26年1月15日）。第5章注42の2参照。

個人の人格的な権利利益を損なうおそれのあるものであるから，慎重に取り扱われる必要がある」とした上で，「大学が本件個人情報を警察に開示することをあらかじめ明示した上で本件講演会参加希望者に本件名簿へ記入させるなどして開示について承諾を求めることは容易であった」と認定し，「**プライバシーに係る情報の適切な管理についての合理的な期待を裏切るもの**」として不法行為に当たるとした。[(注11)]一方，コンビニが撮影した防犯カメラの映像を，その店とは関係のない事件の捜査に協力するために警察に提供したことに関して，カメラに映った者がコンビニ店を訴えた事件では，**防犯カメラによる撮影録画には目的の相当性，必要性，方法の相当性が認められ，警察に提供することも適法な捜査に協力する公益性を有する**などとして，訴えが退けられている。[(注12)]

　プライバシーについて，学説上は，個人情報に関する「情報自己コントロール権」と，個人の様々な行動に関する「自己決定権」（人格的自律権）とが認められるといった説明がなされることが多いが，最高裁の判例は，これらの用語を用いていない。個人情報に関しては，これまで述べた判例の内容に従って理解すべきものである。自己決定権と呼ばれるものについては，一般的な私的自由の問題として，次の項で取り上げる。

　column　「忘れられる権利」と逮捕事実の公表

　　インターネット上の情報は，年月がたっても，検索すれば表示される。EUでは，欧州司法裁判所が，10年前の記事（社会保険料滞納による自宅競売）が検索で表示される者からの検索事業者（グーグル）に対する削除

（注11）　早稲田大学江沢民講演会名簿提出事件（最高裁判決平成15年 9 月12日）。この判決を受けて差し戻しされた東京高裁で，一人当たり 5 千円の賠償が確定している。なお，この判決には， 5 人中 2 人の裁判官が，他者に対して完全に秘匿される情報でないこと，警備の必要性は極めて高いことを指摘し，反対の見解を述べている。また，この原告は，講演会で大声で叫ぶなどして逮捕され，大学からけん責処分を受けたことの取消を求めていたが，その訴えは認められていない。

（注12）　名古屋高裁判決平成17年 3 月30日。この判決は，私人間であって憲法13条が直接に対象とするものではないとしつつ，本件の撮影録画には目的の相当性，必要性，方法の相当性が認められるとし，警察への提供に関しては，提供の経緯からみて，「捜査機関の適法な任意捜査に対する私人の協力行為として公益目的を有する」ことを挙げ，録画されているのが菓子パン等を購入している姿にすぎないことを考慮すると，違法性はないとの判断を示している。

要求を認めた。その後，EUのデータ保護規則が制定され（2018年施行），消去の権利（忘れられる権利）が明文化された。一方，表現の自由，検索事業者の立場を重視するアメリカでは，「忘れられる権利」は認められていない。

　日本でも，児童買春での逮捕報道記事が検索で表示される者によって，検索事業者に削除を求める訴えが提起されたが，最高裁は，ⅰ個人のプライバシーに属する事実をみだりに公表されない利益は法的保護の対象となる，ⅱ検索結果の提供は事業者自身による表現行為という側面を有するし，公衆がインターネット上に情報を発信したり，膨大な情報から必要なものを入手することを支援するものとして大きな役割を果たしている，ⅲ検索結果の提供が違法となるかどうかは，事実を公表されない法的利益と提供する理由に関する諸事情を比較衡量（ひかくこうりょう）して判断すべきであり，公表されない法的利益が優越することが明らかな場合に，検索事業者に検索結果からの削除を求めることができる，との判断枠組みを示した上で，本件については，「児童買春が児童に対する性的搾取及び性的虐待と位置付けられており，社会的に強い非難の対象とされ，罰則をもって禁止されていることに照らし，今なお公共の利害に関する事項である」と指摘し，事実を公表されない法的利益が優越することが明らかとはいえないとした（注12の2）。

　被疑者名を含む逮捕事実の警察による発表とメディアによる実名報道は，これまで公益性が認められ，逮捕後に不起訴になったとしても違法とされてはいない。しかし，インターネット上の拡散の結果として，実質的な影響はより大きくなっていることを踏まえれば，報道発表（報道機関への素材の提供）に当たる警察として，公益性が争われることに備えておくことが今後一層必要になるものと思われる。

（注12の2）　最高裁決定平成29年1月31日。本件は，平成23年に児童買春で逮捕され，罰金刑に処せられた者が，逮捕当日の報道内容の全部又は一部がインターネットのウェブサイトの電子掲示板に多数回書き込まれ，それが検索で表示され続けているのに対し，検索からの削除の仮処分を求めたものである。さいたま地裁は事件から3年経過後も表示され続ける公益性は低く，申立人の不利益は重大であるとして，仮処分を認めた。これに対し，東京高裁は，表現の自由や知る権利への影響があることを指摘し，地裁の決定を取り消した。最高裁の決定は，結論として高裁の決定を認めた。本決定以後，同種の争いでは，下級審で「公表されない法的利益が優越することが明らかとはいえない」という判断がなされるのが通例となっている。

4　憲法13条に基づくその他の人権

> 私的自由一般が保障，介入はそれだけの必要性がある場合に限定
> 公権力機関は，個々人の人権を守るために介入・支援
> 　児童買春・児童ポルノ，児童虐待，配偶者からの暴力などはその典型

　憲法13条を根拠に認められる権利として，判例上言及されたものとしては，**名誉権，指紋押なつを強制されない自由**，喫煙の自由といったものがある。名誉権に関しては，表現の自由を制限する場面で問題となる。指紋押なつを強制されない自由に関しては，第2章第3節1 （外国人の人権）のコラム「外国人の指紋押なつ制度」参照。

　判例は，個人の私的自由が公権力行使との間で一般に認められるとの考え^(注13)を示しており，個人の様々な自己決定に関して，公権力的に介入できるのは，他の者への影響などそれだけの必要性がある場合に限られる。

　他方，**公権力機関が個々人の人権を守るという形で介入し，支援することも極めて重要**である。憲法の規定の上では，公権力による侵害を防ぐという自由権的な基本権が中心となっているが，多くの国民にとって，それ以外の人権も重要な意味を持っている。法律によって，公の機関が介入することで私人の侵害から人の尊厳を守る場面が定められている。特に，近年では，弱い立場の人々が犯罪等によってその人権を侵害されることを防止する法律が制定されてきている。例えば，児童買春・児童ポルノ処罰法（児童買春，児童ポルノに係る行為等の規制及び処罰並びに児童の保護等に関する法律）では，児童の権利擁護のため，児童買春，児童ポルノ等を処罰し，それらによって心身に有害な影響を受けた児童の保護のための措置等を定めている。

（注13）　私人相互間の問題に関しては，最高裁は，憲法の適用される対象ではないとしつつ，民事法の解釈を通じて処理している。例えば，輸血を受けることを宗教上の信念に基づいて拒否する意思を明確にしている者が輸血を受けないで手術を受けることができると期待していたのに病院側が手術中に必要と判断して輸血をしたことについて，賠償を認めている（最高裁判決平成12年2月29日）。一方，私立高校が「バイクの免許を取らない，乗らない，買わない」という三ない原則を定めていて，それに反したとして退学勧告を受けた事案については，違法とする請求を退けている（最高裁判決平成3年9月3日）。

児童虐待防止法（児童虐待の防止等に関する法律）は，児童虐待が児童の人権を著しく侵害するものであることから，児童虐待の禁止，予防と早期発見，児童の保護といった施策を推進することを定め，親権の行使という理由で犯罪の責めを免れることはないことを宣言している。配偶者暴力防止法（配偶者からの暴力の防止及び被害者の保護等に関する法律）は，配偶者からの暴力が重大な人権侵害であり，男女平等の実現を妨げているとの考え方を明らかにした上で，暴力に係る警察等への通報，相談，保護，自立支援等の体制を整備している（第1章第3節2のコラム〈憲法の基本的人権尊重と配偶者暴力防止法〉参照）。このほか，高齢者に関して「高齢者虐待の防止，高齢者の養護者に対する支援等に関する法律」，障害者に関して「障害者虐待の防止，障害者の養護者に対する支援等に関する法律」がそれぞれ制定されている。さらにまた，犯罪被害者等基本法は，犯罪被害者等について個人の尊厳が重んじられ，その尊厳にふさわしい処遇を保障される権利を有することを定め，相談及び情報の提供，安全の確保といった様々な施策を定めている。

　警察は，これらの法律が対象とする事態に対し，関係機関との連携を図りつつ，事件の検挙を通じた被害者保護をはじめ，自らの権限を積極的に行使し，関係者の人権が守られるべく，努力しなければならないのである。

column 性犯罪被害防止のための外国の制度

　近年，欧米では，刑罰に加えて，性犯罪者の出所後の行動に制限を加え，あるいは施設に収容することが行われている。例えばドイツでは，性犯罪及び暴力的犯罪の危険性のある者を無期限に保安拘禁する制度（保安監置）があり，ドイツの憲法裁判所も，国家が潜在的被害者の基本権を犯罪者による侵害から保護する任務があることを理由に合憲としている。アメリカでも一部の州において，精神疾患等によって性犯罪に及ぶ危険があると認められる者を，刑事罰としてではなく，治療施設等に収容する制度（民事収容制度）がある。イギリスやフランスには拘束継続制度はないが，刑務所を出所した後に一定の義務が課される（イギリスは住所等を届け出る義務と行政命令，フランスは付加刑として判事の監督下での監視措置などが最長で20年に及ぶ。）。これらのほか，性犯罪者の情報を公開する制度がアメリカで，特定の事業者等に提供する制度がイギリスで行われている。これらは，被害者の人権に対する重大な侵害である性暴力について，次の被害を防ぐことの重大性に対応したもの（加害経歴者の人権に対する強い制約をやむを得ないと位置付けたもの）といえる。

　一方，日本では，性犯罪に対する国の特別の制度はない（保護観察は仮釈放の期間中（又は執行猶予期間中）に限られる。警察の行っている子供対象・暴力的性犯罪の出所者による再犯防止に向けた措置は，相手方に何らの義務を負わせるものではない。）が，大阪府が「大阪府子どもを性犯罪から守る条例」を平成24年に，福岡県が「福岡県における性暴力を根絶し，性被害から県民等を守るための条例」を平成31年にそれぞれ制定し，対象となる性暴力出所者に住所の届出義務を課し，知事が社会復帰の支援等を行うという制度を設けているのが，取組として注目される。

◆第2節　法の下の平等

1　法の下の平等の考え方

> 国民は法の下に平等であり，差別をしてはならない
> 　外国人も，例外的場合を除き，国民と同様の取扱いを要する

　憲法14条1項は，「すべて国民は，法の下に平等であつて，人種，信条，性別，社会的身分又は門地により，政治的，経済的又は社会的関係において，差別されない。」と，法の下の平等を宣言している。

　「すべての人が人間として平等である」という基本理念は，憲法の人権保障の最も根本にあるものである。人が現実には，様々な異なった背景を持ち，考え方も能力も様々に異なっていて，一人ひとりが異なった生活をしているが，人間としてはすべて平等な存在である。権利の上での平等，法の下に平等な存在であり，身分によって異なる法が適用されたり，人間として差別されてはならない。規定の上では，「国民」だけが対象となるように見えるが，外国人であっても，人間として平等であるということに変わりはなく，政治的意思決定への参画や国内への滞在の可否などを除いて，憲法の平等の規定が実質的に及んでいる。

　法の下に平等であるということは，何よりも，法を適用する場面で，人を差別してはならないということを意味する。**警察官は，様々な権限を行使する際に，社会的な地位の有無や人種などによって，人を差別することがあってはならない。外国人の場合も，不法滞在のように外国人のみが対象となる犯罪を摘発する場面を除けば，日本人と同様に取り扱わなければならない。**捜査をする場合には，先入観や偏見を持つことなく，様々な資料や情報に基づいて，合理的に行うことが求められるのであって，一部の者に対して，根拠のない差別的な取扱いをすることは許されないのである。

　法の下の平等は，個人の側からは平等権として位置付けられる。平等権を侵害する差別的取扱いは，憲法に違反するものとなる。法律の適用だけでなく，法律を制定する場面でも，その内容が平等権を侵害する場合には，憲法

違反として無効となる。(注14)

　政治的関係だけでなく，経済的，社会的関係においても，差別されないことが憲法で定められている。したがって，国や地方公共団体のような公権力機関との関係だけでなく，会社や一般人の行為であっても，この平等の基本理念に反することは許されない。(注15)障害者，外国人，特定の地域出身者，特定の病気にかかったことのある者などが，偏見や差別の対象となることのない社会を作っていくことが求められている。

　憲法は，法の下の平等を具体化するものとして，貴族制度の禁止（14条2項），栄典における特権の禁止（14条3項），普通選挙の保障（15条3項），家族生活における両性の平等（24条）の規定を置いている。

2　差別禁止と合理的な差異

> 不合理な差別は憲法違反
> 　合理的な差異は許容：目的の正当性と手段の合理性

（注14）　平等原則違反として，最高裁が法律を違憲としたものとしては，刑法の尊属殺人の規定（昭和48年4月4日），公職選挙法の衆議院の議員定数に関する規定（昭和51年4月14日，昭和60年7月17日），国籍法の父母婚姻要件（外国人の母親から生まれた場合，日本国籍の父親の認知があっても父母が婚姻関係になければ日本国籍が取得できないとする）規定（平成20年6月4日），民法の法定相続分における非嫡出子差別（嫡出子の半分とする）の規定（平成25年9月4日）がある。このほか，衆議院の定数格差と参議院の定数格差に関して，それぞれ複数回，「違憲状態にある」との判断が示されている。

（注15）　憲法の規定が公の権力機関以外に適用されるのかについては，様々な議論があるが，不合理な差別的取扱いは，「人権侵犯」と考えられ，人権擁護機関において是正を求める対象となっている（実際にも，「人権侵犯」が問題となる事案の多くは公権力機関以外によるものである。差別に関わるものとしては，同和問題（部落差別），障害者，外国人に関する事案が多くを占めている。）。また，不合理な差別的取扱いは，民法上も公序良俗違反として違法，無効とされる。公の権力機関以外の者（個々人や企業，社会的団体など）は，それぞれの価値観にのっとって行動する自由を持っており，一部の者に有利ないし不利な取扱いをすることがすべて禁止されるわけではないが，内容や性質等からみて，憲法の基本理念に照らして正当かどうかが問われることになる。例えば，相撲協会が伝統にのっとって女性が土俵に上がることを禁止していても，違法な差別とはならない。これに対し，入会権者（集落が共同で林野を管理し産物を採取している場合においてその採取等の権利を持つ者）の資格要件を慣習に基づいて男子孫に限ることについては，最高裁は「男女の本質的平等を定める日本国憲法の基本的理念に照らし」合理的理由のないものであって，差別を正当化することはできないとの判断を示している（最高裁判決平成18年3月17日）。

　憲法の平等原則は，差別を禁止しているが，合理的な理由に基づいて，特定の事情のある者を他の者と異なった扱いをすることを禁止してはいない。例えば，前科があることを理由に，前科のない者に比べて重い刑罰を科すことは，憲法に違反しない。また，危険防止上の必要性のある業務に従事している者の行為を，業務上過失致死傷罪の対象とし，一般の過失致死傷罪に比べて重く処罰することも，同様である。また，地域によって条例上異なった扱いがなされることも，憲法が定める地方自治の原理から，当然に認められる。

　何が合理的な取り扱いで，何が不合理な差別であるかは，最終的に裁判所によって決定される。異なった扱いをする目的が正当であり，手段としての取扱いの差が合理的である（目的達成のために必要で，かつ合理的な関連性がある）場合には，合憲とされる。**憲法が列記している「人種，信条，性別，社会的身分又は門地」は，不合理な差別につながりやすいもの**といえる。人種差別が許されないことは明らかであるし，門地の典型である家柄による差別も当然に許されない。

　信条とは，宗教上の信仰のほか，思想上，政治上の主義を含むものであるが，そのこと自体による制限は，例外的な場合以外は認められない。これを受けて，公務員の差別的取扱いの禁止が法律で定められている。[注16]もっとも，例えば警察の場合に，「警察の職務に優先してその規律に従うべきことを要求する団体又は組織」に加入していたり，「不偏不党かつ公平中正に職務を遂行する」ことに問題があり得る者について，採用しないという扱いをすることは，国民によって警察組織に課せられた責務を果たす上からも当然のことであり，憲法の禁止する差別に当たるものではない。

　性別については，男性と女性とで同権であること，平等，対等であることが本来求められる（家族生活における両性の平等は，憲法24条で具体的に定められている。）。労働関係で争われることが多いが，男女で異なった定年制

（注16）　地方公務員法は，職員に適用される基準として，「全て国民は，この法律の適用について，平等に取り扱われなければならず，人種，信条，性別，社会的身分若しくは門地によつて，又は第16条第4号に規定する場合を除くほか，政治的意見若しくは政治的所属関係によつて，差別されてはならない。」（13条）と規定し，信条等による差別を明確に禁止している。同時に，「日本国憲法施行の日以後において，日本国憲法又はその下に成立した政府を暴力で破壊することを主張する政党その他の団体を結成し，又はこれに加入した者」を欠格事由とし（16条4号），職員になることができないものとしている。

を設けることなどは認められない。他方，男性と女性との間での身体的な差^(注17)異に基づいて，必要最小限の範囲で異なった扱いをすることは認められる。警察官の採用において，男性と女性とで異なった試験を行うことは，この観点から認められるものといえる。しかしながら，**両性の異なった扱いは，あくまでも例外的な範囲で許容されるものであり，社会の変化によって「合理的」として容認される範囲も変化する**。かつて，警察官としての採用を男性に限っていた県警察が存在したが，今日的な観点からすれば，そのような採用は不合理な差別と判断され得るものといえる。両性の役割分担的な発想による差異の設定が認められないのに対して，現実的な保護の必要性による異なった取扱い（例えば，女性被疑者の身体検査の特例）は，一般的に必要なものとして認められる。

　社会的身分については，学説上は生来の身分ないし自らの意思によっては離れることのできない固定した地位と解するものが多いが，判例は，人が社会において一時的でなく占める立場と解している。前科のある者，日本に帰化した元外国人は，これに当たる。帰化した者であることを理由にした差別は，認められない。これに対し，前科があることを理由に，特定の職業に就けないようにすることは，それが合理的な範囲のものであれば，憲法に違反しない。なお，暴力団員であることは「社会的身分」に当たるとはいえないであろうが，仮に当たると解した場合でも，暴力団員であることを理由に他と異なる扱いをすることが，通常は憲法に反することにはならない。^(注18)

（注17）　男女別定年制は，最高裁判決昭和56年3月24日で不合理な差別とされた。その後，「法の下の平等の理念にのっとり雇用の分野における男女の均等な機会及び待遇の確保を図る」こと等を目的とする男女雇用機会均等法（雇用の分野における男女の均等な機会及び待遇の確保等に関する法律）が制定され，募集及び採用について，女性に対して男性と均等な機会を与えなければならないこと等が明確にされている。

（注18）　暴力団対策法は，原則として，指定された暴力団の構成員に限って，各種規制を及ぼしている。このほか，法律によって暴力団の構成員を一定の営業に就けないこととしているほか，生活保護からの排除，公営住宅からの排除など，様々な分野で暴力団排除が行われている。暴力団員であることが判明した場合に公営住宅の明渡しを請求できるとする条例の規定が憲法の平等原則に反するものではないことは，判例上明確にされている（最高裁判決平成27年3月27日。この判決では，市に一定の裁量があることを前提とした上で，暴力団員が市営住宅に入居し続ける場合には他の入居者等の生活の平穏が害されるおそれを否定することができないこと，暴力団員が自らの意思により暴力団を脱退して暴力団員でなくなることが可能であること，その市営住宅以外における居住についてまで制限を受けるわけではないことを指摘し，合理的な理由のない差別に当たらないとの判断を示している。）。

112

第5章　自　由　権

◆第1節　自由権保障の全体像

1　憲法の自由権規定

> 自由権は，公の権力機関によって制約を受けない権利
> 憲法の人権保障の中核的領域であり，最大限の尊重が必要
> 　制約が可能な範囲と程度は権利の性格に応じて異なる

　自由権とは，警察をはじめとする公の権力機関によって様々な制約を受けないという憲法上の権利を意味する。歴史的にも，憲法の人権保障の中核的な地位を占めている。

　自由の保障が文言の上で直接定められているものとしては，思想及び良心の自由（19条），信教の自由（20条），集会，結社及び表現の自由（21条1項），居住，移転及び職業選択の自由（22条1項），外国移住及び国籍離脱の自由（22条2項），学問の自由（23条）の各規定がある。「自由」という文言はないが，通信の秘密（21条2項），財産権（29条）も，自由権を保障する規定である。また，奴隷的拘束を受けず，犯罪処罰の場合を除き苦役に服されないこと（奴隷的拘束及び苦役からの自由，18条）と，法律の定める手続によらなければ，生命，自由を奪われ，又はその他の刑罰を受けないこと（適正手続の保障，31条）及び逮捕に関する保障をはじめとする刑事手続上の人権保障の規定（33条から39条まで）も，実質的に自由権を定めたものである。

　これらのうち，思想及び良心の自由，信教の自由，集会，結社及び表現の自由，学問の自由並びに通信の秘密は，精神的自由と呼ばれる。居住，移転及び職業選択の自由並びに財産権保障は，経済的自由に当たる[注1]。また，奴隷的拘束及び苦役からの自由と，適正手続の保障，刑事手続上の権利規定は，主に，人身の自由を保障するためのものである。人身の自由については，第

３章で解説したとおりである。

　さらに，生命，自由及び幸福追求に関する国民の権利を定めた規定（13条）に基づいて，判例によって，個人が容ぼうや姿態をみだりに撮影されない自由，個人に関する情報をみだりに第三者に開示又は公表されない自由，みだりに指紋押なつを強制されない自由といった，公権力行使から保護されるべき私生活上の自由が，認められている。その内容については，第４章第１節で解説している。

　これらの自由権の尊重は，憲法が求めるものであるが，同時に憲法は，憲法の保障する自由及び権利を国民が濫用（乱用）してはならないのであって，公共の福祉のために利用する責任を負うこと（12条）を定めるとともに，立法その他の国政の上で「公共の福祉」に反しない限り最大の尊重をすることを定めている（13条）。これらの規定は，自由権が最大限尊重されるべきことを前提としつつ，他の人々の平穏な生活の確保など，様々な公共的な見地に照らして必要な場合には，自由権の制約も認められるということを意味している。個々人が社会生活を営む以上，他の人を侵害し，あるいは社会全体の利益を害する行為を自由に行うことを認めることはできないからである。

　具体的にどこまでの制約が認められるかは，それぞれの自由権の内容によって異なる。一般に，経済活動については，社会経済政策上の観点からの規制が幅広く認められるのに対し，精神的自由の場合には，民主主義社会の基本的価値を守るために，優越的地位が認められ，公共の福祉による制約を課すことは限定される。特に，人が何を考え，信じていようと，それが人の内面に属する段階にとどまる限りは，他の利益との衝突を考える必要がないので，制約は認められない。これに対し，表現行為の段階では，例えば他の人の名誉を侵害するものなど，制約をしなければならないことが生ずることもある。

（注１）　居住及び移転の自由は，歴史的には経済的自由として重視され，憲法の規定上も職業選択の自由につながるものとして定められている。もっとも，居住する場所を自らの意思で選ぶことと，国内を自由に移動できることは，経済的自由というだけではない価値を有しているので，その制約が認められる場面は限られる。このほか，憲法は，海外移住及び国籍離脱の自由を定めている。規定の位置から，経済的自由の一部として解説がなされることが多い。

2　自由権規定の歴史的経緯

自由権のリスト：強大な王権及び教会権力と対決する場面で形成
　人身の自由の全面的保障，経済的な自由，精神活動の自由

　憲法で列記された自由権は，主として西欧における近代社会成立に際しての歴史的な事情が背景になっている。

　前近代社会においては，国王と教会が大きな権力を持っていた。身分ごとに権利が異なり，多くの農民は経済的にも法的にも領主等の支配下に置かれ，重い負担を強いられていた。また，経済活動の面でも，一部の大商人が権力を持ち，一般の商工業者が事業を自由に行うことのできる環境にはなかった。国王の権力行使として，刑罰権が乱用され，反対者を拘束し，財産を取り上げることも広く行われた。

　近代市民革命は，このような国王権力の行使を制限・否定し，過去の身分秩序を解体するものであった。さらに，政治的な意思決定に市民が権利を持ち，政治的な意思を形成できるようになることも目指されていた。

　人身の自由が全面的に保障されること（国王権力の勝手な拘束・刑罰を認めないこと），居住移転の自由と経済活動の自由が認められること（既存の身分的な支配・制約の廃止，国王権力から自らの財産が奪われないこと），市民が政治的な意思決定をするために，自らの政治的な意見を持ち，自由に表明し，他者と政治的な関わりをすることが制約されないこと（表現の自由と集会・結社の自由）がその内容である。また，教会が精神世界を支配し，政治的な権力も有してきたのに対し，信仰の自由が勝ち取られた（信教の自由は，西欧の歴史の中で，極めて重要なものと位置付けられている。）。

　現行憲法の自由権のリストは，基本的にこれらの西欧近代の歴史的な経過として，強大な国王権力及び教会権力と対決する場面で作られたものに対応している。^(注2)

3　自由の保護

> 公権力機関のほか，様々な団体，個人も自由を制約する存在
> 　「自由」と「自由権」とは同じものではない
> 国家は自由の侵害者であるとともに保護者としての面をもつ

　自由権は，公の権力に対して，その制約を受けないとする憲法上の権利である。これに対して，「自由」は，不自由ではないこと，自らの意思で様々なことをすることができることを意味する。警察をはじめとする公権力機関との関係では，「自由権」と「自由」の意味は異なる。以下に述べるとおり，**公権力機関は，自由権との関係ではもっぱら侵害者としての位置にあるが，広い意味の自由との関係では，自由を侵害するだけでなく，自由の基盤を作り，自由を保護する者としての一面ももっている。**

　自由に対する制約は，公の権力機関以外によっても行われる。事業者の団体が協定を結んで他の者が参加できないようにすること，伝統的地域社会の中で村のしきたりに従うようにさせることも，人の自由を制限するものである。外国人女性に借金を背負わせ，パスポートを取り上げて働かせるといった行為は，人の自由に対する重大な侵害そのものである（他人によって物理的に行動の自由が妨げられ，さらに自らの生命の安全が脅かされているのは，最も自由が害された状態である。）。また，犯罪が横行して，人々が被害にあうことを避けるために，本当はしたいと思っていることができなくなる，さらには後難を恐れて犯罪者集団の被害に泣き寝入りを余儀なくされることも，自由と権利が失われた状態といえる。

　人々が様々な活動を自由に行うためには，行動の自由を支える多くの基盤が必要である。例えば，通貨制度がなければ経済取引はできないし，公共交

　（注2）　このほか，「何人も，いかなる奴隷的拘束も受けない。又，犯罪に因る処罰の場合を除いては，その意に反する苦役に服させられない。」という規定（18条）は，直接的には，アメリカが南北戦争後に奴隷制を廃止し，憲法に追加した規定である第13修正（修正13条）第1節「奴隷又は意に反する苦役は，犯罪に対する処罰として当事者が適法に有罪判決を受けた場合を除いて，合衆国又はその管轄に属するいずれの地域においても存在してはならない。」と対応している。

通機関や道路がなければ移動したくても実際に動くことができない。また，様々な社会的集団や人が個人の自由を不当に束縛しているときには，個々人をそれから自由にさせるのに国家が介入することが求められる（2で述べた西欧近代国家成立の過程では，中世以来の同業者組合（ギルド）による経済統制，特権を国が否定することも，経済的自由の実質的な意味であった。警察が人身取引の対象とされている外国人女性を保護することも，その女性の自由を回復させる行為である。）。同様に，安全な状態が確保されることも，人々の自由な行動を支えている。

このような意味で，国家は，自由に対する保護者でもある。警察が国民から「権利自由の擁護者」として評価されている（第1章注5参照）のも，このためである。**憲法が定める「自由権」は国家が自由に対する侵害者である面に対応したものであって，警察を含めた公権力機関が侵害してはならないことは当然である。同時に，警察を含めた公権力機関は，個人の実質的な自由を守るために，国民の代表によって与えられた任務を適切に遂行しなければならないのである。**

> **column** 自由に対する様々な規制
>
> 自由を実質的に規制するものとして，国家権力の発動である法だけでなく，社会規範を通じたもの，市場を通じたもの（経済取引によって実現されるもの）が存在している。市場による規制は，非権力的なようにみえるが，参加者は対等な存在ではないし，国家の法による規制とは異なり，民主的コントロールが及ばないだけに，一層の問題があり得る。
>
> 近年では，これらに加えて，仕組みとしての「アーキテクチュア」（物理的環境）による規制が広く存在している。例えば，ベンチにひじ掛けをつけて人が寝ることを防ぐ，自動改札機によって無賃乗車をさせない，といったものである。問題行動の可能性を事前に排除することがその特徴といえる。相手方のモラルや，法を守って行動する意識の有無といったものに影響されないで効果を発揮することができるし，法で規制して違反者を罰するのと比べて，捜査過程における人権への制約や警察力の必要性がなく，低いコストで目的を達成することができる。他方で，アーキテクチュ

（注3）　このような考え方に対して，国家と市民とが対立関係にあることを前提とした「市民的法理」を転換するものであるとの批判がある。しかし，「個人の自由は国家によって侵害される側面と国家によって保護される側面とを，最初から持っている」（大屋雄裕『自由とは何か』ちくま新書，90頁）のであって，「そこには何の転換もありはしない」（同）のである。

アをめぐっては，どのように統制することができるのか，正当な行為もできなくしてしまうのではないか，他の重要な価値を害する可能性はないか，人を動物と同じに扱っているのではないか，といった批判も存在する。価値観が多様化し，多くの人々のばらばらな活動を認めつつ，セキュリティを確保することが強く求められる現代社会では，社会規範に頼ることはできず，アーキテクチュアによる規制が広がる傾向にあることは否定できない。

column 「真の自由」を求める危険性

　現実の人々の考えや行動は，その時々の社会情勢や個人の経済的事情，過去からの経緯の影響を受けている。これに対し，「内面化された抑圧」から「解放」された「真の自由」をめざすべきである，という考え方がしばしば主張される。しかし，そういった考え方を持つ者が権力を握り，他者の考えを「真の自由に至っていない」ものとして排斥すると，それは他者の自由を全く否定する全体主義体制そのものとなる。「私有財産を否定した先にある究極的自由」の主張はその典型である。

◆第2節　表現の自由

1　表現の自由の意義

> 表現の自由は，民主的政治体制に必要不可欠なもの
> 　他の権利に比べて優越的な地位
> 合理的で必要やむを得ない場合にのみ制限が可能

　憲法の自由権規定の中で，実質的に最も重要なものが，表現の自由の保障である。自らが表現をする自由だけでなく，**他者の表現内容を受け取る自由（知る自由）も保障される。**

　人間にとって，物事を考え，自らの意思を表明し，人と意見を交換することは，人間らしく生きる上でなくてはならないことである。特定の思想を強制され自分で自由に考えることができない状態，自ら思っていることを言うことができない状態，他の人の考えを知ることができない状態は，人間の尊厳に反するものである。また，民主政治は，主権者である国民の意思によって国政が決定されるが，人々が政治的な意見を自由に述べ，自由に論議して，どの意見がいいかを比較することができることがその前提となる。**内心の自由や表現の自由が守られることは，民主的政治体制にとって必要不可欠**なものなのである。

　このため，人の内心や表現行為に関わる自由である精神的自由（思想・良心の自由，表現の自由，集会結社の自由，信教の自由，学問の自由）については，優越的な地位にあり，本来制約してはならないことが強く主張されることになる。内心の自由については，人が何を心の中で信じていても，表現や行動に表れていない限り，直接的に他の人の権利を侵害したり，社会的な害悪を生ずるわけではないので，制約すべきでない（絶対的に保障される。）。これに対し，**表現や行動に表われた場合には，絶対的な自由を認めることはできない。どのような限度で制限が認められるかが大きな問題となる。**

　それぞれの人が自らの考えを表明することは，場合によっては，他の多くの人の価値観と衝突することもあり得る。この場合でも，「言論には言論で

対抗する」のが基本であって，通常であれば表現をすること自体を公権力的に制限するべきではない。「あなたの言っていることに私は反対するが，あなたがそれを言う権利は尊重する。」というのが民主的社会なのである。

　しかし，表現が実害をもたらすような場合，例えば他の人の名誉を大きく損なうものである場合や，勝手に他人の物を使ったり，公共的空間における規則に反して他の人に迷惑を及ぼす場合には，他の人々の正当な利益を守り，あるいは社会の基盤を維持する必要性から，制約を加えることがあり得る。これは表現の自由における内在的な制約である（権利があるといっても絶対ではなく，その範囲での制限は，権利自体が予定しているものである。）と考えられている。

　どのような場合にどの程度の制約を加えることができるかは，最終的には裁判所が判断することになる。学説は様々な「基準」を主張しているが，**判例の考え方は，①表現の自由も絶対ではなく，「公共の福祉」による合理的で必要やむを得ない程度の制限を受けることがある，②制限が必要とされる程度（表現の自由を制限することによって守ろうとする利益の内容・性質）と，制限される自由の内容・性質，具体的な制限の態様・程度等を比較することによって決される，というものである**(注4)。表現の自由の優越的地位を前提としつつも，どちらの利益が重いかを比べる手法がとられているといえる（ただし，他人の財産権や管理権の侵害のように他人の権利を不当に侵害する行為については，許されないものであるので，個別の利益の重さの比較は行われない。）。**意見表明の内容自体を対象とする規制が行われるのはかなり限られているのに対して，意見表明の仕方についての制約（間接的付随的な制約）は様々な場面で行われ，判例上も容認されている。**

（注4）　最高裁大法廷判決昭和58年6月22日（公務執行妨害罪等で起訴勾留中の者が定期購読している新聞につき，拘置所長がハイジャック事件の記事を抹消したことが争われた事例），最高裁判決平成5年3月16日（教科書検定をめぐる訴訟）などで，この考え方が述べられている。

2　表現内容に関する規制

> 児童ポルノ，わいせつ物，犯罪のせん動などの処罰は憲法に違反しない
> 　青少年に有害な図書の条例による販売規制も合憲
> 名誉毀損については，公共的事項に関しては真実であるかどうかで判断

　表現内容に着目した規制としては，**児童ポルノ，わいせつ物，犯罪のせん動を理由に，刑罰法規に基づいて処罰をするものが典型である。**このほかにも，わいせつ物の税関における検査，青少年に有害な図書の条例に基づく規制，他人の著作権を侵害する行為への民事上及び刑事上の措置などがある。これらは，表現の自由の保障が本来守ろうとする価値（民主的な政治過程における言論の自由，人の尊厳）とは全く異なるものである。児童ポルノによる対象児童に対する人権侵害（性的搾取），わいせつ物の流布による社会的な秩序への侵害，犯罪のせん動による公共の危険，青少年に有害な図書による青少年の健全な発展の阻害，他人の著作権侵害といったものは，いずれも放置してよいものではない。したがって，これらを規制することには，必要性，合理性が認められる。判例の上でも，有害図書の条例による規制を含めて，規制することが憲法に違反しないとの判断が示されている。^(注5)

　他方，表現内容が人の名誉を毀損し，又はプライバシーを侵害することが問題となる場合には，個人の権利を侵害する行為ではあるが，その反面で，規制されると他者の評価に関して自由な論議ができなくなるおそれが生まれる。特に，公的な立場にある者の名誉やプライバシーを守ることを優先するのは，民主主義の基本にある自由な政治的論議を妨げることにつながるもの

（注5）　わいせつ物に関する刑事規制について最高裁大法廷判決昭和32年 3 月13日，最高裁大法廷判決昭和44年10月15日，犯罪のせん動処罰について最高裁大法廷判決昭和24年 5 月18日（食糧緊急措置令），最高裁判決平成 2 年 9 月28日（破壊活動防止法における騒乱せん動罪），児童ポルノ規制について最高裁判決平成14年 6 月17日がいずれも合憲である旨を明らかにしている。なお，わいせつ物については，社会的な認識の変化を反映し，該当する範囲が限定される傾向にあることに注意を要する（例えば，最高裁判決平成20年 2 月19日は，税関検査に関して，従前であればわいせつ物に当たるとされた写真を含む書籍を「風俗を害すべき書籍」に当たらないと判断している。）。

となり得る。表現の自由を通じて守られる価値，個人の名誉とプライバシーの保護の必要性は，いずれも大事な事柄である。さらには，虚偽の情報が広まることによって起きる問題も軽視できない（選挙の際に候補者の評価を低める虚偽の内容が流布されることは，国民の正当な意思決定を妨害するものであり，放置することはできない。）。このため，名誉毀損について，刑法では，事実の有無にかかわらず処罰することを原則としつつ，公共の利害に関する場合には，真実であることが証明されたときには処罰しないと定めている（刑法230条の2）。^(注6)**判例は，名誉毀損処罰の合憲性を認めつつ，真実性の証明がなくとも真実であると信ずることに相当の理由があるときは処罰されないとして，処罰対象に一層の限定を加えている。**^(注7)名誉毀損又はプライバシー侵害を理由とする損害賠償さらには出版の差し止めをめぐる訴訟では，裁判所は，公共的利益に関わるものかどうかなど，状況を十分踏まえた上で，表現をする側とされる側の利益の重さを比べて判断をしている。^(注8)

（注6） 刑法230条の2第1項は，名誉毀損に当たる行為が，もっぱら公益を図る目的で公共の利害に関する事実についてのものである場合には，真実である証明があれば処罰しないことを定めている。公訴の提起前の犯罪行為に関する事実は「公共の利害に関する事実」であるとみなされ（同条2項），「公務員又は公選による公務員の候補者に関する事実」の場合には「もっぱら公益を図る目的」であるかどうかを問わないで，真実である証明があれば処罰しないとされている（同条3項）。なお，選挙における虚偽事項の公表については公職選挙法で処罰の対象とされ，落選させることを目的に虚偽の事実を公にし，又は事実をゆがめて公にした場合は，名誉毀損より重い刑（最高懲役4年）が定められている。

（注7） 最高裁大法廷判決昭和44年6月25日。この判決は，真実性の証明がなくとも，行為者がその事実を真実であると誤信し，それが確実な資料，根拠に照らして相当の理由があると認められるときには，名誉毀損の罪は成立しないとした。民事責任についても，同様の範囲で否定されると考えられている。もっとも，内容が十分に推定できる程度の「確実な資料」（裁判に出すことができるものに限る。）がないと責任は免れない。

（注8） 公的立場にある者や公共の利益に係る事項の場合には，ある程度のプライバシー侵害があっても合理的な範囲内では許容される。そうでない者の場合には，プライバシーや名誉の侵害は違法となり，損害賠償請求が認められる。最高裁判決平成14年9月24日は，月刊誌掲載の小説が公的立場にない人の名誉，プライバシー，名誉感情を侵害したとして損害賠償を認めるとともに，出版によって重大で回復困難な損害を被らせるおそれがあるとして，新たな出版を差し止めることを認めた。その後も，公的な立場にない人の個人情報を記載した出版物について，プライバシー侵害，名誉毀損を理由に，出版の差止等が認められている（例えば，東京地裁判決平成24年10月26日は，インターネットに掲出された個人情報を含むデータを，そのまま「流出「公安テロ情報」全データ」として書籍化し，出版したことに対して，出版・販売の差止請求を認め，16人の原告に合計3,520万円の賠償を命じている。）。

このほか，営業広告の規制に関しては，表現の自由の対象とはなるが，民主的政治過程のために必須のものではなく，優越的な地位を認める必要があるとはいえないので，他の表現の場合に比べより緩やかな基準で制約が認められる。誇大広告の禁止が認められるのは当然であるし，国民の健康に関わるような営業の場合には，幅広い範囲で広告を禁止しても，憲法に反するものとはならない。[注9]

［重要判例：岐阜県青少年保護育成条例事件（最高裁判決平成元年 9 月19日）］

（事案）

被告人は，岐阜県知事が「著しく性的感情を刺激し，又は著しく残忍性を助長するため，青少年の健全な育成を阻害するおそれがある」有害図書として指定した雑誌を 4 回にわたって自らが設置する自動販売機に収納したことを理由に，岐阜県青少年保護育成条例違反で罰金 6 万円の判決を受けたが，条例が憲法21条 1 項に違反するなどとして上告した。

なお，有害図書の指定は，雑誌ごとに個別に告示して行われる（ 6 条 1 項。原則として青少年保護育成審議会の意見を聴くことになっている（ 9 条)。）ほか，「特に卑わいな姿態若しくは性行為を被写体とした写真又はこれらの写真を掲載する紙面」が編集紙面の過半を占める刊行物については写真の内容を指定することによって包括的にも行われる（ 6 条 2 項)。

（判決の要旨）

(1) 条例で定めるような図書が青少年の性に関する価値観に悪い影響を及ぼし，性的な逸脱行為や残虐な行為を容認する風潮の助長につながるものであって，青少年の健全な育成に有害であることは社会共通認識になっている。

(2) 自動販売機による販売は，購入が容易であり，書店における販売よりも弊害（へいがい）が大きい。

(3) 有害図書としての指定を受ける前に販売を済ませる脱法行為を防ぐため

（注9） 最高裁大法廷判決昭和36年 2 月15日は，あん摩師，はり師，きゅう師及び柔道整復師法（当時の名称）が業務内容，施術所，施術者の技能・経歴等についての広告を禁止していることについて，適応症の広告を無制限に許容することを許すと虚偽誇大に流れて一般大衆を惑わすおそれがあることを指摘し，国民の保健衛生上の見地からやむを得ない規制であるとして，合憲であると判断している。

に，6条2項の指定方式も必要性があり，かつ合理的である。

⑷　青少年との間では憲法に違反しないし，成人との間でも有害図書の流通を幾分（いくぶん）制約するが，青少年の健全な育成を阻害する有害環境を浄化するための規制に伴う必要やむを得ない制約であるから，憲法21条1項に違反しない。

（補足）

1　本件当時の条例では，青少年に対する有害図書の供覧，販売，貸付等の禁止（6条の2）とあわせて，自動販売機への収納が禁止され（6条の6），3万円以下の罰金又は科料とされていた。なお，現在は，条例の名称が岐阜県青少年健全育成条例に改正され，自動販売機等への有害指定図書類等の収納禁止は16条になり，違反した場合の刑罰は6月以下の懲役又は50万円以下の罰金に引き上げられている（50条）。

2　憲法学者出身の伊藤正己裁判官は，違憲主張に一定の理解をしつつ，以下の理由を挙げて憲法に違反しないとする補足意見を付している。 i 青少年の知る自由の制限は，青少年の未熟さによる保護の必要性から，成人の場合より緩和された基準で判断される。 ii 成人は自販機以外の方法で入手することが可能であり，対象となる図書の価値が極めて乏しいことを前提とすれば，成人への制約があっても違憲とはならない。 iii 検閲には当たらない。 iv 包括指定方式は問題であるが，他の手段で有効に抑止できない以上やむを得ない。 v 条例だけでは漠然とする嫌いはあるが，施行規則，告示を通じて一層明確にされ，限定解釈ともいえるものが示されているので，不明確性を理由として違憲と判断することはできない。 vi 図書規制は，地域社会の状況，住民意識などの事情を勘案した政策的判断があり，地域差があっても是認できる。

---

column　児童ポルノの規制

児童ポルノは，児童の性的搾取の一つであり，被写体となった児童の人権を大きく損なうものである。日本では，長い間，児童ポルノも成人の場合と同じように風俗上の問題としてしか認識されていなかったため，大量の児童ポルノが流通し，日本が発信源であるとして国際的な非難を浴びた。平成11年に児童買春・児童ポルノ処罰法が議員立法によって制定され，ようやく一定の規制が加えられることとなった。その後，国連において「児童の売買，児童買春及び児童ポルノに関する児童の権利に関する条約議定書」が採択され，「児童ポルノを製造し，配布し，頒布し，輸入し，輸出し，提供し若しくは販売又はこれらの目的のために所持すること」を犯

罪とすべきこととされた。平成16年には法律改正が行われ、この内容が盛り込まれた。また、児童ポルノの単純所持を禁止していなかったことが児童の人権保護に欠けているとして国際的な批判を浴びていたが、平成26年の法改正によって、処罰対象化された。

　児童ポルノをめぐる問題は、「表現の自由」ないし「プライバシー保護」を守ることだけを重視する考え方が、現実の人権の保護に支障を生じ、国際的な人権意識から見た批判の対象となり得ることを示している。

　column インターネットにおける規制

　インターネットは、世界中の極めて多数の人の間で、広く情報交換が行われる場として利用されている。サイバー空間とも呼ばれるインターネットの世界では、現実の空間とは異なり、瞬時に国境を越えて極めて大量の情報が行き交う。コストもほとんどかけることなく世界中の人々との直接の情報交換を可能にするインターネットは、自らが情報を発信しようとする者にとって理想的な伝達手段であるといえる。他方で、児童ポルノをはじめ、情報伝達自体が他者を傷つけ、あるいは社会的に害となるものがサイバー空間には多数存在する。インターネットの利点は、同時に、必要な規制を及ぼすことを困難にするものでもある。「国境を越えるインター^(注10)ネットは、国が規制すること自体がなじまない、規制すべきでない」とする見解も一部で主張されるが、児童ポルノをはじめとする有害な情報は、インターネットにおいては一層問題となるのであって、放任すべきでないことはいうまでもない。

　サイバー空間でも、表現内容に係る規制は直接に及ぶ（例えば刑法の名誉棄損罪が成立する。）。これに加えて、サイバー空間における特有の規制^(注10の2)も必要となる。特に少年の健全育成の観点から、出会い系サイト規制法（イ^(注11)ンターネット異性紹介事業を利用して児童を誘引する行為の規制等に関する法律）や、青少年インターネット利用環境整備法が制定されている。こ^(注11の2)　^(注12)のほか、青少年保護育成条例においても、携帯電話事業者やインターネットカフェのフィルタリング提供義務などが規定されている。

<hr>

（注10）　規制の実効性の観点から、国際協力が重要である。サイバー犯罪条約が2001年に欧州評議会において作成され、日本も参加している（国内法の整備が遅れていたが、平成23年に関連の刑法及び刑事訴訟法の改正が行われ、平成24年（2012年）に日本について効力が生じた。）。

3 表現行為の形態（表現手段）に関する規制

> 表現内容自体とは異なる間接的付随的な制約
> 他人の財産権・管理権への不当な侵害は許されない
>   屋外広告物条例など公益確保のための規制も認められる
> 選挙運動の規制は選挙の公正確保のために幅広く容認

（注10の2）　インターネット上の書き込み等が名誉棄損になるかどうかは，通常空間での発表行為と同様に判断され，調査を尽くすことが求められる（注7参照）。最高裁は，「インターネットの個人利用者による表現行為の場合においても，他の場合と同様に，行為者が摘示した事実を真実であると誤信したことについて，確実な資料，根拠に照らして相当の理由があると認められるときに限り，名誉棄損罪は成立しないものと解するのが相当であって，より緩やかな要件で同罪の成立を否定すべきものとは解されない」ことを明言している（最高裁決定平成22年3月15日。本件の第一審（東京地裁）がインターネット上の言論の場合には名誉毀損の範囲が限定されるとして無罪とした（控訴審では有罪となった）のに対し，最高裁は，インターネットに掲載したものであるからといって閲覧者が信頼性の低い情報として受け取るとは限らず，相当の理由があるかどうかの判断をする際に他の表現手段を利用した場合と区別して考えるべき根拠はないこと，インターネット上の名誉棄損被害は時として深刻なものとなり得，一度損なわれた名誉の回復は容易でなく，インターネット上の反論によって十分にその回復が図られる保証があるわけでもないことを指摘し，上記の結論を述べた上で，原審の有罪を維持している。）。

（注11）　事業規制として，映像送信型性風俗特殊営業の規制（風俗営業適正化法）等がある。このほか，電子メールの利用における支障防止の観点から規制するものとして特定電子メールの送信の適正化等に関する法律，名誉毀損的表現などに対処するものとしてプロバイダによる発信者情報開示と免責について定めるプロバイダ責任制限法（特定電気通信役務提供者の損害賠償責任の制限及び発信者情報の開示に関する法律）などが制定されている。

（注11の2）　最高裁判決平成26年1月16日は，児童をインターネット異性紹介事業の利用に起因する児童買春その他の犯罪から児童を保護し，児童の健全な育成に資するという目的が正当であり，「それらの犯罪が多発している状況を踏まえると，それらの犯罪から児童を保護するために，同事業について規制を必要とする程度は高い」とした上で，届出事項が限定されていること，事業者が児童による利用防止のための措置等をとりつつ，事業を運営することは制約されないし，児童以外のものが事業を利用し，児童との性交等や異性交際の誘因に関わらない書き込みをすることも制約されないことを指摘し，本件届出制度は，「正当な立法目的を達成するための手段として必要かつ合理的」なものとして，憲法21条1項に反しないとしている。

（注12）　有害な情報に子どもがアクセスできないようにするフィルタリングソフトの提供を関係事業者に義務付けること等を内容とするもので，規制としては極めて限定的である。憲法上の疑義があるとの主張も一部にあるが，国会では問題とされていない（全政党が一致して賛成している。）。

　表現行為の内容自体ではなく，表現行為の形態（表現手段）を対象にした規制は，比較的広い範囲で容認される。それは，ⅰ間接的付随的な制約にすぎない，ⅱ政治的主張を含む様々な考えを表現する行為であるからといっても，他人の権利を不当に侵害したり，社会生活上の多くの人々の利益を損なったりしてよいことにはならない，ⅲ他の場所，他の手法によって世の中に自らの考えを伝えることは可能である，からである。^(注12の2)

　これに対し，学説の上では，公共空間での表現行為が規制されると実際に様々な見解を他者に伝えることができなくなってしまうので規制は認められない，他者の権利侵害といっても表現の自由は財産権などに比べて優越的なものであるから敷地や施設にわずかに入る程度は容認されるべきだ，表現の内容に関わらない規制といっても実質的に限られた側の行為が対象となる（取締りが特定の勢力を対象としている，あるいは限られたグループだけがその手法を使っているので結果的にその立場の者だけが規制されることになる）から表現内容の規制と同様に許されない，といった主張がなされている。

　判例は，一貫して，他人の財産権，管理権を不当に害するような行為は許されないとして，軽犯罪法による「みだりに他人の家屋その他の工作物にはり札をする行為」の処罰や鉄道営業法による鉄道敷地内のビラ配り規制について，合憲であることを明言している。^(注13)公共の利益に関わるものとしては，屋外広告物条例による広告物等の規制について，都市の美観を維持するための必要かつ合理的な制限であるとし，合憲であると判断している。^(注14)国会議事堂等静穏保持法や暴騒音規制条例に基づいて，大音量の拡声機の使用に対して警察が中止を命じ，それに従わないときに処罰することも，国会の審議権

（注12の2）　高等学校の卒業式に来賓として出席した元教員が，国歌斉唱に反対して，式典会場の体育館で保護者に大声で呼びかけを行い，制止した教頭に対して怒号（どごう）し，退場を求めた校長に対しても怒鳴り声を上げるなどして粗野な言動でその場を喧噪（けんそう）状態にしたことについて，最高裁は，「意見を外部に発表するための手段であっても，その手段が他人の権利を不当に害するようなものは許されない。」とし，「その場の状況にそぐわない不相当な態様で行われ，静穏な雰囲気の中で執り行われるべき卒業式の円滑な遂行に看過し得ない支障を生じさせたものであって，こうした行為が社会通念上許されず，違法性を欠くものではないことは明らかである」として，威力業務妨害罪の成立を認めている（最高裁判決平成23年7月7日）。なお，公立学校における国歌斉唱自体については，第5章第4節2の注41参照。

の確保や良好な国際関係の保持，地域住民の私生活上の平穏確保といった重要な保護法益を守る必要性があり，通常の音量での表現は何ら制約されないことから，合理的でやむを得ない規制として認められるものと考えられる。

選挙運動については，国民の政治的意思決定に向けて行われるものであって，それが自由に行われることは民主政において極めて重要なものである。他方で，選挙においては何よりもまず公正さが重視される。このため，様々な悪影響が生じることを防ぐ観点から，事前運動の禁止，戸別訪問の禁止，選挙運動中の文書図画の制限などが，公職選挙法に定められている。これらについて，判例は，運動期間を無制限にすると経済力の差による不公平が生ずるおそれがあること，戸別訪問を認めると買収等の温床となり得るほか，投票も情実に流されやすくなること，文書図画の無制限な頒布掲示を認めると不当な競争を招くおそれがあること，といった点を指摘して，憲法に反しないことを明らかにしている。(注15)

[最新判例：防衛庁宿舎ビラ投かん事件（最高裁判決平成20年4月11日）]
（事案）

被告人は，「自衛隊のイラク派兵反対」などと記載したビラを防衛庁宿舎

(注13) 最高裁大法廷判決昭和45年6月17日（軽犯罪法に基づく電柱へのビラ貼り規制。事案は電柱36本にビラ84枚を裏面を糊で全面的に接着させる方法で貼り付けたもの。），最高裁判決昭和59年12月18日（鉄道営業法に基づく鉄道地でのビラ配り及び演説等の規制。事案は駅舎の一部である階段付近で無許可でビラ配り等を行い，駅管理員の退去要請を無視して20分滞留したので鉄道営業法違反及び住居侵入罪で起訴されたもの。）。いずれも，表現の自由が公共の福祉によって制限を受けるものであり，他人の財産権，管理権を不当に害することは許されないとの結論である。学説が主張するような財産権・管理権と表現の自由とを比べるまでもなく判断されている（最新判例参照）。

(注14) 最高裁大法廷判決昭和43年12月18日（大阪市屋外広告物条例に基づく電柱，橋柱等へのビラ貼り規制）

(注15) 事前運動の禁止に関して最高裁大法廷判決昭和44年4月23日，戸別訪問の禁止に関して最高裁判決昭和56年7月21日，文書制限に関して最高裁大法廷判決昭和30年3月30日など。その後も最高裁判決平成14年9月9日，最高裁判決平成14年9月10日などで，繰り返し合憲であることが明らかにされている。学説には必要最小限の制限を超える規制であるとして違憲論が強いが，選挙自体があるルールの下で行われるべきものであって，自由の制限というよりもルールの設定としての合理性があれば認められるとする見解も主張されている（昭和56年判決の伊藤裁判官の補足意見もこの立場である。）。

（当時）の各室玄関ドアに投かんする目的で，管理権者及び居住者の承諾を得ないで宿舎に立ち入ったことを理由に，住居侵入罪で起訴された。一審が「刑事罰に処するに値する程度の違法性があるものとは認められない」として無罪としたのに対し，二審が有罪としたので，被告人が上告した。

（判決の要旨）

(1)　表現の自由は民主主義社会において特に重要な権利として尊重しなければならないが，憲法は，表現の自由を絶対無制限に保障したものではなく，公共の福祉のために必要かつ合理的な制限を是認するものであり，たとえ思想を外部に発表するための手段であっても，その手段が他人の権利を不当に害するようなものは許されない。

(2)　本件は，表現そのものを処罰することではなく，表現の手段であるビラの配布のために「人の看守する邸宅」に管理権者の承諾なく立ち入ったことを処罰することが，憲法に適合するかどうかが問われている。

(3)　立ち入った場所は一般に人が自由に出入りすることができる場所ではない。表現の自由の行使のためでも，このような場所に管理権者の意思に反して立ち入ることは，管理権を侵害するのみならず，そこで私的生活を営む者の私生活の平穏を侵害するものである。したがって，刑法130条前段（住居侵入）の罪に問うことは憲法21条1項に違反しない。

（備考）

1　一審（東京地裁八王子支部判決平成16年12月16日）は，商業的宣伝ビラの投かんに伴う立入行為が刑事責任を問われることなく放置されていることを指摘し，優越的地位が認められる政治的表現活動であるビラの投かんを「いきなり検挙して刑事責任を問うことは，憲法21条1項の趣旨に照らして疑問の余地なしとしない」とし，「法秩序全体の見地から」刑事罰に処する程の違法性はないとして，無罪とした。

2　二審（東京高裁判決平成17年12月9日）は，何人も他人の管理する場所に無断で侵入して勝手に自己の政治的意見等を発表する権利はなく住居侵入罪の適用が憲法に違反しないという見解を示したのに加えて，本件類似のビラ配布に対して管理権者が種々の対策をとり禁止事項の表示板・表示物を設置掲示していたこと，被告人が居住者からビラの回収の指示及びビラの投か

んが禁止されていることの抗議等を受けていたにも関わらず，その居住者の目の届かないところでビラ投かんを続行していたこと，さらに別の日にも同じ行為を繰り返していたことを指摘し，一審の判断は是認できないとした。立入行為の目的・態様，これに対して居住者側がとった対応及び受けた不快感，被告人の関係者によって反復して行われたビラ投かんとそれに対する管理権者の措置に照らすと，法益侵害の程度が極めて軽かったとはいえないことを述べている。

3　分譲マンションの各住戸に政党のビラ等を投かんする目的で，共有部分に立ち入った行為について，最高裁で同様に住居侵入罪の成立が認められている。
^(注15の2)

4　報道の自由

> 報道の自由は「国民の知る権利」に奉仕するものとして重要
>
> 　取材の自由も尊重されるべきもの
>
> 　取材資料の押収は限定的な場合にのみ許容

　報道とは事実を他者に伝えることであって，報道の自由は，表現の自由の一部である。国民が様々なことを報道機関の報道を通じて知り，国政上の意思決定をする上で重要な資料としているところから，**報道機関による報道の自由は，民主主義社会における国民の「知る権利」に奉仕するものとして**，^(注16)

（注15の2）　最高裁判決平成21年11月30日。マンションの管理組合の名義で「チラシ・パンフレット等広告の投かんは固く禁じます。」等のはり紙が掲示されているにもかかわらず，玄関ホールに入り，エレベーターで7階まで上がり，3階までの各住戸のドアポストに投かんしていたことについて，立入り行為が管理組合の意思に反するものであることは明らかで，法益侵害の程度が極めて軽微なものであったとはいえないとして，住居侵入で有罪とした原審の判断を支持している。表現の自由との関係では，一般に人が自由に出入りすることのできる場所でない場所に，管理組合の意思に反して立ち入ることは，管理権を侵害するだけでなく，そこで私的生活を営む者の私生活の平穏を侵害するものであって，住居侵入罪に問うことが憲法に違反することにはならないと述べている。

（注16）　「知る権利」という言葉は，ここでは，国民の意思決定において様々なメディアを通じて情報を獲得することが重要であること，したがって報道の自由が重要であることを示す理念を表している。どのような具体的な権利が認められるかについては，本節6参照。

その重要性が認められている。

　報道を行うための取材活動は，正確な報道をするために不可欠なものである。このため，「取材の自由」も，表現の自由そのものではないが，「21条の精神に照らし，十分尊重に値するもの」と位置付けられている。報道機関に，法廷で一般傍聴人と区別して席を用意しメモできるようにする，警察が現場鑑識活動等を行っている場合に一般人の規制ラインの内側にもう一つのラインを引いてそこまでの取材を認める，個人情報保護法上の規制を及ぼさない(注17)といった特別扱いをすることがあるのは，知る権利に奉仕する報道の自由の重要性，取材の自由の尊重という考えによるものである。もっとも，「取材の自由」が報道機関に認められるということは，妨害されないという意味であって，取材の対象となる者に対して取材に応ずる義務を課すものではない。

　報道の自由，取材の自由についても，他の表現の自由と同様に無制限なものではなく，例外的に他の重要な法益との間で制約を受ける場合がある。その一つとして，報道機関の取材活動によって得られたもの（例えば犯罪行為の現場を撮影したフィルム）が公正な刑事裁判の実現のために必要となる場合には，その必要性と提出されることによって取材の自由が妨げられることとを裁判所が比較して必要性が高いと判断されるときには，その限りで取材の自由がある程度制約を被ってもやむを得ないとされている。なお，取材源(注18)の秘匿に関しては，取材の自由を確保するために必要であるという重要な社会的価値があることを理由に，民事裁判では原則として証言拒否が認められ(注19)る。

　このほか，取材の過程及び報道において，他の者の人格的利益と社会への

（注17）　「報道」とは，「不特定かつ多数の者に対して客観的事実を事実として知らせること（これに基づいて意見又は見解を述べることを含む。）」と定義されている。また，「報道機関」には，報道を業として行う個人も含まれる。
（注18）　最高裁大法廷決定昭和44年11月26日。この決定は付審判請求を審理している裁判所が報道機関に撮影フィルムの提出を命じたものであるが，警察が裁判官の許可状を得て行う差押えについても，同様に認められている（平成2年7月9日最高裁決定。テレビ番組の中で暴力団組長が債権取立てに当たって被害者を脅迫する場面が放送されたことがきっかけで警察が組長を逮捕し，取材ビデオテープ29巻を差し押さえた（後で25巻は還付した）ものである。重要又は悪質な事件で証拠価値・必要性がある一方で，その資料を報道に用いる機会が確保されていることが考慮されている。）。

伝達価値との調整が問題となり得る。判例は，人格的利益の侵害が社会生活上受忍する限度を超えた場合には，違法であって損害賠償責任を負うものと判断している。^(注20)誤った報道をして損害を与えた場合には賠償責任を負う。^(注21)報道内容を対象とした規制は少ないが，少年法で，「家庭裁判所の審判に付された少年又は少年のとき犯した罪により公訴を提起された者については，氏名，年齢，職業，住居，容ぼう等によりその者が当該事件の本人であることを推知することができるような記事又は写真」を新聞紙その他の出版物に掲載してはならないことが定められている（少年法61条）。本人を推知できるとは，不特定多数の一般人がその記事で少年を特定できることを意味する。個人を推知できなくとも，少年の名誉・プライバシー侵害に当たる場合があり得る（公表されない法的利益と公表する理由を個別に比べる（比較衡量する）ことによって判断される。）。このほか，放送に関しては，放送法によって，真実に反する放送を行った場合の訂正放送等の義務が課されている。^(注22)

(注19)　刑事裁判で証言拒否を認めなかった判例（最高裁大法廷判決昭和27年8月6日）があるが，民事裁判では原則として証言拒否が認められる（最高裁決定平成18年10月3日）。

(注20)　最高裁判決平成17年11月10日は，いわゆる和歌山毒カレー事件の被告人を法廷で裁判所の許可を得ることなく撮影し，週刊誌に掲載したことについて，みだりに自己の容ぼう等を撮影・公表されないという人格的利益を社会生活上受忍すべき限度を超えて侵害したもので違法であるとした。イラスト画については，写真とは異なる特質があるとし，書類を見せられている状態のものは違法ではない（手錠，腰縄で拘束を受けている状態を描いたものは，相手を侮辱し，名誉感情を侵害するもので違法）と判断している。

(注21)　確実な資料，根拠に照らして相当の理由があることを報道機関側が立証する必要があり（注7参照），立証ができなければ賠償責任を負う。名誉毀損の場合の損害賠償額は，かつては100万円未満がほとんどであったが，近年，500万円を超える事例も増加している（東京地裁判決平成21年3月26日は，「大相撲八百長」記事で被害を受けた団体及び複数の個人に合計4,290万円の賠償を支払うよう出版社に命じている。）。

(注22)　放送法では，放送によって権利を侵害された者から請求があったときは調査し，真実でないことが判明したときは訂正又は取消しの放送をする義務を放送事業者に負わせている。なお，放送は，国の許可を受けて，限られた電波を独占的に使用して行われるものであるため，公共的な義務を負う。放送法は，放送が国民に最大限普及されてその効用をもたらす，放送の不偏不党・真実及び自律を保障し表現の自由を確保する，健全な民主主義の発達に資する，という原則に従って，放送を公共の福祉に適合するよう規律し，その健全な発達を図ることを目的としている。

=== column === **公務員の秘密保持義務と報道機関の取材** ===

　警察官を含めた公務員は，職務上知り得た秘密を漏らしてはならない義務を負い（地方公務員法34条1項），違反した場合は犯罪として処罰の対象となる（60条2号）ほか，懲戒処分の対象となる。また，秘密を漏らすようそそのかした者も，同様に処罰される（62条）。警察に勤務する者は，個人に関する情報をはじめ，その情報が知られてしまうと捜査や公判に支障を及ぼすものなど，極めて多くの秘匿すべき情報を取り扱っているのであって，職務上知り得た秘密を決して漏らさないようにしなければならない。

　他方で，報道機関は，警察に関する事実を報道し，取材活動を行っている。その中で「報道の自由，取材の自由は憲法上認められた権利であるので公務員は協力して当然だ」という主張がなされることがある。しかし，**憲法の保障する自由は，取材を妨害してはならないことを求めるものであって，相手方に取材に応じさせるという特権を与えたものではなく，警察官を含めた公務員が取材に応ずる義務はない**（組織として適切な情報の提供に努めるべきこととは別の問題である。）。報道機関の取材に応じた場合であっても，公務員法の定める秘密保持義務に違反すれば，公務員は刑事罰あるいは公務員法上の制裁を受ける。

　取材の自由があることで，情報提供を求めた報道機関側に法的責任がない（秘密を漏らすことをそそのかす罪が成立しない）とされることはあり得るが，それに応じた警察官の行為が免責されることにはならない。(注23)

5　検閲の禁止

> 検閲に当たる行為は絶対的に禁止される
> 　思想内容等の表現物を，発表前に網羅的に審査し発表を禁止するもの
> 　裁判所の行う出版の差し止めは，検閲には当たらない

憲法21条2項前段は，「検閲は，これをしてはならない。」と定めている。

(注23)　新聞記者が外務省の事務官から秘密情報を入手したことが，国家公務員法上の秘密漏示そそのかし罪に問われた事件で，取材が真に報道の目的であり，手段・方法が社会通念上相当として是認されるものであれば犯罪は成立しないとされている（最高裁決定昭和53年5月31日。なお，この事件では，新聞記者の行為（取材対象女性との性的関係など）が到底是認できない不相当なものであることを理由に，犯罪が成立するとしている。）。

旧憲法下では，内務省が中心となって，出版物をはじめ，映画など様々な表現手段について，発表される前に内容をあらかじめ検査し，不適切な場合には出版等を禁止し，修正させる検閲が広く行われていた。現行憲法が表現の自由を一般的に保障したのに加えて，検閲の禁止を定めたのは，**検閲が表現の自由に対する最も厳しい制約であることを踏まえて，例外なく絶対的に禁止した（公共の福祉による例外を認めない）**ものと解されている。

　憲法が禁止する「検閲」とは，判例上，「**行政権が主体となつて，思想内容等の表現物を対象とし，その全部又は一部の発表の禁止を目的として，対象とされる一定の表現物につき網羅的一般的に，発表前にその内容を審査した上，不適当と認めるものの発表を禁止する**」ことを意味するものと解されている。[注24]

　検閲に当たるかどうかが争われたものとしては，税関検査，教科書検定，岐阜県青少年保護育成条例による規制（有害図書をあらかじめ包括指定し自動販売機への収納を処罰），裁判所による出版差し止めがある。判例は，税関検査は既に外国で出版されているものであって事前に発表そのものを禁止するものではないこと，教科書検定は教科書としての適否を判断するもので一般の図書として発表することを何ら制限するものではないこと，自動販売機への収納を禁止しても出版自体は可能で，成人との関係で流通を幾分制約するものであるが少年の有害環境を浄化するためのやむを得ないものであること，を指摘していずれも検閲には当たらないとの判断を示している。[注25]裁判所の行う出版差し止めについては，行政機関によるものではないので検閲に当たらないとした上で，事前差し止めの持つ問題点（ⅰ表現された物を評価

（注24）　最高裁大法廷判決昭和59年12月12日（税関検査事件）

（注25）　税関検査については，国内での健全な性的風俗維持の見地からわいせつ表現物の流入阻止は公共の福祉に合致する，その実効的な規制のためには水際で阻止することもやむを得ないとの判断を示している（前注最高裁判決。「風俗を害すべき書籍，図画」という法律の規定が広すぎるかどうかも争われたが，わいせつな書籍，図画を表すものであり明確性に欠けるものではない，とされている。なお，税関検査の規制対象については，第2章第2節1（人権の実現方策）のコラム＜社会情勢の変化を反映した解釈の変化＞参照。）。教科書検定については，最高裁判決平成5年3月16日で，教育の中立・公正，一定水準の確保の要請から合憲としている。岐阜県青少年保護育成条例判決については，本節2の重要判例参照。

する機会を奪う，ⅱ予測に基づくため事後規制に比べて広い範囲に及び，乱用の危険がある，ⅲ抑止効果も事後制裁より大きい）を指摘し，公共の利害に関する事項についての出版の場合原則として差し止めはできず，真実でない（又はもっぱら公益を図る目的でない）ことが明白で被害者が著しく回復困難な損害を被るおそれがあるときに限って例外的に許される，と判断している。^(注26)

6　その他の情報発信と受取りに関する自由

> 刑事施設・留置施設被収容者等も新聞等の閲覧の自由が認められる
> 　制限するには放置できない程度の支障が生ずる蓋然性が必要

　情報の発信と受取りに対する制限は，表現の自由（とその一部としての知る自由）を害するものであって，原則として認められない。刑事施設や留置施設に収容されている人間の場合には，その特殊性から様々な制約があるが，何でも規制できるというものではない。判例は，新聞紙等の閲読（現行法の閲覧）の自由が憲法21条等の規定の趣旨から認められるとし，未決勾留中の場合には逃亡及び罪証隠滅の防止と施設内の規律秩序維持に真に必要な限度においてのみ制限することができる，受刑者が家族以外の者と信書を発受することについても，憲法21条の趣旨，目的から，施設内の規律及び秩序の維持，身柄の確保，改善更生の点において放置することのできない程度の障害が生ずる相当程度の蓋然性（現実的可能性）がある場合に限って制限することができる，との見解を示している。^(注27)なお，刑事収容施設法では，自弁の書

（注26）　最高裁大法廷判決昭和61年6月11日（北方ジャーナル事件）。なお，公的立場にない人のプライバシー等を侵害するものについては，本節2の注8参照。
（注27）　最高裁大法廷判決昭和58年6月22日は，被告人が定期購読している新聞のハイジャック事件の記事を拘置所長が抹消したことに対して，未決勾留中の者は原則として一般市民の自由が保障されるべきものであるとし，規律や秩序が害される一般的抽象的なおそれがあるというだけではこの自由を制約できないとした上で，その事案では拘置所長の裁量的判断を認めた。これに対し，最高裁判決平成18年3月23日は，受刑者が国会議員宛の請願書及び検察庁宛の告訴告発状を送付した後に，その内容の取材や調査を求める手紙を新聞社宛に送付することの許可を求めたのに刑務所長が不許可としたことにつき，裁量権を逸脱又は濫用（乱用）したものとして，国家賠償を認めた。

籍等を閲覧することの制限が可能となる場合の要件を法定し，さらに時事の報道に接する機会を与えるように努めるべき義務を施設管理者に課している。信書の発受についても，特定の事由がある場合を除き，許すべきものとしている。これらは，刑務所・拘置所のみならず，**警察の留置施設においても同様**である。発受する信書を検査することは，罪証隠滅・逃走の防止という拘束目的の達成と，施設内の規律秩序の維持のために必要なものであり，検閲に当たるものではない。

　判例は，情報を取り入れる自由（さまざまな意見，知識，情報に接し，これを摂取する自由）について，「憲法21条1項の規定の趣旨，目的から，その派生原理として，当然に導かれる」と述べている。例えば裁判において，傍聴人がメモをとることについては，情報を取り入れるための補助としてなされるのであれば，憲法21条1項の精神に照らして尊重されるべきものとされる。^(注28)なお，そのような「精神に照らして尊重される」自由については，表現の自由のように憲法上保障されるものとは異なり，制限が比較的緩やかに認められるものと解される。

---

column　国民の「知る権利」と公的機関による情報の提供

　学説の上では，国民の「知る権利」として，情報を取り入れる自由（知る自由）に加えて，国家から情報を得る権利が主張されている。表現の自由の規定から国家に情報開示などの行為を請求できる具体的な権利が生ずるとはいえないが，この規定の趣旨から，国及び地方公共団体が国民に対して自らが保有する情報を提供する施策を講ずる責務を負う，少なくとも制度や施設を作る場合には国民の表現の自由や知る自由に奉仕できるものとすべきである，と考えることができる。

　情報公開法は，国民主権の原理にのっとって，請求のあった情報を原則として開示する制度を設けるとともに，保有する情報を適時かつ迅速に明らかにする施策を充実することを求めている。地方公共団体が定める情報公開条例も，基本的にこれと同じである。**警察の場合，個人情報や犯罪防止及び捜査に関わる情報など，開示してはならない情報が多いという面があるが，そうであるからこそ，開示可能な情報については，他の機関以上により積極的に国民・住民に提供すべきものといえる。**市民の強い危機感

(注28)　最高裁大法廷判決平成元年3月8日。法廷でメモをとることを司法記者以外には許可をしなかったことに対して，メモをとる行為が公正かつ円滑な訴訟の運営を妨げることは通常あり得ないから，不許可にするのは合理的根拠を欠くとしている。

を招いている事態に際しての警察組織幹部による積極的な情報の発信，警察のウェブサイト（ホームページ）の充実，登録者へのメールによる情報提供，警察署協議会をはじめとする公的検討が行われる場での詳細な説明，警察運営に疑問を寄せる人々への誠実な説明など，様々な面での努力が求められる。

　国民の「知る権利」に応ずるものとして，公的図書館等の設置運営を通じ，書籍その他のものを利用できるサービスの提供が広く行われている。図書館では公正に資料を取り扱うことが求められる。[注29]

◆第 3 節　集会結社の自由

1　集会の自由

> 集会の自由は民主主義社会の重要な基本的人権の一つ
> 　公共施設の使用を拒むことも実質的に集会の自由への侵害

　集会とは，多数人が共通の目的のために特定の場所に集合することを意味する。政治上の目的，宗教上の目的，労働運動などの社会的活動としての目的など，様々な目的のものがある。集会は，国民が相互に意見や情報を伝え，交流する場として重要な意味がある（国民は様々な意見や情報に接することによって自らの考えや人格を形成し，発展させることができるのであって，集会はその機会として重要である）だけでなく，対外的に意見を表明するための有効な手段でもある。したがって，集会の自由は，「民主主義社会における重要な基本的人権の一つ」であり，特に尊重されなければならない。

　集会を開催する自由，集会に参加する自由，集会において意思を形成する自由，形成された集団の意思を表明・表現する自由がいずれも保障され，**公権力機関がこの自由を制限することは原則としてできないが，多数人が集合して行うことによって他者の権利ないし利益と衝突する場合に，必要不可欠な最小限度の規制を設けることは，憲法上許される。**この見地から，極めて限定的なものとして，暴力主義的破壊活動を行った団体について公安審査委員会が集会等を一定の期間・場所で禁止する制度（破壊活動防止法），多数の暴力主義的破壊活動者の集合に用いられている工作物について国土交通大臣がその使用を禁止することができる制度（成田国際空港の安全確保に関する緊急措置法（成田新法））が設けられている。[注30]

　集会をする場所として，私人の施設が用いられる場合には，施設保有者と集会をする側との関係は基本的に民事関係である。[注31]これに対し，公共施設（市民などの集会に用いられることが一般的に想定されている施設）の場合に

（注30）　最高裁大法廷判決平成 4 年 7 月 1 日は，成田新法の規制が公共の福祉による必要かつ合理的なものであるとし，合憲であることを明確に認めている。

は，施設管理者は，正当な理由がない限り住民が利用することを拒むことが
できないのであって，正当な理由なく拒否することは，憲法の保障する集会
の自由に対する不当な制限につながるものと考えられている。集会の自由は，
公権力機関から妨害を受けない自由であるが，公共施設の利用において不当
に不利益な扱いを受けないということも，その中に含まれているといえる。

　判例は，市民会館の使用を拒否した事件において，集会の自由の保障が公
共施設使用に及ぶとした上で，公共施設の種類・規模・構造・設備等からみ
て利用を不相当とする事由がある場合，利用希望が競合する場合のほかは，
「施設をその集会のために利用させることによって，他の基本的人権が侵害
され，公共の福祉が損なわれる危険がある場合」に限って，その利用を拒否
できるものとし，条例で定める「公の秩序をみだすおそれがある場合」とい
う不許可事由について，「本件会館における集会の自由を保障することの重
要性よりも，本件会館で集会が開かれることによって，人の生命，身体又は
財産が侵害され，公共の安全が損なわれる危険を回避し，防止することの必
要性が優越する場合」と限定して解釈し，しかもその危険性は，蓋然性（現
実的可能性）では足りず，**「明らかな差し迫った危険の発生が具体的に予見
されることが必要」**であると述べ，**集会への使用拒否は，極めて限定的な場
合以外には認められない**との考えを明らかにしている。(注32)

　なお，公共的施設でも，集会に用いることが一般的に予定されていない施
設（例えば学校施設）の場合には，憲法の集会の自由による保護が及ぶこと
にはならず，施設管理者の裁量が認められる。(注33)また，公園に関しては，多く
の人が自由に利用すべき場所であって，多数人が一度に使用すると公園管理

（注31）　集会に近い時期になって施設側が一方的に解約することは，集会を事実上不可
　　　　能にさせるものとなる。日本教職員組合の教育研究全国集会の大会会場予約を受け
　　　　ていたホテルが，反対する勢力の妨害行為によって宿泊客への迷惑が及ぶなどとし
　　　　て，一方的に予約を取り消し，裁判所が集会の自由を踏まえて会場の使用を認める
　　　　決定をしたにもかかわらず，これを無視して使用させなかった事例がある。自由権
　　　　自体は公権力機関との間のものであるが，「自由」そのものは私人によっても侵害さ
　　　　れることを示したものといえる。
（注32）　最高裁判決平成7年3月7日（泉佐野市民会館事件）。本件では，「会館の職員，
　　　　通行人，付近住民等の生命，身体又は財産が侵害されるという事態を生じることが，
　　　　客観的事実によって具体的に明らかに予見された」として，合憲性を肯定している。
　　　　事実関係については，第2章第2節2（公共の福祉による人権の制約）注6参照。

上の問題が生ずる（他者の利用を制限することになるし，場合によって施設
維持上の問題も生ずる）ことから，集会への使用を常に認めるべきというこ
とにはならない。

　このほか，警察が集会参加者を視察することも，集会の自由との関係で問
題となる。革マル派の集会参加者視察について，同派の動向や活動実態を把
握することを目的とした情報収集活動は警察の責務に含まれるが，集会の自
由を侵害すれば違法となる（犯罪捜査の場合や危険が切迫していて緊急かつ
高度の必要性がある場合のように「公共の福祉」を理由とした制限として正
当化されることはない。）という基本的な考えを示した上で，集会に参加す
ることが秘匿される自由が保障されているわけではなく，本件視察が集会に
参加することを事実上困難にするものでもなかったとして，集会の自由（集
会開催の自由）の侵害には当たらないとした裁判例がある。[注33の2]

　集会に対して他人の妨害行為が予測される場合には，警察が各種の警備的
な対応を行う場合がある。これは，実質的に集会の自由を警察が保護するも
のといえる。[注34]

(注33)　憲法上の保障は及ばないとしても，公平な裁量権行使が求められるのであって，
　　　本来考慮すべきでないことを理由に不許可とすることは認められない。最高裁判決
　　　平成18年2月7日は，教職員組合主催の教育研究集会への学校施設利用拒否につい
　　　て，学校管理上の裁量を認めつつ，社会通念に照らして著しく妥当性を欠いたもの
　　　として違法とした。

(注33の2)　東京高裁判決平成25年9月13日（最高裁決定平成27年1月21日で，上告棄
　　　却，不受理とされ，確定している。）。集会に参加することについては，外部から認
　　　識され，場合によっては個人が識別され，特定される危険があることも自ら覚悟し，
　　　自己の責任において参加するかどうか決定すべきと述べている。集会開催の自由と
　　　の関係では，警察の活動の態様，程度が参加者のプライバシー等を広範囲に侵害し，
　　　強度の威圧感を与えて萎縮させ，集会に参加することを事実上困難にするものであ
　　　る場合には集会の開催の自由を侵害するが，本件では，集会が予定どおり開催され
　　　ており，多数の制服警察官が集会参加者の前に立って行動を制止したり，集会参加
　　　者全員を対象として一人ひとり網羅的にその住所，氏名等の個人情報を聴取したり，
　　　顔写真を撮ったり，ビデオ撮影をしたりするなどの行為に及んだものではなく，ま
　　　た集会を妨害する目的でなされたものともいえないので，集会の開催の自由の侵害
　　　に該当しないとした。

(注34)　最高裁判決平成8年3月15日は，主催者が集会を平穏に行おうとしているのに，
　　　実力で阻止しようとする集団の行動によって紛争が生ずるおそれがあることを理由
　　　に，公の施設の利用を拒むことについて，警察の警備等によってもなお混乱を防止
　　　することができないといった特別な事情がある場合でなければ許されない，との判
　　　断を示している。

2　集団行動と公安条例・道路交通法による規制

> 集団行進，集団示威運動（デモ行進）の自由は憲法上保障
> 　公安条例は，許可義務があり，不許可事由は厳しく限定
> 　道交法の制限は，明確かつ合理的な基準による制限として合憲

　集団行進，集団示威運動（デモ行進）は，集会の一つの態様であり，憲法上その自由が保障される。他方で，それらの活動は，言論や出版とは異なり，集団の物理的な力を背景にし，あるいは示すもの（集団示威運動は集団の威力を示す活動である。）であって，その力が暴発するようなことになれば，地域の公共の安全秩序を脅かすものとなり得る。**国の法律で集団行進，集団示威運動を直接的に規制するものはないが，地方公共団体によっては，いわゆる公安条例を定め，公安委員会の許可を要するものとしている**（例えば，東京都の「集会，集団行進及び集団示威運動に関する条例」では，「道路その他公共の場所で集会若しくは集団行進を行おうとするとき，又は場所のいかんを問わず集団示威運動を行おうとするとき」は公安委員会の許可を要するものとしている。）。公安条例では，「公共の安寧（安全な状態）を保持する上で直接危険を及ぼすと明らかに認められる場合」には不許可とする，公安委員会は必要な条件を付すことができる，といった規定が置かれている。公安条例が集会の自由を定めた憲法に違反するとの主張に対し，最高裁は合憲であると判断しているが，その基本は，**許可制というより実質的に届出制[^35]に近い規制（原則許可すべき義務があり，不許可理由が厳しく限定されてい**

[^35]: （注35）　許可制とは，ある行為を規制しないで誰もが自由に行えるようにしておくと公共の利益を害すると考えられる場合に，その行為を禁止した上で，要件を満たした場合に行政機関の判断によって禁止を解除する制度である。銃砲の所持許可，道路使用許可，風俗営業の許可，自動車の運転免許などがその例である。行政機関は，許可不許可を判断する立場にあり，ある程度の裁量権が認められることが多い。これに対して，届出制は，その行為をしようとする者に行政機関に対して定められた事項を届け出ることを義務付けた制度である。要件に適合する届出書が行政機関に到達すれば，行政機関の判断を得なくとも，届け出る義務は履行されたことになる。行為をしようとする者の負担が許可制の方が届出制よりも重くなることが多いが，実質的な規制の程度は，不許可事由の定め方（行政機関の裁量の有無及び程度）など，個別の法律によって異なってくる。なお，本章第5節1参照。

るもの）であれば違憲ではなく，公共の安全に対する**明らかな危険があると
きに不許可とすることは公共の福祉による制限として認められる**，というと
ころにある。したがって，公安条例の運用に当たっては，憲法上保障された
自由に対する制約であって**必要最小限度でのみ制限を行うことができるもの
であることを十分認識し，権限を乱用するようなことがないよう，特に注意
しなければならない。**

　道路における集団行動は，道路を使用する他の者との間で，危険を生じさ
せ，あるいは円滑な交通への支障を生じさせるものとなる。道路を通常でな
い方法で使用する者に対して，道路交通法は，道路使用許可制度を設けてい
る。「道路に人が集まり一般交通に著しい影響を及ぼすような行為」で「そ
の土地の道路又は交通の状況により，道路における危険を防止し，その他交
通の安全と円滑を図るため必要」であるとして公安委員会が定めたものに該
当する場合には，警察署長に申請し，許可を受ける義務がある。許可申請に
対して，現に交通の妨害のおそれがない場合（条件に従えば交通の妨害のお
それがなくなる場合を含む。）には，許可をしなければならない。また，現
に交通の妨害となるおそれはあるが「公益上又は社会の慣習上やむを得ない
ものであると認められるとき」には，許可しなければならないとされている。
当初から交通の妨害のおそれがないものを除いて，必要があるときには，条
件を付すことができる。これに対し，現に交通の妨害のおそれがあり，公益
上又は社会の慣習上やむを得ないものであると認められるものでないときに
は，道路を使用した集団行動はできないことになる。集団行進に対するこの
ような規制が「明確かつ合理的な基準によって集団行進の自由を制限するも
のであり，憲法に違反しない」ものであることは，判例も明確に認めている。[36]

┌─ **column** **公安条例に対する最高裁の憲法判断** ─
│　最高裁で憲法判断が示された著名なものとして，年代順に，新潟県公安
│　条例事件，東京都公安条例事件，徳島市公安条例事件がある。[37]
└─

（注36）　最高裁判決昭和57年11月16日
（注37）　最高裁大法廷判決昭和29年11月24日（新潟県公安条例事件），最高裁大法廷判決
　　　　昭和35年7月20日（東京都公安条例事件），最高裁大法廷判決昭和50年9月10日（徳
　　　　島市公安条例事件）。なお，昭和29年の現行警察法施行前（旧警察法の時代）には，
　　　　市町村も警察を所管していたため，市が公安条例を定めている例もある。

　新潟県公安条例事件では、ⅰ一般的な許可制を定めて事前に抑制することは許されない、ⅱ特定の場所又は方法につき合理的かつ明確な基準の下に許可制をとっても憲法の趣旨に反しない、ⅲ公共の安全に対して明らかな差し迫った危険を及ぼすことが予見されるときは許可しないことを定めることができる、との判断を示し、憲法に違反しないとした。

　一方、東京都公安条例事件では、条例が許可制であることを理由に違憲とした一審判決に対して、最高裁は、以下の理由を述べ、合憲と判断している（この判決以降、公安条例に対する下級審での違憲判決はなくなった。）。①集団行動は物理的な力に支持されているという特質があり、その力が動員され暴徒化して、法と秩序を無視し破壊する事態に発展する危険性があることから、公安条例によって、それぞれの地方的状況などを考慮に入れて、「不測の事態に備え、法と秩序を維持するに必要かつ最小限度の措置」を事前に講ずることはやむを得ない。②この条例では、公安委員会の許可を要するとしているが、「公共の安寧を保持する上に直接危険を及ぼすと明らかに認められる場合」のほかは許可しなければならないと定めており、許可が義務付けられ、不許可の場合が厳格に制限されている。したがって、許可制といっても、その実質は届出制と異ならない。③許可を要する対象についてある程度包括的に定めることもやむを得ない。**条例の運用に当たる公安委員会は、権限を濫用（乱用）し、公共の安寧の保持を口実にし、平穏で秩序ある集団行動まで抑圧することのないよう極力戒心すべきである。**しかし、濫用（乱用）のおそれがあり得るからといって、この条例を憲法違反と判断することはできない。

　徳島市公安条例事件は、一審で公安条例の規定が道路交通法に違反するとして無罪（道路交通法違反は有罪）となった事案について、最高裁は、以下のように述べて、「交通秩序を維持すること」と定めた公安条例3条3号の規定が道路交通法に違反せず、また不明確な規定にも当たらない（憲法31条違反とはならない）との判断を示した。①道路交通法が道路交通秩序の維持を目的としているのに対し、公安条例は地方公共の安寧と秩序の維持という目的を有しており、両者の目的は異なる。②公安条例の規定は立法措置として著しく妥当性を欠く（交通秩序を侵害するおそれがある典型的な行為を列記してその義務内容の明確化を図ることが十分可能であるのにしていない）が、この規定は、ことさらな交通秩序の阻害をもたらすような行為を避けるべきことを命じていると解され、通常の判断力を有する一般人が具体的な場合にこれに当たるかどうかを判断することは可能である（例えば、だ行進（直進しないで左右に隊列を揺らしながらの行進）、うずまき行進、座り込み、道路いっぱいの占拠がこれに当たることは容易に想像できる。）。

3 結社の自由

> 団体を結成し，加入する自由（団体としての意思形成等の自由を含む）
>   犯罪目的結社，憲法秩序の暴力的破壊目的結社の禁止は可能

結社の自由とは，団体を結成する自由，団体に加入する自由を意味する。団体として意思を形成する自由，団体として行動する自由も含まれる。団体を結成しない自由，団体に加入しない自由を持つことも当然である。政党は，団体の一つであり，その結成の自由が民主主義にとって重要な意味を持っている。

団体が法人格を得るには，公益法人，営利法人，一般社団法人・財団法人，宗教法人，社会福祉法人などの種別に応じて，それぞれの法律の要件を満たす必要があるが，そのことは結社の自由の侵害ではない（法人格がなくとも団体としての活動自体は可能である。）。また，弁護士が弁護士会への加入が強制されている（公認会計士なども同じ）が，その職の公益性に対応するものであって，憲法には違反しない。

結社の自由も，公共の福祉による制約を受ける。犯罪を行うことを目的とする結社や，憲法秩序を暴力によって破壊することを目的とした結社を禁じても，要件や手続などが適正なものであれば，憲法に違反するものではないと解される。(注38) 現行法としては，破壊活動防止法が，団体の活動として暴力主義的破壊活動（内乱・外患に関する罪又は政治上の目的をもって行う殺人，騒乱，放火等の罪に当たる行為）を行った団体が，「継続反復して将来さらに団体の活動として暴力主義的破壊活動を行う明らかなおそれがあると認めるに足りる十分な理由」があり，6月以内の特定活動制限（集団示威運動・集団行進・公開集会の開催禁止，機関紙の印刷配布の禁止，暴力主義的破壊活動に関与した特定の役職員の団体のためにする行為の禁止）ではそのおそれを有効に除去することができないときに，公安審査委員会が解散の指定をする（指定された場合，団体の役職員であった者がその団体のためにする一

（注38） ドイツやフランスでは犯罪結社を結成する罪を処罰している。国連組織犯罪条約では，組織犯罪に対して，結社罪又は共謀罪によって処罰することを求めている。

144

切の行為が禁止される）という制度を設けているが，これまで適用された例
はない。^(注39)また，無差別大量殺人行為を行った団体の規制に関する法律では，
無差別大量殺人行為を行った団体に対する観察処分（立入検査など）と再発
防止処分（団体が所有管理している土地建物の使用禁止など）を定めている。
この法律は，平成11年に制定され，公安審査委員会の決定により，平成12年
から観察処分がオウム真理教（その後継団体）に適用されている。^(注39の2)

　このほか，暴力団員による不当な行為の防止等に関する法律（暴力団対策
法）が，指定暴力団の構成員の暴力的不法行為に対する中止命令，対立抗争
時における事務所の使用制限命令などの制度を設けている。これらの制度は，
暴力団という集団に対して不利益を及ぼすものであるが，憲法上，公共の福
祉の見地から当然に認められるものである。

(注39)　平成8年7月に公安調査庁がオウム真理教への指定を公安審査委員会に請求し
　　　たが，審査会は，平成9年1月に，「教団が継続，反復して将来さらに団体の活動と
　　　して破壊活動を行う明らかなおそれがあると認めるに足りる十分な理由があるとは
　　　認められない」として，請求を棄却している。
(注39の2)　観察期間は3年で令和3年1月に更新された。Aleph（アレフ）とひかりの
　　　輪が主な対象となっている（決定では，この2団体に「山田らの集団」を含めた3
　　　団体を対象としている。）。

◆第 4 節　その他の精神的自由

1　通信の秘密

> 通信の秘密は通信内容だけでなく，受発信者・日時にも及ぶ
>
> 　令状を得て郵便物の押収，通信傍受などを行うことは可能

　憲法21条 2 項は，検閲の禁止に続けて，「通信の秘密は，これを侵しては
ならない。」と定め，通信の秘密を保障している。通信とは，情報，意見を
交換する媒体を意味する。憲法制定時に存在していた主な通信手段は郵便で
あったが，今日では，電話，電子メールが重要になっている。

　他の人と自由に情報や意見を交換することが，人間らしく生きる上で不可
欠であり，民主的意思決定の前提となるところから，**憲法は，通信の秘密を
表現の自由とつながるものとして，21条に定めている**。同時に，**通信の秘密
は，私的な領域を保護するというプライバシー保護や，個々人の情報につい
て同意なく収集されないという個人情報保護の典型**ということもできる。

　通信の秘密が保障されるため，公の権力機関が，通信の内容だけでなく，通
信の存在に関わる事実（受信者・発信者，通信日時）を当事者の同意なしに
調べることは，原則としてできない。通信に関わる事業（郵便事業，電気通
信事業）に従事する者は，業務に関して知り得た秘密を，他の者に漏らすこ
とが禁じられている。従事する者も，あるいは部外者も，事業者の取扱いに
係る通信の秘密を侵した場合には処罰の対象となる（郵便法，電気通信事業
法）。これに対し，通信の当事者が自ら知ったことを明らかにする行為（例え
ば，いつ誰からどのような通信があったかを警察に供述する行為）や自らに
届いたものを処分する行為（例えば，受けた電話を録音して警察に提供する
行為）は，通信の秘密とは無関係である。同様に，既に到達した通信が含ま
れる有体物（配達された封書，メールの受信情報の含まれたコンピュータ）
について，警察が提出を受け，あるいは捜索差押えを行うことも，通信の秘
密の保護の問題ではない（一般の物と同じ扱いになる。）。通信の秘密は，通
信の当事者双方が知らないうちに，公権力機関及び他の者が通信の内容や通

信の存在に関わる事実を知ろうとすることを問題とするものである。

　通信の秘密は，無制限なものではない。**人命を守る必要がある場合，犯罪の捜査に必要がある場合など，公共の福祉の観点から，公権力機関が通信の発信元に関わる情報や通信内容を探索することが認められる。**捜査機関が，裁判官の令状を得て，郵便物の押収，電話やメールの傍受を行うことができるのがその典型である。^(注40)通信事業者の保有する携帯電話の通信履歴に関する情報は，通信の秘密の対象であるが，刑事訴訟法の規定に基づいて警察が入手し，捜査に活用することが広く行われている。

　犯罪捜査そのものではないが，これに関連し，又は類似するものとして，留置業務管理者の行う被留置者の信書の検査（刑事収容施設法），税関職員が犯則事件の調査の際に裁判官の許可状を得て行う郵便物等の差押え（関税法）などが法律で規定されている。なお，税関による国際郵便の検査については，令状なしで行われるが，憲法に反するものではない。^(注40の2)

　法律の具体的規定がない場合に通信の秘密を侵^{おか}すことはできないが，例外として，身代金目的誘拐事件で犯人が被害者宅にかける電話について，電気通信事業者が警察の要請に応じて発信元を調べることや，携帯電話の発信者位置情報を調べることは，現行犯状態にあり，被害者の人命を守る上で必要なこととして，法律の規定がなくとも認められる。

（注40）　通信事務を取り扱う者が保管・所持する郵便物・信書郵便物又は電信に関する書類については，被疑者が発信者・受信者である場合と被疑事件に関係があると認めるに足りる状況がある場合に，裁判官の令状を得て，捜索差押えをすることができる（刑事訴訟法100条，222条1項）。犯罪捜査のための通信傍受（通信の当事者のいずれの同意も得ないで行う強制の処分）については，犯罪捜査のための通信傍受に関する法律（通信傍受法）に基づき，裁判官の傍受令状を得て行われる。平成28年の法改正（令和元年施行）により，通信傍受対象犯罪が拡大されるとともに，暗号技術を活用することにより，傍受実施の適正を確保しつつ，通信事業者等の立会い・封印を伴うことなく，捜査機関の施設において傍受を実施することができるようになった。この改正法は，国会の圧倒的な多数で認められている（投票結果の分かる参議院では，賛成票216に対し，反対票はわずか15にとどまっている。）。警察の通信傍受が適正に行われてきたことが反映しているといえる。

2　思想・良心の自由

> 思想・良心の自由は，個人の内面のもので絶対的に保障
> 　行動に関わる自由を保障するものではない

　個人が，心の中で何を思うかは，まったく自由であり，公の権力機関はそ
れに介入すべきではない。特定の考えを持つこと又は持たないことを，個人
に強制してはならず，個人の考え（世界観，人生観，主義主張）それ自体を
理由にして不利益を与えることはできない。また，どのような思想・良心を
持っているかを，明らかにするように求めることも，思想・良心の自由を侵
すものであって，許されない（「沈黙の自由」があると言ってもよい）。なお，
公務員が憲法を擁護することなどの服務の宣誓をすることは，公務員は憲法

　　（注40の２）　関税法に基づいて税関職員が国際郵便物を検査した行為（輸入禁制品の有
　　　無等を確認するため箱を開き，中にあったボトルにTDS検査をしたところ覚醒剤反
　　　応があったため，ボトルのフタを空けて中の固形物の破砕片から微量を取り出して
　　　仮鑑定を行ったもの。その後鑑定で覚醒剤と判明したので，税関調査部に通報し，税
　　　関調査部が犯則調査手続として差押許可状を得て差し押さえている。）について，最
　　　高裁は，関税の公平確実な賦課徴収及び税関事務の適正円滑な処理という行政上の
　　　目的を達成するための手続で，刑事責任の追及を目的とする手続ではなく，そのた
　　　めの資料の取得収集に直接結び付く作用を一般的に有するものでもないとした上で，
　　　ⅰ国際郵便物に対する税関検査が国際社会で広く行われており，国内郵便物の場合
　　　とは異なり，発送人及び名宛人のプライバシー等への期待がもともと低いこと，ⅱ
　　　発送人又は名宛人の占有状態を直接物理的に排除するものではなく権利が制約され
　　　る程度は相対的に低いこと，ⅲ税関検査の目的には高い公益性が認められ，大量の
　　　国際郵便物につき適正迅速に検査を行い輸出入の可否を審査する必要があり，実効
　　　性確保のために必要かつ相当と認められる限度での検査方法が許容されることは不
　　　合理とはいえないことを指摘し，本件における手続経過を踏まえて，「本件の郵便物
　　　検査は，前記のような行政上の目的を達成するために必要かつ相当な限度での検査
　　　であったといえる。このような事実関係の下では，裁判官の発する令状を得ずに，郵
　　　便物の発送人又は名宛人の承諾を得ることなく，本件郵便物検査を行うことは，本
　　　件各規定により許容されていると解される。このように解しても，憲法35条の法意
　　　に反しない」と述べ，郵便物内の覚醒剤及びその鑑定書等の証拠能力を是認した原
　　　審判決を正当であると結論付けている（最高裁判決平成28年12月９日）。理由付けと
　　　して，ⅰからⅲが述べられ，本件事実関係の下で許容されると述べていて，他の行
　　　政手続にこの判断が一般化されないようにしていることが注目される。プライバ
　　　シーの期待の程度が低いことが重要な論拠となっていることは，プライバシー侵害
　　　を理由に強制として違法になる場合（エックス線検査の判例）と対応関係にあると
　　　もいえる。

尊重擁護義務を負う存在であり，そのような公務員法上の義務があることを前提として自ら公務員になったのであるから，思想・良心の自由に反するものではない。また，民事裁判で，名誉の回復に必要な場合に謝罪広告を命ずる場合があるが，「事態の真相を告白して陳謝の意を表明する」というものであれば，倫理的な意思，良心の自由を侵害するものではない。

　思想・良心は個人の内面に属するものであって，どんな不道徳的なあるいは仮に実行に移せば犯罪となるような考えを持っていても，それが内面にとどまっている限りでは，他の人の権利自由を侵害したり，公益を害することにはならないので，「公共の福祉」による制約を受けない。この意味で，「思想・良心の自由は絶対的に保障される」といってよい。もっとも，この自由は，個人が自らの思想・良心に従って行動する自由の保障ではない。**様々な法令の規定や，法令にのっとった命令が自らの思想・良心に反するからといって，法令等に基づく義務を果たさない行動が許されることにはならないのは当然であり，命令が実質的に特定の思想を持つことを強制・禁止し，あるいはその者の思想を表明させる場合でなければ，思想・良心の自由を侵害することにはならない。**^(注41)

　思想・良心の自由の保障は，直接的には公権力機関との関係であるが，団体や民間企業の中での問題は，憲法の精神（思想・良心の自由と信条による

（注41）　公立学校の行事における国歌斉唱に際して，自らの歴史観ないし世界観から生ずる教育上の信念に反するとして，起立斉唱の職務命令に違反して起立しなかった者が処分された事件で，最高裁判決平成23年5月30日は，式典における起立斉唱は慣例上の儀礼的所作であり，歴史観ないし世界観それ自体を否定するものではなく，特定の思想を持つことの強制・禁止・告白強要でないので，個人の思想及び良心の自由を直ちに制約するものではないが，歴史観ないし世界観に由来する行動（敬意の表明の拒否）と異なる外部的行為（敬意の表明の要素を含む行為）を求められるために，間接的な制約となる面があることは否定できないとした上で，外部的な行動の制限が必要かつ合理的なものであれば，その制限を介して生ずる間接的な制約も許容されるとし，学校の卒業式などの教育上の特に重要な節目となる儀式的行事においては，教育上の行事にふさわしい秩序を確保して式典の円滑な進行を図ることが必要であること，国旗及び国歌が法律によって定められていること，公務員の職務の公共性に鑑(かんが)み，制約を許容し得る程度の必要性及び合理性があるとして，職務命令は合憲であると結論付けている。なお，不利益処分の程度に関しては，起立しなかっただけでそれ以上の積極的行為をしなかった者が過去にも同種の行為をしていたことを理由に加重されて停職とされたことは，裁量権を逸脱したものとして違法とされた例がある（最高裁判決平成24年1月16日）。

差別の禁止）を踏まえつつ，それぞれの法律関係に即して判断されている。^(注42)

3　信教の自由

> 宗教を信ずることの内心的自由は絶対的に保障
> 　宗教上の儀式，行事などへの参加を強制されない
> 宗教的行為の自由は，公共の福祉による制限の対象
> 　宗教的行為・宗教的禁忌には特に配慮が必要

　憲法20条１項前段及び２項は，信教の自由を保障している。信教の自由の内容として，宗教を信ずることの自由（信仰する自由，信仰する宗教を選ぶ自由，信仰しない自由），宗教的行為をすることの自由，宗教的結社の自由，の三つがある。宗教を厳密に定義することは難しいが，おおまかに言えば，現実を超越した存在（神，至高の存在，仏，霊）を畏敬，崇拝する心と行為との総称である。

　宗教を信ずる自由は，思想良心の自由と同様に，内面の自由として絶対的に保障される。オウム真理教は教祖の指示の下に団体として大量殺人行為を行ったが，個人が自らの内心において信仰を持ち続ける（教祖と教義を信ずる）ことは何ら規制されない。国家は，個人に特定の宗教を信じさせる，信じることを禁止する，信じあるいは信じないこと自体を理由に不利益を与えることは，行ってはならない。どのような信仰を持っているかを表明させることも，許されない（宗教上の沈黙の自由がある。もっとも，被留置者の処遇の見地から，宗教上の理由で何らかの特別な取扱いを要するかどうかを尋ねることは，不利益を避けるために必要な行為として許される。）。このほか，

(注42)　加入が強制されている団体の場合，政治的な意味を持つ決定をすることは，反対の会員の思想・良心の自由との関係で特別な考慮を要する。これを理由に，税理士会が政治団体に寄付することは会の目的外の行為とされている（最高裁判決平成８年３月19日）。また，民間企業が採用に当たって応募者の思想信条を調べ，特定の思想信条を持つ者の採用を拒否する行為について，企業側の契約締結の自由を指摘し違法ではないと判断した判例（最高裁大法廷判決昭和48年12月12日）があるが，今日では，個人のプライバシー保護の観点から，一般的に，個人の内面に関わるような情報（団体への所属関係を含む。）については，公権力機関も民間事業者も，例外的な場合を除けば，収集等をすべきものではないとされている（第４章第１節注９参照）。

国際テロ防止の観点からモスクに通う者の実態を把握する行為について，国際テロ情勢等に照らし必要やむをえないものとして，憲法に反するものではないとされている。^(注42の2)

　宗教的行為の自由は，宗教的行為をする自由，しない自由，宗教的行事に参加を強制されない自由を意味する。宗教的行為が何かは，それぞれの宗教で異なるが，礼拝，祈禱_(きとう)，布教といった活動，宗教上の儀式などを意味する。宗教上の行為，祝典，儀式又は行事に参加することを強制されないことは，信教の自由の一つとして当然に保障されるべきものであるが，憲法20条2項で明確に定められている。**宗教的行為をしない自由，宗教的行事に参加を強制されない自由は，常に保障される。**^(注43)**これに対し，宗教的行為をする自由については，絶対無制約なものではなく，他人の権利自由を侵害するものであるときの規制など，公共の福祉を理由とする制約を受ける。**「病気を治す」として行われる加持祈禱_(かじきとう)は，宗教的行為の一種であるといっても，他人の生

（注42の2）　東京地裁は，警察がイスラム教徒等のモスクへの出入り状況等の個人情報を収集し，保有し，利用する行為について，日本国内において国際テロが発生する危険が十分に存在するという状況，発生した場合の被害の重大さ，発生防止の困難さに照らせば，国際テロの発生を未然に防止するために必要な活動であるとして，憲法に違反しないとした（東京地裁判決平成26年1月15日）。信教の自由との関係では，主としてイスラム教徒を対象とし，モスクの出入状況という宗教的側面にわたる事柄が含まれているのは，信仰内容それ自体を問題視していることに由来するものではなく，イスラム教徒の精神的・宗教的側面に溶かいする（干渉する）意図ではない，信教を理由とする不利益な取扱いを強いたり，宗教的な制限などを加えるものでもなく，情報収集は外的行為を記録したにとどまること，影響があったとしても嫌悪感を抱くといった程度にとどまることなどを総合すると，仮に一部の信仰活動に影響を及ぼしたとしても国際テロ防止のために必要やむを得ない措置であって，憲法20条に違反しないと述べている。控訴審（東京高裁判決平成27年4月14日）も情報収集活動の適法性を認めた（ただし，当時の状況を踏まえての判断であり，「実際にテロ防止目的にどの程度有効であるかは，それを継続する限り検討されなければならず，同様な情報収集活動であれば，以後も常に許容されると解されてはならない。」と述べている。）。最高裁も上告を棄却し（最高裁決定平成28年5月31日），上記判断が確定している。なお，本件では，インターネットに掲出された情報が警察から流出したものと認定され，管理が不全であるとして，賠償請求が認められている（第4章注10の2参照）。

（注43）　宗教的活動をしない自由は，全面的に保障される。政教分離に反しない行為でも，宗教的行為である以上，それに参加しない自由が保障されるべきものである。もっとも，通常人が非宗教的行為と考えることを，すべて自らが考える「他の宗教の宗教的行為」として拒否できるとまではいえない。

命，身体等に危害を及ぼす違法な有形力の行使に当たることは当然に許され
ない。^(注44)

　宗教的行為を行い，宗教上の禁忌（行ってはならないこと）を守ることは，
その宗教を信じない者からすれば重要でないように見えたとしても，信仰す
る者からすれば極めて大切なことであり，一般的に制約すべきではない。^(注45)**身
体拘束をしている場合でも，特に配慮することが望まれる**^(注46)。警察の留置施設
の被留置者については，「一人で行う礼拝その他の宗教上の行為は，これを
禁止し，又は制限してはならない。ただし，留置施設の規律及び秩序の維持
その他管理運営上支障を生ずるおそれがある場合は，この限りでない。」こ
とが定められている（刑事収容施設法）。管理上の措置としても，宗教上の
支障とならない他の手法が容易にとれるのであれば，宗教上の要望を無視す

（注44）　最高裁大法廷判決昭和38年5月15日は，加持祈禱行為として人の身体に暴行を
　　　加えた結果，死亡した事件について，信教の自由の限界を逸脱したものとして，傷
　　　害致死罪の成立を認めている。

（注45）　信仰上の理由で特定の行為ができないという場合には，その実態を踏まえた判
　　　断が求められる。例えば，運転免許証の写真は人の同一性が容易に判断できるよう
　　　に顔と頭（髪）がすべて露出した状態であることを要し，帽子の着用は認められな
　　　いが，信仰上の理由から頭髪を隠さなければならないというときには，一応同一性
　　　の確認が可能な状態であれば容認するという扱いがなされる（同じ宗教上の理由で
　　　も，顔を写すこと自体を拒否する場合は，免許保有者の同一性確認が不可能になる
　　　ので認められない。）。どこまで配慮すべきかについて裁量権が認められるが，代替
　　　措置が不可能でないときに何らの検討も行わないのは違法とされる（最高裁判決平
　　　成8年3月8日は，市立高専で信仰上の理由から剣道実技の履修を拒否した学生に
　　　対し，2年続けて原級留置処分とし，その後退学処分としたことについて，代替措
　　　置が不可能でないのに，その是非等を十分考慮しないで処分を行ったことを，裁量
　　　権の範囲を超えた違法なものであると判断している。）。

（注46）　イスラム教徒（ムスリム。女性だけを指す場合はムスリマ。）の場合，1日5回
　　　（夜明け前，正午，午後，日没，夜の各定刻）の礼拝が宗教上の義務とされている
　　　（礼拝前に手足などを清めること，マッカ（メッカ）の方向を向くことが求められる。
　　　礼拝以外の義務としては，信仰告白，喜捨（定められた寄附），断食（断食月の日中
　　　の飲食禁止。旅行中などは例外が認められる。），可能な場合のマッカへの巡礼があ
　　　る。）。他方，豚肉を食べる（豚に由来するもの（乳化剤やゼラチンなど）を含んだ
　　　ものをとることは全て該当する。）ことは，飲酒，偶像崇拝，殺人とともに，クル
　　　アーン（コーラン）によって禁止行為とされている。なお，宗教上の禁忌はその宗
　　　教を信じない者には義務ではないが，他者が嫌がることを相手に対して理由もなく
　　　行うべきものではない。例えば，イスラムでは左手は不浄の手とされているので，物
　　　を渡す際にも右手を使うことが望まれる。また，モスクは宗教上の施設であるから，
　　　服装（女性の場合は髪の毛を見えないようにすることを含む。）などについて，十分
　　　な注意が必要である。

べきではない（もっとも，宗教上の行為や禁忌は多様であるため，すべて満たすことができない場合もあり得る。）。

　宗教上の結社の自由としては，宗教上の目的を達成するために団体を結成する自由，加入する自由，加入しない自由，脱退する自由が含まれる。団体自体も宗教上の活動をする自由を持つ。宗教の場合，同じ信仰の者が集まる，他の者にその信仰を広めるといったことが，本質的な要素であり，宗教上の結社の自由が尊重される必要がある。もっとも，宗教上の団体が法人格を取得するには，宗教法人法の規定を満たし，義務規定を履行する必要があり，「法令に違反して，著しく公共の福祉を害すると明らかに認められる行為をしたこと」などの事由があるときには宗教法人法に基づく解散命令の対象ともなり得る。解散命令は，宗教法人としての法人格を失わせるが，宗教団体として活動すること自体を禁止するものではなく，不利益はやむを得ないものであるので，憲法に反しないとされている。(注47)

　信教の自由に関連するいわゆる政教分離については，第2部の解説で述べる。

4　学問の自由

> 学問の自由の一環として，大学の自治が認められる
> 　大学の自治は大学内を治外法権とするものではない

　憲法は，学問の自由を保障することを定めている（23条）。学問とは，真理の探究を目指す行為である。学問的研究の自由，研究結果の発表の自由，研究結果の教授の自由が含まれる。大学における自由が主に想定されるが，広く国民の自由を含むものと解される。もっとも，研究結果の教授の自由といっても，高校以下の学校では，教育の機会均等を図るべきこと，生徒側が

（注47）　最高裁決定平成8年1月30日は，オウム真理教に対する宗教法人法に基づく解散命令について，この制度がもっぱら世俗的目的（精神的世界とは異なる現実世界での目的）によるものであって，解散されても法人格のない宗教団体として存続させたり，新たに結成することが妨げられるわけではなく，宗教上の行為を行うことは妨げられないこと，清算手続の結果礼拝施設等が処分され，信者らの宗教上の行為に支障が生じたとしても，間接的で事実的なものにとどまることを述べ，本件解散命令は必要やむを得ないものであって，憲法に反しないとした。

未発達であることから，教員が自らの研究結果を教える自由を広く認めるわけにはいかない。高校以下の教育は，何よりも生徒側の利益が保障されるべきであって，個々の教員の側の一方的な自由を認めることはできない。これに対し，大学においては，それぞれの教員が研究成果を自由に教育し，学生もそれを批判的に吟味することが期待されているといえる。

　学問の自由の一環として，伝統的に大学の自治が認められる。大学の自治とは，大学の管理運営に関して，大学が自主的に決定する権限を有することを意味する。学長を含めた研究者の人事，大学の施設管理といった面での自治が，教授会といった研究者集団に認められる。もっとも，大学の予算のうち，国費の支出に関しては，内閣の予算編成権，国会の審議権の結果として認められた予算の範囲であること，適正な支出でなければならず，会計検査院の検査が及ぼされるものであることは，当然である。大学における重要な意思決定は教授会によってなされることが多いが，具体的な権限分配は，私立大学の場合はその学校法人の規程，国立大学の場合には国立大学法人の内部規則で定められることになる。大学の自治であるからといって，大学側がどのような決定をしてもいいというわけではない。教職員などに対する懲戒処分も，懲戒権を乱用（濫用）すれば無効となる。また，今日の社会において，様々な説明責任を履行することも求められる。なお，大学の自治は，あくまで大学が存続している間のものであって，大学自体の設置，廃止の判断を，教授会などが決めることができるわけではない。

　犯罪捜査などのために警察が大学に立ち入ることは，大学の自治に反するものではない。大学側が拒否しても，裁判官の令状がある場合には当然に必要な処分をすることができるし，現に犯罪が行われている場合の立入りについても同様である。「大学側の要請があってはじめて警察権の発動が認められる」といった考えは，大学を治外法権の場とするものであって認められない。

　大学における学生に関しては，自らの自由と自治が認められる存在ではなく，教授その他の研究者の自由と大学の自治の効果として認められることがあるにすぎない。例えば，学生が真に学問的な研究やその研究結果の発表のために集会を行っているような場合には，教官の側の学問の自由，大学の自

治の反映としての保護が及ぶ場合がある。これに対し，**学生が一般社会の政治的社会的活動に当たる行為をすることに関しては，大学の有する学問の自由や自治の保障は及ばない。**一般公衆の入場を認めるものである場合には，公開の集会であり，警察官が警備情報収集に立ち入ったとしても，大学の学問の自由，自治を侵害するものとはならない。^(注48)

(注48)　最高裁大法廷判決昭和38年5月22日（東大ポポロ事件）は，大学の教室で劇団の演劇が行われていた際に，警備情報収集のために入っていた私服警察官に対し，学生が暴行した公務執行妨害事件について，学内への警察官の立入りを違法とした原審を破棄し，公開の集会又はこれに準ずる集会であって，大学の学問の自由と自治を享有するものではないとの判断を示している。

◆第5節　経済的自由と居住等に関する自由

1　経済的自由

> 職業選択の自由には，社会経済政策を含めて幅広い制限が及ぶ
> 　条文上も「公共の福祉に反しない限り」の保障であることが明記
> 　財産権も，保障されると同時に「公共の福祉に適合」すべきもの

　経済的活動に関するものとして，憲法は，**職業選択の自由と，財産権の保障とを定めている。これらの経済的自由については，精神的自由の場合とは異なり，憲法が，明文で「公共の福祉」による制限が及ぶことを定めている。**これは，社会全体の利益との調和を図る必要から，法律によって様々な制約が設けられることを容認したものである。精神的自由の場合とは異なり，社会経済政策の実現といった幅広い必要性からの制限も認められる。

　職業選択の自由には，職業を選択する自由と，職業活動の態様の自由（営業の自由もその一種）が含まれる。職業選択の自由は，「公共の福祉に反しない限り」保障されるものであることが，憲法上明記されている（22条1項）。このため，**全く自由に行うことを認めると悪い事態が起き得ると考えられる多くの営業に関して，規制する様々な法令が制定されている。**その典型は，無許可営業を禁止し，行政機関の許可によって行うことを可能にする許可制である。営業の自由を踏まえ，不許可事由に該当しないときは許可すべきこととしつつ，無許可営業の禁止，許可事業者の各種遵守事項，行政上の監督（報告徴収・立入検査，事業者への命令，許可の効力の停止と取消し）といった規定が通常設けられる。届出を行えば営業を行うことができるとする届出制が設けられる場合もある。公益事業のように，国によって特別に認められた者だけが行えるようにされ，広範囲な規制が及んでいるものもある。また，国家から認められた特別の資格を付与されたものだけが特定の職業に就けることとされているもの（例えば医師，弁護士）もある。これらは，営業の性質に応じて一般のもの以上の規制が定められたものである。いずれも合理的な理由によるものであって，憲法の職業選択の自由に反するものではない。もっ

とも，**経済的な自由の制限であっても，合理的な理由もなしに行われること
は許されない**のであって，**規制目的との関係で必要かつ合理的とはいえない
規制は裁判所で違憲とされ得る。**^(注49)

---

column 警察の所管営業規制
=

　古物商，質屋営業，風俗営業，特定遊興飲食店営業の場合には許可制，
警備業，自動車運転代行業については認定制（営業を行うことが可能な要
件を満たすことの公安委員会の認定を受ける。），探偵業，インターネット
異性紹介事業，性風俗特殊営業の場合は届出制が設けられている。届出制
の方が許可制より営業への制約は少ないのが通常であるが，性風俗特殊営
業の場合は，広い範囲で地域規制が行われるなど，風俗営業より厳しい内
容の規制となっている。いずれも，その営業を始める前に，許可，認定を
受け，あるいは必要事項を警察に届け出なければならず，許可，認定，届
出なしに営業を行えば刑罰の対象となる。また，営業に関する各種の監督
権限を公安委員会が行使する。このほか犯罪収益移転防止法では，金融機
関をはじめとする多くの営業を行う者に対し，警察は営業上の監督をしな
いが，本人確認を行って記録を残す義務，疑わしい取引を届け出る義務な
どを課している。

　これらはいずれも，法律の規制がなければ自由に行えるはずの行為を，
法律によって制限を加えたものである。これに対し，指定自動車教習所の
指定制度は，法律によって，その教習所の卒業生に技能試験免除という特
別の効果を与えるものであって，自由の回復とは異なる性格を有する（「技
能試験免除を受ける自由」が元々あるわけではない。）。したがって，必要
があれば，より広い範囲で義務を課すことが可能である。

　経済的自由のもう一つは，財産権の保障である。私有財産権という制度が
保障されることと，個々人の財産権の保障とが含まれる。憲法は，「財産権は，
これを侵してはならない。」（29条1項）とともに，「財産権の内容は，公共の
福祉に適合するやうに，法律でこれを定める。」（同条2項）と規定している。
財産権は，公共の福祉によって制限されることが，憲法上明らかにされてい

（注49）　最高裁大法廷判決昭和50年4月30日は，薬局開設の許可が既存の薬局から一定
　　　の距離離れていないと認められないとする薬事法（当時の名称）の規定について，国
　　　民の健康に対する危険の防止という制度の目的達成のために必要，合理的な制限と
　　　はいえないとして，違憲としている。なお，この判決以外に，最高裁で営業の自由
　　　規制が違憲とされた例はない。

るのである。このため，**安全確保のための規制（例えば，銃刀法に基づくダガーナイフの所持禁止）**だけでなく，**経済的弱者保護や自由競争の確保といった政策的見地からの規制（例えば，利息制限法による利息上限の制限，独占禁止法による私的独占禁止など）**も行われることになる。憲法の規定上は「法律」だけが制限根拠とされているが，地方自治体の定める条例も，住民代表によって構成される議会が制定するものであるところから，法律と同じく，財産権を制限することが認められる。

　正当な補償を行った上で個人の財産権を公共のために用いることは，憲法上明文の規定によって認められている（29条3項）。土地の収用が典型である。これに対し，様々な規制がされることによって，財産上の価値が下がったとしても，損失補償の対象とはならない。なお，憲法上の要請でない場合でも，法律の規定によって損失補償が設けられる場合がある。災害対策基本法に基づく損失補償はこれに当たると思われる。[注50]

　財産権の保障は，様々な面で求められる。例えば，押収した証拠物は，本人が所有権を放棄しない限り，刑事裁判で用いられなくなれば還付しなければならない。被告人以外の所有する物を没収することは，所有者が犯罪に用いられることを知っていたという要件に加えて，手続的にも本人に刑事裁判手続に参加する機会を与えなければならない（第3章第2節注4参照）。

（注50）　災害対策基本法の規定に基づいて，市町村長が災害時の応急措置として，他人の土地や物を一時使用し，物件を収用する権限を行使した場合（市町村の職員が現場にいないとき又はそれから依頼されたときに警察官が行う場合を含む。），あるいは災害時の通行禁止区域に置かれている車両等を除く際に警察官がその車両等を破損した場合には，損失補償を行うことが定められている。憲法上の損失補償義務は，特別の損害を特定人に負わせる場合であって，その者に負担を負わせることが不公平と考えられるようなときに当てはまるものである。自動車が災害時の通行の妨害になっているときに道路上から除く際に損傷した場合は，これに当たらない。災害時の一時使用，土石の収用といった行為も，ある程度の損失を負わせても，憲法上の損失補償義務の対象とはいえない（これに対し，特定の者にだけ著しく大きな負担をさせるような場合であれば，損失補償が必要なこともあり得る。）。警察官職務執行法4条に基づく場合は損失補償がないのに，災害対策基本法で広く損失補償規定が設けられているのは，紛争を回避し，現場でスムーズに収用や破損が行えるようにしたものといえる。

2　居住・移転の自由

> 居住・移転の自由は経済的自由，人身の自由，精神的自由の側面を持つ
> 　社会政策的な制限は認められない

　憲法は，職業選択の自由と同じ規定の中で，居住・移転の自由を保障している。居住・移転の自由が，職業選択の自由とともに，経済的自由の一環として発展してきたことがその背景にある。しかし，居住・移転の自由は，国内での旅行の自由を含むものであって，どこにでも行くことができるという意味では人身の自由，様々な人と出会い，自らの人格を高めていくという意味では精神的自由ともつながっている。したがって，規定上は「公共の福祉に反しない限り」という文言があるが，**職業選択の自由のような意味での制限（社会政策的制限）が居住・移転の自由にまで及ぶことにはならない。**

　居住・移転の自由を制限する制度は多くはないが，刑事訴訟法に基づく刑事被告人の住居制限（裁判所が保釈に際して条件として付すことができる。），更生保護法に基づく保護観察対象者の住居制限・旅行の許可制（届出住居に居住し，転居又は7日以上の旅行は保護観察所長の許可を受ける。），感染症予防法に基づく強制隔離などがある。また，未成年者の場合，民法により，親権者が居所を指定できる。

　これらのほか，職業上の必要から，職場までの一定の距離以内に居住すること，旅行に際しては届け出ること，などを職務上の規範として定める場合がある。

3　国を離れる自由（外国移住及び国籍離脱の自由）

> 日本人は出入国の自由，外国人は出国の自由が保障される
> 国籍離脱の自由があるが，無国籍になることは認められない

　憲法は，外国移住及び国籍離脱の自由を保障している（22条2項）。国が国民を縛ることなく，外国に住むことも，国籍を離れることも，いずれも自由にしている。外国移住を実現するには相手国に受け入れてもらう必要があ

るが，日本国としては禁止しないで本人及び受入国に委ねたものである。

　外国移住の自由は，日本人も，日本国内にいる外国人もともに有している。一時的な海外旅行も，「外国移住」に含まれる。したがって，**日本人も外国人も出国の自由を持つ**。また，日本人の場合には，帰国の自由も当然に認められる。これに対し，**外国人の場合には，日本に入国する自由はない**（国際的にも，外国人の入国の可否は各国の自由な裁量に委ねられている。）。日本にいる外国人が一時出国することは自由であるが，再入国する自由はなく，法務大臣が拒否することができる（第2章第3節1（外国人の人権）注9参照）。

　日本人の外国移住の自由の制限として，旅券発給拒否制度がある。旅券法は，長期2年以上の刑に当たる罪で起訴され又は逮捕状等が発せられている者（関係機関からその旨通知されている者），外務大臣において「著しく，かつ，直接に日本国の利益又は公安を害する行為を行うおそれがある」と認めるに足りる相当の理由がある者などに対して，旅券を発給しない，既に旅券を持っている場合にはその旅券の返納を命ずる（返納されなければ旅券は失効する。）ことを定めている。日本人が出国するには，有効な旅券を所持し，入国審査官から出国確認を受けなければならないので，これらの場合には出国はできない。一方，外国人の出国に関しては，出入国管理及び難民認定法で，長期3年以上の刑に当たる罪で起訴され又は逮捕状等が発せられている者（関係機関からその旨通知されている者）について，出国確認を留保する（出国をさせないで関係機関にその旨を通知する）制度が設けられている。日本で犯罪をした者が海外に逃亡することを防ぐために，必要なものである。

　国籍離脱の自由は，その性質上，日本国民にのみ適用される。国籍法では，外国国籍を有する日本国民が，法務大臣に届け出ることによって，日本の国籍を失うことを定めている。憲法の国籍離脱の自由は，無国籍になる自由までを保障したものではないので，外国国籍がなければ日本国籍を離脱できないという現行制度は憲法に違反しない。

第6章　その他の人権

◆第1節　受　益　権

1　受益権の意義

受益権は，正当な利益実現のために国に行為を求める権利
　法律によって，裁判制度，国家賠償制度，刑事補償制度等が具体化

受益権とは，国民が国（又は地方公共団体）に対して，自らの正当な利益実現のために，特定の行為を求める権利である。国務請求権ともいう。自らの権利実現のために裁判を求める権利（裁判を受ける権利），国又は地方公共団体が違法な行為を行ったときに国家賠償を求める権利（国家賠償請求権），無罪判決を受けた者が身体拘束についての補償を国に求める権利（刑事補償請求権），国又は地方公共団体に要望，苦情を伝える請願を行う権利（請願権）の4種類が憲法で定められている。

　これらは，正当な権利を守り，不当な侵害から救済されるために必要な制度であり，人権を確保するための権利とも言われる。いずれも，憲法では，制度の基本だけが定められ，具体的内容は，裁判所法及び民事訴訟法・刑事訴訟法・行政事件訴訟法，国家賠償法，刑事補償法，請願法に定められている。

　本書では，刑事補償請求権は第3章第6節3（刑事補償請求権）で既に解説しているので，以下では，裁判を受ける権利，国家賠償請求権及び請願権について解説する。

2　裁判を受ける権利

民事事件，行政事件について，裁判所に訴える権利
刑事事件では，裁判所の裁判によらなければ刑罰を科されない権利

　憲法は，何人も裁判所で裁判を受ける権利を奪われないことを定めている（32条）。憲法は，裁判官の独立（76条 3 項），裁判の公開（民事の口頭弁論・刑事の公判手続と判決の公開）（82条 1 項）を定めているから，**何人も独立した裁判官（裁判員制度のような国民参加制度が設けられる場合には，裁判官と一定の手続で選ばれた国民）で構成される裁判所の公開の裁判を受ける権利が認められる。**この権利は，民事事件及び行政事件の場合には，裁判所に訴えを提起して，自らの主張を実現する裁判を求めることができることを意味する。民事事件は，契約の履行，損害の賠償などの請求，行政事件の場合は，行政機関の処分の取消しの請求が典型である。一方，刑事事件の場合には，裁判所の裁判によらなければ刑罰を科せられないことを意味する。刑事被告人の権利として，「すべて刑事事件においては，被告人は，公平な裁判所の迅速な公開裁判を受ける権利を有する。」ことが37条 1 項でも定められている（これについては，本書第 3 章第 6 節 1 (1)（公平な裁判所の迅速な公開裁判を受ける権利）で解説している。）。

　憲法は，旧憲法下における裁判を受ける権利の限定的な状況を改め[注1]，何人も裁判所の裁判を受ける権利を有することを明確にして，法の支配を現実のものにし，国民の正当な権利が裁判所によって守られるようにした。このことは，行政の側からすれば，様々な訴えが提起され，裁判の場で争われることを意味する。**訴えを提起することが国民の権利である以上，警察を含めたあらゆる行政機関は，訴えを提起されないように努めるのではなく，訴えを提起されることを前提に職務執行を行い，裁判の場で自らの正当性を主張，立証することが求められる**のである。

　訴訟制度は，裁判所法，民事訴訟法・行政事件訴訟法・刑事訴訟法等によって具体化される。民事訴訟・行政事件訴訟では，訴えを適法に提起できる要件を定めているため，その要件を満たさないときは審理されずに却下されてしまうことになる。行政事件訴訟に関しては，訴えを提起できる期間の

（注 1 ）　旧憲法下では，国以外を当事者とする民事訴訟制度は整備されていたが，国家の行政権行使に関しては，裁判所の関与を認めないものとしていた。公権力行使には国家賠償請求は認められず，行政事件は一般の裁判所では審理できないものとされ，行政裁判所が限定された事件について審理していた（訴えを提起できない場合が広く存在していた。）。また，裁判所の判断によらないで刑罰を科す制度（例えば，警察署長が今日の軽犯罪法の対象となるような罪（違警罪）について即決する制度）も存在していた。

限定，訴えの利益の必要性等が要件とされる。^(注2)これらの要件を定めることは憲法に違反するものではないが，救済の実効化，憲法の裁判を受ける権利の一層の実現を図る観点から，平成16年に行政事件訴訟法が改正され，要件の緩和等が行われている。^(注3)

なお，刑事裁判の場合，略式手続（被疑者の同意を得た検察官の請求により簡易裁判所が100万円以下の罰金，科料の略式命令を告知する。14日以内に正式裁判の請求がなければ確定判決と同一の効力を生ずる。）が広く用いられているが，当事者が正式裁判を請求できることから，憲法の裁判を受ける権利を侵害するものではない。

column 科料と過料

　行政法規の違反に対しては，行政上の様々な処分（指示，一定期間の営業等の停止や許可の効力の停止，許可の取消し）のほか，違反者への制裁として，刑罰又は行政罰（例えば行政制裁金）制度が設けられる。刑罰の一種に科料，行政罰の一種に過料がある（どちらも「かりょう」と読むが，違いが分かるようにするために，科料を「とがりょう」，過料を「あやまちりょう」と呼ぶこともある。）。

　科料と過料は，いずれも金銭の支払いを命ずるものであるが，科料は刑罰であるので，憲法上刑事裁判手続によって行われなければならない（検察官の起訴，証拠に基づく合理的な疑いを超えた立証が求められる。）のに対し，過料を科すのは一般の行政命令と同じく，憲法上の制約はない。裁判所が関与する場合でも，「訴訟」としてではなく，「非訟事件」として処理される。道路交通法の放置違反金は，過料の一種であるが，事務の特性を踏まえて，公安委員会が命ずる制度となっている。地方公共団体の条

（注2）　行政事件訴訟では，訴えの利益がなければ訴訟は提起・維持できない。例えば，集会会場の使用不許可やデモ行進の進路変更について，その処分の取消しを求める訴訟を提起した場合，集会・デモの当日を過ぎてしまうと，裁判所で会場の使用や申請時の進路を認めても意味がないので，訴えの利益はなくなり，その訴えは却下される（処分によって損害を受けた者が，自らの損害に対する国家賠償請求訴訟を提起することが可能であるのにとどまる。）。このほか，行政処分の対象者以外の者が取消し等を請求する（例えば，ぱちんこ屋が許可されたことについて，付近の住民や診療所等の開設者が自らに不利益があるとして訴える）場合に，訴えの利益が認められるかが問題になる。根拠法令などを踏まえて裁判所が判断するが，認められる範囲が広がる傾向にある。

（注3）　平成16年の法改正では，取消訴訟提起期間の延長（処分を知った日から3月を6月に），義務付け訴訟の新設，訴えの利益に関する解釈規定の追加などが行われている。

例に基づく過料は，その長（知事又は市町村長）が命ずる。一方，科料の
場合には，刑罰であるから身体の拘束を受ける（出頭の求めに応じないと
きに逮捕され，支払わないときに労役場留置の対象となる）ことがあり得
るのに対し，過料の場合には身体拘束を受けることはあり得ない。このよ
うに，科料と過料では，手続の慎重さ，厳格さと受ける者の負担の重さに
大きな違いがあるのである。

3　国家賠償請求権

国又は公共団体が違法な公権力行使による損害に対して賠償責任
　　公務員個人は賠償責任を負わない

　憲法は，「**公務員の不法行為により，損害を受けたときは，法律の定める
ところにより，国又は公共団体に，その賠償を求めることができる**」ことを
定めている（17条）。これを受けて，国家賠償法が定められ，「公権力の行使
に当る公務員が，その職務を行うについて，故意又は過失によつて違法に他
人に損害を加えたときは，国又は公共団体が，これを賠償する責に任ずる」
ことが定められている。警察の様々な権限行使が「公権力の行使」に当たる
ことはいうまでもない。警察官が違法に他人に損害を与えたときには，この
規定に基づいて，都道府県が賠償責任を負う。

　国又は公共団体（地方公共団体）が賠償責任を負うので，行為者である公
務員は被害者への賠償責任を負わない。公務員の行為によって被害を受けた

（注4）　国家賠償法1条1項。このほかに，公の営造物（例えば道路や信号機）が通常
　　　　もっているべき安全性を欠いていたために起きた損害についての賠償責任が2条1
　　　　項で定められている。
（注5）　「不法行為」が成立するには故意又は過失の存在が要件となるが，守るべき法規
　　　　範を守らなかったという「違法性」が認められれば，「過失があった」と認定される
　　　　のが通常である。もっとも，結果的事後的には違法と評価されても，行為をした時
　　　　の状況下ではやむを得なかったと認められるときには，過失はないので例外的に賠
　　　　償責任は生じない。法律に従って職務を執行したにもかかわらず，その法律の規定
　　　　が憲法違反とされた場合には，違法となるが過失はないことになる。
（注6）　最高裁判決昭和53年10月20日などで，判例上明確にされている。なお，民法で
　　　　は，これと異なり，会社が賠償責任を負うとしても，行為者個人の責任は免除され
　　　　ない（不法行為をした個人が賠償責任を負う。事業のために使っている者（企業）
　　　　も賠償責任を負うが，被害者に賠償をしたときは行為者個人に対する求償権が認め
　　　　られる。）。

とする国民から訴訟が提起されても，公務員は自らが公務を行ったことを述べるだけでよく，自らの行為が適法であったかどうかなどを一切主張立証する必要はない。公務員以外の者の場合に，その行為によって被害を受けたと主張する者から個人を対象に訴訟が提起されれば，自らが関わっていないことを主張するか，自らの行為が違法でないことを主張し，必要に応じて相手方の立証に対して様々な訴訟活動をしなければならず，勝訴したとしてもその間に相当な負担があるほか，結果として敗訴して賠償責任を負わされる可能性があるのと比べると，極めて大きな違いである。公務員の活動が違法な活動であったと裁判で認定され，国又は地方公共団体が被害者に賠償を払った場合でも，原則として，公務員は賠償額の負担をする必要はない。違法な活動をした公務員個人に国等が支払を求める（求償する）ことが可能なのは，故意又は重大な過失があったとき（違法であることを分かってわざと行ったときや，普通ではとても間違えないような明らかな決まりに反していたとき）に限られる。

　国家賠償制度は，違法な行政活動によって被害を受けた国民を救済するためのものであるが，同時に，公務員が与えられた任務を遂行する上で賠償請求を受けないものとすることを通じて，賠償請求をおそれて本来やるべきことをやらなくなることを防ぐという意味を持っている。警察官は，この意味を十分踏まえ，とっさのときに消極的になることなく，堂々と権限を行使することが求められるのである。

　国家賠償制度は，あくまでも違法な活動によって被害を与えた場合が対象である。したがって，**国又は公共団体の適法な活動の結果として，相手方が損害を受けた場合は，賠償対象とはならない。**警察官が適法に犯罪者を追跡している場合には，対象車両が事故を起こしても，その被害に対する賠償責任はない。警察官職務執行法の要件を満たした拳銃使用によって，相手方が大けがを負った場合も同様である。これに対し，**適法な活動によって受けた損失を，その当事者に負担をさせることが適当でないとして，国又は公共団体が補償する制度が，「損失補償」である。**憲法上は，財産権を公共のために用いる場合に損失補償を要することが定められている（財産権と損失補償については，第5章第5節1（経済的自由）参照）。警察が逮捕した者が犯

人でなかった場合でも，その逮捕行為や捜査活動が違法となるものではない（それぞれの行為の時点で，法律の要件をすべて満たしていれば合法である。）ので，損害賠償は認められず，刑事補償の対象となるのにとどまる（第3章第6節3（刑事補償請求権）参照）。

　なお，憲法は「何人も」賠償請求権を有すると定めているが，国家賠償法では，外国人の場合には，相互保証がある（その国で日本人が被害に遭った際に同様の賠償請求が認められる）ときに限って，請求権を認めている。この権利が，自由権のように国家の成立以前からあるような万人に認められる基本的人権とは異なることから，外国人の場合に相互保証を要件としても，憲法に違反しないと解されている。

column　国家賠償と違法な行為をした公務員の個人責任

　イギリスでは伝統的に「王は悪をなし得ない」（違法があったとすれば，それは国家の行為ではなく，個人としての行為である。）として，公務員が賠償責任を負うものとされてきた。ドイツでも，国家は責任を負わず，官吏が民法に基づいて責任を負うとされた。他方，個々の公務員が賠償責任を負うのでは，公務員は，自らに責任が及ばないようにすることを考え，権限の行使に慎重になりすぎ，本来行われるべき公務が行われなくなる問題が起きる。このため，公務員個人の責任を認めないとする考えも広まった。

　1910年，ドイツで官吏責任法が制定され，官吏に代わって国家が賠償責任を負うとする制度が導入された（その後，1919年に制定された憲法（ワイマール憲法）で国家賠償制度が定められ，1949年に制定された憲法（ボン基本法）にも受け継がれている。）。イギリスやアメリカでは，いずれも第二次世界大戦後に初めて法律のレベルで国家が責任を負うこととなった（アメリカでは，今日でも公務員個人の責任が追及される場合もある。）。

　日本では，旧憲法下では，公権力行使に関して，国家賠償請求も公務員個人への請求も，原則として認められていなかった。現行憲法の制定に当たり，国会審議における修正として国家賠償の規定が盛り込まれ，初めて今日の姿になったのである。なお，ドイツや日本を除けば，憲法で国家賠償請求権を定めている国は少ない。

4　請　願　権

> 平穏に請願する権利は何人にも認められる
> 　適法な請願は受理し誠実に処理する義務がある（返答する義務はない）

　憲法は，何人も平穏に請願する権利を有し，請願をしたために差別待遇を受けないことを定めている（16条）。**請願とは，国又は地方公共団体に要望，苦情を伝えることである。**「損害の救済，公務員の罷免，法律，命令又は規則の制定，廃止又は改正」が例示で挙げられているが，これらに限らず，国又は地方公共団体のすべての事務が対象となる（裁判権の行使も対象となり得る。）。「平穏に」請願する権利であって，暴力・威迫を伴うものは，認められない。請願を行うことのできる者には制限がない。外国人，刑事収容施設被収容者等を含めて，例外なくこの権利が認められる。

　請願法によって，請願者の氏名（法人の場合はその名称）及び住所（住所のない場合は居所）を記載し，文書で請願事項を管轄する官公署に提出しなければならないことが定められている。なお，国会の議院又は地方議会への請願については，国会法等で特別の定めがなされている。^(注7)

　適法な請願に対しては，官公署（県警察の場合であれば，県警察本部，警察署）**は，これを受理し，誠実に処理する法的義務を負う。**受理義務があるので，警察の適法な行為を違法視して損害の救済や関係者の罷免を求める一方的主張が含まれているものでも，請願者の氏名・住所が記載され，請願であることが明示された書面が平穏に提出された限りは，受け取らずにつき返すことはできない。**請願をしたことを理由として，その者に不利益な措置を講じることは，憲法上禁止されている。**受理する義務はどの請願についても

（注7）　国会の各議院に対する請願は，国会法で議員の紹介によって請願書を提出すること，各議院で採択した請願で内閣において措置することを適当と認めたものは内閣に送付する（送付された請願について，内閣は処理の経過を毎年議院に報告しなければならない。）ことが定められている。地方公共団体の議会の場合も同様に，議員の紹介を要すること，地方公共団体の長（知事，市町村長）又は委員会において措置することを適当と認めたものはそれらに送付し，処理の経過及び結果の報告を請求できることが地方自治法で定められている。

同じであるが，「誠実に処理」する仕方は，受けた請願の内容（例えば個別事案に関するものの場合にはその主張の真偽）に応じて異なる。それに返答をする（処理結果を通知する）法的義務はない。^(注8)なお，官公署は，自らが管轄していない事項である場合には，正当な官公署を指示するか，正当な官公署にその請願書を送付しなければならない。

（注8）　行政機関側の判断で，処理結果を連絡することはあり得る。また，法律によって，処理結果の通知が義務付けられているものがある。例えば，都道府県警察の職員の職務執行について，公安委員会に対する文書による苦情の申出があった場合には，公安委員会が誠実に処理し，原則として処理結果を文書により申出者に通知しなければならないこととされている（警察法79条）。被留置者が警察本部長等に対して行った苦情の申出についても，誠実に処理し，申出をした者に通知しなければならないこととされている（刑事収容施設法）。

◆第2節　参政権と社会権

1　参　政　権

> 選挙権及び立候補の自由は国民主権の根幹をなす権利
> 選挙の公正のためルール違反には厳正公平な対処が必要

　憲法は，国民全体が主権者として国政上の最終的な意思決定を行うものとし，個々の国民の権利としての参政権を保障している。公務員の選定・罷免の権利を定めた15条１項がその規定である。具体的には，国会議員を選ぶ選挙権（有権者全体（選挙人団）の一員となる権利），地方公共団体の長及び議会の議員を選ぶ選挙権，最高裁判所裁判官の国民審査を行う権利がこれに当たる。**立候補する自由（被選挙権）も，この規定によって同様に保障されている**（注14の判例参照）。選挙権及び被選挙権は，民主主義，国民主権の根幹をなす権利といえる。

　選挙権は，成年である日本国民の誰にでも保障される。財産，学歴，性別などによって制限されてはならない。法律（公職選挙法）により，「日本国民で年齢満18年以上の者」には衆議院及び参議院の選挙権が認められている。地方公共団体の長及び議会の議員の選挙権については，選挙区内の市町村に３月以上住所を有しているという要件が追加される。禁錮以上の刑に処せられて実際に刑が執行されている者，選挙犯罪を行って禁錮以上の刑に処せられ執行猶予中の者及び公職中に犯した収賄などの罪で刑に処せられてから５年以内の者については，選挙権が認められていないが，合理的理由による制限であって，憲法には反しない。被選挙権は，年齢要件が異なる（衆議院議員は25歳以上，参議院議員は30歳以上）ほか，公職中の犯罪についての停止期間がより長いものとなっている。参政権は，その性質上，日本国民のみに認められる権利である。[注9]

　憲法は，このほか，投票の秘密を侵してはならないこと，選挙人はその選択に関して公的にも私的にも責任を問われないことを定めている。誰に投票したかによって責任が問われるということがあってはならないし，そもそも

誰に投票したかが分からないようにしなければならない。投票の秘密が守られることが保障されて初めて，本当に自由に選挙権を行使できる。何人も誰に（どの政党に）投票したかを話す義務はない。投票の秘密は厳格に守られ，秘密を侵害する行為は処罰の対象となる。なお，報道機関などが選挙に際して行ういわゆる出口調査は，質問に応ずるかどうか全くの任意なので違法ではない。

　選挙が公平に行われることは，民主主義の基本である。この憲法の精神にのっとって，選挙が選挙人の自由な意思によって公正に行われることを確保することを目的に制定されたのが，公職選挙法である。国会議員と地方公共団体の長及び議会の議員の選挙については，この法律で定められたルールに従って行われ，選挙の有効性等について争いがあれば最終的に裁判所で判断がなされる。選挙関係者が決められたルールをきちんと守ることによって，初めて公平が保たれる。選挙の公平を確保する責任を負う選挙管理委員会は，違反があれば，各種の指導，権限行使を通じて是正を図る。また，この法律の中には，買収・利害誘導罪，選挙の自由妨害罪，投票干渉罪，虚偽事項公表罪，詐偽投票罪といったものに加えて，選挙運動に関する各種の制限違反（事前運動・教育者の地位利用・戸別訪問等の制限違反，文書図画の配布制限違反・掲示制限違反など）を処罰する規定が置かれており，警察はそれらの犯罪行為の厳正な取締りに当たる責任を有する。警察官は，検察官及び公

(注9)　外国人は参政権を持たない。また，何人も，外国人又は外国法人（主たる構成員が外国人，外国法人である団体を含む。）から，政治活動に関する寄附を受けてはならない（金の力で外国が実質的な支配を及ぼすようなことがあってはならないことによる。受け取った者は政治資金規正法の処罰対象となる。）。なお，地方公共団体の長及び議員の選挙について外国人の参政権（地方参政権）を認めるべきとの主張については，最高裁は永住外国人に地方参政権を認めるかどうかは立法府の判断である（認めても認めなくても憲法に違反しない）としている（最高裁判決平成7年2月28日）。

(注10)　投票権のない者が投票をした場合には，憲法上の秘密投票の保障が及ぶかどうかは論議があり得るが，法律上の制度として，投票が誰に対して行われたかを選挙管理委員会が取り調べることは，選挙の当選者を判断するためであっても許されないという趣旨であると解されている（最高裁判決昭和25年11月9日）。

(注11)　候補者だけでなく，一般の選挙人（有権者）も，選挙の効力を争う訴訟を提起することができる。選挙制度については，選挙区間の定数の格差，在外日本人による投票制度の制限などをめぐって，最高裁判所が憲法に違反するとした例もある。

安委員とともに，選挙の取締りに関する規定を公正に執行しなければならな^(注12)いことが，特に定められている（このほか，警察官，検察官，公安委員は，選挙管理委員や裁判官等とともに，在職中選挙運動をすることがすべて禁止されている。）。取締りの公正を確保するため，警察組織として十分検討した上で個々の事件に対処することが求められる。

2　社　会　権

> 生存権は生活保護法等で具体化
> 労働基本権の保障があり，労働組合の正当な活動は刑事免責される
> 　暴力を伴うものは正当な活動に当たらない

　憲法は，生存権の規定（国民が健康で文化的な最低限度の生活を営む権利を有すること及び国が社会福祉，社会保障及び公衆衛生の向上増進に努めなければならないことを定めた25条の規定）を置くとともに，教育を受ける権利，勤労の権利，労働基本権の保障に関する規定を置いている。これらは，社会的経済的に弱い立場の者を国家が保護するものであって，社会権と呼ばれる。社会権を実現するために，生活保護法，国民年金法，児童福祉法，教育基本法，労働基準法，労働組合法等が制定されている。

　生存権規定の理念に基づいて，生活保護法により，「生活に困窮するすべての国民に対し，その困窮の程度に応じ，必要な保護を行い，その最低限度の生活を保障する」生活保護制度が設けられている。生活保護は，要保護者の必要な事情を考慮した最低限度の生活（健康で文化的な生活水準を維持できるもの）の需要を満たすのに十分で，かつそれを超えない範囲について，本人の金銭物品で満たせない不足を補う限度で行われる。国民は勤労の義務を負うのであるから，自らの能力を最大限に活用することが生活保護の前提となる。

（注12）　事前運動の禁止，戸別訪問の禁止，文書頒布掲示の制限などは，表現の自由に対する大きな制約であるが，選挙の公正を期すためのものであって，憲法に違反するものではない（第5章第2節3（表現行為の形態に関する規制）注15参照）。これらを含めて，警察官は，公職選挙法で定められた犯罪に対する捜査権限を行使するほか，投開票所における秩序維持のための役割を有することが同法で規定されている。

　生活保護は，国民の税金を基にして提供されるものであり，不正な受給は許されない。詐欺に当たる場合には，国民の財産への不当な侵害として，積極的に捜査し，厳正な対処をする必要がある。また，暴力団員については，正確な稼働状況が不明である上，正業に就かないことで収入がないのは本人の責任であるから，生活保護の対象から排除しても，憲法の生存権保障に反するものではない。(注13)

　勤労者に関して，憲法は，団結権（労働組合を結成する権利），団体交渉権（雇用者と団体交渉を行い，労働協約を締結する権利），団体行動権（争議行為を含む団体行動をする権利）を保障している。労働組合の団体交渉その他の正当な行為は，刑法の正当行為の規定が適用される（違法性が阻却され，刑罰を受けない）ことが，労働組合法で明記されている。同時に，「いかなる場合においても，暴力の行使は，労働組合の正当な行為と解釈されてはならない」ことが同法で定められているのであって，暴力の行使を含む活動など，労働組合の正当でない活動が犯罪に当たるときは，警察がそれを摘発すべきことは当然である。労働組合は，組合員に対する統制権を持つが，集団で脅迫し，義務のない行為をさせるといったことは，強要罪に当たるものであって，許されない。また，選挙において，組合の方針に反して立候補しようとする者に対して勧告，説得の域を超えて，統制違反者として処分することは許されず，選挙の自由を妨害する罪に当たる。(注14)

────────────

（注13）　暴力団員に関しては，本文記載の考えに立って，平成18年に厚生労働省が通知をし，生活保護支給からの排除が図られている。また，平成19年に国土交通省が通知をし，暴力団員に対する公営住宅からの排除も行われている（公営住宅に暴力団員の入居を認めないことが平等原則違反に当たらないことが判例上明確にされている（最高裁判決平成27年3月27日）。なお，憲法25条違反の主張はその事件ではなされていないが，同様になるものと思われる。）。

（注14）　最高裁大法廷判決昭和43年12月4日（三井美唄労組事件）は，組合は団結権を確保するために必要かつ合理的な範囲での統制権が認められるとしつつ，立候補の自由が憲法15条1項の保障する重要な基本的人権であることを指摘し，組合が，組合の決めた統一候補とは独自に立候補しようとする組合員に勧告，説得することはできるが，それに従わないことを理由に統制違反者として処分するのは違法であるという判断を示し，組合の統制権を理由に選挙の自由妨害罪の成立を認めなかった原審を破棄している。同様に，最高裁判決昭和50年11月28日は，組合が政治的活動のために徴収する組合費及び選挙における特定の候補者支援のために徴収する組合費については，組合員は納付する義務を負わないものとしている。

　公務員の場合には争議行為が禁止され，あおりそそのかした者を処罰する規定が置かれているが，国民・住民への奉仕者という公務員の地位の特殊性と，その職務の公共性から，必要やむを得ない範囲で制限が加えられているものであり，憲法に違反するものでないことが，最高裁において明確にされている（最高裁大法廷判決昭和48年4月25日（全農林警職法事件）等。公務員の制限は，第2章第3節2（公務員の場合の制限）で記述している。）。なお，警察職員については，消防職員，自衛隊員，海上保安庁の職員，刑事施設に勤務する職員とともに，労働組合（職員団体）の結成自体が禁止されている。

第7章 統治機構

　統治機構に関する憲法の規定は多いが，以下では，警察の制度に関わるもの（地方自治を含む。）と警察活動及び警察組織運営に関連して知っておく必要があること（裁判所に関するものを含む。）に限って解説する。

◆第1節　国会と内閣

1　三権分立と国会

> 国会は国民の代表で構成される国権の最高機関
> 国民から選ばれた国会が，三権の中の基本的意思決定機関
> 　立法権と内閣総理大臣の指名権を持つ

　憲法は，国民が選挙を通じて選んだ議員で構成される国会を，国権の最高機関と位置付け，立法権と内閣総理大臣の指名権をはじめとする国政の基本的な意思決定をする主体としている。

　憲法は，立法権，行政権，司法権をそれぞれ国会，内閣，裁判所が担当するという三権分立制をとっている。これは，権力の集中を避けることが権力の乱用を防ぐ上で必要である，という考えによるものである。しかし，三つの機関に分かれているといっても，国会だけが国民から直接に選ばれている以上，国民主権の立場から，国会以外の機関は，終局的には，国会を通じた国民の選任を受ける必要がある。

　内閣は，内閣総理大臣が国会によって指名される。行政権の行使については，内閣が国会に対して責任を負う。内閣は，国民の代表である国会の選任を受け，国会に責任を負う機関なのであって，国会から独立した立場ではない。国民が国会議員を選ぶ，その国会議員で構成される国会が内閣総理大臣を指名する，その内閣総理大臣が各大臣を任命する，各大臣がその機関の職

員を任命し，指揮監督することで，国民が公務員を選定・統制し，国民が自らの意思で国政を運営するという国民主権が実現されるのである。

　裁判所の場合には，任命に関しては，最高裁判所の裁判官は内閣が任命する（最高裁判所長官は内閣の指名に基づいて天皇が任命する）ので，国会との間では間接的な選任関係にとどまる。また，職務の遂行に関しても，国会が直接コントロールを及ぼすことはできない。しかし，裁判所の判断の基になるのは国会が定めた法律である。裁判官は，法律が憲法に違反しない限り，その法律に拘束される。国会は唯一の立法機関として，司法権行使の基を定める。個別の刑事事件の裁判に影響を及ぼすことはできないが，刑の上限と下限を定めた法律を変えることにより，刑罰水準を変更することができるのである。

2　国会の構成と権能

> 国会の両議院は国民の選挙で選ばれた議員で構成
> 　法律を制定し，国民の権利義務，国の行政組織の基本を規定

　国会は，衆議院と参議院とで構成される。両議院とも，その議員は全国民を代表するものとして，国民の選挙によって選ばれる。両議院は別々に会議を開き意思を決定する。両議院の意思が一致したときに国会の意思となるのが原則である。議院は，それぞれ国政に関する調査権を行使することができる。衆議院議員の任期は4年，参議院議員の任期は6年であるが，衆議院が解散されたときは衆議院議員の任期は終了する（参議院には解散はない。）。衆議院の解散は，形式上は天皇の権限であるが，実質的には内閣が決定する。

　国会は，法律を制定することができる唯一の機関である。国民の権利・自由，義務に関わる事柄は，原則として，法律によってのみ定めることができる（例外として，地方公共団体の議会が定める条例も，住民代表機関として，法律に反しない限度で，住民等の権利・自由，義務に関する事柄を定めることができる。）。また，**国の行政組織に関する重要な事項は，法律で定めなければならない**。法律案は衆議院と参議院がともに可決した場合に限って法律となるのが原則であるが，衆議院で可決し参議院が異なった議決をした場合

に，衆議院で 3 分の 2 以上の賛成で再可決したときは法律となる。

　国会は，国会議員の中から，内閣総理大臣を指名する。両議院の議決が異なった場合には，衆議院の議決が国会の議決となる。行政府である内閣の長が国会によって選ばれるという制度は，「議院内閣制」と呼ばれる。

　予算の編成と条約の締約はともに内閣の重要な権限であるが，いずれも国会の議決，承認を得なければならない。予算は，毎年度の歳入（国の収入）と歳出（国の支出）を定めるものである。条約は，国家間の文書による合意であり，重要な国際約束として日本国を拘束する。予算及び条約の議決，承認について，衆議院と参議院が異なったときは，「衆議院の優越」として，衆議院の議決が国会の議決となる。^(注1)

　このほか，法律によって，国家公安委員会委員，人事官などの任命に関して，国会の両議院の同意を得なければならないことが定められている。両議院の同意という場合，法律や予算のような衆議院の優越の規定がないので，両議院の一方が不同意であれば，その任命はできないことになる。

---

column 「議員立法」

　国会は唯一の立法機関であるが，実際に成立する法律の多くは，内閣が提出した法律案が国会で認められたものである。これに対し，国会議員が法律案を作成して国会に提出し，成立したものを，「議員立法」と呼んでいる。これまで議員立法は比較的少なかったが，近年では，様々な問題に対処するために議員立法が行われている。

　平成10年以降の警察関連の議員立法として，児童買春・児童ポルノ処罰法（平成11年），ストーカー規制法，児童虐待防止法（平成12年），配偶者暴力防止法（平成13年），犯罪被害者等基本法（平成16年），携帯電話不正利用防止法（平成17年），探偵業法（平成18年），死因・身元調査法（平成24年），国外犯罪被害弔慰金支給法（平成28年）が新たに制定されている。また，少年法について，平成12年の改正が，議員立法で行われている。

（注1）　予算は衆議院に提出され，衆議院が可決した後30日以内に参議院が議決しないときは衆議院の議決が国会の議決となる。これを予算の「自然成立」と呼んでいる。条約の場合も，衆議院が先に審議して承認した後，30日間参議院が議決しない場合には，同様に自然成立の対象となる。昭和35年に結ばれたいわゆる日米安保条約は，衆議院の承認の後，参議院での審議が紛糾して議決に至らず，この規定が用いられた。なお，内閣総理大臣の指名についても，衆議院の議決後10日以内に参議院が議決しない場合に衆議院の議決を国会の議決とするという規定はあるが，他のすべての案件に先立って指名が行われるため，これまで「自然指名」の例はない。

3　内閣とその下の行政機関

内閣は国会（衆議院）の信任の上に成り立つ

　　内閣は行政権の主体として，国会に対し連帯して責任

　　国会 → 内閣（総理大臣）→ 各省大臣 → 行政各部の選任・監督

　内閣は，内閣総理大臣と国務大臣で構成される。内閣総理大臣は，国会の指名に基づいて，天皇が任命する。国務大臣の任免（任命と罷免）は内閣総理大臣によって行われる。内閣の意思決定は，閣議において，全員の一致で行われる。

　内閣総理大臣（「首相」は法令上の用語ではなく一種の略称）の地位は，国会の指名（衆議院と参議院が異なった指名をしたときは衆議院の指名）に基づくものであり，内閣はその内閣総理大臣が他の国務大臣を任命することで成立する。したがって，内閣総理大臣が欠けたとき及び衆議院が内閣を不信任としたとき（信任決議を否決したときを含む。）には，内閣は総辞職しなければならない（不信任とされた場合，衆議院を解散しないときは10日以内に，解散したときは新しい衆議院議員が選ばれて国会が初めて召集された時点で，内閣は総辞職する。）。

■column■　議院内閣制と大統領制

　多くの国で，立法，行政，司法の三権分立制がとられているが，その形は，行政府の長が議会によって選任される「議院内閣制」と，直接国民から選任される「大統領制」に大別される。大統領制の場合には，議会と行政府は，それぞれ別々に国民から選任されているから，両者は独立，対等な関係に立つ。アメリカでは，法案は議会が作成する（大統領は提案権を持たない）が，大統領は拒否権を持つ（ただし，拒否した法案が上下両院で3分の2以上で可決されると法律になる。）。予算は，大統領から送付されたものが，両院の委員会で修正されて作られる。法律の場合と同じように大統領が拒否権を持つ。議会の多数派と大統領とが同じ政治党派に属するとは限らず，大統領は議会に勧告する以上の権限を持たない（議会の審議に大統領が出席する権利も義務もない。）。これに対し，議院内閣制の場合には，議会のみが国民から選任されている機関であり，行政府は独立した立場にはない。イギリスでは，議会の多数派を占める政党の長が首相となる。法案は政府が作成し，首相は議会に出席する権利と義務がある。なお，フランスとドイツは大統領と首相がいるが，フランスは大統領制で首

相はその下の実務責任者（韓国も同じ。），ドイツは議院内閣制で大統領は
儀礼的な任務に当たる。

　内閣は，行政権の主体として，国会に対し，連帯して責任を負う。個別具
体的な行政事務は，内閣の下に置かれる行政機関が担当する。行政組織は，
多数の機関が組織的階層を形作っているが，最上位に内閣があり，その下に
府省が第一次的行政組織として存在し，その府省に特定の事務を担当する庁
や委員会が置かれるほか，その下に多数の地方部局や施設，機関が置かれて
いる（例えば，内閣の下に，法務省があり，法務省に出入国在留管理庁，公
安調査庁や公安審査委員会などが置かれるほか，地方出入国在留管理局，検
察庁，刑務所等が置かれている。）。第一次的行政組織である内閣府及び各省
は，国務大臣がその長となり（内閣府の長は内閣総理大臣，各省の長は法務
大臣などの各省大臣），その行政分野の責任者として，職員の任免を行い，
指揮監督をする。内閣が直接に行う一部の事務を除けば，第一次的行政組織
とその下にある行政機関とが，行政事務を担当する。
　内閣は，法律を誠実に執行し，国務全体を総理するほか，**条約の締結，予
算の作成と国会への提出，政令の制定，恩赦の決定**を行う（73条）。また，

(注2)　法律を執行することは，行政機関の基本的な任務である。**国会で定めた法律に
　　　ついては，内閣及びその下の行政機関は，常に誠実に執行しなければならないので
　　　あって，憲法違反の疑いがあるとして執行しないことは許されない**。このことは，都
　　　道府県の組織である警察においても，当てはまる。
(注3)　恩赦は，犯罪者に許しを与える制度である。大赦（ある罪に当たる者全員に対
　　　して刑罰権を消滅させるもの），特赦（特定の者の有罪判決の効力を失わせるもの），
　　　減刑（刑の期間を短くするもの），刑の執行の免除（刑の執行をやめること），復権
　　　（刑に処せられたことによる資格制限が及ばないようにするもの）の5種類である。
　　　歴史的には君主の慈愛を示すものと位置付けられ，現行憲法下でも国家的な慶弔時
　　　（平成では昭和天皇御大喪，天皇陛下御即位，皇太子殿下御結婚，令和では天皇陛下
　　　御即位）に際して行われている。なお，以前の恩赦では大赦や特赦も行われたこと
　　　もあったが，令和元年の恩赦では国民感情や被害者・遺族の心情等を踏まえ，罰金
　　　刑を受けた者の復権のみが行われている。平常時には，犯罪者の社会復帰の観点か
　　　ら，個々の者を対象に，無期懲役刑の仮釈放者を対象にした刑の執行の免除（保護
　　　観察を終了させる効果を持つ。）と資格を回復する復権とが，主に行われている。あ
　　　る罪に当たる者全員を対象として行う恩赦は，政令によって行われる。個別の者に
　　　対して行う恩赦は，中央更生保護審査会が恩赦を相当とした場合に法務大臣に申出
　　　を行い，内閣が決定する。いずれも，天皇の認証を受けて，効力を生ずる。
(注4)　そのほか，法律によって閣議決定を要することを定めているものとして，犯罪
　　　被害者等基本法（犯罪被害者等基本計画），個人情報保護法（個人情報保護に関する
　　　基本方針），武力攻撃事態対処法（対処基本方針），周辺事態法（基本計画）などが
　　　ある。

内閣総理大臣の職務として，内閣を代表し，国会への議案の提出，一般国務及び外交関係についての国会への報告，行政各部の指揮監督を行うことが定められている（72条）。重要なものは内閣が自ら決定し，その他の一般の事務は各行政機関に行わせるが，内閣でそれを全体として統率し，指揮監督し，立法及び司法を除くすべての国政における最終的な責任を負う。

内閣は，また，最高裁判所長官を指名し，裁判官を任命する。さらに，天皇の行為として定められている**衆議院の解散，国会の召集，総選挙の施行の公示等についても内閣が決定する**（これらの天皇の「国事行為」は，形式的には天皇の行為であるが，実質的な決定権と責任は内閣にある。）。

column 中央省庁改革と第一次的行政組織

　平成12年までは，中央省庁として，総理府と12の省のほか，庁と委員会とが基本的な行政組織として定められていた。このうち，「庁」と呼ばれるものは，国務大臣を長とする省に近い機関（環境庁など）もあれば，行政の特定の分野における現業的なものだけを担当する機関（気象庁など）もあった。平成13年に中央省庁を行政目的に従って大くくりにするという方針の下に，内閣府と10省（総務省，法務省，外務省，財務省，経済産業省，国土交通省，農林水産省，厚生労働省，文部科学省，環境省）及び省に準ずる防衛庁と国家公安委員会を第一次的行政組織とする中央省庁改革が行われた。国務大臣は，第一次行政組織の長（各省大臣，防衛庁長官，国家公安委員会委員長），内閣官房長官（内閣府の長である内閣総理大臣に代わって事務を統轄する職）及び特命担当大臣（内閣府において重要政策に関する政府全体のとりまとめを担当する職）に充てられることとなった。これにより，内閣総理大臣と17人以下（復興庁等の時限組織が置かれている間は，より多数になることがある。）の国務大臣とが，行政各部門の指揮に当たっている（なお，防衛庁については，平成19年に防衛省となり，その長は防衛大臣となった。）。

4　独立行政委員会

独立行政委員会は大臣の指揮監督を受けない機関（国家公安委員会など）
　内閣の行政権・国会への連帯責任との関係で問題があり得る
　中立の必要性，人事予算による大臣の責任，委員の国会承認が前提

　国会で選任された内閣総理大臣によって任命された大臣が，行政組織の長となって，職員を任免し，指揮監督する，そして行政権の行使全体について内閣が一体となって国会に対する責任を果たすことが，憲法上の要請である。占領期において，アメリカ側の主張に沿って，内閣から独立した多数の行政委員会が作られたが，内閣が行政責任を果たすことができなくなるという問題が指摘され，日本が独立した際にその大半が廃止された。その中で，人事院，国家公安委員会，公安審査委員会，公正取引委員会等は，存続することとなった。その任務は，国家公務員法に基づく規則の制定，公務員と使用者側との争いに対する中立的な立場からの解決（人事院），警察における政治的中立性の確保（国家公安委員会），破壊活動防止法に基づく暴力主義的破壊活動を行った団体の解散の指定（公安審査委員会），独占禁止法に基づく規則の制定と執行（公正取引委員会）などとなっている。

　独立行政委員会は，大臣の指揮監督を一般の行政と同じように認めると問題が生ずる事務を担当するものであること，委員の人事及び予算を通じた大臣（内閣）の関与が存在すること，委員の選任への同意のように国会による直接の関与も存在することなどから，憲法に違反しないものと解されている。

　独立行政委員会には，特定の処分や争いの裁定など狭い範囲の事務だけを担当するもの（公安審査委員会，中央労働委員会など）と，ある行政分野全体を所管しているものとがある。**行政分野全体が委員会に委ねられるのは例外的で，国では警察行政と独占禁止行政が，地方公共団体の場合には警察行**

（注5）　政治的中立が要請される行政の場合に，委員会制度を設けることが常に必要だとまではいえない。内閣としての行政責任を重視して大臣の指揮監督の下に置いた上で，それ以外の方法で政治的乱用を防ぐことも考えられる。昭和28年に国会に提出された警察法案（解散により廃案）は，国家公安委員会を廃止し，警察庁長官を国務大臣をもって充てる職とした上で，警察の政治的利用を防ぐためのチェック機関として国家公安監理会を置くこととしていた。なお，検察行政についても政治的中立性が求められると考えられるが，法務大臣の指揮監督権の対象となっている（具体的事件に関する指揮監督権の行使が検事総長を通じなければならないことが規定されているだけである。）。
（注6）　警察に関しては，内閣総理大臣が，国家公安委員会委員の選任権に加えて，警察庁長官及び警視総監の任免についての同意権を有している。また，国家公安委員会委員長に国務大臣が充てられ，委員会を代表する。さらに，緊急事態においては，内閣総理大臣が警察を一時的に統制し，警察庁長官を直接指揮監督するという制度も設けられている。

政のほか教育行政が，その対象となっている。^(注6の2)

> ┃ **column** ┃ 警察に対する国民の統制
>
> 　警察行政に関しては，政治的中立を確保する見地から，緊急事態の場合を除いて，政治公務員の指揮命令を受けないこととされている。国民の代表によって選任された内閣総理大臣の指揮下にない（都道府県の場合には住民から選任された知事の指揮下にない）ということは，国民主権からすれば異例なものである。^(注7)
>
> 　このため，**国民の統制を受けるための他の手段が最大限に活用され，国民から見て，警察行政が「国民の，国民による，国民のための」ものと評価されるようにすること**が強く求められる。まず，政治公務員に代わる民衆の代表と位置付けられる公安委員会の管理を十分に受けなければならない。また，都道府県警察の場合には，住民の代表である議会の審議等を通じた統制を受ける。警察法によって警察署協議会が設けられているので，警察署の運営に協議会の考えが反映されるように，努める必要がある。
>
> 　同時に，**国民・住民に対する説明責任を果たしていくこと**が強く求められる。情報開示請求への対応のみならず，国民・住民が警察運営の実情を理解できるように，通達類の公表などをはじめとする積極的な情報の提供を行い，国民・住民からの様々な批判を誠実に受け止めなければならない。情報公開法が定めるように，国民主権の理念にのっとって，「国民に説明する責務がまっとうされるようにするとともに，国民の的確な理解と批判の下にある公正で民主的な」警察行政が推進されるようにしなければならないのである。

（注6の2）　独立行政委員会は，本文に述べたとおり限定されてきたが，近年になってまた設置されてきている。原発事故の反省を踏まえ，原子力規制行政の責任機関として，原子力規制委員会が平成24年に設置された。また，個人情報の適正な取扱いの確保を図ることを任務とする機関として，個人情報保護委員会が平成28年に設置されている。

（注7）　諸外国では，警察事務についても，政治公務員である大臣や首長の指揮下に置くことが通例である。日本に公安委員会制度が導入されたのは，アメリカ側の意向によるものであるが，そのアメリカでは，20世紀初めころに市警察の多くで公安委員会制度が採用されたが，迅速な意思決定ができない，責任が不明確になる，委員会が党派的な対立・取引の場になるという問題があり，1930年代までにほとんどなくなっている。また，ドイツでは，戦後のアメリカ占領下で自治体警察に委員会制度が導入されたが，その後，自治体警察自体が早期に解消され，各州の内務大臣の指揮下にある。なお，イギリスでは，地方議会議員と予審判事で構成される警察委員会が警察を管理する制度が設けられていたが，公選の警察・犯罪コミッショナーによる管理に改められている。

◆第2節 裁 判 所

1 司法権の裁判所への帰属と裁判官の独立

司法権は裁判所（最高裁判所とその下の裁判所）が行使
　裁判官は，独立して，法律を適用して紛争を解決する

　最高裁判所とその下にある裁判所が司法権を行使する。それ以外の特別裁判所を置くことはできない。司法権とは，具体的な紛争・事件を，法を適用して解決する作用である。刑事事件についていえば，検察官の公訴の提起を受けて，法にのっとって審理をし，有罪とすべきか否か，有罪の場合にどのような刑を科すかを判断するのが司法である（警察による犯罪の捜査や，検察官による公訴の提起，刑の執行は，いずれも「司法」ではない。）。裁判所は，民事事件では，当事者の間で具体的な権利・義務があるかどうか，特定の法律関係があるかどうかをめぐる争いがあり，その争いが法律を適用して解決できる場合（これを「法律上の争訟」という。）に判断をする。

（注8）　犯罪捜査について，刑事訴訟法が「司法警察職員」という用語を用いていることから，行政とは異なる「司法」であるという誤解が一部にあるが，**司法作用ではないからこそ，都道府県の機関である警察や法務省に置かれる組織である検察が権限を持つことができる**（もし司法作用なら，憲法上，裁判所の権能であり，裁判所の付属組織（又は裁判所から個別の依嘱を受けた組織）が権限を行使すべきものである。）。なお，旧憲法下では，検察は裁判所の付属機関であり，警察の捜査も検事の指揮下で行われるものであったため，捜査を「司法作用」と理解することも可能であった（現在のフランスのように，予審判事が捜査権を持ち，警察は予審判事から嘱託を受けて捜査をするという制度の場合も，同様に捜査を「司法作用」と理解することが可能である。）。

（注9）　最高裁は，原則として，団体の内部的な事柄については司法権の対象とならない（それを超えた一般社会と直接につながるものは司法審査が及ぶ）としてきた（大学の場合は，単位不認定は対象とならず，退学処分は対象となる。）。特に，政党については，政党の組織運営の自由の観点から，除名処分であっても原則として対象にならない，一般市民の権利を侵害する場合に限って対象となるが，その場合でも処分が自律的規範に従った適正な手続でなされたかだけを審査するものとしている（最高裁判決昭和63年12月20日。政党所有建物の明渡しが争われた事件で，司法権の対象となる例外的な場合に当たるが，内部規範が公序良俗等の違反ではないとして，除名処分の有効性を認めた。）。一方，地方議会については，議員が住民の代表として意思決定に反映させるべく活動する責務を負っていることを指摘し，出席停止にも司法審査が及ぶとの判断を示している（最高裁大法廷判決令和2年11月25日。出席停止には及ばないとしてきた従来の判例が変更された。）。

　行政事件についても，法律上の争訟として，司法権の対象となる（旧憲法下では，行政事件は裁判所の所管外とされ，行政裁判所の裁判が最終判断となったが，そのようなことは現行憲法の下では認められない。）。**警察官の職務執行や公安委員会・警察署長等の処分についても，違法を主張する者から国家賠償訴訟や取消訴訟が提起されることは当然にあり，裁判所によって，合法違法の最終的な判断がなされる。**

　裁判所は，法律を適用して紛争を解決する。宗教上の教義をめぐる争いや，芸術的な評価をめぐる争いのようなものは，法律に基づいて判断できないので，適法な訴えとはならない。また，行政機関に判断権が認められている範囲内の事柄について，どのような判断が最も良いかということも，司法権の対象とならない。**行政機関に不服を申し立てる場合にはその処分が「不当」であることを理由とすることができるが，裁判所に訴える場合には，「違法」であることを主張しなければならない**（裁量権のある場合には，裁量権を超え又は裁量権が乱用されたときでなければ違法ではないので，それ以外は取消しの対象とはならない。）。

　裁判官は，良心のみに従い，独立して職権を行い，憲法と法律（法律だけでなく，条例，法律の委任に基づく政令など，法規としての効力を有するその他の法令を含む。）にのみ拘束される。職権行使の独立性を担保するために，裁判官には強い身分保障がある。また，裁判所組織の運営管理（司法行政）も，裁判所が自ら行う（最高裁判所の裁判官会議が，司法行政の最高機関となる。）。裁判事務に関しては，裁判官は，行政機関や国会から独立しているだけでなく，司法行政機関からも独立して職権を行使する。^(注10)

（注10）　最高裁判所の司法行政上の行為も，訴訟の場では裁判官を拘束しない。昭和51年，ロッキード事件でアメリカに証人尋問を嘱託する際に，最高裁判所が検事総長の不起訴約束が日本法上守られるものであるという「宣明」をしたことがあるが，この事件の裁判では，嘱託によって得られた尋問調書を証拠とすることは許されないとした（最高裁大法廷判決平成7年2月22日。法律で認められていないのに，不起訴約束という刑事免責を与えて証言を得てそれを証拠に使うことはできないとした。）。また，宣明を決めた裁判官会議の議事録の公開を求めた者が訴えた事件で，東京地裁は，最高裁が非開示としたのを違法とし，賠償を命じた（東京地裁判決平成16年6月24日。なお，この判決は高裁で破棄されている。）。

2　裁判所の組織

> 最高裁判所の下に，高等・地方・家庭・簡易の各裁判所が設置
> 民主的統制の観点から，最高裁判所の裁判官は国民審査を受ける

　最高裁判所を頂点として，高等裁判所，地方裁判所，家庭裁判所及び簡易裁判所が置かれている（地方裁判所と家庭裁判所とは同格の機関で，その他は上下関係にある。）。**裁判官は独立して職権を行使するので，下級の裁判所に対して指揮監督をすることはできないが，上級の裁判所は，上訴されたときに，下級の裁判所の裁判を取り消し，変更することができる。**最高裁判所は一つだけであるが，高等裁判所は 8 箇所，地方裁判所と家庭裁判所はいずれも50箇所（各都府県に 1 箇所と北海道に 4 箇所），簡易裁判所は438箇所ある（このほかに，高等裁判所，地方裁判所，家庭裁判所の支部がある。）。

　通常の事件は地方裁判所が第一審で，その判決に不服のある者は高等裁判所に控訴でき，さらに最高裁判所に上告がなされる。少年審判の場合は，家庭裁判所が第一審で，不服のある者は高等裁判所に抗告，最高裁判所に再抗告をすることになる。一方，比較的軽い刑事事件については，簡易裁判所が第一審で，不服がある場合には高等裁判所に控訴，最高裁判所に上告することになる。事実関係の審理は第一審と控訴審だけで，上告審は法律の適用のみを判断するのが原則である。上告できるのは，高等裁判所の判決等に憲法違反，憲法解釈の誤り，最高裁判例と相反するといった事情がある場合であるが，そのほかに法令解釈の重要な事項を含むと認められるときは上告が受理される。

　（注11）　簡易裁判所は，窃盗罪，横領罪，盗品等に関する罪のほか，罰金以下が定められている罪（選択刑として罰金以下が定められている場合を含む。）について，裁判権を持つ。道路交通法違反，過失運転致死傷罪も対象となるので，件数的には極めて多い。簡易裁判所は罰金以下の刑のみを科す（禁錮以上の刑を相当と認めれば地方裁判所に事件を移す）のが原則であるが，住居侵入，窃盗，盗品等に関する罪などの場合には，3 年以下の懲役も科すことができる。なお，逮捕状や捜索差押許可状の請求も簡易裁判所の裁判官に対して行う（地方裁判所に対しても可能）が，通信傍受令状は除かれる（地方裁判所の裁判官に限られる。）。

　（注12）　少額の民事訴訟も，簡易裁判所が第一審となるが，この場合には，地方裁判所に控訴，高等裁判所に上告がなされる。

　最高裁判所は，最高裁判所長官とその他の裁判官（最高裁判所判事）14人で構成される。最高裁判所長官は内閣の指名に基づいて天皇が任命し，その他の裁判官は内閣が任命し，天皇が認証する。司法に対する民主的統制の観点から，最高裁判所の裁判官（長官を含む。）は，任命後最初に行われる衆議院議員総選挙の際に，国民の審査に付される。投票者の過半数が罷免すべきとする場合には，その裁判官は罷免される。最高裁判所は，裁判をする権限以外にも，下級裁判所の裁判官を指名する権限，司法行政の権限，訴訟手続等に関して規則を制定する権限を有している。これらは裁判官会議で決定される。**規則は単なる内部的なものではなく，法律と同様の効力を持つ（刑事事件では，刑事訴訟法だけでなく，最高裁判所の定める刑事訴訟規則を守らなければならない。）。**

　最高裁判所の審理は，全裁判官で構成される大法廷と，５人ずつの裁判官で構成される小法廷のいずれかで行われる。通常は小法廷であるが，**法令や処分が憲法に違反すると判断する場合，過去の判例における解釈を変更する場合には，必ず大法廷で行われる。**

　下級裁判所の裁判官は，最高裁判所の指名した者の名簿に基づいて，内閣が任命する。裁判官の任期は10年で，再任することができる。再任する対象とするかどうか（名簿に載せるかどうか）は，最高裁判所が判断する（最初の任命の指名も含めて，平成15年に，指名過程の透明化の観点から，下級裁判所裁判官指名諮問委員会が設置され，適任者の選考結果を意見として述べるようになっている。）。

3　裁判の実施と違憲審査

> 裁判所は法令・処分の違憲審査権を持つ（国会の立法も無効にできる）
> 　実際の事件の解決に必要な場合に限って行使される

　裁判では，法律上の争訟等に対して，裁判所が，憲法及びその他の法令に[注13]のっとって審理をし，判断を下す。**すべてに対して中立的な裁判官が，法令のみに従って判断する**ことが，裁判制度の存在意義である。[注14]

　憲法は，裁判所に，法律以下の法令又は処分が憲法に違反しているかどう

かを審査する権限を与えている。これを**違憲審査権**という。国権の最高機関
である国会が制定した法律も，裁判所が違憲と判断し，その効力を否定する
ことができる極めて重大な権限である（このことを強調するため「違憲立法
審査権」と呼ぶこともある。）。憲法が実際に国の最高法規として実効性を持
ち，憲法によって保障された人権が立法等によって侵害されるのを防ぐため
に，裁判所に付与されたものである。**法令の違憲判断は，実際の事件につい
ての争訟があって，それに適用する法令が憲法に違反するかどうかの判断と
して行われる。**一部の国にある憲法裁判所のように，ある法令の規定が憲法
に違反するかどうかを，事件を離れて一般的に審査するようなものではない。^(注15)
最高裁判所が最終的な憲法判断をする機関であるが，下級審も憲法に違反す
るかどうかを判断する権限を有している（これを認めないと，下級審の裁判
官は憲法に違反すると考える法令を適用して裁判をしなければならないこと
になり，適当でない。）。法令を違憲とする裁判は，その事件において法令の
効力を否定するものであって，法令自体を自動的に無効とするものではない。
しかし，最高裁判所が違憲と判断した場合には，他の訴訟でも「憲法に違反
し無効」とされることが見込まれるので，行政機関は法令自体が無効となっ
たと同様に扱うことが一般的に行われる（尊属殺人の規定を違憲とした最高
裁判所の判断が示された以後は，刑法の尊属殺人の規定を用いず，一般の殺

(注13)　裁判所が本来的に扱う「法律上の争訟」は，刑事事件と，民事事件及び行政事
　　　件で個々人が自らの権利利益を実現するために争うものである。そのほかに，法律
　　　によって，個人が自らの法律上の利害関係を離れて訴え出る民衆訴訟（例えば，地
　　　方自治法による住民訴訟，公職選挙法による選挙訴訟），国と公共団体の間について
　　　の機関訴訟（例えば，国から知事に対して行う代執行訴訟）が定められている。民
　　　衆訴訟や機関訴訟は，憲法上の司法権の対象ではないが，法律で訴訟が可能とされ
　　　た以上は，他の訴訟の場合と同様に，裁判所が憲法と法令に従って判断をするので，
　　　違憲審査も行われる。選挙訴訟では，選挙区ごとの定数の一票の格差をめぐって憲
　　　法判断が行われている。
(注14)　刑事事件における裁判員制度は，裁判官以外の裁判員が参加するが，憲法に違
　　　反するものではない。第 3 章第 6 節 1 (1)（公平な裁判所の迅速な公開裁判を受ける
　　　権利）の解説参照。
(注15)　最高裁大法廷判決昭和27年10月 8 日は，警察予備隊（自衛隊の前身）を設置す
　　　る法律が制定された段階で，この設置が憲法に違反するとの訴えに対し，裁判所の
　　　違憲審査権は具体的な事件を離れて行使されるものではないとして，訴えを却下し
　　　ている。

人として事件の処理がなされた。なお，その後の法改正により，現在の刑法には尊属殺人の規定は除かれている。）。

　憲法は，「対審及び判決」を公開の法廷で行うことを定めている。「対審」とは，当事者が裁判官の前で主張を述べることであり，刑事手続では「公判」を意味する。審理はすべて公判によって行われる。「判決」は，刑事事件の第一審では，公訴への裁判所の判断を示すもの（被告人が死亡したとき等の公訴棄却を除く。）であり，公判廷において宣告によって告知される。^(注16)**裁判の公開は，裁判を一般国民に公開する（傍聴できるようにする）ことによって，裁判が公正に行われることを制度として保障**し，裁判に対する国民の信頼を確保しようとするものである。他方，公開されることによって，関係者の名誉やプライバシーへの影響があり得る。このため，公判廷における写真の撮影，録音，放送には裁判所の許可を要することが刑事訴訟規則で定められている。また，被害者保護の観点から，平成12年の刑事訴訟法改正によって，ついたてを置くなどして証人を傍聴席から見えないようにし，あるいは法廷とは異なる場所に在席させ映像で結ぶビデオリンク方式で証人尋問を行う制度が導入された。さらに，被害者のプライバシーを守る観点から，被害者特定事項を公開の法廷で明らかにしないようにすることも，平成19年の刑事訴訟法改正によって行われている。これらの措置が講じられても，公開自体は行われているので，憲法に反するものではない。

　裁判の結果に不服のある者は，上級審の判断を仰ぐことができる。刑事事件の場合には，被告人及び検察官のいずれもが，控訴をすることができる（少年審判の場合には少年の側しか抗告できなかったが，平成12年の改正により，一部の事件で検察官の側から上級審の判断を求めることが可能となった。）。これに対し，上告は，法定の上告理由がなければ認められない。最高裁判所は，憲法に違反するかどうかが争われる場合と法令解釈の重要な事項がある場合に限って判断をするのが原則である。ただし，最高裁判所の判断

(注16)　控訴審では，控訴趣意書が期限内に提出されなかったときなどを除き，判決が言い渡される。上告審では，上告趣意書記載の上告理由が明らかに上告事由に該当しないときは決定で上告が棄却される。また，上告理由が形式的には法定の事由に該当していても，その理由がないことが明らかな場合には，弁論を経ないで，判決で上告が棄却される。公判廷を開いて審理を行うのは，それ以外のときに限られる。

で，その他の場合も審理をし，重大な事実誤認，著しい量刑不当などで原判決を破棄しなければ著しく正義に反すると認めるときは，判決で原判決を破棄することが行われている。^(注17)

◆第3節　地方自治

1　地方自治の保障とその意義

> 国から独立した地方公共団体が地域内の行政を担当（団体自治）
> 地域の住民が地方公共団体における意思を決定（住民自治）
> 国民による行政統制の実質化と権力集中の防止が目的

　憲法は，「地方自治」と題する章を設け，地方自治の保障を定めている。地方自治とは，地域における行政が，地方公共団体により，住民の意思決定に基づいて，行われることを意味する。それぞれの地方が，国から独立した自律的な存在である地方公共団体として，地域内の様々な行政事務を処理する。地方公共団体の運営は，地域の住民の意思に従って行われる。前者を「団体自治」，後者を「住民自治」というが，憲法の保障する地方自治はその双方を含んでいる。

　憲法上の「地方公共団体」とは，市町村及び都道府県である。[注18]市町村は，基礎的自治体として，住民に関する各種の行政分野を幅広く担当する（地域的な行政は原則として市町村が担う。）。都道府県は，広域的な自治体として，市町村の範囲を超える事務（地域的に広域にわたる事務や市町村が処理することが困難な事務）を担当する。国民はすべて，居住する市町村及び都道府県の住民として，意思決定に参画する。住民の意思と責任と負担において，地方公共団体の運営が行われる。

　地方自治は，地域的な行政を地域の人々の考えに合わせて行うことで，地域の実情に即したものとする機能をもつ。また，個々の国民からみて，自らの意思を行政に反映させるものでもある。国民は国政の主権者であるが，全

　（注18）　地方自治法は，市町村及び都道府県を「普通地方公共団体」とし，それ以外の特別地方公共団体（東京都の特別区，地方公共団体の組合及び財産区）と区分している。東京都の特別区は，憲法上の「地方公共団体」ではないので，その区長を任命制にしても憲法に違反しない。なお，市町村と都道府県は憲法上の「地方公共団体」に当たるが，市町村と都道府県を置くことを憲法が命じているとはいえない。例えば，都道府県を廃止して，新たに地方公共団体としての「道州」を設けたとしても，憲法に違反することにはならない。

国の有権者の一人としての関わりは小さいものとならざるを得ない。これに対し，地方公共団体，とりわけ市町村の場合には，身近な代表を選ぶことができるほか，住民の署名による直接請求といった投票以外の手段を使うことも含めて，行政運営に影響を及ぼすことができる。これらは，国民による行政統制をより実質的にするものといえる。

さらに，**地方自治は，行政上の主体を多数設けることによって，権力を分散させる機能を有している**。国政が国民の代表によって運営されていても，常に正しいとは限らない。国政における三権分立と並んで，中央政府と地方自治体との権力分立も，権力集中による危険性を避ける，という基本的な発想に基づくものといえる。

憲法は，地方自治を制度として保障している（92条）。**地方自治制度の具体的な姿は，法律によって定められるが，それは地方自治の本旨（団体自治及び住民自治）に沿ったものでなければならない**。「地方自治の本旨に基いて，地方公共団体の区分並びに地方公共団体の組織及び運営に関する事項の大綱を定め，あわせて国と地方公共団体との間の基本的関係を確立する」ものとして，地方自治法が制定されている。

地方公共団体といっても日本国の一部であり，国家から全く独立に運営されていいというわけではない。国家的あるいは全国的な観点から，調整が必要になる。地方公共団体にゆだねることが適当でない事務も存在するし，居住する地域によってあまりにも大きな差が生ずることも放置できない。国と地方公共団体との事務分配及び国による地方公共団体への関与の具体的なあり方は，地方自治の重要性と，国家的ないし全国的観点からの必要性とを踏まえて，法律で定められることになる。[注19]

（注19）　地方自治法では，地方公共団体は「住民の福祉の増進を図ることを基本として，地域における行政を自主的かつ総合的に実施する役割を広く担う」ものとし，国は「国が本来果たすべき役割」（外交・防衛，基本的ルールの設定のほか，「全国的な規模で若しくは全国的な視点に立つて行わなければならない施策及び事業の実施」など）を重点的に担い，「住民に身近な行政はできる限り地方公共団体にゆだねることを基本として，地方公共団体との間で適切に役割を分担するとともに，地方公共団体に関する制度の策定及び施策の実施に当たつて，地方公共団体の自主性及び自立性が十分に発揮されるようにしなければならない。」ことを定めている。国と地方公共団体の関係は，地方自治法の規定が基本となるが，警察法など個別の法律によっても定められている。

■ **column** 警察と地方自治

　警察事務は，地方的性格と国家的・全国的な性格があり，しかも事案に
よって区分することが困難である（一つの事案が地方的性格と国家的な性
格をあわせ持つ。また，事態の推移とともにその性格付けが変わる場合が
ある。）ことを踏まえて，すべてを地方公共団体（都道府県）の事務とし
た上で，国がごく一部の上級幹部の人事，特定の経費の負担，活動の基準
の設定及び一部の事務に関する指揮監督といった関与を行うという制度が，
警察法で定められている。地方自治を基本とすることで住民のコントロー
ルを容易にする（国の機関にはない住民請求，住民訴訟等の統制手段が警
察に及ぶ。）と同時に，組織全体としての合理性・効率性の確保が図られ
ている。この制度の基本は，昭和29年の現行法制定以降，まったく変わっ
ていない（平成11年以降の地方分権改革においても，警察に関してはほと
んど変更されていない。）^(注20)。

　アメリカのように，自治体としての市警察が多数独立して存在する（ア
メリカでは，市のほか，郡，州，連邦にも多くの警察機関があり，全体で
およそ2万近い数の警察があるといわれている。）制度では，身近な市警
察に対する住民代表等による統制は可能であっても，権限の重複や，能力
の十分でない機関の存在，相互連携の困難性など，全体としての効率性・
有効性は期待できない。日本の旧警察法も，市町村警察を中心とし，国家
地方警察が並存していたが，組織の非効率性から廃止され，現行制度に改
められた。イギリス（イングランド＆ウェールズ）でも，かつて存在して
いた市警察は廃止され，カウンティ（県と類似）単位の警察に改められ，
内務大臣の関与が認められている（このほか，イギリスでは，首都警察
（スコットランドヤード）が全国の指紋の管理や公安事件などの国家警察
としての事務も担当している。近年では，国が直接に捜査を行う機関も設
立されている。）。

　世界的には，国家警察（連邦の場合には州警察）が中心となるのが通例

（注20）　かつては，国の事務を知事や市町村長に委任し，大臣が全面的に指揮監督する
「機関委任事務」制度が広く行われていた（実質的に地方公共団体の行っている事務
の過半が機関委任事務であったといわれている。）。これを改め，国から地方への事
務の移転，国による地方への関与の縮減が，「地方分権改革」として進められた。機
関委任事務の廃止（原則として地方公共団体の自治事務にする。国政選挙の執行な
どは「法定受託事務」とする。）をはじめ，特定の組織を必ず置くという規制の改廃，
人事に対する国の関与の廃止（例えば，都道府県の教育長任命に対する文部大臣の
承認制度の廃止），国と地方との紛争処理機関の設置などが行われた。これに対し，
警察に関しては，犯罪被害者等給付金支給の裁定事務が機関委任事務から法定受託
事務となったこと，都道府県警察の内部組織の基準がより緩やかになったことなど
を除けば，ほとんど変更が加えられていない。

である。フランスでは，法的には自治体警察もあるが，実際にあるのは二つの国家警察（内務省の警察と国防省の国家憲兵隊）である。イタリアも，内務省警察，国防省警察，財務省警察の三つの国家警察が並存している。ドイツやオーストラリアのような連邦制の国家では，州警察が中心となっている（連邦警察は限られた任務しか持たない。なお，ドイツでは，かつて自治体の警察機関もあったが，廃止されて州警察に一元化された（ベルリン市のように州としての地位を持っているものは，州としての資格で警察を持つ。）。）。

2　地方公共団体の組織と住民による統制

> 長（知事，市町村長）と議員とが選挙によって選ばれる
> 　委員会は政治的中立等のため設置，長の指揮監督を受けない
> 住民による直接的なコントロールは地方自治の趣旨発揮に重要

　地方公共団体には，議事機関としての議会と執行機関としての長（知事，市町村長）が置かれる。憲法によって，長と議員が住民の直接選挙によって選ばれることが定められている。有権者は，その地方公共団体に引き続き3か月以上住所を有する住民のうち日本国籍を有する満18歳以上の者である。^(注21)大統領制と同じように，執行部門の長も選挙で選ばれるのが特徴である。^(注22)

　地方公共団体の組織に関する基本的事項は，地方自治法で定められている。議会は，条例の制定・改廃，予算を定めること，決算を認定すること，税の賦課徴収・手数料等の徴収，一定額以上の契約の締結，財産の取得・処分，訴えの提起・和解などの議決を行う。議会は，執行機関を監視する権限を有

(注21)　憲法の規定における「住民」に外国人は含まれず，外国人に地方公共団体の選挙権は保障されない。なお，永住者等であってその居住する地方公共団体と特段に緊密な関係のある者について，法律で地方公共団体の長や議員の選挙権を付与しても，憲法には違反しないとする見解が最高裁で述べられている（最高裁判決平成7年2月28日）が，これは判決内容に直接結びつく部分ではない。第6章第2節1（参政権）注9参照。

(注22)　憲法は，長と議員だけでなく，「法律の定めるその他の吏員」も選挙で選ばれることを定めている。例えば，行政委員会の委員を選挙で選ぶことが考えられる（教育委員会の委員は，現在は任命制であるが，当初は選挙で選ばれていた。）。

する（事務に関する書類を調べ，事務の管理等を検査し，監査委員に監査を求めて結果の報告を請求する。）ほか，請願を採択して執行機関に処理の結果及び経過の報告を請求する，調査権を行使する，副知事などの選任について同意するといった権限を有している。

執行機関の中心は長（知事，市町村長）である。長は，副知事等の補助機関を指揮監督し，その地方公共団体の事務を執行するほか，議会への議案の提出，予算の調整・執行，地方税の賦課徴収・手数料等の徴収，過料を科すること，決算を議会の認定に付すること，財産の取得・管理・処分，公の施設の設置・管理・廃止等を行う。また，議会が議決すべき案件について専決処分する権限，議会の議決を再議に付す権限なども有している。(注23)

地方公共団体には，法律の定めるところにより，執行機関としての委員会が置かれる。都道府県警察を管理する公安委員会のほか，都道府県又は市町村の学校等を管理する教育委員会，選挙に関する事務を管理する選挙管理委員会，給与勧告・試験・職員に対する不利益処分の審査等を行う人事委員会などである。いずれの事務も，政治的な立場による影響を受けないようにすることが求められ，政治公務員の指揮下に置くことには問題があることから，委員会の権限事項とされている。もっとも，予算の調整・執行，議会への議案提出，決算を議会の認定に付すること，地方税の賦課徴収・過料を科すこと等については，法律に特別の定めがある場合を除き，委員会は権限を持たない。(注24)長と委員会とは，条例や予算その他の議会の議決に基づく事務並びに法令に基づく事務を，自らの判断と責任において，誠実に管理し，施行する義務を負っている。

警察事務については，政治的中立性を守るために，知事の所轄の下にある公安委員会が所管し，実働組織である都道府県警察を管理する。都道府県の

（注23）　急を要し議会を招集していたのでは間に合わない場合などにおいては，長は，議会の議決すべきものを代わって定めることができる。これを「専決処分」という。専決処分を行った場合には，次の議会に報告し，その承認を求めなければならない。一方，議会が条例の制定・改廃や予算に関する議決を行ったことについて，長がそれを拒否することも認められる。これを「再議」という。再議に付された案件は，議会が3分の2以上の多数で同一内容の議決をしたときに限って，成立する。

（注24）　放置違反金は，過料の一種であるが，法律によって，公安委員会が決定することとされている。

行政は，住民が選挙で選んだ知事の指揮下で行われるのが原則であるが，政治的中立性確保のための例外として，知事の指揮監督権限が及ばないようにされている。都道府県公安委員会の委員は，知事が議会の同意を得て任命する。委員は，政治的中立を確保すると同時に，政治公務員に代わる民衆の代表としての役割を発揮することが求められる。

　地方公共団体の行政については，住民の直接的なコントロールが及ぶ手段が設けられている。日本国民である住民は，有権者の一定割合の署名によって，条例の制定・改廃の請求，監査の請求，議会の解散の請求，長及び議員の解職の請求，公安委員を含む役職者の解職の請求を行うことができる[注25]。また，住民は，違法又は不当な公金の支出があると認めるときなどには，監査委員に監査を請求し，その結果に不服があるときには，損害賠償などを求める訴えを，裁判所に提起できる。このような直接請求や住民監査請求・住民訴訟の制度は，憲法上の定めではないが，地方自治制度が設けられた趣旨を発揮させる上で重要な役割を持つものである。このほか，情報公開条例によって，その地方公共団体の機関の保管する情報の開示が求められることが制度化されている。法律又は条例に基づいて，特定の事項に関する住民投票が行われる場合もある[注26]。

3　地方公共団体の権能

> 地方公共団体は，財産管理，事務処理，行政執行の権能を持つ
> 　自治事務はすべてその判断と責任で実施する

(注25)　住民請求が成立した（必要な数以上の署名が集まった）場合の取扱いは，各請求によって異なる。監査請求の場合，監査が行われ，その結果が通知，公表される。条例の制定・改廃と役職者の解職請求の場合，議会に議案として提出され，議会が判断をする。議会の解散並びに長及び議員の解職請求の場合は，住民投票に付される。

(注26)　住民請求を受けて行われる住民投票のほか，市町村の合併の場合などに行われる。旧警察法では，人口5千人以上の町村が住民投票によって警察を廃止できるとする制度があった（廃止した場合には，人口5千人未満の町村の場合と同様に，国家地方警察の所管となった。）。条例で定めた住民投票の場合には，その結果はあくまで参考とするのにとどまる（地方公共団体の最終的な意思決定とすることはできない。）。

194

　地方公共団体は，「その財産を管理し，事務を処理し，及び行政を執行する」権能を有することが憲法で定められている。地方公共団体が，団体自治として，地域における包括的な行政的権能を有することを明らかにした規定である。地方公共団体は，条例を制定することができるので，行政的権能と立法的権能を幅広く有している（司法権については持たない。）。

　地方公共団体は，「住民の福祉の増進を図ることを基本として，地域における行政を自主的かつ総合的に実施する役割を広く担う」ものである。住民（区域内に住所を有する者のすべてを意味する。日本国籍のない者を含む。）は，その公共団体の役務（行政サービス）をひとしく受ける権利を持ち，負担を分担して任ずる義務を負う。地方公共団体は，財産を取得，維持，管理し，利用をさせ，必要な処分を行う。住民の福祉を増進する目的をもって，その利用に供するための施設（公の施設）を設けることは，地方公共団体の重要な役割である。このため，公の施設の維持管理に関する事項は，条例で定めなければならない。地方公共団体は，住民が公の施設を利用することを，正当な理由なく拒んではならないし，不当な差別的取扱いをしてはならない。^(注27)地方公共団体は，非権力的作用だけでなく，警察をはじめとする権力的な作用も自らの権能として有している。国の法令がなくとも，地方公共団体は，自ら条例を制定して，住民等の権利義務を制限することができる。

　地方公共団体の担任する事務には，その地方公共団体自体の本来の事務（自治事務）と，国の事務が法律又は政令によって委託されたもの（法定受託事務）とがある。^(注28)警察事務は，都道府県の自治事務である。^(注29)自治事務は，

（注27）　公の施設を集会の利用に供するのを拒否することができるのは，集会の自由との関係で，厳格に制限される（第5章第3節1（集会の自由）参照）。
（注28）　法定受託事務も，地方公共団体の事務であるので，議会のコントロールが及び，条例を制定することもできる。他方，もともとは国の事務であるので，国の機関による関与（勧告，協議，同意，指示，代執行など）が行われるほか，処分に不服がある者は国の機関に審査請求することになる。警察では，犯罪被害者等給付金支給の裁定事務だけが，法定受託事務に当たる。
（注29）　ある事務を国，都道府県，市町村のいずれが行うこととするかは，様々な事情を踏まえた上で，法律によって定められる。現行警察法は，旧警察法が原則として市町村の事務としていたのを都道府県の事務としたものであるが，憲法上の問題となるものではない（最高裁大法廷判決昭和37年3月7日は，市町村警察を廃止し都道府県警察に移したことを違憲とする主張に対し，そのことが地方自治の本旨に反するものとは解されないことを明らかにしている。）。

地方公共団体の責任と判断で処理されるべきものである。法令の規定があれ
ばそれを守ることは当然である（違反した場合には無効となることが地方自
治法で明記されている。）が，事務自体が自治事務であることに変わりはな
い。警察の行う犯罪捜査も，刑事訴訟法によって規律されるが，都道府県と
いう地方公共団体の事務であることは，他の警察事務とまったく同じである。^(注30)

4　条例制定権

> 地方公共団体の自主立法権として条例制定権を付与
> 　条例は法律の範囲内で制定することができる
> 　条例で刑罰の根拠規定，憲法上の人権の制約も可能

　**憲法は，地方公共団体が，法律の範囲内で条例を制定できることを定めて
いる。地方公共団体に，自らの事務を処理するための自主立法権を与えたも
のである。**

　地方公共団体の自主立法の典型は，議会の制定する条例である。そのほか，
地方公共団体の長が定める規則や，委員会の定める規則も，地方公共団体の
自主立法の一つの形式である。憲法は，規則を含めて，自主立法権を認めた
ものと解されている。

　地方公共団体の自主立法権は，その地方公共団体の範囲において効力を有
する。地域に居住する住民だけでなく，一時的に滞在する者にも効力を持つ。
地方公共団体の議会の定める**条例は，住民，一時滞在者等に対して，義務を
課し，又は権利を制限することができる（義務を課し，権利を制限するには，
規則ではなく，条例で定めなければならない。）**。自主立法権を認める以上，
地方公共団体の間で異なった規制がされることになる（ある地域で合法的に
行えることが，ある地域では禁止され，犯罪とされる場合が生まれる）こと
は，当然のことであって，法の下の平等に反することにはならない。^(注31)

　条例について，地方自治法は「法令に違反しない限りにおいて」制定する

　(注30)　最高裁判決昭和54年7月10日は，犯罪捜査活動が国の事務であるとする主張を
　　　　退け，地方公共団体である都道府県の事務であり，違法な捜査の場合に都道府県が
　　　　賠償責任を負うことを明らかにしている。

ことができることを定めている。**国の法律に違反してはならないだけでなく，政令等の規定にも違反してはならないことを意味する。**国の法令と矛盾する内容を定めたり，国の法令の趣旨と反するものを定めることはできない。国の法令が自らの規制を上回る規制を認めない趣旨の場合，あるいは規制をしていないことが規制を禁止する趣旨の場合には，条例でその規制をすることはできない。これに対し，国の法令の規制と条例の規制が同じものを対象としていても，目的が異なる場合あるいは国の法令が地方の実情による別の規制を容認する趣旨の場合には，法令に反するものではなく，条例は有効である。

条例は，法律と同じく，憲法の保障する人権の制約にわたることができる。いわゆる公安条例による集会の自由の制限，屋外広告物条例による表現の自由の制限，青少年保護育成条例による表現の自由の制限などがあり，判例によっていずれも合憲とされている。

憲法上「法律」によることが規定されている場合，それに「条例」が含まれるかが問題となる。例えば，憲法31条は法律の定める手続によらなければ処罰されないことを定め，刑罰の根拠と刑事手続とは法律で定めなければならないものとしている。刑罰の根拠が法律で定められることは「罪刑法定主義」という重要な原則である。しかし，**条例は，憲法によって認められた自主立法権に基づくものであること，住民の代表によって定められるものであることから，法律と同様に位置付けることができる。**また，条例で定める規制の実効性を確保する上で，違反した者への処罰が必要となる場合があり，刑罰規定を設けることができなければ条例制定権限を定めた意義が小さいものとなる。このため，**条例で刑罰規定を設けることができる**という憲法解釈を前提に，地方自治法において，「条例に違反した者に対し，２年以下の懲役若しくは禁錮，100万円以下の罰金，拘留，科料若しくは没収の刑」を科

（注31）　最高裁大法廷判決昭和33年10月15日は，売春防止法制定以前における東京都売春取締条例違反が争われた事件で，条例制定権を認める以上，地域によって差別を生ずることは当然に予期されることであるから，かかる差別は憲法みずから容認するところである，との見解を明確にしている。
（注32）　これに対し，刑罰を科す手続については，条例で定めることはできない。また，刑罰の種類のように，刑罰法制の基本となるものも，条例で定めることはできない。

する旨の規定を設けることができることを定めている（そのほかに，行政罰^(注33)
として 5 万円以下の過料を定めることも認められている。）。このほか，財産
権の内容を法律で定めるとする規定（29条 2 項），租税を課するには法律又
は法律の定める条件によらなければならないこと（租税法律主義）を定める
規定（84条）についても，同様に，条例で定めることができるものと解され^(注34)
ている。

（注33）　条例で刑罰規定を置くことが憲法に違反しないことは，条例上の処罰規定を適
　　　用した事件に関するこれまでの多くの最高裁の判決で，当然の前提として認められ
　　　ている。なお，最高裁大法廷判決昭和37年 5 月30日は，大阪市売春勧誘行為等の取
　　　締条例に関して，地方自治法で事務についての具体的な定めがあることと，刑罰の
　　　範囲が限定されていることを指摘した上で，条例が公選の議員で組織する議会の議
　　　決を経て制定される自主立法であって法律に類するものであることから，法律の授
　　　権が相当程度具体的であり，限定されているので，憲法に違反しないと結論付けて
　　　いる。当時の地方自治法においては，判例が指摘するように，地方公共団体の主な
　　　事務を列記し，その中に風俗のじゅん化に関する事項を処理することなどが定めら
　　　れていた。しかし，現行の地方自治法では，事務の内容についての規定は全くない
　　　（地方分権改革に際して，地域に関する事務はすべて地方公共団体が行うのが原則と
　　　され，個別の事務の列記はなくなった。）ので，地方自治法の規定を根拠として具体
　　　的な委任があったと構成することはできない。法律に類似した性格を持つ条例で刑
　　　罰を定めることは，憲法自体が直接的に認めたものであって，地方自治法はその枠
　　　を定めたものと解することが適当である。
（注34）　条例で，公共の福祉の観点から財産権行使の制限を定めることができる（最高
　　　裁大法廷判決昭和38年 6 月26日。奈良県のため池条例が，災害発生防止の観点から，
　　　ため池の堤塘の使用を禁止したことを合憲としたもの。）。これに対し，財産権とし
　　　てどのような権利が認められるかは，全国的に統一されている必要があるため，条
　　　例で定めることはできない。

◆第4節　予算制度

1　国の予算制度

> 予算で認められていない支出をしてはならない
>
> 　予算は内閣が提出し，国会が議決する
>
> 　予算は単年度であり，翌年度に執行することはできない

　予算は，毎年度の歳入（国の収入）と歳出（国の支出）の見積りを定めるものである。すべての歳入及び歳出は予算に計上される。予算は，1年間の国の活動を，国費の支出面から決定する。歳入は国の機関を拘束する性質は^(注35)ないが，**歳出は国の行政機関に対して，予算で認められていない支出をしてはならないという法的拘束力を持つ**。行政機関が何らかの支出を伴う活動をする場合には，それを認める予算がなければならないのである。

　予算は，会計年度ごとに内閣が作成し，国会に提出する。衆議院で先に審議され，衆議院で議決された後に参議院に送られる。衆議院の優越が認められ，参議院が衆議院と異なった議決をした場合，あるいは30日以内に議決しない場合には，衆議院の議決が国会の議決となる。国会は，予算の可否を判断する。修正も可能であるが，内閣だけが提案権を持つ以上，大幅な修正はできないと解されている。

　予算は，その年度に限って有効である。翌年度に執行することはできない（あらかじめ国会の議決で翌年度に繰り越して執行することが認められた場合に限って，執行できる。）。3月末までに新年度予算が成立していないと，4月1日から国の機関は一切の支出をすることができなくなる。その場合には暫定予算が内閣から提出され，国会で議決される。^(注36)年度途中で生じた事情の変化に対応しなければならない場合には，補正予算が編成され，国会で議決される。

（注35）　歳入は，見積りではあるが，歳入額を超える歳出を定めることはできないので，重要な意義を持つ。本来，歳入は税を中心とした収入に基づくべきものであり，国債によるものは例外的でなければならない。国家は国民の納税義務によって成り立っており，それを免れようとする脱税事犯には，厳正に対処しなければならない。

国の収入支出の実績は，決算としてまとめられ，会計検査院の検査を受けた後，内閣が国会に提出することになっている。

2 地方公共団体の予算制度

> 長が予算を調整し，議会が議決する
> 都道府県警察に要する経費は都道府県の予算に基づいて執行される
>   国が直接支出する一部の経費を除く

地方公共団体の財政に関しては，憲法は規定を置いていないが，地方自治法により，おおむね国の場合と同様の制度が設けられている。

予算は，長が調整し，議会に提出する。議会が議決をすることで予算が決定する。議会は予算について修正することも可能である（増額も可能であるが，長の予算提出権を侵すことはできない（実質的に予算提出権を奪うような修正はできない。）ことが，地方自治法に規定されている。）。予算が歳入と歳出で構成されること，すべての歳入及び歳出を予算に計上しなければならないことは，国の場合と同様である（地方公共団体に入るお金を，受け取った機関が，予算によらないで，自ら使うことはできない。）。歳入には，地方税のほか，地方交付税交付金^(注37)，国からの補助金^(注38)，地方債，手数料^(注39)などが

（注36）　暫定予算は，本来の予算（本予算と呼ぶ。）が成立するまでの間の執行根拠となるためのものである。どうしても支出せざるを得ないものが対象となる。本予算が成立すると，暫定予算は失効し，暫定予算に基づいて行われた支出は本予算に基づくものとみなされる。

（注37）　地方交付税交付金とは，地方公共団体の財源の偏在を調整するために，国税として徴収されたものの一部（所得税，法人税，酒税の一定割合のほか，消費税などの一部もその対象となっている。）を地方公共団体に配分するものである。基本的には，地方公共団体で標準的に必要となる経費に財政収入が満たない場合に，その不足が交付対象となる。不足のない団体には交付されない。警察の場合には，警察官の定数（警察法施行令で定められた基準の数）に応じて，必要となる経費が算定されている。

（注38）　国の補助金は，特定の支出に充てるために，国と地方の経費負担区分の考えに基づいて，国が地方公共団体に支出する財政資金である。義務教育費，建設事業費，生活保護費などに関わる国庫負担金が金額的には大きい。法令に基づくものと，そうでないものとがある。都道府県警察に要する経費については，予算の範囲内で政令で定めるところによって国が補助する（ただし，警察職員の給与は，政令で補助対象から除外されている。）ことが，警察法に定められている。

ある。

　予算に関する権限は長に属する。委員会は，予算の調整，執行権限を持た
ない。もっとも，予算の執行については，長と委員会とが協議して，委員会
の職員（公安委員会の場合には都道府県警察の職員）に委任し，あるいは補
助執行させることが認められ，現実に行われている。

　決算については，長から監査委員の審査に付され，監査委員の意見を付け
て議会にかけられる（時期は12月議会になるのが通例である。）。議会は，決
算を認定するかどうかを判断する。不認定となっても直接の法的効果は生じ
ないが，長の政治的責任が問われることになる。

　**都道府県警察は，都道府県の機関であるから，その経費は，都道府県の予
算に基づいて，都道府県が支出し，支出結果は決算の対象となる。**警察に関
する国の補助金は，国の予算に計上されても，都道府県がそれを受け入れて，
都道府県の予算で警察に関する歳出を認めなければ支出されない。これに対
し，警視正以上の警察官の給与，警察学校における教育訓練に要する経費，
警察用車両・船舶及び警備装備品の整備に要する経費，警衛及び警備に要す
る経費，国の公安に係る犯罪の捜査に要する経費などについては，国が直接
支出することとされているので，^(注40)都道府県の予算・決算とは無関係である。

(注39)　分担金，使用料，手数料といったものは，条例で定められる。手数料について
　　　は，国の政令で標準額が定められている場合もあるが，最終的には条例で定められ
　　　る（自動車の運転免許の手数料は，以前は政令で額が定められていたが，現在の政
　　　令は「標準」を定めるのにとどまる。）。他方，放置違反金の場合には，手数料等と
　　　は異なり，政令で額が定められている。なお，反則金については，これらとは異な
　　　り，国に納付され，国から交通安全施設の設置及び管理に要する費用に充てるため
　　　の交通安全対策特別交付金として，都道府県及び市町村に交付される（反則金の告
　　　知をした都道府県とは無関係に，交通事故の発生状況，人口の集中度等を基にして
　　　交付額が算定される。）。
(注40)　警察用車両，船舶及び警備装備品などは，国が購入して都道府県に無償使用さ
　　　せる。捜査費などは，都道府県警察の職員が国の支出官とされ，国費を支出するこ
　　　とになる。

第8章　国法の体系

　警察官は，法の執行者として，国法についての十分な知識が求められる。以下では，前章までの記述と重複するものもあるが，憲法，法律，国の行政機関の命令及び条例について，相互の関係，制定手続と制定事項等について，現行法制上の考え方を広く解説する。

◆第1節　憲　　　法

1　憲法と国法の体系

> 憲法は最上位の法令（最高法規）
>
> 　憲法に違反する法令，行政機関の行為は無効
>
> 　公務員は憲法を尊重し擁護する義務を負う

　日本には極めて多数の法令があるが，すべての法令は，日本国憲法を頂点とする階層を形作っている。国民も，国内の外国人も，裁判所（官）も，有効な法令に従う義務を負う。国及び地方公共団体の職員が法令を守らなければならないことは，当然である。

　法令の形式には，憲法，法律，政令，内閣府令，国家公安委員会規則，条例といった別がある。憲法は最上位の法令であり，国内のすべての法令はこれに反してはならない。憲法の改正は，国会の各議院の総議員の3分の2以上で国会が発議し，国民投票により国民の承認を受けるという，特に慎重な手続がとられる。(注1) 法律は，国権の最高機関である国会が定めるもので，憲法

（注1）　衆議院及び参議院が，いずれも総議員（議員定数）の3分の2以上で同一の憲法改正案を議決して，初めて改正の発議がなされる（衆議院の優越はない。）。国民投票で，過半数の賛成があれば改正が認められる。憲法改正が一般の法律より厳格な手続がとられるのは当然であるが，日本のように改正が全く行われていないのは，世界的にみれば異例である。

に次ぐ地位にある。政令は内閣，内閣府令は内閣総理大臣，国家公安委員会規則は国家公安委員会が定めるもので，法律の委任を受け，あるいは法律を執行するために制定される。条例は，都道府県又は市町村の議会が定めるもので，その地方公共団体の事務に関し，国の法令に違反しない範囲で定めることができる。**異なる法形式の間で矛盾がある場合には，上位の法令が優先し，下位の法令はその限度で無効となる。**なお，同じ法形式の間で規定内容が対立する場合には，特別法優先，後法優先の原則があるが，これについては法律の解説の中で説明する。

　憲法は，憲法が国の最高法規であって，その規定に反する一切の法令や国の行為（国民に対する具体的な処分だけでなく，行政機関内部の訓令，通達といったものも含まれる。）**は無効であることを，規定している**（98条１項）。また，「**天皇又は摂政及び国務大臣，国会議員，裁判官その他の公務員は，この憲法を尊重し擁護する義務を負ふ**」として，**憲法尊重擁護義務を公務員に課している**（99条）。警察官も，憲法の理念を尊重し，憲法の規定を守る義務を当然に負う。警察職員が「日本国憲法及び法律を擁護し，不偏不党且つ公平中正にその職務を遂行する」旨の服務の宣誓をする（警察法３条）のも，その一環といえる。これらは，憲法が国の最高法規である以上，当然のことである。

　column ▐ **旧憲法下で制定された法令の効力**

　　旧憲法下で制定された法律は，その内容が憲法に違反する部分は無効となるが，そうでなければ有効である。刑法は，姦通罪など一部の規定が削除されたほかは，平成７年にひらがなに改められただけで，明治40年に制定されたものが基本的に維持されている。旧憲法制定以前に「太政官布告」[注2]として定められた爆発物取締罰則も，法律と同じものとして，現在も効力を有している。刑事訴訟法の場合，旧法は現行憲法の趣旨と合致しないことから廃止され，現行法が新たに制定された（昭和24年１月施行）。それ

　（注2）　明治初期には，国会等はなく，太政官（だじょうかん）が天皇の下の最高機関として，法令を制定公布していた。法令に当たるものは「太政官布告」，行政機関に対する命令は「太政官達」とするのが一般であったが，「達」にも法令事項が含まれる場合があった（警察官の勤務等を定めた「行政警察規則」は太政官達であるが，その中には法令に当たる部分も含まれていた。）。明治憲法は，憲法制定以前の法令は内容が憲法に反するもの以外すべて有効としたため，太政官布告等で法律事項が含まれているものは，法律として有効なものと扱われた。

までの間は，旧法の中で憲法の規定に反する部分（被告人に不利益な再審，令状のない強制処分など）が削除されたほか，「日本国憲法の施行に伴う刑事訴訟法の応急的措置に関する法律」が制定，施行された。このほか，警察署長に拘留・科料を科す権限を与えていた違警罪即決例（太政官布告）は，憲法に反するものとして，憲法施行に合わせて，法律によって廃止された。

一方，旧憲法の下の命令（勅令，内務省令など^(注3)）の場合は，内容的に問題がなければ同等のものとして維持される（勅令は政令となる）が，現行憲法上，法律によって定めなければならない事項（国民の権利自由の制限，義務付けなど）が含まれている場合には，新たに法律を作る必要が生じた。例えば，道路交通に関しては，戦前は内務省令で各種規制が定められていたが，昭和22年に道路交通取締法が制定された（その後，昭和35年に現在の道路交通法が制定されている。）。もっとも，憲法施行までに新たな法律をすべて作るのは間に合わなかったため，法律によって，罰則のある命令は昭和22年末まで一括して有効とされ，その後も一部のものは法律としての効力が与えられた。例えば，現在の軽犯罪法に当たる内容を定めていた^(注4)警察犯処罰令（内務省令）は，昭和22年に法律としての効力が与えられ，翌年5月の軽犯罪法の制定によって廃止されている。

2　公務員の従うべき憲法解釈

最高裁判所の判例が最上位の解釈

　法律等は最高裁判所が違憲としない限り合憲

最高裁判所の限定解釈及び判断理由に即した法執行が必要

(注3)　風俗営業の取締りなどは，警視庁令，府県令で定められていた。昭和23年に風俗営業取締法が制定されたが，基準については各都道府県条例に委任された。

(注4)　日本が占領下にあった時代，いわゆるポツダム緊急勅令（ポツダム宣言の受諾に伴い，連合国最高司令官の要求に係る事項を実施するために必要がある場合には，命令で所要の定めをし，罰則を設けるとした緊急勅令）に基づいて，多くの命令（憲法施行までは勅令，施行後は政令）が定められた。治安維持法の廃止，政治犯の復権，軍国主義者の公職追放，共産党の活動制限，赤旗の発刊停止といった措置がこれによって行われた。出入国管理についてもポツダム政令で定められ，独立に際して法律としての効力が与えられた（現在の「出入国管理及び難民認定法」の法令番号が，昭和26年政令319号であるのは，このためである。）。なお，銃砲刀剣類についても，昭和21年に銃砲等所持禁止令，昭和25年に銃砲刀剣類等所持取締令がポツダム勅令・政令として制定され，独立に際して法律としての効力が与えられた（その後，昭和33年に銃砲刀剣類等所持取締法（後に「銃砲刀剣類所持等取締法」に題名変更）が制定されている。）。

　憲法の規定が何を意味するかは，必ずしも明確でないことが多い。例えば，「検閲の禁止」は，検閲を例外なく禁止するもので比較的分かりやすいが，何が「検閲」に当たるのかが問題となる。「表現の自由の保障」の場合には，表現の自由が一般的に保障されるが，表現内容（例えば児童ポルノ），表現態様（例えば電柱への貼付）によっては，制限が加えられることになる。「生命，自由及び幸福追求に対する国民の権利」となると，一層抽象的であり，何が人権として保障されるのか自体，憲法の規定からは容易に判断できない。

　このため，憲法の規定の意味を明らかにする「憲法解釈」が必要になる。 憲法は，「最高裁判所は，一切の法律，命令，規則又は処分が憲法に適合するかしないかを決定する権限を有する終審裁判所である。」と定めている（81条）ので，**最高裁判所の判断が憲法の最も権威のある解釈** ということになる。最高裁判所の判例は，その後の訴訟でも同種の判断がされることが見込まれるので，実際に強い影響力を持つ。^(注5)

　次の有権機関は国会である。国会が法律を定める場合，それぞれの規定はすべて憲法に違反しないとする国会の判断に基づいている。**国権の最高機関である国会が憲法に違反しないと判断した以上，最高裁判所が違憲と判断しない限り，すべての公務員はこれをきちんと守らなければならない。** 内閣の職務として「法律を誠実に執行」することが定められており（73条1号），違憲の疑いがあるとして法律を執行しないことは許されない。この考え方は，内閣の下にある国のすべての行政機関だけでなく，地方公共団体の機関についても当然に当てはまる。また，命令（政令，内閣府令，国家公安委員会規則等）や条例の規定も，それぞれの機関（内閣，内閣総理大臣，国家公安委員会，地方公共団体の議会）が憲法及び法律その他上位法令に反しないという判断をしているものであるから，同様に，最高裁判所によって，違憲又は上位法令違反とする判断がなされていない限り，これに従うべきこととなる。

（注5）　最高裁判所以外の裁判所が憲法に違反するとの判断を示しても，特別の意味を持たない。上級審で審理されるはずであるし，訴訟としてはその判決で終結した場合（例えば，国の行為を違憲としつつ賠償請求を否定したときは，被告の国側は勝訴しているので上訴できない。）でも有権解釈とはならない。もっとも，最高裁判所の憲法解釈を具体的な事件に当てはめる場面では，下級審の解釈が実質的に大きな意味を持つことがあり得る（例えば，報道機関の所持する物への捜索差押許可状発付判断など。）。

このほか，法令という形式によらないで，憲法上の判断が行われる場合には，国の行政権行使については内閣，地方公共団体の事務についてはその長の権限と責任に属するのが原則である。公務員は，最高裁判所が違憲とする判断を示さない限り，これらの公の機関による有権解釈に従わなければならない[注6]。

　法執行機関としての警察の立場では，法律や条例等の規定について[注7]，憲法に違反しないことを前提にして，規定の趣旨，目的に従い，適正に執行しなければならない（最高裁判所で違憲とされた規定がそのまま法令に残っているときは執行しないことも認められるが，これは例外である。）。

**　最高裁判所が，人権保障の観点から，法令の規定を解釈によって限定し，あるいは運用が一定の範囲内にあるべきことを前提に合憲とした場合（合憲限定解釈）には，その規定及び同種の規定について，判決理由に即した運用に当たることが必要となる。**例えば，広島市暴走族追放条例による集会規制に関して，最高裁判所は，「本条例がその文言どおりに適用されることになると，規制の対象が広範囲に及び，憲法21条1項及び31条との関係で問題がある」とし，条例の規制対象を限る（本来的な意味における暴走族と社会通念上これと同視することができる集団とに限る）解釈をした（最高裁判決平成19年9月18日）。したがって，条例の運用は，この限定解釈に従って行わなければならない。泉佐野市の市民会館不許可事由を定めた条例の規定（公の秩序をみだすおそれがある場合）を，集会の自由の保障の観点から，極めて限定的なものとした判例（最高裁判決平成7年3月7日）も同様である。刑罰規定の運用の面では，報道関係者に対する公務員法上の秘密漏示そそのかし罪の適用に関して，取材が真に報道の目的であり，手段・方法が社会通念上相当として是認されるものであれば犯罪は成立しないとされている（最高裁決定昭和53年5月31日）ので，事件捜査において，これを踏まえた判断が求められる。国家公務員の政治活動についても，人事院規則に列記されて

（注6）　これら以外の者（例えば憲法学研究者，弁護士など）による憲法解釈は，単なる意見にすぎない。**憲法学の「通説」であっても，有権解釈機関がその考えを採用していない限り，公務員が職務上従うべきものではない。**

（注7）　条例の場合，上位法令を所管する機関が法令違反の可能性を指摘している場合には，無条件で有効と考えてよいとはいえない。ことに市町村条例については，国の機関ないし都道府県が疑問を指摘している場合には，その条例の刑罰規定の適用に当たって，慎重な吟味をすることが求められる。

いる行為のうち，公務員の職務の遂行の政治的中立を損なうおそれが実質的に認められるものに限って規制されると解されている（最高裁判決平成24年12月7日）ので，捜査に当たって，その解釈を前提としなければならない。また，東京都公安条例について，最高裁判所は，「公共の安寧を保持する上に直接危険を及ぼすと明らかに認められる場合」のほかは許可が義務付けられていて実質は届出制と異ならないこと等を理由として合憲としつつ，条例の運用に当たる公安委員会が公共の安寧の保持を口実にして平穏で秩序ある集団行動まで抑圧することのないよう極力戒心すべきであることを特に述べている（最高裁大法廷判決昭和35年7月20日）。この判決の指摘を踏まえ，公安条例の適正な運用により一層努めなければならない。

　最高裁判所は，**憲法13条が「国民の私生活上の自由が警察権等の国家権力の行使に対しても保護されるべきことを規定している」との見解を明らかにしている。**したがって，警察官は，私生活上の自由の保護に反しないよう，十分留意しなければならない。法令の根拠規定がある場合には，その規定の要件を形式的にも実質的にも満たしている限り特に問題とはならないが，法令の根拠規定がない場合には，どのようなときに認められるかについて，過去の判例等を基にした判断が求められる。例えば，判例では，「何人も，その承諾なしに，みだりにその容ぼう・姿態を撮影されない自由を有する」，「警察官が，正当な理由もないのに，個人の容ぼう等を撮影することは，憲法13条の趣旨に反し，許されない」とされている。したがって，個人の容ぼう等の撮影は，判例の求める「正当な理由」がある場合でなければならない。現行犯の場合，犯罪捜査において必要な場合，犯罪発生の高い可能性がある地域における場合などで，一定の要件を満たすときには，撮影が認められている（第4章第1節2（容ぼう等を撮影されない自由）の解説参照）。

column ■ 最高裁判所の違憲判例

　最高裁判所が国会の定めた法律を違憲と判断したのは，これまで10件ある。ⅰ刑法の尊属殺人罪の規定が法の下の平等原則に違反（昭和48年），ⅱ薬事法（当時の名称）の薬局距離制限規定が職業選択の自由に違反（昭和50年），ⅲ公職選挙法の衆議院議員定数配分規定（昭和47年当時）が1対5の格差であり，法の下の平等原則等に違反（昭和51年），ⅳ同じく衆議院の議員定数配分規定（昭和58年当時）が1対4.4の格差であり違反（昭

和60年)，ⅴ森林法の共有林分割制限規定が財産権の保障に違反（昭和62
年)，ⅵ郵便法の免責規定が一部の範囲で国家賠償請求権に違反（平成14
年)，ⅶ公職選挙法の在外邦人選挙権制限規定が参政権に違反（平成17年)，
ⅷ国籍法の日本国籍取得要件規定（外国人の女性から生まれた子どもが出
生後に日本人の父の認知を受けても，父母が結婚しないと日本国籍が取得
できないとする部分）が法の下の平等原則に違反（平成20年)，ⅸ民法の法
定相続分の規定（非嫡出子が嫡出子の半分とされる部分）が法の下の平等
に違反（平成25年)，ⅹ女性につき 6 月の再婚禁止期間を定めた民法の規定
が憲法14条等に違反（平成27年)，である。このほか，関税法に基づく第三
者所有物の没収について，その第三者に弁解，防御の機会を与えていない
ことを理由に，法定手続の保障違反としたもの（昭和37年）がある。これ
らの判決を受けて，いずれも法律が改正され，あるいは新たに法律が制定
されている。なお，選挙制度に関しては，「違憲状態」であるとして是正を
求めるものも，衆議院の定数格差に関して平成期に 4 回，参議院の定数格
差に関して 3 回あった。

　処分を違憲としたものとしては，第三者所有物没収事件のほかに，県が
特定の宗教団体に公費で玉串料を奉納した行為が政教分離の違反となると
したもの（平成 9 年）及び市が特定の宗教施設に市有地を無償提供した行
為が政教分離に違反となるとしたもの（平成22年及び令和 3 年)，15年あま
りにわたって公判期日が全く開かれなかった事件について迅速な裁判を受
ける被告人の権利を害したとしたもの（昭和47年）がある。

◆第2節　法　　律

1　法律制定手続

> 国会が唯一の立法機関
>
> 　衆議院と参議院の意思の合致が原則(例外は衆議院3分の2の再議決)
>
> 公布後，施行日の到来によって現実に効力が発生

　法律は，国権の最高機関である国会が定める法令であり，国法の中心となるものである。憲法は，**国会が唯一の立法機関**であることを宣言しており，憲法自体が定める例外を除けば，国会以外の機関が法律と同等のものを制定することはできない。

　法律には，内閣が案を作成して国会に提出したものと，議員が案を作成して国会に提出したものとがある。実際に成立する法律の多くは，内閣が提出したものである。法律案は，衆議院と参議院のいずれか一方の院でまず審議される。実質的な審議は委員会で行われるが，院における意思決定は本会議で行われる。当初提案された法律案に修正が加えられる場合もある。可決さ[注8][注9]

（注8）　院における意思決定が正当に行われたかどうかは，院が判断することであり，裁判所が判断することはできない。現行警察法の成立に際して，衆議院で混乱の中で会期延長が可決され，その後に参議院で警察法案が議決されたことに関して，会期延長が無効であり，警察法も無効であるとの主張に対し，最高裁判所は，両院において議決を経たものとされた以上，裁判所が有効無効を判断すべきではないとした（最高裁大法廷判決昭和37年3月7日）。

（注9）　現行警察法の国会審議では，政府の治安責任の観点からの政治家の関与，国による都道府県警察の統制（特に警察本部長等の任命権），市町村警察の廃止による都道府県警察への一元化（特に大都市警察の廃止）が焦点となり，強い反対意見があった。これを踏まえ，衆議院で，警察庁長官と警視総監の任命権者の変更（内閣総理大臣が国家公安委員会の意見を聴いて任命するとしていたものを，国家公安委員会が内閣総理大臣の承認を得て任命する（警視総監の場合は東京都公安委員会の同意も得る。）ことにする。），道府県警察本部長等の任命権者等の変更（警察庁長官が国家公安委員会の意見を聴いて任命するとしていたものを，国家公安委員会が道府県公安委員会の同意を得て任命することにする。），大都市に関わる規定の追加（大都市の市長推薦公安委員制度，市警察部の設置，大都市警察のみ1年間の合併延期）などの修正が行われた。なお，大都市（大阪，横浜，名古屋，京都，神戸の5都市）の問題に関しては，当時，府県から離れた特別市とすることの是非をめぐって大きな対立が存在していた（政令市制度が設けられたのはその後である。）。

れた法律案はもう一方の院に送られ，送られた院がその法律案を可決した場合に法律となる（59条１項）。送られた院が修正をしたときは，元の院に回付される。両院の意思が一致しなければ法律は成立しないが，衆議院で可決した法律案を参議院が否決した場合（60日間議決しないときは否決したとみなすことができる。）に，衆議院が３分の２以上で再可決したときは，法律となる（59条２項）。成立した法律には，主任の大臣が署名し，内閣総理大臣が連署する。^(注10)

　法律は，天皇によって公布される。公布は，法律の内容を国民に知らせるもので，官報に掲載して行われる。**現実に法律が効力を発生することを「施行」という**。法律に特に規定がなければ公布の日から起算して20日後に施行されるが，施行準備や周知に要する期間に応じて，施行日を公布からある期間内（３月，６月，１年といったものが通例であるが，２年，３年のこともある。）で政令で定める日とすることが一般に行われる。法律全部が同時に施行されるのではなく，改正事項によって異なった日に施行する場合も多い。早期の施行を要する規定（罰則を除く。）は，公布と同時に施行されるものもある。

> **column　内閣提出に至るまで**
>
> 　法律案は，それぞれの法律の所管となる省庁が大臣の下で作成する。案の作成過程では，国内の実態調査，外国立法例の調査，専門家や関係する団体からの意見聴取なども行われるほか，関係する他省庁との意見調整も進められる。国民から意見を募集する場合もある（道路交通法の改正では従来から行われている。もっとも，政令以下の場合とは異なり，法的な義務ではない。）。内閣法制局の法令審査を受け，内容の妥当性（実質的な法制定の必要性，他の法制との対比等を通じた妥当性を含む。），表現の適切性，関係法令との調整などが，厳密に吟味される。^(注11)警察庁の所管法令の場合，国家公安委員会の決裁を経て，主任の大臣である内閣総理大臣によって閣議にかけられ，閣議によって決定される。

（注10）　主任の大臣とは，その法律を所管する府又は省の長である大臣をいう。警察の場合には，国家公安委員会が内閣府に置かれているので，内閣総理大臣が主任の大臣である。なお，内閣総理大臣が主任の大臣として署名したときには，連署は行われない。

> **column** 国会審議
>
> 　法律案は，委員会（警察庁所管法律案の場合には内閣委員会）に付託され，質疑が行われたのち，採決される。委員会付託前に，院の本会議で趣旨説明が行われる場合もある。質疑は委員（委員会に所属する議員）が提案者（内閣提案の場合は大臣等，議員提案の場合は提案者である議員）に対してその法律案の内容等について問いただすものである。有識者などを参考人として招く場合もある。質疑が終了すれば，賛否が分かれる法律案の場合，討論が行われる。委員会で採決されれば，本会議にかけられる。本会議では委員長が報告した後，討論が行われる場合があるだけで，実質的な審議は行われない。与党が多数を占めていても，野党の反対が強い法律案の場合，委員会付託や審議が後回しにされるため，十分な審議が行われず，不成立となることもある。

2　法律事項と様々な法律

> 国民の権利・自由の制限，義務付けは法律で定めなければならない
> 　警察官の強制活動は法律の具体的な根拠を要する
> 行政組織の基本についても法律で定めることが求められる

　国民の権利や自由を制限し，義務を課すことは，法律で定めなければならない（条例や最高裁判所規則における例外については後述する。）。政令以下の行政機関の命令では，法律の具体的な委任を受けたときを除き，権利・自由の制限，義務付けを規定することはできない。刑罰を定めることや警察官

（注11）　内閣提案の法律の場合，内閣法制局で内容が厳しくチェックされることから，違憲とされることはほとんどない。最高裁判所で違憲と判断されたものは，現行憲法制定以前の規定，国会修正による規定のほかは，前提となる事実の変化（有権者人口が変動したことによる選挙区間の格差拡大）あるいは社会情勢等の変化によって違憲となったものである（国籍要件の違憲判決は，立法当初は合憲であったがその後の社会情勢の変化等で違憲となったとしている。）。これに対し，議員提案の場合，衆議院法制局又は参議院法制局が関与するが，あくまでも議員の責任で提案される。最高裁で違憲とされた薬事法（当時の名称）の薬局距離制限規定は議員提案で行われた法改正で導入されたものであった。憲法上の権利との関係で議論となる内容を含んだいわゆる成田新法（成田国際空港の安全確保に関する緊急措置法）や静穏保持法（国会議事堂等周辺地域及び外国公館等周辺地域の静穏の保持に関する法律）は，いずれも内閣提案ではなく，議員提案で制定されている。

に強制権限を付与するものが典型である。

　したがって，**警察官は，法律の具体的な根拠規定があるときを除き，相手方の権利・自由を制限する活動（強制）を行うことはできない。**その例外は，**現行犯状態で強制的な措置を講ずるときなど一般的な法理に基づいて認められる場合**と，**写真撮影や個人の名誉を害する情報の公表など，正当な理由があれば制限が可能とされている自由，権利を対象とする場合**に限られる。

　憲法上，日本国民の要件（10条），国家賠償（17条），教育を受ける権利と義務（26条），勤労条件（27条2項），両議院の議員及び選挙人の資格（44条前段），内閣の組織（66条1項），下級裁判所の設置（76条1項），会計検査院の組織及び権限（90条2項），地方公共団体の組織及び運営に関する事項（92条）などについて，法律で定めなければならないことが規定されている。国の行政組織の設置，公務員制度などについても，憲法上の規定はないが，国民の代表による行政コントロールとして，法律で規定すべきものとされる。

　法律で制定可能な事項は，特に制限されていない。抽象的な法規範であれば，憲法に違反しない限り，定めることが可能である。国民に政府が利益を与えるものは，法律がなくても行うことができる（例えば，勲章や褒章（ほうしょう），国民栄誉賞を授与すること，見舞金的なお金を被災者などに支給することなど。ただし，公金の支出には国会で議決された予算の根拠を要

(注12)　犯罪行為が現に行われている場合には，その行為を制止することが一般に認められる（軽微犯罪で現行犯逮捕が制限されているときでも可能である。）。これは，現行犯状態では，一時的にそれに対処するために必要な措置を講じることが認められるべきであるとする考え（現行犯の法理）によるものである。脅迫電話がかかっているときに発信元を逆探知することが認められるのも，同じ考えである。このほか，緊急な状態で，正当防衛や緊急避難の要件を満たす場合には，個別の規定がなくとも，それに必要かつ相当な限度で，相手方の権利・自由を制限することが認められる。

(注13)　憲法13条に基づいて「みだりに容ぼう等を撮影されない自由」が判例上認められているが，正当な理由があるときには撮影が認められる。また，個人の犯罪関与情報の公表等は名誉・プライバシーの侵害となるが，逮捕した場合の被疑者の氏名の公表，公開手配における写真の公表など，相手方の不利益を上回る公益上の必要性があるときには容認される。このように，**憲法上明記されていない自由や権利に対する物理的な強制を伴わない事実行為による制限については，必ずしも法律の根拠を要しないものと考えられている。**

(注14)　勲章及び褒章については，「勲章制定ノ件」及び「褒章条例」（いずれも太政官布告であるが，現行憲法下では政令に当たる。）に基づいて行われている。

する。）が，法律で定めることも可能である。近年では，個別の事案に関す
る給付でも，法律で要件，金額等を定める例も生じている（例えば，オウム
真理教犯罪被害者等を救済するための給付金の支給に関する法律）。また，
基本となる方向性を示して政府に計画の策定を義務付けるような法律も制定
されている（例えば，犯罪被害者等基本法）。

---

column **警察関係法律の全体**

　警察の職務に関係する法律は極めて多い。『警察官実務六法（令和3年
度版）』（警察政策学会監修，東京法令出版発行）には159もの法律（実質
的に法律とされている爆発物取締罰則等を含む。）が掲載されている。警
察組織の基本について定めるもの（警察法），警察機関の権限を定めるも
の（警察官職務執行法，暴力団対策法など），刑事罰を定めるもの（刑法，
軽犯罪法，覚醒剤取締法など）が主である。道路交通法，ストーカー規制
法，銃砲刀剣類所持等取締法，風俗営業適正化法などは，警察機関の権限
を定めるとともに，刑事罰についても定めている。刑事訴訟法，少年法は，刑
事訴訟手続，少年審判について定めるが，警察機関の権限を定めたものと
しても重要である。行政的な規制を定めた法律の中で，刑罰規定が置かれ
ているものも極めて多い。警察官は，法の執行者として，これらの法律の
各規定に即して職務に当たることが求められる（現場警察官の権限を定め
た64法令（231条）については，田村正博『現場警察官権限解説第三版
（上・下）』（立花書房，平成26年）で解説している。）。

3　法律の解釈運用

> 法律上の権限はその法律の目的に従って行使（目的外行使の禁止）
> 実質的必要性のない（乏しい）場合の行使は権限の乱用
> 大きな侵害は，他の手段では目的達成困難で，不利益を上回る公益が必要

（注15）　かつては，予算措置や行政措置だけで行えるものは法律によらないで行うべき
とする考えが政府でとられていたが，近年では，民主的正統性（国権の最高機関で
ある国会が定めることによって，誰からも認められるものとなること），適正性，明
確性の観点から，法律で定めて措置することが広がる傾向にある。
（注16）　これらのほか，行政機関に共通のものとして，行政手続法，情報公開法，行政
機関個人情報保護法，行政不服審査法，国家賠償法などがある。また，職員の人事
管理に関しては，地方公務員に共通するものとして，地方公務員法，地方公務員災
害補償法などがある。

　法律の解釈は，憲法の場合と同じく，最高裁判所が最終的な判断機関である。ただし，憲法の場合とは異なり，最高裁判所が常に判断するとは限らないので，高等裁判所以下の判決も，解釈上の重要な指針となる。法律の所管機関が，その法律の解釈を示すことも行われている（制定時に，趣旨とともに，基本的な解釈が示されることが一般である。）。**所管行政機関の判断は，最高裁判所の判例で異なった見解が示されたときを除き，有権的なものとして，尊重することが必要となる。**(注17)

　複数の法律が同じ対象について規定している場合には，一般法より特別法（特定の対象について定めたもの）の規定が優先される，一般法，特別法の関係にない場合には，後で設けられた規定が優先される，というのが基本的な扱いであるが，最終的には個々の法律の趣旨によって判断される。例えば，酩規法（酒に酔つて公衆に迷惑をかける行為の防止等に関する法律）は，警察官職務執行法の適用ができない場合に対処するために制定されたものであるので，その趣旨から，酩規法を特別法とみなすことなく，両法が適用できる場合には警察官職務執行法が適用される扱いになっている。

　法律の解釈，運用は，その規定の趣旨，目的に即して行われなければならない。警察官をはじめとする警察機関は，権限を与えた法律の目的に従って，その権限を行使しなければならないのであって，他の目的のために行使することは許されない。例えば，風俗営業適正化法に基づく営業所への立入りは，風俗営業の許可業者に対する監督のために認められたものであるから，過去の刑事責任追及（犯罪捜査）のために用いることはできない（同法には「犯罪捜査のために認められたものと解してはならない」という規定が置かれているが，もし置かれていなかったとしても，同様に解さなければならない。）。道路交通法に基づく各種の規制も，道路交通法の目的である交通の安全と円滑及び交通公害の防止のために認められた権限であるから，その目的のためにのみ用いることができる。

（注17）　ストーカー規制法の「ストーカー行為」は同一の者に対してつきまとい等を反復することと定義されている。この「反復」を，当初警察庁は2条の同じ号に該当する行為を繰り返すことと解釈していたが，最高裁判所において各号の行為を繰り返すことをいう（ある号に当たる行為と別の号に当たる行為とを行ったときも「反復」に該当する。）とされたため，改められた。

　法律で与えられた権限は，その要件を満たしていて，かつ実質的に権限行使が必要な場合に，初めて行使することができる。形式的に要件を満たしていても，実質的には権限を行使する必要がない（又は乏しい）ときに権限を行使することは，「権限の乱用（濫用）」であって許されない。特に，相手方の権利・自由を大きく制約する行為（例えば相手方に危害を加える武器の使用）については，他の権利・自由の制約のより小さい手段で事態を解決できるときに行使すべきものではない（他の手段を必ず行使すべきという意味ではなく，他の手段でも解決できる可能性が高いかどうかを判断することを求めるものである。）。警察官職務執行法１条２項が，「この法律に規定する手段は，前項の目的のため必要な最小の限度において用いるべきものであつて，いやしくもその濫用にわたるようなことがあつてはならない。」と定めているのは，このことを意味する（ストーカー規制法の適用上の注意の規定についても同様である。）。憲法が人権の尊重を定めている以上，その制約は，正当な目的があり，他の人権制約の程度のより低い手段で解決することができるとはいえず，かつ公益上の必要性の程度が人権の制約を上回る場合にのみ認められる。もっとも，法律の要件を満たしていればその人権の制約以上の公益上の必要性があるとする一般的な判断が国会によってなされているので，実質的な必要性がないといえる事情や人権の保障が特に重要であるような特殊な事情がない限り，公益上の必要性が上回るという判断をすることができる。

　同時に，法律が警察官に権限を与えているのは，個人の生命，身体を守る，社会全体の共通財産を守るためである以上，実際に必要があるのであれば，きぜんとしてその権限を行使することが求められる。権限の乱用がいけないだけでなく，権限行使の怠慢となることもいけないのである。

> **column** 法令解釈の方法
>
> 　法令はその文言に従って解釈するのが基本である。特に，刑罰法令の場合には，適正手続の保障（罪刑法定主義）の観点から，文言を越えて当てはめる（拡大解釈する）ことは避けるのが原則である。もっとも，法律が制定された以後の社会実態の変化を踏まえ，その法律の目的，趣旨に沿って合理的に考えなければならない場合もある。例えば，現住建造物等放火罪，往来危険罪の対象となる「汽車又は電車」については，「汽車」は蒸

気機関車（とそれにけん引される車両）を意味していたが，ディーゼル車が昭和20年代に普及したことから，これに含めるものとして解釈されている。反対に，文言よりも対象を狭くして解釈するのが縮小解釈である。広島市の暴走族追放条例の対象を限定して解釈したものなどがある（本章第1節2（公務員の従うべき憲法解釈）参照）。限定解釈によって人権保障と規制の必要性との調和が図られる場合もあるが，行きすぎると問題も生ずることが指摘されている。[注18]

　このほか，ある規定の存在を理由に，他の類似のものが否定されると解する場合を反対解釈，他の類似のものが肯定されると解する場合を類推解釈という。その法律の趣旨等を十分踏まえて判断することが求められる。例えば，警察官職務執行法2条2項は，職務質問に際して，その場で質問することが本人に不利な場合と交通の妨害になる場合に，付近の警察署等に同行することを求めることができることを定めているが，これを基にして，他の理由による同行要求が禁じられたものと解釈する（反対解釈する）のは，この規定の趣旨からみて適切ではない。

4　憲法が特に認めた法規

最高裁判所は規則制定権を持つ
　刑事訴訟規則等は法令として関係者を拘束

　憲法は，法律以外に，国会の両議院の定める議院規則（会議の手続及び内部規律に関して定める。）と，最高裁判所の定める最高裁判所規則という法形式を認めている。これらの規則は，法律ではないが，憲法が特に認めたものであるので，国民の権利・自由を制限する法律事項を定めることも可能である。もっとも，法律で定めていることに反することはできないし，国会法，刑事訴訟法等の法律で定められている事項も多いので，規則では，主に細目的なものが定められている。

（注18）　公務員の争議行為処罰について，最高裁判所は限定解釈をすべきとしたが，その後，判例変更が行われた（第2章第3節2（公務員の場合の制限）参照）。争議行為を適法とされるものとそうでないものに区別し，刑事制裁は違法性の強い行為のあおり行為等に限られるとした以前の判例に対して，刑事制裁を科し得る場合とそうでない場合との限界が不明確になるとの批判が加えられている（最高裁大法廷判決昭和48年4月25日）。

　このうち，**警察の実務に関わるのは，最高裁判所規則である。**憲法は，「最高裁判所は，訴訟に関する手続，弁護士，裁判所の内部規律及び司法事務処理に関する事項について，規則を定める権限を有する。」と定めている（77条1項）。検察官が最高裁判所の規則に従うべきことが定められている（同条2項）が，その他の訴訟関係者等も当然に従うことが求められる。

　刑事訴訟規則では，逮捕状請求書の記載要件，明らかに必要がない場合の請求却下，差押許可状等の令状請求書の記載要件をはじめ，公務員の作成すべき書類の原則（年月日を記載して署名押印し，所属の官公署を表示する。）**など，警察官の職権行使に関わる内容が定められている。**そのほか，警察に関連するものとして，少年審判規則，犯罪捜査のための通信傍受に関する規則などがある。

　条約（国家間の文書による合意であって重要なもの。名称が「協定」であっても，これに該当する場合がある。）も，法的事項を含む場合には，法規範としての効力を有する。法的事項に関しては，その実施に必要な法律を制定した上で締結されるのが通例であるが[注19]，直接国内法として執行されるものの場合には，そのままで法的効力が認められる。この場合，条約は，憲法より下位であるが，法律より上位なものと解されている。国際犯罪の捜査に関しては，領事機関への通報など，条約の定めをきちんと守らなければならない。[注20]

（注19）　二国間の条約を実施するために法律が制定された例として，例えば，いわゆる在日米軍に関して特別の刑罰や刑事手続を定めた刑事特別法（日本国とアメリカ合衆国との間の相互協力及び安全保障条約第6条に基づく施設及び区域並びに日本国における合衆国軍隊の地位に関する協定の実施に伴う刑事特別法）がある。多国間条約を実施するために法律が制定された例として，例えば，いわゆる麻薬新条約に対応するものを定めた麻薬特例法（国際的な協力の下に規制薬物に係る不正行為を助長する行為等の防止を図るための麻薬及び向精神薬取締法等の特例等に関する法律），道路交通に関する条約に対応するものを定めた道路交通法第6章第7節の規定などがある。また，条約によってすべての者に対する刑事管轄権の設定が義務付けられる場合に対応するものとして，刑法第4条の2で「日本国外において，第二編の罪（刑法の定める罪）であって条約により日本国外において犯したときであっても罰すべきものとされているものを犯したすべての者に適用する」ことが定められている（これによって，核物質の防護に関する条約や人質をとる行為に関する国際条約など，多くの条約上の義務が果たされるようになっている。）。

（注20）　身柄を拘束した場合には，領事関係に関するウィーン条約で被拘束者の要望があるときに領事機関に通報することが義務付けられているが，二国間条約によって被拘束者の要望の有無を問わず通報すべきものとされている場合がある（例えば，中国人を逮捕した場合には，日中領事協定（領事関係に関する日本国と中華人民共和国との間の協定）によって，4日以内に通報しなければならない。）。

◆第3節　行政機関の命令

1　命令と法律の関係

命令には法律を実施するものと法律の委任を受けたものが存在
　法律の具体的委任があれば国民の権利・自由の制限も可能

　国の行政機関が発する法令としての命令には，政令，内閣府令，国家公安委員会規則等がある。国民の権利義務に関わる規範は，法律で定めるべきものであり，命令で定めることは原則としてできない。**命令は，法律を実施するための手続的，細目的な定めをする場合と，法律の委任を受けて委任事項を定める場合とがある。**前者を実施命令（執行命令），後者を委任命令という。憲法は，政令について「特にその法律の委任がある場合を除いては，罰則を設けることができない。」と定めている（73条6号ただし書）。この規定があることは，**法律の委任があれば，罰則を設けることを含め，政令で国民の権利・自由を制限し，義務を課すことを，憲法が容認している**ことを意味している。専門技術的な要素が強い場合や，迅速で機動的な対応をする上で必要がある場合など，行政機関の命令への委任が一般的に行われている（委任規定がないのは，刑法，軽犯罪法，警察官職務執行法など，ごく一部に限られる。）。

　法律による委任は，すべてを命令の定めに任せるようなもの（白紙委任）ではなく，ある程度個別具体的でなければ憲法上の問題が生ずる（昭和20年代に制定された法律では，比較的広い範囲で命令にゆだねるような委任をしていたが，近年の法律では，より具体的かつ個別的なものになっている。）。例えば，酒気帯び運転を禁止した上で処罰対象となる数値と測定方法を委任する，取消しや不許可事由を定めた上で具体的な基準を委任する，「やむを得ない」場合に例外として規制を及ぼさないことを定めた上でその具体化を委任する，主要な規制対象を定めた上でそれと同等又は準ずる対象を定めることを委任する，といった手法が取られている。

　委任命令は，委任の趣旨に沿い，かつ委任の範囲内で定めなければならな

^{(注21) (注22)}
い。委任された事項について規定をした上で，さらに詳細かつ技術的なものをより下位の法令に委任する（再委任する）ことも行われる。委任を受けた命令制定機関は，命令を制定する責任があるのであって，社会実態の変化等によって必要が生じた場合には，積極的に命令を改変することが求められる。^(注23)

行政手続法は，命令は根拠法令の趣旨に適合するものとなるようにしなければならないことを定めるとともに，命令を定めた後においても，実施状況，社会経済情勢の変化等を勘案し，必要に応じて命令の内容について検討を加え，その適正を確保するよう努めることを義務付けている。

2　政令及び府省令

> 政令は内閣の定める命令
> 内閣府令は内閣総理大臣，省令はその省の大臣の定める命令
> 政令及び府省令は，意見公募手続を経て制定される

政令は，内閣が定める命令である。**憲法では，内閣の職務の一つとして，**

(注21)　旧監獄法は，在監者との接見を希望する者がある場合には許す（受刑者の場合の親族外の者は除く。）とした上で，接見に関する制限を命令に委任し，これを受けた監獄法施行規則では14歳未満の者との接見を禁止していた。最高裁判所は，接見の時間，手続等の制限を委任する趣旨であり，14歳未満の者との接見を一切認めないとするのは，法律の委任の範囲を超えた無効なものであるとした（最高裁判決平成3年7月9日）。同年に，監獄法施行規則のその規定は削除された。

(注22)　最高裁判所は，公務員が議員の解職請求（リコール）の代表者になることができないことを定めた地方自治法施行令の規定について，法律の委任の範囲を超え，無効であるとの判断を示した（最高裁大法廷判決平成21年11月18日）。この大法廷判決は，委任の範囲内にあるとした過去の判例を変更したものであり，法律の委任を認める範囲をより厳格に判断すべきとの考えを示したものといえる。このほか，大半の医薬品の販売を対面以外で行ってはならないとした薬事法施行規則（当時の名称，厚生労働省令）につき，最高裁は，インターネットを通じた郵便等販売に対する需要が現実に相当程度あり，政府部内でも反対の見解がある中で，それまで行ってきた者の自由を制約するのに，新たな法律の規定にその趣旨を明示的に示すものがないことを指摘し，法改正をした国会が郵便等販売を一律に禁止する旨の省令を制定することを委任したとはいえないとして，委任の範囲を逸脱した違法なもので無効であるとの判断を示している（最高裁判決平成25年1月11日）。

(注23)　場合によっては，適切な命令を制定しなかったことが違法となり得る。鉱山保安法に基づく通商産業省令（現経済産業省令）が，委任された保安措置に関して適切な規制をしなかったことを違法として，賠償を命じた最高裁判決（平成16年4月27日）がある。

法律を実施するために政令を制定することを定めている（73条6号）。**政令は，行政機関の定める命令の中では，最も上位にある。**政令の制定は，法律案の場合と同じように，所管する省庁で原案を作成し，内閣法制局の審査を受け，大臣（警察所管の場合は内閣総理大臣）によって閣議にかけられる。閣議で決定された後は，法律と同様に，主任の大臣が署名（内閣総理大臣が連署）し，天皇によって公布される。

　内閣府の長である内閣総理大臣が定める命令が内閣府令，各省の大臣が定める命令が省令（法務省令，国土交通省令など）である。憲法には政令以外の命令に関する規定はないが，内閣府設置法及び国家行政組織法によって認められている。警察の場合は，国家公安委員会が内閣府に置かれているので，内閣府令によって定められる。**内閣府令と省令は同格で，効力の差はない。**複数の大臣の定める共同命令の場合もある（例えば，「道路標識，区画線及び道路標示に関する命令」は，総理府令・建設省令（現内閣府令・国土交通省令）である。）。内閣府令は，内閣総理大臣の意思決定によって制定，公布される（官報に掲載される。）。

　政令及び府省令は，法律を実施するため，あるいは法律の委任（府省令の場合は政令から再委任されることもある。）に基づいて制定される。**制定に当たっては，行政手続法によって，意見公募手続（パブリック・コメント手続）をとることが原則として義務付けられる。**この手続は，命令の案と関連する資料を公示し，30日以上の期間，意見を公募する，制定に当たっては提出された意見を十分考慮する，考慮した結果とその理由を公示する，というものである。制定過程に国民の意見を反映させ，透明化を図るためのものである（法律案の場合には，国民の代表である国会で審議されるのでこの手続の対象とはされていないが，事実上の措置として意見募集が行われることもある。）。

　このほか，人事院や公正取引委員会のような機関も，法律の委任を受けた規則を制定している。人事院規則については，国家公務員の政治的活動の制限など，国家公務員法制の実質的内容を決定するものとなっている。意見公募手続を経るのは，府省令と同じである。

> **column** 警察関係政令・内閣府令
>
> 　警察の組織に関しては，警察法施行令（都道府県警察の警視以下の警察官の定員の基準などを定める。），警察庁組織令，警察法施行規則が制定されている。警察の所管法律に関しては，道路交通法施行令，同施行規則，銃砲刀剣類所持等取締法施行令，同施行規則，国家公安委員会関係刑事収容施設及び被収容者等の処遇に関する法律施行規則など，多くの政令，内閣府令が制定され，法律の委任を受けた個別事項や，法律を実施するための細目的な事項が定められている。また，警察所管以外の法律に関しても，道路運送車両法施行令，道路運送車両の保安基準，災害対策基本法施行令，同施行規則，出入国管理及び難民認定法施行規則など，多くの政令，省令が制定されている。

> **column** 今に生きる勅令
>
> 　勅令とは，旧憲法（大日本帝国憲法）において認められた法形式の一つであり，天皇の発するものであった。現行憲法制定に際して，多くが廃止，失効したが，法律事項を含まないものについては，政令と同じものとして存続した。現行刑事訴訟法上，特別司法警察職員については法律で定めることになっているが，「司法警察職員等指定応急措置法」により，当分の間，勅令である「司法警察官吏及司法警察官吏ノ職務ヲ行フヘキ者ノ指定等ニ関スル件」^(注24)の定めるところによることとなっている。このため，同勅令は，昭和24年に失効したはずであるが，現在も効力を有している。

3　国家公安委員会規則

> 国家公安委員会規則には法令と行政規則とがある
>
> 法令としての委員会規則は，内閣府令等と同様に国民を拘束する
>
> 　上位法令の実施又は委任により，意見公募手続を経て制定
>
> 行政規則としての委員会規則は，警察職員のみを拘束
>
> 　警察官等けん銃使用及び取扱い規範，犯罪捜査規範など重要な準則

（注24）　司法警察職員等指定応急措置法ではこの勅令を「司法警察官吏及び司法警察官吏の職務を行うべき者の指定等に関する件」と表記している。勅令が元々カタカナ表記であるにもかかわらず，ひらがなで記載されている理由は，この名称が正規の題名ではなく，単なる呼び名（件名）だからである。題名は法律の固有名詞であり常に同じ表記がされる（例えば，「盗犯等ノ防止及処分ニ関スル法律」は題名であるので，引用される場合はいつもこの形で表記される。）のに対し，件名は一種のあだ名のようなものであるので，カタカナでも，ひらがなでも表記することができる。

　警察法は，国家公安委員会が，「その所掌事務について，法律，政令又は内閣府令の特別の委任に基づいて，国家公安委員会規則を制定することができる。」と規定している。また，警察法施行令で，国家公安委員会が自らの事務を行うために必要な手続その他の事項について，国家公安委員会規則で定めるものとされている。これに基づいて多くの国家公安委員会規則が定められている。

　国家公安委員会規則には，一般国民をも拘束する法令としての性格を有するものと，警察職員のみを拘束する行政規則としての性格のものとがある。法令としての国家公安委員会規則は，内閣府令等と同じく，法律その他の上位法令を実施し，又はその委任を受けて，制定される。一つの法律の施行のため，多くの法令事項を定めたものとして，風俗営業適正化法施行規則，暴力団対策法施行規則，遺失物法施行規則などがある。特定の事項のみを定めたものとして，警察法の規定に基づく苦情の申出の手続に関する規則，刑事訴訟法の規定に基づく司法警察員等を指定する規則がある。法令としての国家公安委員会規則は，意見募集手続を経て，国家公安委員会において決定され，委員会によって公布される。

　一方，警察職員のみを拘束する行政規則としての国家公安委員会規則も，多数制定されている。このうち，犯罪捜査規範，警察官等けん銃使用及び取扱い規範，警察官等警棒等使用及び取扱い規範，少年警察活動規則などは，警察職員の活動の基準を定めたものとして，実務上重要な意味を持つ。これらは，**法令そのものではないが，適正な職務執行に当たる上での実務上の準則として定められたものであり，**警察職員は，適法かつ妥当な職務を行う上で基本とすべきものとして，守らなければならない。また，警察職員の礼式，服制及び表彰に関しては，国家公安委員会規則で定めることが警察法上明記され，警察礼式，警察官の服制に関する規則及び警察表彰規則が定められている。このほか，警察職員の職務倫理及び服務に関する規則，警察教養規則，被留置者の留置に関する規則，被疑者取調べ適正化のための監督に関する規則，地域警察運営規則，犯罪捜査共助規則，移動警察規則，犯罪手口資料取扱規則，指掌紋取扱規則，ＤＮＡ型記録取扱規則，警備実施要則，警察通信規則などが制定されている。これらの規則には，警察組織運営において都道

府県警察が守るべきことを内容としたものと，現場的な活動について個々の警察職員が守るべきことを内容としたものとがある。

　行政規則としての国家公安委員会規則は，直接国民を拘束するものではないが，国民と接する警察職員の準則として，実質的に国民に影響を与える場合が多い。このため，意見募集手続を経て制定される場合もある。[注25]

　このほか，国家公安委員会が定めるものとして，「国家公安委員会告示」がある。告示には様々なものがある（「交通の教則」も国家公安委員会告示である。）が，法令の規定で要件等が国家公安委員会告示に委任されている場合は意見募集手続の対象となる。[注26]

---

column　二種類の法律施行規則

　警察庁所管法律を受けた「○○法施行令」はすべて政令であるが，「○○法施行規則」は，内閣府令である場合と，国家公安委員会規則である場合とがある。例えば，道路交通法施行規則は内閣府令，特殊開錠用具の所持の禁止等に関する法律施行規則は国家公安委員会規則である。この違いは，法律が委任をする先を内閣府令と定めた場合と，国家公安委員会規則と定めた場合との違いによるものである。

　昭和50年代までに制定された法律では内閣府令（当時は「総理府令」）に委任するのが通例であったが，昭和59年に行われた風俗営業法の大幅な改正（題名も「風俗営業等取締法」から「風俗営業等の規制及び業務の適正化等に関する法律」に変更された。）に際して，内閣府令（総理府令）ではなく国家公安委員会規則に委任が行われた。命令に委任するのは専門的技術的事項であるので，警察事務に関して間接的な関わりしかない内閣

(注25)　例えば，少年警察活動規則の平成19年改正に際しては，様々な論議がある中で重要な内容を定めるものであるところから，意見募集を行った上で制定されている。意見募集が行政手続法によって義務付けられているのは，法令としての命令（委任を受けて要件を定める告示を含む。）を制定する場合のほか，行政規則や通達のうち，審査基準（申請によって求められた許可などをするかどうかを判断する基準），処分基準（特定の者に義務を課し，権利を制限する処分（事実行為を除く。）をするかどうか，どのような不利益処分をするかを判断する基準）及び行政指導指針（どのような場合にどのような指導をするかについての指針）に当たるものを定める場合である。これ以外のものの場合には，意見募集の義務はないが，行政機関の判断で任意の措置として意見募集を行うことも可能である。前記の少年警察活動規則の改正のほか，出会い系サイト規制法の規定に関する解釈上のガイドラインを定めたときなどにも，任意の意見募集が行われている。

(注26)　例えば，在宅ホスピスの医療機関が用いる車両が緊急自動車となっているが，その医療機関の要件は国家公安委員会告示で定められている。

総理大臣よりも，国家公安委員会の方がより適しているとの判断によるものと思われる。それ以降制定された法律では，国家公安委員会規則に委任する例が一般的になっている。火薬類や核燃料物質の運搬については内閣府令（「火薬類の運搬に関する内閣府令」（昭和35年），「核燃料物質等の運搬の届出等に関する内閣府令」（昭和53年）），化学兵器に使われる特定物質の運搬については国家公安委員会規則（「特定物質の運搬の届出等に関する規則」（平成 7 年））となっているのは，制定時期の違いが反映されたものといえる。

　なお，以前の法律でも，古物営業法，自動車の保管場所の確保等に関する法律では，その後の法改正に際して，委任先が国家公安委員会規則に改められている。

◆第4節 条 例

1 条例の制定手続

> 地方公共団体の議会の議決によって制定
>   提案権は長と議員とに限られる（公安委員会にはない）

　条例は，地方公共団体の議会が議決することによって制定される。提案するのは，地方公共団体の長と議員とに限られる（議員は単独ではなく議員定数の12分の1以上の賛成で提出が可能となる。）。都道府県の公安委員会や教育委員会は，知事とは独立して職務を行うが，条例案の提出権はない。公安委員会や教育委員会に関わる条例でも，知事が議会に提出する。なお，住民の直接請求として，有権者である住民の一定数以上の署名によって条例の制定が請求されたときは，その議案が付議される。

　議会は定例会（各都道府県とも条例で4回と定められている。）と臨時会がある。それぞれの会期中に議決に至らなかったものは，継続審査の議決がなければ後の会に継続されない。条例案は，関係する委員会に付託され，委員会での審議が行われた後，本会議で決せられる。条例の制定又は改正廃止の議決があった場合には，議長から長に送付され，長は送付を受けた日から20日以内に公布する。^{(注27)(注28)}条例の施行日は，条例で定めが置かれないときは，公布から10日を経過した日となる。

（注27）　地方公共団体の長は，条例を公布せずに再議に付することができる。その場合，議会が3分の2以上の賛成で再議決すると成立する。また，長が法令に違反すると認めるときは，都道府県の場合は総務大臣，市町村の場合は知事に審査を申し立て，その裁定に対して裁判所に訴える制度もある。長はこのほか，議会を招集していては間にあわない場合に自ら決定する専決処分の権限を有しているので，条例を専決処分で制定することも可能である（事後に議会に報告し，承認を求めなければならない。実際に行われるのは，年度末の地方税法改正を受けた地方税に関する条例の改正といったものである。）。

（注28）　公布の方法は，地方公共団体の条例で定められるが，通常はそれぞれの公報に掲載して行っている（緊急の場合は庁舎前の掲示板に掲載する方法もとられている。）。

2　法律と条例の関係

> 法令に違反しない限りにおいて条例を制定できる
> 　国の法令がない場合，規制を禁ずる趣旨でなければ，制定可能
> 　国と同じ対象を異なる目的で規制することは，原則として可能
> 　国と同じ目的で規制できるかどうかは，国の法令の趣旨による

　条例は，地方公共団体の自主立法であり，その団体の事務についてであれば，「**法令に違反しない限りにおいて**」制定することができる。条例の規定が，法律又はその委任を受けた命令に違反する場合には，その規定は無効となる。かつては，法律が定めた事項に関しては，その領域はすべて法律が自分のものとしているので条例は制定できないといった解釈もあった。しかし，今日では，地方分権の観点から，条例でより多くのことが制定できると解されるようになってきている。

　同じ事項について法令と条例の双方が定めている場合には，法令の趣旨，法令及び条例の規制目的を踏まえて，条例が法令に違反するものとなるかどうかが判断される。**条例が法令とは違う目的のために規制することは，条例の適用によって法令の規定の目的，効果が阻害されてしまう場合を除き，認められる。法令の規制と同一の目的で規制する**（法令が規定していない対象について規制するものと，法令が規定している対象についてより強い規制をするものとがある。前者を「横出し条例」，後者を「上乗せ条例」と呼んでいる。）**ことは，法令がそれを認める趣旨でなければ，違法となる。**横出し条例については認められやすいが，上乗せ条例については，規制される対象との間で過剰な規制となり得るという問題もあり，認められない場合も多い。

　条例を制定しようとする分野に法律の規制がない場合には，法律とぶつかるという問題は起きない。もっとも，法が規制していないのが，その分野の規制を一切認めない趣旨である場合には，例外として，条例の制定もできないことになる（規制に問題があるとして法律が廃止されたような場合が考えられる。）。

　条例で規制されていたものについて，その後に国が同じ目的で法律を定め

た場合には，同じ対象に対する規制は，国の法令とぶつかってしまうので，無効となる。例えば，ストーカー規制に関して都道府県の条例で処罰を定めていたものについては，ストーカー規制法で規制する行為と同じ部分は，同法の施行と同時に効力を失っている。

　国の法令が存在しているが，その法令で具体的な規制対象となっていないものについて，条例で規定を置くこと（横出し条例）ができるかどうかは，その法令が規制対象としていない趣旨を踏まえて判断することが必要になる。例えば，ストーカー規制法は，「恋愛感情その他の好意の感情又はそれが満たされなかったことに対する怨恨の感情」を充足する目的でのつきまといなどの行為を規制しているが，それ以外の目的での同種行為を条例で規制することを禁じる趣旨ではないと解されており，^(注29)一部の都道府県の条例で悪意の感情に基づいて行われるつきまといなどの行為を処罰する規定が設けられている。

　一方，法律が定めている規制対象行為について，同じ目的で異なる規制（より強い規制）を条例が行うこと（上乗せ条例）は，国の規制がそれ以上の規制をしない趣旨である（国の法令の規制が必要かつ十分なものとされている）場合には，認められない。^(注30)例えば，売春防止法で，売春行為を禁止しつつ，売春を助長する行為等に限って処罰しているのは，売春行為自体を処罰するのは適当でないとの判断によるものであるので，売春防止法と同じ目的で売春行為を処罰する条例を定めることはできない。これに対し，国の規制が最小限を定めたもので，全国一律に同一内容の規制とする趣旨ではない場合には，より厳しい規制を条例で定めることができる。環境法制などで認

（注29）　ストーカー規制法の附則で，「地方公共団体の条例の規定で，この法律で規制する行為を処罰する旨を定めているものの当該行為に係る部分については，この法律の施行と同時に，その効力を失うものとする。」と規定されている。これは，法律で規制する行為のみについて失効させたもので，それ以外については，条例で定めることを違法視しないという考えを示したものといえる。

（注30）　宝塚市の「パチンコ店等，ゲームセンター及びラブホテルの建築等の規制に関する条例」によって，パチンコ店の新設が止められ，設置を断念した者が宝塚市を訴えた事件では，条例が風俗営業適正化法と同じ目的であり，かつ同法及びその下位法令の規制より厳しい規制であって無効であるとして，市に対して，利息を含めて4億8,000万円余りの損害賠償が命じられている（平成19年2月16日に最高裁で上告が棄却され，賠償を命じた大阪高裁の判決が確定している。）。

められるものが多い。なお，国の規制を条例で緩和することは，当然認められない。

規制の目的^(注31)が国の法令と異なる場合には，その条例の適用によって，国の法令の目的が阻害されたり，国の法令の効果が発揮できなくなるようなときを除けば，条例を制定することができる。例えば，各都道府県で定められているいわゆる暴騒音規制条例は，拡声機による音の暴力といえる騒音から，人の身体の安全，業務の円滑な遂行等を守ることを目的としたものであって，工場や事業場，建設工事といったものからの騒音について規制を行って生活環境を保全し，国民の健康の保護に資すること目的とした騒音規制法とは，異なる目的の規制であるので，法律とぶつかることにはならない。また，大阪府の安全なまちづくり条例では，鉄パイプ等使用犯罪による被害の防止のため，公共の場所・乗り物で，正当な理由なく，鉄パイプや金属バット等を携帯することを禁止し，処罰の対象としている。軽犯罪法の規定（刃物や鉄棒などの他人の生命を害し，又は人の身体に重大な害を加えるのに使用されるような器具を隠して携帯した者を処罰するもの）と比べて，公然携帯を処罰するので広いだけでなく，刑罰も重いが，単なる通常の秩序維持のための規制ではなく，地域における安全を守るための地域の特性に応じた被害予防のための規制であって，異なった目的のためのものと考えられる^(注32)。

[重要判例：徳島市公安条例事件（最高裁大法廷判決昭和50年 9 月10日）]
（事案）

約300人のデモ行進の先頭集団数十名が車道上でだ行進（直進しないで左右に隊列を揺らしながらの行進）を行った際，自らもだ行進をし，あるいは先頭列外付近に立って笛を吹き，両手を上げて前後に振り，集団にだ行進を

（注31）　警察に関係する様々な規制は，最終的には公共の安全と秩序の維持又は個人の生命・身体・財産の保護をするためといえるが，条例が法令とぶつかっているかを考える場合には，そのような最終的な目的ではなく，どのような事態を防ぐためにその規制を行うのか，というレベルの目的を考えなければならない。

（注32）　軽犯罪法の規定は，一般的全国的な規制をしたものであって，同じ目的であっても，その地域の実情に応じた規制を禁ずるものではない，と解することも可能である。今日では，まちづくりの観点からの規制は，地方公共団体の任務であって，国の法令がそれを害することのないように解釈することが求められる。

させるように刺激を与えた者が，自らがだ行進をしたことについて道路交通法77条違反（道路使用許可に際して警察署長が付した条件である「だ行進をするなど交通秩序を乱すおそれがある行為をしないこと」に違反），集団行進者にだ行進をさせるよう刺激を与えた行為について徳島市の公安条例違反（「交通秩序を維持すること」とした規定違反）で起訴された。一審は，道路交通法違反についてのみ有罪とし，公安条例違反について無罪とした。その理由は，条例は法令に違反するものを対象とすることはできないから，公安条例の規定である「交通秩序を維持すること」のうち，道路使用許可条件の対象とされるものを除いた規制でなければならないが，その内容が不明確であり，憲法31条に反する，というものであった。二審も一審判決を維持したので，検察官が上告した。

（判決）

原判決及び一審判決を破棄し，公安条例違反を含めて有罪とし，罰金1万円とした。

（理由の要旨） ＊分かりやすくするため順序を一部並べ替え，表題を付した。

1　（条例と国の法令との関係）

⑴　条例が国の法令に違反するかどうかは，両者の対象事項と規定文言を対比するのみでなく，それぞれの趣旨，目的，内容及び効果を比較し，両者の間に矛盾抵触があるかどうかによって決しなければならない。

⑵　ある事項について国の法令中に規律する明文の規定がない場合でも，その法令全体からみて，特にその事項についていかなる規制をも施すことなく放置すべきものとする趣旨であると解されるときには，これに規律を設ける条例の規定は国の法令に反することになる。

⑶　特定事項について規律する国の法令と条例とが併存する場合でも，条例が国の法令とは別の目的に基づく規律を意図するものであり，その適用によって国の法令の規定の意図する目的と効果を阻害しないときや，両者が同一の目的であっても，国の法令が全国的に一律に同一内容の規制を施す趣旨ではなく，地方の実情に応じて別段の規制を施すことを容認する趣旨であると解されるときは，国の法令と条例との間には矛盾抵触はなく，条例が国の法令に違反する問題は生じない。

2　（公安条例と道路交通法の関係）

⑴　集団行動は，表現の自由として憲法上保障されるべき要素を有するが，多数人の集合的な力，つまり潜在する一種の物理的力によって支持されていることから，秩序正しく平穏に行われない場合には，地域住民等の利益を害し，地域の平穏をさえ害するに至るおそれがある。本条例は，集団行動を行う者の利益とこれに対立する社会的諸利益との調和を図るため，届出を義務付け，遵守事項とその違反への罰則を定め，地方公共の安寧と秩序の維持を図っている。

⑵　道路交通法が道路交通秩序の維持を目的とするのに対し，本条例は，道路交通秩序の維持にとどまらず，地方公共の安寧と秩序の維持という，より広はん，かつ総合的な目的を有するのであるから，両者はその規制の目的を全く同じくするものとはいえない。

⑶　道路交通秩序維持のための行為規制をしている部分に限っては両者の規律が併存しているが，道路交通法が道路使用許可の対象を公安委員会に委ねていることからすれば，全国一律の規制を避けているのであって，集団行進について別個な規制を排斥する趣旨とは考えられない。双方で重複して規制されていても，矛盾抵触せず，条例の規制が特別の意義と効果を有し，その合理性が肯定される場合には，道路交通法はこのような条例による規制を否定，排除する趣旨ではなく，条例の規制の及ばない範囲においてのみ適用される趣旨のものと解するのが相当である。

⑷　本条例は，道路交通法に違反する行為の禁止を解除する等の法律の規定を妨げるようなものを含んでいない。罰則の程度は道路交通法より重い（1年以下の懲役・禁錮又は5万円以下の罰金。道路交通法は3月以下の懲役又は3万円以下の罰金。）が，地域の平穏を乱すおそれすらあることを考慮して定めたものであって，合理性を有する。

⑸　したがって，本条例の規定は，道路交通法に反したものではなく，限定を加える必要はない。

3　（条例の規定の明確性と憲法31条）

⑴　刑罰法規の定める構成要件があいまい不明確であるために憲法31条に違反して無効とされるのは，その規定が通常の判断能力を有する一般人に対し

て，禁止される行為とそうでない行為とを識別するための基準を示すところがなく，そのため，適用を受ける国民に対して刑罰の対象となる行為をあらかじめ告知する機能を果たさず，運用が恣意に流れるなど，重大な弊害を生ずるからである。

⑵　しかし，法規は，規定の文言の表現力に限界があるばかりでなく，その性質上多かれ少なかれ抽象性を有し，刑罰法規もその例外をなすものではない。

⑶　ある刑罰法規があいまい不明確であるために憲法31条に違反するかどうかは，通常の判断能力を有する一般人の理解において，具体的場合にその行為が適用を受けるものかどうかの判断を可能にする基準が読み取れるかどうかで決すべきである。

⑷　本条例が定める「交通秩序を維持すること」は，道路における集団行進等が一般的に秩序正しく平穏に行われる場合にこれに随伴する交通秩序阻害の程度を超えた，ことさらな交通秩序の阻害をもたらすような行為を避けるべきことを命じているものと解される。通常の判断能力を有する一般人が，具体的場合において，自己がしようとする行為がことさらな交通秩序の阻害をもたらすようなものであるかどうかを考えれば，その判断にそれほどの困難を感じることはないはずであり，例えば，だ行進，うずまき行進，すわり込み，道路いっぱいを占拠するいわゆるフランスデモ等の行為が当たるものと容易に想定できる。

⑸　本条例の規定は抽象的であるが，基準を読み取ることは可能であり，恣意的な運用を許すおそれがあるとも考えられない（実際にも恣意的な運用は行われていない）ので，憲法31条に違反しない。

（備考）

1　本条例の規定ぶりに関しては，「交通秩序を侵害するおそれのある行為の典型的なものをできるかぎり列挙例示することによつてその義務内容の明確化を図ることが十分可能」であるにもかかわらず，そうしていないことについて，「立法措置として著しく妥当を欠くものがあるといわなければならない。」と，厳しく指摘している。

2　本条例は，徳島市が昭和27年に「集団行進及び集団示威運動に関する条

例」として制定したものである。現行警察法により，市町村条例で警察機関の権限を付与することはできなくなったが，その市町村又は都道府県が条例で別に定めるまでの間は，都道府県警察の機関又は職員の事務として，処理される。現在，25都県で公安条例が制定されているが，それ以外の道府県では，市の公安条例があれば，現在も有効なものとなっている（34市の公安条例がある。）。

3　条例で定める事項

> 独自条例のほか，法令の委任に基づく条例が存在
> 警察法，地方自治法等により，組織の重要事項は条例で規定

　地方公共団体が，住民等に義務を課し，権利を制限するには，法令に特別の定めがある場合を除き，条例によらなければならない。条例で定める刑罰については，2年以下の懲役若しくは禁錮，100万円以下の罰金，拘留，科料又は没収とされている。迷惑防止条例，青少年保護育成条例などでは，多くの事案で罰則が運用されている。そのほか，条例では5万円以下の過料を定めることができる。過料は，行政上の秩序罰で，地方公共団体の長が科す。犯罪ではないので，刑事手続とは関係がない。

　法律で条例に委任し，あるいは法律によって「条例で定めなければならない」ことが規定されている場合もある。警察の権限に関しては，風俗営業適正化法が条例に委任をしている（風俗営業の営業所の地域規制や営業時間の制限の特例，店舗型性風俗関連特殊営業の営業所の地域規制など。）。警察の組織に関して，警察法は，警視庁及び道府県警察本部の内部組織，警察署の名称・位置・管轄区域，警察署協議会に関する事項，地方警察職員の定員，警察官への被服の支給・装備品の貸与について，条例で定めることを規定している。刑事収容施設法では，留置施設視察委員会の組織及び運営に必要な事項を条例で定める旨を規定している。このほか，地方自治法において，職員の給料・手当・旅費の支給，手数料等の徴収，公の施設の管理及び設置などについて，条例で定めることとしている。また，地方公務員法により，服務の宣誓などについて条例で定められる。

　近年，地方公共団体の行政全体に共通する事項を条例で定めることが増加している。情報公開条例，個人情報保護条例，行政手続条例などである。警察も，他の機関と同じく，これらの条例を守らなければならない。

　他方，地方公共団体が自らの地域の問題に対して，国の法令とは独立したいわゆる独自条例を制定することが，近年，様々な領域で進められている。警察に関係するものとしては，公安条例，迷惑防止条例，暴騒音規制条例などに加えて，近年では，いわゆる生活安全条例（安全なまちづくり条例）が知事部局と連携して制定され，さらに暴力団排除条例も全国で制定されている。また，大都市部を中心に，不当な勧誘や料金の取立て等の規制（ぼったくり防止），風俗案内の規制（歓楽的雰囲気を過度に助長する事態の防止）を内容とする条例も一部で制定されている。独自条例の中には，売春防止法の制定以前における売春取締条例のように，国に先駆けて制定され，国の法制定につながったものもある。**独自条例は，国の規制に先行して規制をし，国の規制で不十分なものを補完し，あるいは国が規制しない場面で必要な対応が図れるようにするなど，個人の生命・身体・財産の保護と公共の安全秩序の維持において，重要な役割を果たしている**のである。

---

column　社会合意としての条例の重要性

　近年，いわゆる生活安全条例（安全なまちづくり条例）が多くの地方公共団体で制定されている。具体的な法的措置が含まれているものが有意義なことは当然であるが，抽象的な義務付けや，事業者，住民の責務といった規定も，直接の具体的な法律上の効果がないからといって，決して軽視されるべきものではない。

　社会の価値観が多様化するとともに，伝統的な意識や，社会規範の持つ力は減退していくことは避けられない。そういった中，条例で市民のあり方を定めることは，新たな社会規範を地域の住民の代表が定める，一種の社会合意としての意味を持つ。我々住民の代表が決めたことであり皆で守るべきだ，ということは何人も否定できない（条例に基づく警察等の行動には正統性が与えられる。）。守らない一部の人がいた場合に法的措置がとれるかどうかという視点ではなく，大多数の人が共通の意識を持って連携を図っていくことができれば大きな意味を持つという観点で，これらの条例をみていくことが必要なのである。

4　条例の立案と運用

> 委任条例は，委任の範囲，趣旨に即したものとする必要
> 独自条例は，内容，形式とも十分な吟味が必要
> 　　規制目的の必要性・正当性，同等効果の代替手段のなさ，比例原則
> 　　規定の明確性，厳密性が必要

　都道府県の条例について，議会への提案は知事の権限であるが，公安委員会所管のものは，警察において実質的に案を作成し，知事部局の法制審査部門の承認を得て，知事の決裁を受けることになる。都道府県によっては，条例案について，意見公募手続が義務付けられている。このほか，知事部局が所管する条例あるいは市町村の制定する条例でも，社会の安全秩序に影響のあるもの（青少年保護育成条例，市の暴走族追放条例など）については，警察から意見を述べていく場合もある。

　国の法令からの委任を受けた条例については，委任の範囲内で，かつ委任の趣旨に沿った内容であることが求められる。委任を定めた法律の所管省庁の解釈，運用指針を十分踏まえなければならない。

　これに対し，国の法令とは無関係ないわゆる独自条例を作る場合には，2で述べたように，国の法令とぶつからないように（法令に違反したものとならないように）する必要がある。また，当然のことであるが，**条例は，憲法に違反したものとなってはならないのであって，不当な人権の制約にならないように注意しなければならない。**独自条例では，何よりも，**規制しようとする目的について，それが正当であって，必要なものであること（規制理由）**を事実によって明確にすることが基本となる。その上で，**規制内容がその目的を実現する上で有効なものであること，他によりよい手段がないこと（制約の程度がより低い手段では同程度の効果が見込めないこと），規制によって得られる公益がその規制によって生ずる相手方の不利益の程度を上回るものであること（比例原則を満たすこと）**を，対外的に説得できる根拠によって示していかなければならない。最高裁判所がストーカー規制法の合憲性を判断する際に，目的の正当性，規制の内容の合理性及び相当性について審査し

ている（最高裁判決平成15年12月11日）が，条例案についても同様の観点で
検討をしていかなければならない[注33]。その際，規制対象がその規制手段との関
係で本当に規制をする必要があるものとなっているのか，他の既存の法令と
比べて処罰の程度が不相当になっていないか，といった点を十分吟味する
ことが求められる（前記判例も，規制対象が法益侵害が重大で刑罰による抑制
が必要な場合に限られていること，法定刑が他の法令と比較して特に過酷で
ないことに言及している。）。

　条例の規定の仕方に関して，これまで判例で明確性，厳密性に問題がある
という指摘がされるケースがあったことに留意しなければならない。**直接刑
罰を科す対象となる行為の場合は，憲法31条の適正手続の保障としての罪刑
法定主義に反することのないように，明確なものとしなければならない**（命
令違反に刑罰を科す場合も，直接の刑罰規定ほどの明確性は求められないと
はいえ，相当程度には明確でなければならない。）。条例の規定においてでき
るだけ明確にする，条例で典型的な例を定めた上で細部を公安委員会規則に
委任するなどといった努力をしなければならない。条例の適用に際して要件
が満たされなくなるおそれを危惧して，様々なものが対象として含まれ得る
ようにすることは，規制対象の厳密性をなくし，条例自体の正当性，合理性
に疑いを抱かれることにつながる[注34]。このほか，最高裁の判例で，最終的に合
憲とされたものについても，問題が指摘されたものは，より良い規定に向け
たものとする努力を怠ってはならない（他の地方公共団体で制定された条例
などで，より明確にする規定の方法が分かれば，積極的に取り入れていくべ
きである。）。

（注33）　守ろうとするのが特定された個人か社会秩序の維持などか，制約しようとする
　　　のが一般の個人の行動なのか事業者の事業活動なのか，という観点で見ると，社会
　　　秩序の維持などのために一般個人の行動を規制しようとするときに，問題が指摘さ
　　　れやすく，必要性，相当性をより意識することが求められることが分かる。つきま
　　　といや痴漢行為などの個人の被害を防ぐための規制の場合は，反対は起きにくい。ま
　　　た，事業者の事業活動を対象とする規制の場合，社会的に受け入れられやすく，判
　　　例上も条例制定権者である議会の裁量が認められている。

（注34）　最高裁判決平成19年9月18日は，広島市暴走族追放条例について，暴走族と異
　　　なるものまで規制対象にしていることに関して，規定の仕方が適切でないため，そ
　　　の文言どおりに適用されると規制の対象が広範囲に及び，憲法上の問題が生ずるこ
　　　とを指摘している。第3章第2節1の（注7）参照。

　条例の運用においても，制定された目的，趣旨に照らして，その本来の対象となるものに対して，規制を及ぼしていく必要がある。広島市暴走族追放条例が規定の問題性を指摘されつつ合憲とされたのは，条例制定の理由となった典型的な対象に適用されたからであったといえる。また，徳島市公安条例事件でも，本来の対象以外に適用されていないことが，規定の不明確さゆえに違憲とはされなかった理由に挙げられている。このように，**条例の場合には，法律の場合以上に，その目的，趣旨に即して，本来の対象に限って適用することに努めなければならないのである。**

　制限される自由に対して，公益上の必要性の高さが上回らなければならないから，どのような自由が制限されるかが重要である。営業を行う事業者に対する規制（営業の自由だけでなく，営業のための広告等の表現の自由の制限を含む。）は，国の法律の場合と同様に，立法者の裁量が一般的に認められ，規制目的が正当で合理的な規制内容であれば，憲法に違反しないと結論付けられることになる。

[最新判例：京都府風俗案内所条例事件（最高裁判決平成28年12月15日，裁判所ウェブサイト）]

（事案）

　京都府では，平成22年に京都府風俗案内所の規制に関する条例を制定し，学校等から200メートル以内の区域における風俗案内所の営業を全面的に禁止し，営業禁止区域で営業をした場合を処罰することとした。あわせて，禁止行為と遵守事項を定め，禁止行為違反を処罰し，遵守事項違反に指示や事業停止命令をするなどの規制を設けている。遵守事項には，風俗営業所の外部に，又は外部から見通すことのできる状態にして内部に，接待風俗営業に従事する者を表す図画等を表示してはならないことを定めている。

　原告は，禁止区域内で風俗案内所を営んでいたが，本条例の営業禁止が憲法22条1項の営業の自由に反し，風俗案内所の表示規制が憲法21条1項の表現の自由に反して無効であるなどとして，風俗案内所を営む法的地位の確認等を求めた。

　最高裁は，以下の判断を示し，原告の上告を棄却した。

（判決の要旨）（順番を一部入れ替えている）

⑴　風俗案内所の特質及び営業実態に起因する青少年の育成や周辺の生活環境に及ぼす影響に鑑みると，本件条例が，青少年が多く利用する施設又は周辺の環境に特に配慮が必要とされる施設の敷地から一定の範囲内における風俗案内所の営業を禁止し，刑罰をもって担保することは，公共の福祉に適合する条例目的達成のための手段として，必要性，合理性がある。

⑵　風俗営業適正化法の規制の内容及び程度を踏まえても，京都府議会が上記の営業禁止区域における風俗案内所の営業を禁止する規制を設けたことがその合理的な裁量の範囲を超えるものとはいえない。

⑶　風俗案内所が青少年の育成や周辺の生活環境に及ぼす影響の程度に鑑みれば，風俗案内所の表示物等に関する規制も，公共の福祉に適合する条例の目的達成のための手段として必要性，合理性があるということができ，京都府議会が規制を定めたことがその合理的な裁量の範囲を超えるものとはいえない。

⑷　⑴及び⑵から本件条例は憲法22条１項に違反しないし，⑶から憲法21条１項に違反しない。

（備考）

⑴　条例の目的は「風俗案内所に起因する府民に著しく不安を覚えさせ，又は不快の念を起こさせる行為，犯罪を助長する行為等に対し必要な規制を行うことにより，青少年の健全な育成を図るとともに，府民の安全で安心な生活環境を確保することを目的とする。」と規定されている（１条）。

⑵　本件の第一審は，風俗営業法が風俗営業を第三種地域では保護対象施設から70メートル以内に限って禁止しているのと比べ，接待飲食店営業より情報を提供する営業の害が大きいという明確な根拠がないので，風俗営業を規制する対象を超えている部分は，規制目的と手段に合理的な関連性が認められず，合理的裁量の範囲を超えて営業の自由を制限するものであって，憲法22条１項に反して無効であるとした（京都地裁判決平成26年２月25日）。これに対し，控訴審は，風俗案内所が風俗営業所よりも外部環境に対して大きな影響を与えるもので，かつ違法な性風俗営業を行っているものと結び付きやすい性格があることを指摘し，地域的な範囲がより広い営業禁止も含めて，

憲法に違反しないと判断し，原告の請求を棄却した。本判決の要旨(2)で「風俗営業適正化法の規制の内容及び程度を踏まえても（中略）合理性がある」と述べているのは，上記の背景があることによるものである。

(3)　本判決は，営業の自由や営業の一環としての広告の自由については，合理的な裁量が認められることを示した過去の2件の大法廷判決，小売市場の許可制に関する判例_(注34の2)とあんま師等の広告制限についての判例（第1部第5章第2節2の注9）を引用している。本件第一審が薬局の許可の距離制限が憲法に違反するとした判例（第1部第5章第5節1の注49）を引用しているのと異なる。立法者の合理的な裁量の範囲にとどまる限り，立法政策上の問題としてその判断を尊重するということは，薬局距離制限違憲判決も述べているのであって，それほど大きな違いがあるとはいえないが，裁量の幅が広いことを明示する趣旨とも考えられる。また，引用された大法廷判決が国の法律を対象とし国会の裁量を広く認めているのに対して，制定権者が地方議会であることの違いは言及されていない。したがって，地方議会であっても，営業の自由への制限においては，国会の場合と同様に裁量があることを容認したものといえる。

(4)　風俗案内所は，一時，近隣の環境を悪化させ，青少年に悪影響を及ぼすことも含めて大きな問題となっていたが，各地で条例が制定されたことで，問題の解消が図られた。風俗営業法で規制対象となっていないものを，市民の不安や生活上の被害を重くとらえ，深刻な影響を与えるものであることを明らかにして，風俗営業法より厳しい距離制限をし，外観の広告規制をする，警察官の立入調査権限も設けるといった積極的な取組が成功につながったといえる。

（注34の2）　最高裁大法廷判決昭和47年11月22日。営業の自由を含めた職業選択の自由に関して，「公共の福祉に反しない限り」認められるものであり，社会公共の安全と秩序の維持の見地から看過できない場合に必要かつ合理的な規制を行うだけでなく，社会経済全体の均衡のとれた調和的発展を図るために規制をすることも憲法の禁ずるところではないとした上で，個人の経済活動に対する法的措置については，裁判所は立法府がその裁量権を逸脱し，法的規制措置が著しく不合理であることの明白な場合に限って違憲とすることができるとの判断を示している。

5　規　　則

> 長の権限に属する事項について規則が定められる
> 都道府県公安委員会規則は法令又は条例の特別の委任に基づいて制定
> 意見公募手続を経ることが求められる

　地方自治法は，地方公共団体の長が定める規則という法形式を，自主立法の一つとして認めている。長は，国の行政機関とは異なり，直接民主的に選任されているものであるので，法令又は条例の委任がなくとも，その権限に属する事務に関して規則を制定することができ，違反した者に対して5万円以下の過料を科する規定を設けることができる。もっとも，住民等に義務を課し，権利を制限するのには，法令に特別の定めがある場合を除き，条例によらなければならないので，規則で定めることはできない。

　都道府県の場合，知事の定める規則は，知事部局だけでなく，知事の権限の及ぶ範囲で警察にも適用される。予算の執行や公用財産の管理が知事の権限に属するので，財務関係の規則（手数料減免規則を含む。）が適用されるのが典型である。

　都道府県公安委員会は，警察法により，その権限に属する事務に関し，法令又は条例の特別の委任に基づいて，都道府県公安委員会規則を制定することが認められている。公安委員会の運営及び都道府県警察の組織の細目的な事項については，警察法により，都道府県公安委員会規則で定めることとされている(注35)。個別法では，道路交通法関係（運転者の遵守事項の追加，道路使用許可対象行為の追加など），刑事訴訟法関係（司法警察員等の指定），警備業法関係（警備業者の護身用具の携帯の禁止・制限，機械警備業者の即応体制の整備の基準）などについて，都道府県公安委員会規則で定めることが規定されている。このほか，条例によって，公安委員会規則に委任されているものも多い。**法令としての公安委員会規則の制定は，国の場合と同じく，都道府県の条例に基づいて，意見公募手続の対象となる。**

（注35）　交番等の設置など。なお，警察本部の組織は条例で定めることとされているので，条例の委任がなければ，委員会規則で定めることはできない。

　これらのほか，**法令自体としてではなく，公安委員会がガイドラインを公表することで，警察の活動の適正さを確保し，対外的に明確にすることが行われる場合もある。**例えば，街頭防犯ビデオの運用基準を公安委員会が定める，条例の規制に関して公安委員会が解釈及び運用のガイドラインを示すといったものである。^(注36)警察行政における透明性を確保し，国民からの信頼を得て，適切な警察行政を行う上で，このような対応は有益であり，今後他の場面でも用いていくことが考えられる。

（注36）　例えば，警視庁の街頭防犯カメラシステムについて，東京都公安委員会が，警視庁に対する管理権に基づいて，設置場所の明示，責任者の指定と慎重な運用，データの活用の限定と報告，運用状況の定期的な公表を定めている。他の一部の県でも，公安委員会が基本を定め，警察本部長の定めとともに公表するといった扱いがなされている。また，大阪府安全なまちづくり条例における「鉄パイプ等使用犯罪による被害の防止」に関する規定では，携帯の禁止に関して，公安委員会が規定の解釈及び運用に関する基準を定めて公表することが条例上義務付けられたことを受けて，「大阪府安全なまちづくり条例第19条（現在は第26条）第 1 項及び第 2 項の規定の解釈及び運用に関する基準」が公安委員会告示として定められ，規制の対象，規制場所，規制の対象となる携帯の態様（携帯の意義，携帯に「正当な理由」があると認められる場合，携帯に「正当な理由」があると認められない場合）及び運用上の留意事項が明らかにされている。

第 2 部
社会常識としての憲法

　主権者である日本国民は誰でも，日本国憲法についての基本的な知識を持つことが求められる。警察官も，社会人として，そのような「社会常識としての憲法」を，当然に知っておくべきものである。この第2部では，警察官の職務に関係のない条文を含めて，憲法の規定を逐条的に解説する。

序　章　日本国憲法の全体像

1　構　　　成

　日本国憲法は，前文と11章103条で構成されている。各章の標題と含まれる規定は，第1章天皇（1〜8条），第2章戦争の放棄（9条），第3章国民の権利及び義務（10〜40条），第4章国会（41〜64条），第5章内閣（65〜75条），第6章司法（76〜82条），第7章財政（83〜91条），第8章地方自治（92〜95条），第9章改正（96条），第10章最高法規（97〜99条），第11章補則（100〜103条）となっている。

　このうち，補則は，憲法の施行日を定めるといった通常の法律であれば附則に当たる部分で，現在では意味はない。また，前文は，憲法の一部を構成するもので，憲法制定の由来や目的，基本理念を格調高く述べているが，法的規範ではない（裁判で用いられるのは各本条の規定であって，前文は解釈上の参考となるのにとどまる。）。したがって，日本国憲法の中で，第1章から第10章まで（1条から99条まで）が，実質的に意味のある規定である。

　なお，憲法の標題は国の正式名称を意味する。この憲法が「日本国憲法」であるので，憲法の制定施行によって我が国の正式名称が「日本国」と定められたことになる。

2　基 本 理 念

　日本国憲法は，国民主権と基本的人権の尊重及び平和主義を基本理念としている。前文でその考えが述べられているが，戦争の悲惨な結果を直接体験

した第二次世界大戦の後に制定されたこともあって，特に平和主義の理想が
強調されている。国民主権については，前文のほか，1条で国民が主権者で
あることが明らかにされ，15条の公務員の選定罷免権と第4章国会以下で具
体化されている。基本的人権の尊重に関しては，第3章で様々な規定が設け
られているほか，第10章で基本的人権の本質が侵すことのできない永久のも
のである（法律によっても制限できないものである）ことが述べられ，憲法
が最高法規であることと人権の保障とが一体のものと位置付けられている。
国民主権の原理については第1部第1章第2節で，基本的人権の尊重の原理
については同第3節で述べたとおりである。平和主義については，第2章
（戦争の放棄）の中で解説する。

3 制 定 過 程

　日本国憲法は，日本がいわゆるポツダム宣言を受諾し，占領されている中
で制定された。連合国総司令部から示された憲法案（いわゆるマッカーサー
草案）の翻訳を基に，政府が総司令部と折衝して作成を進め，昭和21年4月
に旧憲法を全部改める「憲法改正草案」としてまとめられた。同年同月には，
女性の選挙権を認めた初の普通選挙が実施され，日本のすべての成人を有権
者とし，その代表が衆議院議員に選出された。「憲法改正草案」は，同年6
月第90回帝国議会に提出され，衆議院で一部修正の後，圧倒的多数で可決，
貴族院で更に一部修正の後，圧倒的多数で可決され，衆議院が貴族院の修正^{（注1）}
に同意して審議が完了，昭和21年11月3日に「日本国憲法」として公布され
た。

　日本国憲法は，このように，旧憲法（大日本帝国憲法）の改正という形式
で，帝国議会で議決され，天皇が裁可して公布された^{（注2）}が，実質的に，旧憲法
とは別の全く新たな憲法の制定である（「改正」は憲法の基本を維持するこ

（注1）　衆議院では，国民の要件（10条），国家賠償（17条），刑事補償（40条）の規定
　　　を新設したほか，生存権（25条1項）の規定の追加等が行われた（このほか，総司
　　　令部の要請で，1条の国民主権の趣旨の明確化，国務大臣の選任についての国会承
　　　認の削除などが行われた。）。貴族院では，法律案に関する両院協議会の規定が追加
　　　された（このほか，総司令部の要請で，成年者普通選挙規定の追加等の修正が行わ
　　　れている。）。

とが前提であり，天皇主権を前提とした旧憲法の改正として，国民主権の憲法にすることはできない。これは，現行憲法の改正に限界があるのと同様である。）。「改正」という形式は，外見上の継続性を作ることで，社会的合意を得やすくするものであったといえる。

　この憲法は，日本が占領されている中，占領当局の強い意向によって作成されたことからすれば，望ましい状態で作られたものとはいえない。しかし，同時に，憲法制定を審議するために全成人の代表として，衆議院議員が選出されており，その衆議院で圧倒的賛成を得て認められたものであることからすれば，憲法が国民の賛意に基づいて制定されたものであることも明らかであるといえる。

4　施　　　行

　日本国憲法は，憲法100条の規定により，公布の日から 6 箇月後である昭和22年 5 月 3 日に施行された。それまでに，憲法の付属法律として，皇室典範，国会法，裁判所法，内閣法，地方自治法，会計検査院法，恩赦法，請願法などが制定されたほか，日本国憲法の施行に伴う応急的措置としての法律（民法の応急的措置に関する法律，刑事訴訟法の応急的措置に関する法律，日本国憲法施行の際現に効力を有する命令の規定の効力等に関する法律など）が制定され，いずれも憲法の施行に合わせて施行された。(注3) また，新たに設けられる参議院について，議員の選挙が同年 2 月に行われている。

　憲法の施行によって，国務大臣，衆議院議員及び裁判官は，憲法上の位置

（注 2 ）　旧憲法の改正規定が用いられたため，帝国議会の議決（各議院の 3 分の 2 以上が出席し，その 3 分の 2 以上が賛成して議決される。）に加えて，枢密顧問に諮詢（しじゅん）している。日本国憲法の公布に際して，「朕は，日本国民の総意に基いて，新日本建設の礎が，定まるに至つたことを，深くよろこび，枢密顧問の諮詢及び帝国憲法第73条による帝国議会の議決を経た帝国憲法の改正を裁可し，ここにこれを公布せしめる。御名御璽　昭和21年11月 3 日　内閣総理大臣兼外務大臣吉田茂（以下略。14人の大臣の署名が続く。）」という文書（「上諭」という。旧憲法下において憲法改正を公布する際に必要とされた文章である。この部分は憲法自体には含まれない。）が付されている。

（注 3 ）　このほか，教育基本法及び学校教育法が，憲法の施行に先立って，昭和22年 3 月末及び 4 月 1 日に施行されている。労働基準法については，憲法施行前に制定されたが，施行は同年 9 月 1 日又は11月 1 日となった。なお，国家賠償法については昭和22年10月に施行されたため，一時的な規定の空白が生まれている。

付けが変わったといえるが，法律で特別の定めをしていない限り，新たな憲法の相当する地位についた。一方，貴族院，枢密院，行政裁判所のように，新たな憲法上は対応する機関がないものについては，憲法の施行によって消滅している。

---

column　旧憲法のあらまし

　旧憲法は，「大日本帝国憲法」という名称で，明治22年2月11日に公布され，翌明治23（1890）年11月29日（第1回帝国議会の召集日）に施行された。旧憲法は，天皇主権に基づいて，天皇が定めたものである（「欽定（きんてい）憲法」という。）。第1章天皇，第2章臣民権利義務，第3章帝国議会，第4章国務大臣及枢密顧問，第5章司法，第6章会計，第7章補則の76条で構成され，「大日本帝国ハ万世一系ノ天皇之ヲ統治ス」（1条）を基本としつつ，立法府（衆議院と貴族院で構成），行政府（憲法上は内閣制度はなく，国務大臣が天皇を輔弼（ほひつ）する（補佐する）立場にあった。），司法府がそれぞれ，主権者である天皇の下で，協賛するものと位置付けていた。帝国議会の権限が限られていたとはいえ，法律は帝国議会の協賛を経なければならないこと，新たな税を課しあるいは税率を変更するのには法律を要すること，毎年の歳入歳出は予算によって帝国議会の協賛を経ることが定められていたため，政府は議会との交渉なしで政権を運営することはできなくなった。また，臣民の権利として，「日本臣民ハ法律ノ範囲内ニ於テ居住及移転ノ自由ヲ有ス」（22条）などと，法律の範囲内での権利・自由が認められていた。

　これらは，現行憲法の国民主権や基本的人権の尊重とは異なるものであり，今日的にみれば不十分であることは明らかであるが，国のあり方をそれ以前の非立憲国家から近代国家へと改めるものであり，非西欧諸国で永続的に実効性を持った最初の憲法であったという意義も認識すべきである。

---

column　憲法の表現形式

　憲法は，ひらがな口語体の文章である。今日では，法令の文章がひらがな口語体であるのは当然のことと認識されているが，戦前期の法令はすべてカタカナ文語体であった。ひらがな口語体にしたのは，法文を平易にし，多くの国民にとって分かりやすいものとするためである。荘重簡潔さを重んじてきたそれまでの法令表現を一変させたものといえる。ただし，かなづかいについては，現代とは異なり，「負う」が「負ふ」と，「なっている」が「なつてゐる」と表記されている。

　この憲法が口語体で作られた時期（昭和21年4月に「憲法改正草案」として政府が公表した。）以降に作られた法令はひらがな口語体になったが，

それ以前からあった法令は旧来のままとされた。刑法がひらがな口語体となったのは，平成7年の改正によってである（この改正で，例えば，38条2項は，「罪本重カル可クシテ犯ストキ知ラサル者ハ其重キ二従テ処断スルコトヲ得ス」から，「重い罪に当たるべき行為をしたのに，行為の時にその重い罪に当たることとなる事実を知らなかった者は，その重い罪によって処断することはできない。」になった。）。

　他方，今日の法令では各条文に見出し及び項の番号が付けられているが，憲法には付けられていない。見出しは，法令の意味を理解する上でも，あるいはある事項について定めた条文を探す上でも便利である。このため，見出しがない法令について，法令集に載せる際に編集者が便宜的に見出しを付けることが行われている。法令自体の見出しは（　），編集者の付けたものは〔　〕で表記されるのが通例である。憲法の場合，各条の見出しがそれぞれの本によって異なっているのは，そのためである。本書における見出しの表記は，警察政策学会監修『警察官実務六法』（東京法令出版）と一致させている。同様に項の番号も，法令自体で定められているものは，2，3等とされているのに対し，編集者の付けたものは，②，③等とされるのが通例であり，本書においてもそれに従っている。

第1章　天　　皇

　第1章は，1条から8条までで，天皇の地位・国民主権（1条），皇位の継承（2条），天皇の国事行為における内閣の責任（3条），天皇の権能，国事行為の委任（4条），摂政（5条），天皇の任命権（6条），天皇の国事行為（7条），皇室の財産授受（8条）を定めている。以下，順に解説する。

〔天皇の地位・国民主権〕
第1条　天皇は，日本国の象徴であり日本国民統合の象徴であつて，この地位は，主権の存する日本国民の総意に基く。

　第1条は，天皇の地位を定めるとともに，それが主権者である国民の総意に基づくものであることを規定している。

　現行憲法上，天皇は，日本国及び日本国民統合の象徴である。日本国の姿，日本国民の統合の姿を現すのが天皇であるという意味である。一般に君主政では，君主が政治的権力を持つとともに，儀礼的象徴的な地位も合わせ持っている。日本国憲法では，天皇を政治的権力を持たない，儀礼的象徴的な地位だけを持つ存在としたのである。

　天皇の象徴的地位は，憲法の定める国事行為としての栄典の授与，儀式の挙行，外国大使の接受などに現われている。また，元号法によって，天皇の在位と元号とが対のものとなっている（天皇の在位中は同一元号が用いられる。）。^(注1)

（注1）　元号法は，昭和54年に制定された法律で，元号は政令で定めること及び皇位の継承があった場合に限り改めることを定めている。「平成」という元号は，この法律に基づき，政令で定められた。なお，旧憲法下では崩御の日に新たな元号となったが，同じ日に時間によって二つの元号が存在することを避けるため，崩御の当日ではなく，翌日から新たな元号に改められている。「令和」という元号は，元号法に基づき，「元号を改める政令」によって定められ，退位・即位の翌日から施行されている。

〔皇位の継承〕

第2条　皇位は，世襲のものであつて，国会の議決した皇室典範の定める
　　ところにより，これを継承する。

　第2条は，天皇の地位が世襲制であること及び国会の議決する皇室典範
（「皇室典範」という名前の法律）で世襲の順序等が定められることを規定し
ている。旧憲法では皇室典範は議会が関与できないものであったが，日本国
憲法では，法律として定めることを求めている。

　皇室典範は，皇統に属する男系の男子が皇位を継承することを規定してい
る。憲法は世襲であること（血統に基づいて地位に就くこと）を求めている
が，男系男子とするかどうかは法律である皇室典範の定める事柄であり，法
律改正によって女性天皇，女系天皇とすることも可能である。

　皇位を継承する者を「皇嗣（こうし）」，皇嗣である皇子を「皇太子」とい
う。天皇が崩御（死亡）された場合には皇嗣が直ちに即位する。皇室典範で
は，皇位継承は天皇の崩御があったときに限られている。[注1の2] 継承順は，長男の
血統が優先され，同等の中では年長が優先される。皇長子（天皇の長男）が
本来の継承者である。皇長子がいない場合には，皇長孫（天皇の長男の長
男）その他の皇長子の子孫，皇次子（天皇の二男）及びその子孫，その他の
皇子孫（その他の天皇の子孫），皇兄弟（天皇の兄弟）及びその子孫，皇伯
叔（天皇の父親の兄弟）及びその子孫，の順で皇嗣となる。[注1の3] 皇嗣に精神若し
くは身体の不治の重い疾患がある場合又は重大な事故のある場合には，皇室

　（注1の2）　天皇の生前退位は，皇室典範に定めはないが，平成29年に制定された「天
　　　皇の退位等に関する皇室典範特例法」により，昭和64年1月7日に即位された天皇
　　　陛下は，同法の施行の日（平成31年4月30日）に退位され，皇嗣が直ちに即位され
　　　た。退位された天皇は上皇（じょうこう），皇后は上皇后（じょうこうごう）となら
　　　れた（上皇，上皇后とも敬称は陛下）。なお，皇室典範の附則に，「この法律の特例
　　　として天皇の退位について定める天皇の退位等に関する皇室典範特例法（平成29年
　　　法律第63号）は，この法律と一体を成すものである。」との規定が置かれ，憲法2条
　　　の「皇室典範の定めるところにより，継承する。」という規定と矛盾がないようにさ
　　　れている。
　（注1の3）　特例法の規定により，皇嗣となる皇族（秋篠宮殿下）については，そのと
　　　きの天皇の子（皇子）ではないので「皇太子」ではないが，「皇嗣」を公称としつつ，
　　　皇太子の例によることとされている。

^(注2)
会議の議によって，継承の順序を変更することが認められる。

　天皇及び皇族は，養子をすることができない。皇族外の者は，女子が天皇又は皇族と結婚するときを除き，皇族になることはできない。皇族の女子が天皇及び皇族以外の者と結婚したときは，皇族の身分を離れる。

　天皇，皇后（天皇の配偶者），皇太后（前の天皇の配偶者），太皇太后（2代前の天皇の配偶者）の敬称は陛下，その他の皇族の敬称は殿下である。

〔天皇の国事行為と内閣の助言・承認及び責任〕

第3条　天皇の国事に関するすべての行為には，内閣の助言と承認を必要とし，内閣が，その責任を負ふ。

　第3条は，天皇の行う国事行為は，すべて内閣の意思決定に基づいて行われることを定めている。「助言と承認」という言葉が用いられているが，国事行為の事前又は事後にという意味ではなく，内閣の意思決定によって国事行為を行うという意味である（事後的に内閣が承認をするということは想定されない。）。意思決定者である内閣が，国会及び国民に対して政治的責任を負うのは当然である。象徴としての地位に基づいて行う公的行為（次条の解説参照）の場合にも，内閣の助言と承認の対象となり，内閣が責任を負う。

　なお，本条は，天皇が公的（政治的）な責任を負わないとしたものである。公的行為ないし私的な行為に関して，刑事上の責任を負うかどうかについて，憲法で直接定めた規定はないが，摂政が在任中訴追されないこととの対比からみて，天皇は刑事訴追の対象とならないと解される。また，判例上，民事上の責任も負わない（民事裁判権は及ばない）とされている。^(注3)

〔天皇の権能の限界と権能行使の委任〕

第4条　天皇は，この憲法の定める国事に関する行為のみを行ひ，国政に

（注2）　皇室会議は，皇族2人，衆議院及び参議院の議長・副議長，内閣総理大臣，宮内庁長官，最高裁判所長官及び最高裁判所判事1人の計10人で構成される。特に重要な決定（皇嗣の順序の変更，摂政の設置・廃止）は3分の2以上の多数で，その他（皇族男子の婚姻，皇族の身分離脱など）は過半数で決定する。

（注3）　最高裁判決平成元年6月20日で最高裁が明確にしている。

> 関する権能を有しない。
> ②　天皇は，法律の定めるところにより，その国事に関する行為を委任す
> 　ることができる。

　第4条1項は，天皇が憲法の定める国事行為のみを行うものであることを
定めている。天皇が何らかの政治的な権力を行使することがないようにする
趣旨である。国事行為は，6条及び7条に列記され，いずれも内閣の助言と
承認に基づいて行われる。

　天皇は，国事行為だけでなく，象徴としての地位に基づく公的行為も行う。
国会の開会式にご臨席されお言葉を述べられること，外国を公式にご訪問さ
れること，外国元首と晩さん会を開き，親書・親電を交換されること，国民
体育大会・全国植樹祭・豊かな海づくり大会にご臨席されることなどである。
これらは，政治的な権能に属するものではなく，本条に反するものではない。
内閣の判断なしで行われるべきでないことは，これらの公的行為の場合も同
様である。

　2項は，国事行為について，委任できることを定めたものである。国事行
為の臨時代行に関する法律に基づいて，内閣の助言と承認に基づき，摂政と
なる第一順位の皇族に委任して臨時代行させることができる。海外旅行の場
合，病気の場合などが対象となる。

> 〔摂政〕
> **第5条**　皇室典範の定めるところにより摂政を置くときは，摂政は，天皇
> 　の名で国事に関する行為を行ふ。この場合には，前条第1項の規定を準
> 　用する。

　第5条は，摂政についての規定である。摂政とは，天皇に代わって国事行
為を行うものである。皇室典範により，天皇が未成年の場合（18歳未満のと
き）と，天皇が精神若しくは身体の重大な疾患又は重大な事故により国事に
関する行為を自らすることができない場合（皇室会議の議によってそう判断
されたとき）に置かれる。就任の順序は，成人に達した皇族で，皇太子又は
皇太孫（天皇の孫が皇嗣である場合），その他の皇族男子（皇位継承順の上

位者），皇后，皇太后などの順によることとなっている。

〔天皇の任命権〕

第6条 天皇は，国会の指名に基いて，内閣総理大臣を任命する。

② 天皇は，内閣の指名に基いて，最高裁判所の長たる裁判官を任命する。

第6条は，内閣総理大臣と最高裁判所の長たる裁判官（最高裁判所長官）を，天皇が任命することを定めている。実質的な決定は，内閣総理大臣については国会，最高裁判所長官については内閣が行うが，形式的に天皇が任命することで，その職の重大性を示したものである。形式的な任命であるといっても，天皇の任命行為によって初めてその職に就任する。内閣総理大臣が任命されると，総辞職をした前の内閣は職務をやめ，新しい内閣総理大臣の下で行政権が行使されることになる。

内閣総理大臣の任命は，国会の指名を受けて，総辞職した内閣の助言と承認によって行われる。最高裁判所長官の任命は，内閣の指名及び内閣の助言と承認（いずれも内閣の権限なので同時に行われる。）を受けて行われる。なお，いずれも任命だけであって，罷免行為は存在しない。辞職の場合には天皇の同意等を要しない。

〔天皇の国事行為〕

第7条 天皇は，内閣の助言と承認により，国民のために，左の国事に関する行為を行ふ。

一　憲法改正，法律，政令及び条約を公布すること。

二　国会を召集すること。

三　衆議院を解散すること。

四　国会議員の総選挙の施行を公示すること。

五　国務大臣及び法律の定めるその他の官吏の任免並びに全権委任状及び大使及び公使の信任状を認証すること。

六　大赦，特赦，減刑，刑の執行の免除及び復権を認証すること。

七　栄典を授与すること。

　八　批准書及び法律の定めるその他の外交文書を認証すること。

　九　外国の大使及び公使を接受すること。

　十　儀式を行ふこと。

　第7条は，天皇の行う国事行為について定めている。いずれも，内閣の助言と承認に基づいて行われるのであって，実質的な決定権は内閣に属する（憲法改正や法律については，国会等が決定するが，それを受けて公布する責任は内閣が負う。）。

1　1号は，重要な法令又は国家間の約束を公布する（国民に広く知らせる）行為である。憲法改正，法律，政令及び条約を成立させる主体はそれぞれ異なる（憲法改正は国会の発議と国民投票によって，法律は国会によって，政令は内閣によって，条約は国会の承認を得た上で内閣が批准し，当事国同士で合意をすることによって，成立する。）が，成立したそれらのものを国民に知らせ，効力を発揮できる状態に置く行為を，天皇の名で行うものである。国の法令でも，内閣府令，各省の省令，委員会規則，最高裁判所規則等は，それぞれの制定権者が公布する。

column　法律の公布

　公布については，法律上の定めはないが，官報に掲載して行われる例となっている。国会で法律案が議決される（先の院で可決された法律案が次の院でも可決される）ことで法律は成立するが，その後の閣議（定例は火曜日と金曜日）で公布の助言と承認をすることが決定され，天皇の署名押印（これを「御名御璽（ぎょめいぎょじ）」という。）を得て，官報に掲載されることで公布となる。成立後公布まで，国会法は30日以内としているが，通常1週間程度で行われる。迅速な施行が強く求められる法律の場合には，定例日以外に公布の閣議決定を行う（会議を開くことなく，全大臣の決裁を個別に得て，閣議決定とする方式（持ち回り閣議）を用いることもある。）などによって，成立から公布までの間を短くすることもある（サリン人身被害防止法は，平成7年4月18日に国会に提出，19日に成立し，21日に公布されている。）。なお，法律は特に規定がなければ公布の日から起算して20日後に施行される。戦後の混乱期には，刑罰を科す法律を公布をしたその日に施行することもあった（その場合は，官報を閲覧購入しようとすれば可能になる最初の場所の最初の時点で公布があったものとされている。）が，今日ではそのようなことは行われていない。

2　2号は，国会を召集することである。召集は，国会議員に，一定の期日，一定の場所に集合することを命ずる行為である。召集されることで初めて国会としての活動が可能となる。いつ国会を召集するかについて，常会は毎年1月，特別会（衆議院の解散後の国会）は総選挙から30日以内，臨時会は内閣の判断で召集することが，憲法と国会法で定められている。召集は，内閣が決定し，天皇の召集詔書によって行われる。

3　3号は，衆議院を解散することである。衆議院の解散は，衆議院の議員全員の資格を失わせ，その後に衆議院議員総選挙を行うようにする，最も重大な政治的行為である。内閣が決定し，天皇の解散詔書によって行われる。なお，解散が可能な場合を法的に限定する説もあるが，実質的な制約はなく，すべて内閣の政治的判断によって決められる。

4　4号は，国会議員の総選挙の施行を公示するものである。衆議院議員の総選挙と，参議院議員の通常選挙について，選挙を特定の日に施行することを詔書によって公示する。なお，公職選挙法上，これ以外の選挙の場合は，「選挙の期日の告示」という用語を用いて区別している。

5　5号は，国務大臣等の任免を認証すること並びに日本国の外交使節に与える全権委任状及び信任状を認証することである。

　国務大臣の任命に際しては，いわゆる認証式が宮中で行われる例になっている。内閣総理大臣が任命されてから国務大臣が任命されるまでの間は，内閣は内閣総理大臣1人で構成されているので，内閣総理大臣が国務大臣を任命し，かつ認証についての助言と承認の意思決定も行うことになる。

　国務大臣以外では，内閣官房副長官，副大臣，最高裁判所判事，高等裁判所長官，検事総長，次長検事，検事長，会計検査院の検査官，人事院の人事官，特命全権大使（大使），特命全権公使（公使），公正取引委員会委員長，

（注4）　集まる場所は当然国会議事堂であるが，召集詔書では，日付を示した上で，「東京に召集する」と記載されている。

（注4の2）　副大臣は，平成13年の中央省庁再編に際して，政治主導の一環として，内閣府及び各省に，大臣政務官とともに置かれた職であり，内閣総理大臣又はその省の長である大臣の申出により内閣が任免する。大臣の命を受けて，政策及び企画をつかさどり，政務を処理するほか，大臣不在の場合に職務を代行する。なお，大臣政務官（政務官）は，副大臣と同じ政治任命職であるが，職務代行の権能はなく，天皇の認証の対象とはならない。

原子力規制委員会委員長，宮内庁長官及び侍従長が，法律によって，天皇の認証を要することとされている。任命及び罷免をするのは内閣又は内閣総理大臣であり，その認証を内閣の助言と承認に基づいて，天皇が行うこととなる。任命行為によって法的な任命は終了しており，認証はそれを荘重にする形式的な行為である（認証は，任免の辞令書の最後に，親書する（御名御璽が記される）ことによって行われる。）。

　一方，重要な国際会議のために日本から派遣される外交使節に全権を委任する文書（全権委任状）と，外国駐在の外交使節として派遣される特命全権大使及び同公使に対する信任を表示する文書（信任状）については，内閣の権限で発せられ，内閣の助言と承認に基づいて天皇が認証する。

> **column　全権委任状から見る外交関係上の天皇**
>
> 　実際の全権委任状は，内閣が発して天皇が認証するというイメージとはやや異なった形式になっている。日本が独立を回復したサン・フランシスコ平和会議における吉田内閣総理大臣らを全権とする委任状の文言は，次のとおりであった。
>
> 　　日本国天皇裕仁は，この書を見る各位に宣示する。
> 　　日本国政府は，昭和26年９月４日からアメリカ合衆国サン・フランシスコ市において開催される平和条約に署名するための国際会議における日本国全権委員として，
> 　　　内閣総理大臣外務大臣　　吉田茂　（以下５名の名前があるが略）
> 　を任命し，この会議に参加する諸国の全権委員とともに，各別に，又は共同して，議事に参加し，且つ，この会議において作成せられるすべての国際的文書に署名調印する全権を与える。これらの文書は，国会の承認を経て批准するため，日本国政府に提出せられるべきものとする。
> 　　ここに，日本国憲法の規定に従い，これを認証し，その証拠として，親しく名を著し，璽を鈐せしめる。
> 　　（年月日と場所（東京　皇居において）が記載され，御名御璽があり，最後に内閣総理大臣と外務大臣の氏名と印がある。）
>
> 　このように，内閣名義の文書の最後に認証文言があるのではなく，「日本国天皇（名前）は」から全体が始まっており，「日本国憲法の規定に従い認証」する旨の記述はあるが，天皇が文書全体の主体であるような外観となっている。特命全権大使に与えられる信任状もこれと類似している。
> 　一方，外国から日本に来る特命全権大使の信任状も，名宛人は天皇であり，天皇に奉呈されている。また，国賓として外国の大統領等が来日した

場合には，天皇が接遇する。

　このように，外国との儀礼上の関係では，天皇が日本を代表する元首であるような姿になっているということができる。

6　6号は，大赦，特赦，減刑，刑の執行の免除及び復権を認証することである。これらは，総称して，恩赦と呼ばれる。

　恩赦は，行政権の行使によって，裁判所による刑の言い渡しの効果を消滅又は限定させ，あるいはある特定の罪に関して有罪判決の前に公訴権を消滅させることである。元々恩赦は，君主が国家の慶弔時等に慈悲を示すものとして行われてきたが（注4の3），今日では主に，個々の犯罪者の更生のために行われている。恩赦については，恩赦法で定められている（第1部第7章第1節3（内閣とその下の行政機関）注3参照）。恩赦の決定は内閣が行い，天皇が認証する（ただし，相手方に交付される特赦状等に親書されることはない。）。

7　7号は，栄典を授与することである。栄典は，国家に対する功労者に特別の名誉を与える行為である。具体的には，位，勲章及び褒章（ほうしょう）がこれに当たる。内閣が決定し，助言と承認に基づいて，天皇が行う。なお，14条3項により，栄典の授与が特権を伴うものではなく，一代限りである（世襲とならない）ことが明記されている。

> **column　栄典**
>
> 　栄典とは，国家・公共に対する功労，社会の各分野における優れた行いを国が表彰するもので，各国において，それぞれの歴史と文化を背景に行われている。我が国では，明治時代の初めに制定された。生存者に対する叙勲（勲章の授与）は，戦後一時停止されていたが，昭和39年から春秋叙勲として再開された。
>
> 　勲章は，国家又は公共に対して功労のある原則として70歳以上の者に，春（4月29日）と秋（11月3日）にそれぞれおおむね4,000人に授与される。旭日章は顕著な功績を挙げた者，瑞宝章は公務等に長年にわたり従事し，成績を挙げた者である。春秋叙勲に加えて，平成15年秋から，著しく危険性の高い業務に精励した者のうち，国家又は公共に対して功労のある者（警察官，自衛官，消防吏員，海上保安官等）を対象とした危険業務従

（注4の3）　明治憲法下では天皇大権の一つであった。世界的に広く存在し，今日でも，国王，大統領等の権限と位置付けられている。

事者叙勲が始まった（春秋叙勲と同日にそれぞれおおむね3,600人を対象
に瑞宝双光章又は瑞宝単光章が授与される。）。他に，高齢者叙勲（春秋叙
勲によってまだ勲章を授与されていない功労者で年齢88歳に達した者），
死亡叙勲（功労者が死亡したとき），外国人叙勲，文化勲章がある。
　褒賞（ほうしょう）は，社会の各分野で功績のあった者を対象とする（団体の場合は褒
状）。紅綬褒賞は人命救助，緑綬褒賞は長年にわたる社会奉仕（ボラン
ティア）で顕著な実績，黄綬褒賞は農業・商業・工業等の業務に精励し他
の模範，紫綬褒賞は科学技術分野における発明・発見，学術・スポーツ・
芸術文化分野での優れた業績，藍綬褒賞は会社経営・各種団体の活動を通
じた優れた業績，公共事務（保護司，民生・児童委員，調停委員等の事
務）に尽力した方に，春秋叙勲と同日にそれぞれおおむね800人に授与さ
れる（藍綬褒賞と黄綬褒賞が数的には中心となる。）。また，紺綬褒賞が公
益のために私財を500万円以上寄附した者に与えられる。
　このほか，国家・公共に対して功績があった者が死亡したときに，位を
授与する叙位が栄典の一種として行われている。
　なお，国民栄誉賞や内閣総理大臣顕彰は，栄典には含まれない。

8　8号は，条約の批准書と法律で定める外交文書を認証することである。
条約は，文書による国家間の重要な約束であって，国会の承認を得た上で内
閣が批准（ひじゅん）する。その内閣の批准書を天皇が認証するという意味である。
　日本から外国に派遣した大使及び公使の解任状と領事官の委任状について，
法律の定めによって，天皇が認証する。また，日本に来た外国の領事官に対
して交付する認可状も，同様に，天皇が認証する。

9　9号は，外国の大使及び公使を接受することである。外国から日本に派
遣される大使及び公使の着任に当たり，儀礼的に接見することを意味する。
天皇は，着任した各国の大使及び公使に接見し，天皇宛に発せられた信任状
の奉呈を受けている。[注5]

10　10号は，儀式を行うことである。天皇が主宰する国家的な儀式を行うこ
とを意味する。即位の礼及び大喪の礼を行うことが皇室典範に定められ
ている。[注5の2]憲法の定める政教分離の原則が及ぶ。これに対し，皇室としての行

（注5）　大使及び公使については，日本に派遣される前に，派遣する国からの求めに応
　　　じて，アグレマン（異議なく受け入れる意思表示）が与えられているが，これは外
　　　交関係を処理する内閣の権限として行われる。

事は，天皇家の行うものであって，本号には当たらず，政教分離の原則が及ぶものではない。^(注6)なお，他の者が主宰する行事に出席されることは，本号には当たらず，公的行為に当たる。

〔皇室の財産授受〕

第8条　皇室に財産を譲り渡し，又は皇室が，財産を譲り受け，若しくは賜与することは，国会の議決に基かなければならない。

　第8条は，皇室（天皇及び皇族）と皇室外の国民の間での財産授受について，国会の議決を要することを定めている。皇室が巨大な私的財産を持ち，その財力を用いて影響力を行使したり，あるいは特定の者と深い経済的な関係を持ち，公正性に疑念をいだかれることがあってはならないことから，国会の議決を要することで防止しようとするものである。皇室経済法及び皇室経済法施行法によって，通常の私的経済的行為，外国交際のための儀礼上の贈答等のほか，年間で一定額以下のものが認められている。

（注5の2）　皇室典範に定めはないが，立太子の礼，皇太子のご結婚，新年祝賀の儀が，国事行為たる儀式として行われている。

（注6）　大喪の礼の当日に皇室行事としての大喪儀（たいそうぎ）が行われ，即位の礼の当日に皇室行事としての大嘗祭（だいじょうさい）が行われている。皇室行事は宗教的なものとして行われるが，それに内閣総理大臣などが参列することは政教分離の原則に違反しない（知事の出席が争われた裁判で，憲法に違反しないことが明確にされている。もとより，参加を強制することはできない。）。

第 2 章　戦争の放棄

　第 2 章は，戦争の放棄という題名で，9 条（戦争の放棄）という一つの条だけから構成されている。他国の憲法にほとんど類を見ない規定である。

〔戦争の放棄と戦力及び交戦権の否認〕

第 9 条　日本国民は，正義と秩序を基調とする国際平和を誠実に希求し，国権の発動たる戦争と，武力による威嚇又は武力の行使は，国際紛争を解決する手段としては，永久にこれを放棄する。

②　前項の目的を達するため，陸海空軍その他の戦力は，これを保持しない。国の交戦権は，これを認めない。

1　1 項は，国権の発動たる戦争等の行為について，「国際紛争を解決する手段」としては，永久に放棄することを宣言した規定である。

　第二次世界大戦の惨禍を受けてこの憲法が定められたという時代状況を反映し，平和を強く願う思い（平和主義）と，それが国際社会の協調によって達成されるという観念が，憲法の前文及び本条に反映している。^(注1)

　1 項で放棄されているのは，「国際紛争を解決する手段」としての戦争，武力による威嚇及び行使^(注2)である。自衛のための戦争，制裁としての戦争は，「国際紛争を解決する手段」には当たらないから，1 項の放棄対象とはなら

（注1）　前文では，「日本国民は，恒久の平和を念願し，人間相互の関係を支配する崇高な理想を深く自覚するのであつて，平和を愛する諸国民の公正と信義に信頼して，われらの安全と生存を保持しようと決意した。」と述べている。なお，「われらは，全世界の国民が，ひとしく恐怖と欠乏から免かれ，平和のうちに生存する権利を有することを確認する。」という前文の記述を基に，「平和的生存権」という人権があるとの主張があるが，裁判所において具体的な権利として認められていない。

（注2）　国際法上，「戦争」という用語は，宣戦布告などの戦時国際法の要件を満たしたものに限って用いられる。このため，それ以外の武力の行使や威嚇を含めて，本条で規定したものといえる。なお，国際連合憲章でも，「武力による威嚇又は武力の行使」を慎むべきことが定められている。

ない。

2　2項は，前項の目的を達成するために，戦力を保持しないこと及び国の交戦権を認めないことを定めている。自衛や制裁としての戦争という国際法上の正当な名目であっても，それが悲惨な戦争につながるという認識が背景にある。

　もっとも，この規定は，日本という国が，外国から侵略を受けた場合に，自衛をする権利を否定するものではない。このため，自衛のために必要な相当な範囲の実力部隊を保持することは，憲法が禁止するものではないと解されている。自衛隊は，このような考え方に立って自衛隊法によって設置された組織であって，憲法には違反しない。(注3)我が国に武力攻撃があった場合あるいは予測されるに至った場合には，事態対処法（武力攻撃事態等及び存立危機事態における我が国の平和と独立並びに国及び国民の安全の確保に関する法律）の定めるところにより，自衛隊が防衛出動するほか，国及び地方公共団体等をあげて対処することとなる。(注4)

　なお，本項が保持しないと定めているのは，我が国の戦力に関してであって，いわゆる日米安全保障条約によって日本に駐留するアメリカ軍は対象とはならない。(注5)

（注3）　下級審で自衛隊が憲法に違反するという判決がかつてあったが，いずれも上級審で破棄されている。2項が「前項の目的を達するため」の規定であることからすれば，「自衛のための戦力」を禁止していないとの解釈も可能であると考えられるが，政府の解釈は，本文に述べたように，自衛のための必要最小限度の実力であるから違憲ではないとするものである。いずれにしても，今日では，圧倒的多数の国民によって自衛隊の存在が認められており，自衛隊が憲法に違反しないことは当然の認識となっている。

（注4）　武力攻撃事態等における国民の保護に関しては，いわゆる国民保護法（武力攻撃事態等における国民の保護のための措置に関する法律）が制定されている。このほか，アメリカ軍が日本を守るための行動を円滑に行えるようにするための法律や，外国の軍用品等を海上輸送する船舶を臨検するための法律も，制定されている。

（注5）　最高裁大法廷判決昭和34年12月16日でこのことが明言されている。なお，日米の共同行動に関して，日本周辺で発生した日本への武力攻撃に至りかねない事態では，前線で展開する米軍に対して，自衛隊が後方支援をすることが，いわゆる周辺事態法で明確にされている。

column 自衛隊の任務と警察との連携

　自衛隊は，我が国の平和と独立を守り，国の安全を保つため，直接侵略及び間接侵略に対し我が国を防衛することを主たる任務とし，必要に応じ，公共の秩序の維持に当たる組織である。また，周辺事態への対処や，国際社会の平和及び安全の確保に資する活動^(注6)についても，主たる任務の遂行に支障を生じない限度で，武力による威嚇又は武力の行使に当たらない範囲において，行うものとされている。

　自衛隊は，間接侵略その他の緊急事態に際して，一般の警察力をもっては治安を維持することができないと認められる場合に，内閣総理大臣の命令によって，治安出動をする。また，緊急事態には当たらないが，治安維持上重大な事態でやむを得ない必要があると都道府県知事が認める場合には，知事は都道府県公安委員会と協議の上で，内閣総理大臣に部隊の出動を要請することができる。治安出動をする場合には，防衛大臣と国家公安委員会は密接な連絡を取ることとされている。

　また，自衛隊は，災害に際して，都道府県知事等から，人命又は財産の保護のために必要があるとして要請があった場合には，防衛大臣等の判断により派遣される。治安出動と異なり，この災害派遣はしばしば行われている。自衛隊の部隊等が行動する場合には，当該部隊等と，都道府県知事，市町村長，警察消防機関その他の国又は地方公共団体の機関とは，相互に緊密に連絡し，及び協力するものとすることが自衛隊法で定められている。

　これらのほか，自衛官の募集に関して，その事務の一部について防衛大臣が警察庁及び都道府県警察に対して，協力を求めることができるとする規定が置かれている。

(注6)　自衛隊の海外派遣については，かつては反対論が強かったが，近年では，法律に基づき，国連の平和維持活動（PKO）への協力として，あるいは国連決議を踏まえた国際協力として，行われるようになってきている。PKOへの参加については，紛争当事者間の停戦合意，自衛隊参加に対する紛争当事者の同意，平和維持軍の中立的立場の厳守，これらが満たされないときの撤収という原則の下で，憲法に違反するものではない（武力の行使は行えないが，自衛のために必要な場合の最小限の武器の使用は可能）と考えられ，国際連合平和維持活動等に対する協力に関する法律が制定されている。国連決議を踏まえた国際協力については，いずれも時限立法であるテロ対策特別措置法及びイラク復興支援特別措置法に基づいて行われた。

第3章　国民の権利及び義務

　第3章は，国民の権利及び義務について定めている。10条から40条まで，憲法中最も規定の多い章となっている。このうち，国民の要件に当たる規定と，納税の義務に関する規定以外は，いずれも国民の権利に関する規定である（勤労の義務及び教育を受けさせる義務については，権利に関する規定の中で定められている。）。規定順に並べると，以下のとおりである。

日本国民の要件（10条）

人権全体の総括的規定と包括的な人権：基本的人権の享有（11条），自由・権利の保持の責任と濫用（乱用）の禁止（12条），個人の尊重（13条），法の下の平等（14条）

参政権：公務員の選定罷免権（15条）

請願権と国家賠償請求権：請願権（16条），国及び公共団体の賠償責任（17条）

自由権：奴隷的拘束及び苦役からの自由（18条），思想及び良心の自由（19条），信教の自由（20条），集会・結社・表現の自由，通信の秘密（21条），居住移転及び職業選択の自由，外国移住及び国籍離脱の自由（22条），学問の自由（23条）

家族生活における平等：家族生活における個人の尊厳と両性の平等（24条）

社会権：生存権，国の社会保障義務（25条），教育を受ける権利・義務教育（26条），勤労の権利と義務（27条），勤労者の団結権と団体行動権（28条）

財産関係の権利義務：財産権の保障（29条），納税の義務（30条）

刑事手続その他裁判に関する権利：法定手続の保障（31条），裁判を受ける権利（32条），不法に逮捕されない権利（33条），不法に抑留及び拘禁されない権利（34条），不法に住居侵入・捜索・差押えされない権利（住居の不可侵）（35条），拷問及び残虐な刑罰の禁止（36条），刑

事被告人の権利（37条），黙秘権と自白の証拠能力（38条），遡及処罰の禁止，一事不再理（39条），刑事補償（40条）

　本章の規定（日本国民の要件，社会権及び国民の義務の部分を除く。）については，第1部第2章から第6章までに詳しく解説をしているので，以下では基本的な部分に限って解説する。

＜日本国民の要件＞

〔国民の要件〕
第10条　日本国民たる要件は，法律でこれを定める。

　第10条は，日本国民となるための要件について，法律で定めることを規定している。政府原案にはなく，国会の修正で追加された規定である。日本国民となる（日本国籍を取得する）のは，出生又は認知による場合と，帰化による場合とがある。

　国民の要件（国籍）を定めた法律が，国籍法である。国籍法は，血統主義をとり，出生時に父又は母が日本国民であった場合（出生前に死亡した父が死亡時に日本国民であった場合を含む。）に日本国民となることを基本としている。[注1]母親が日本国民であれば，出生により当然に日本国民となるし，日本国民である父親が日本国民でない母親と婚姻関係にある場合も同様である。父親が母親と婚姻関係にない場合でも，日本国民である父親が生まれる前に認知をしていたときは，これに該当する。生まれた場所がどこであるかは関係がない。これに対し，出生時に父母のいずれもが日本国民でない場合には，日本で生まれても日本国籍を持たない（出生地主義をとっていない）が，その父母がともに知れない場合又は国籍を有しないときには，例外的に日本国籍が認められる。

（注1）　昭和59年の改正前の国籍法は，父系優先血統主義をとり，父親が日本人であることを要件とし，母親が日本人でも，父親が外国人の場合には，原則として国籍を取得できないものとしていた（父親が不明の場合に例外として日本国籍を認めていた。）。二重国籍を防ぐ見地に立ったものであるが，今日的にみると，平等原則からみて問題のあった規定であったといえる。

　一方，出生後に認知された場合については，「出生時に父又は母が日本国民であった」場合には該当しない。国籍法では，以前は，父が出生後に認知をした場合には，それだけでは日本国籍の取得を認めず，その後に父母が婚姻をしたときに限って日本国籍を取得するものとしてきた。しかし，最高裁判所が平成20年に国籍取得に関して父母が認知後に婚姻をすることを要件とするのは憲法14条に違反する不当な差別に当たると判断をしたことを受けて^(注2)法改正が行われ，平成21年1月から，認知があれば，父母の婚姻の有無に関係なく，法務大臣への届出によって国籍を取得できる制度に改められた。^{(注3)(注4)}

　日本国籍を持たない者が国籍を取得することを，「帰化」という。帰化は，法務大臣が許可し，官報に掲載することで効力を発生する。引き続き日本に5年以上住所を有すること，素行が善良であること，生計を営むことができることといった要件が法律で定められているが，それらを満たせば自動的に許可されるというものではなく，法務大臣の裁量によって判断される（外国

（注2）　最高裁大法廷判決平成20年6月4日。最高裁は，以下のように述べて要件の部分を違憲無効とした。①日本国籍が重要な法的地位であること，父母の婚姻による嫡出子身分の取得（準正）という要件は子どもにとっては自らの意思や努力では変えられないものであることから，慎重に判断することが必要である。②国籍法の規定を制定した時点では，父子の家族生活を通じた我が国との密接な結び付きの存在を示す指標として準正の存否を用いることには相応の理由があったが，今日ではこのような要件を求めることは家族生活等の実態に適合せず，合理的関連性があるとはいえない（国際的に非嫡出子に対する差別的取扱いを解消する方向にある，多くの国で認知による国籍取得を認める法改正がされている。），③認知を受けた非嫡出子が著しい差別的取扱いを受けていることになるので，この要件を求めた規定は憲法14条に違反する。

（注3）　認知による国籍取得は，外国人である母親から生まれた子どもについて，日本人の父親が認知したときに行われる（法律上は母親の認知も規定されているが，母親は明らかであるのが通常である。）。20歳未満であること，それまで日本国籍を取得したことがないこと，認知をした父又は母が出生時に日本国民であり，届出をする時に現に日本国民であること（死亡しているときは死亡した時に日本国民であったこと）が，要件として定められている。外国に居住している者の場合，届出は，日本の大使館又は領事館で行われる。

（注4）　日本人男性との間に真実の親子関係がないのに，親子関係があると偽って認知届をし，国籍取得の届出書を法務大臣に提出して，不正に日本国籍を取得する事案が発生するおそれがあるところから，虚偽の国籍届出書を提出した者（本人が15歳未満の場合は父母など法定代理人が提出する。）に対して，1年以下の懲役又は20万円以下の罰金に処する旨の規定が同じ改正法で加えられている。これ以外にも，虚偽の認知届出を提出する行為や不正に取得した国籍証明書を添付して戸籍に国籍取得を記載させる行為は，公正証書原本不実記載に該当する。

人又は無国籍者が日本国籍を取得する権利を持つわけではない。）。なお，日本国民の養子で1年以上日本に住所を有する者（縁組のとき未成年であった者に限る。），日本国民の配偶者である外国人で日本に3年以上居住している者などについては，帰化の要件が緩和されている。

　他方，日本国籍を有する者が国籍を失うことに関しては，憲法22条2項で国籍離脱の自由が保障されており，外国の国籍を有していれば，届出によって認められる。

＜人権に関する総括的規定と包括的人権＞

〔基本的人権の享有〕

第11条　国民は，すべての基本的人権の享有を妨げられない。この憲法が国民に保障する基本的人権は，侵すことのできない永久の権利として，現在及び将来の国民に与へられる。

1　第11条は，基本的人権についての理念を宣言した規定である。国民の基本的人権が，侵すことのできない永久の権利，法律によってもその本質を侵すことのできない権利であることを述べている。具体的な権利の内容を定めたものではない。本条から13条までに，基本的人権の全体に共通する考え方が定められている。

　本条の内容は，第1部第2章第1節1（基本的人権の考え方）で解説している。

2　基本的人権の享有主体は国民（日本国籍を有する者）すべてである。[注5][注6]法人も，社会において独立して活動する実体を有する以上，基本的人権の享有主体とされる。[注7]宗教法人における宗教活動の自由，報道機関における報道の自由は，いずれも本質的なものである。法人格を有しない団体についても，同様に人権が認められる。もっとも，法人ないし団体に人権が認められるといっても，性質上参政権，生存権といった規定は適用されないし，本来の人

（注5）　個人としての天皇も基本的人権の享有主体であるが，象徴としての地位から，参政権や職業選択の自由，国籍離脱の自由などはもたない。政治的意見を表明する自由も認められない。皇族についても，選挙権は認められていないし，他の自由も制限されている。

権享有主体である国民の権利との関係で法人に制限が加えられることがあり得る。法律上加入が強制される法人の場合には，その法人が特定の政党に政治資金を提供することは，構成員の思想信条の自由との関係から，認められない。また，労働組合が特定の候補者を支持することはできるが，費用徴収を含む選挙運動への協力を組合員に強制してはならない。この問題は，団体と構成員との間における憲法上の人権保障の問題でもある（第1部第2章第1節2（基本的人権の種別）のコラム「団体内における人権の「間接適用」」参照。）。

3　本章は「国民の権利及び義務」と題されているが，外国人も基本的人権の享有主体となる。人身の自由，適正手続の保障は，日本人と同じように及ぶ。これに対し，参政権，社会権，入国の自由（日本に在留する権利を含む。）は認められない。政治活動の自由などは日本人よりも制約され，政治献金をすることはできない。公務員についても，全体の奉仕者としての立場から，労働基本権や政治活動の自由が制限されている。このほか，刑事収容施設の被収容者等についても，様々な制限が加えられる。これらの人権の制限については，第1部第2章第3節（基本的人権が限定・制約される立場にある者）で解説している。

〔自由・権利の保持の責任と濫用の禁止〕

第12条　この憲法が国民に保障する自由及び権利は，国民の不断の努力に

（注6）　胎児については，人と同じ意味の人権保障は及ばない。刑法で堕胎が犯罪とされているが，母体保護法（昭和23年に議員提案によって優生保護法として成立。平成8年に現在の名称になった。）に基づいて，経済的な理由を含めた母体の健康を害するおそれのあるものについて，母体外で生命を存続できない時期（通常妊娠満22週未満）における人工妊娠中絶が合法化されている。なお，ドイツでは，胎児も人間としての尊厳を有するとされ，医学上の理由等がある場合を除き，中絶を合法化することは憲法に反するものとされている（一定の範囲につき刑罰対象から除外することが認められるのにとどまる。）。これに対し，アメリカ合衆国では，1973年の最高裁判決で，中絶に関する女性の自由が保障されるとされ，中絶を禁止する州法の規定が違憲とされた。この問題は，同国でその後も政治的に重大な争点となっている。一方，1990年代以降の同国での犯罪の減少が，中絶の合法化によって，親の愛情を受けず，経済的に困窮した中で育つ子が減ったためだ，とする研究もある。
（注7）　判例は，国民の権利及び義務の各条項が，性質上可能な限り，内国の法人（国内法に基づく法人）にも適用されるとしている（最高裁大法廷判決昭和45年6月24日）。

> よつて，これを保持しなければならない。又，国民は，これを濫用して
> はならないのであつて，常に公共の福祉のためにこれを利用する責任を
> 負ふ。

　第12条は，憲法の保障する自由及び権利に関して，国民が責任を負うこと
を明らかにした規定である。国民は，自由及び権利を濫用（乱用）してはな
らず，公共の福祉のために利用する責任を負う。

　「基本的人権」ではなく，「自由及び権利」としたのは，憲法が定めている
権利を幅広く本条の対象とするためである。例えば，国家賠償請求権や刑事
補償請求権は，国際的には人権の対象と考えられていない（ほとんどの国の
憲法に規定されていない）が，それらも本条の対象に含まれる。また，第3
章以外で定められている権利（最高裁判所の裁判官の国民審査，憲法改正の
国民投票）も含まれる。

　本条では，自由や権利が歴史的に様々な人々の努力によって得られたもの
であることを踏まえ，国民が絶えざる努力によって保持していくべき責任が
あることを述べている。もっともこの責任は，観念的なものであって，具体
的な「保持責任」として何らかの義務付けにつながるものではない。

　同時に，本条は，国民がその自由及び権利を濫用（乱用）してはならない
こと，公共の福祉のために利用する責任を負うことを明らかにしている。
「濫用（乱用）」とは，正当な範囲を超えて行使することを意味する。この規
定は，単なる倫理的な宣言ではなく，憲法の解釈適用における指針としての
意義を有している。^{（注8）}

〔個人の尊重〕

第13条　すべて国民は，個人として尊重される。生命，自由及び幸福追求

（注8）　最高裁も，「およそ基本的人権は，国民はこれを濫用してはならないのであつて，
　　　常に公共の福祉のためにこれを利用する責任を負うべきことは憲法12条の定めると
　　　ころであり，また同13条は，基本的人権は，公共の福祉に反しない限り立法その他
　　　の国政の上で，最大の尊重を必要とする旨を定めており，これら憲法の規定は，決
　　　して所論のような教訓的規定というべきものではなく」と述べ，信教の自由が絶対
　　　の無制限なものでないことの理由付けに用いている（最高裁大法廷判決昭和38年5
　　　月15日）。

> に対する国民の権利については，公共の福祉に反しない限り，立法その
> 他の国政の上で，最大の尊重を必要とする。

　第13条は，人権の基礎にある個人の尊重という基本的な理念を明らかにするとともに，基本的人権が公共の福祉との関係で調整を受けることを示した規定である。同時に，本条は，この憲法で具体的に定められた人権以外の新たな人権が認められる場合の根拠規定ともなっている。

1　一人ひとりの人間が個人として尊重されなければならない，という考えが基本的人権の保障の基本にある。基本的人権は，人間の尊厳に根ざした人間として当然に有する権利，人として固有な権利なのである。このような基本的人権の考え方に関しては，第1部第2章第1節1（基本的人権の考え方）で解説している。

2　「生命，自由及び幸福追求に対する国民の権利」とは，基本的人権のすべてを指している。国政において，最大の尊重をすべき対象である。同時に，本条は，それが「公共の福祉に反しない」こと，つまり，公共の福祉に必要な場合には基本的人権も制約されることを明らかにしている。^(注9)どのような場合に，「公共の福祉に必要」として制約を加えることができるかは，それぞれの人権の重要性を踏まえつつ，規制の必要性，合理性があるかどうかで判断される。規制の目的が正当で，他に適切な方法がなく，人権の制約の重要性を上回るだけの必要性重要性がある場合には，規制が認められる。規制によって人権が侵害されることの重要性の程度と，それによって守ろうとする社会的利益の重大性の程度（社会的利益を侵害する事態が発生するおそれの程度を含む。）を比べて，いずれが重いか，最終的には裁判所によって判断される。精神的自由の場合には，経済的自由の場合に比べて，必要性合理性に関してより厳格な審査が行われる。

　これらの公共の福祉による制限に関しては，第1部第2章第2節2（公共の福祉による人権の制約）で解説している。

（注9）　一切の例外なしに絶対的な保障をしている場合は，「公共の福祉」を理由として制約を加えることはできない。例えば，内心的自由としての思想及び良心の自由には制約を加えることはできず，思想を理由に不利益な扱いをすることはできない。また，検閲をすることも一律に禁止されている。

3 本条の「生命，自由及び幸福追求に対する国民の権利」の規定は，包括的な形で人権を保障したものである。判例は，この規定を根拠に，国民の私生活上の自由が国家権力の行使に対して保護されるものとし，「国家機関からみだりに個人の容ぼう等を撮影されない自由」，「みだりに指紋の押なつを強制されない自由」，「個人に関する情報をみだりに第三者に開示又は公表されない自由」が認められることを明らかにしている。このうち，「容ぼう等（容ぼうと姿態）を撮影されない自由」に関しては，何人も承諾なしにみだりにその容ぼう等を撮影されない自由を有する，正当な理由のない撮影は許されず，現行犯の場合や犯罪捜査に必要な場合などで一定の要件を満たすときに限って撮影することができるとされている。

判例上明確に認められたのは私生活上の自由だけであるが，自由権的なもの以外についても，本条を根拠として認められることがあり得る。例えば，プライバシーや名誉は，他の私人からの侵害が問題となるものであるが，重要な権利と位置付けられ，表現の自由との調整が図られることになる。また，他の者によって人間の尊厳，生命及び自由が侵害されることを防止することは，本条に定める国政の重要な課題である。暴力による人権侵害を防ぐために，警察をはじめとする公権力機関が介入し，支援することが様々な場面で求められているのである。

これらの包括的人権としての保障に関しては，第1部第4章第1節（個人の尊重と私的自由）で解説している。

> **column** ドイツにおける基本権保護義務
>
> ドイツでは，基本法（憲法）で認められた基本権について，国家は，侵害してはならないだけでなく，第三者（一般人）による侵害から個人を保護すべき義務を負う，とする理解が一般的なものとなっている。人の尊厳あるいは人の生命，健康を害する行為に対して国家が規制する義務を負う[(注10)]とされ，行政機関の不作為だけでなく，場合によっては立法自体も違憲と

(注10) ドイツ基本法（憲法）1条1項は，「人間の尊厳は，侵され得ない。これを，尊重し，かつ保護することは，すべての国家権力の義務である。」と定めており，憲法上保護という概念が明確にされているのであって，日本の憲法13条とは定め方が異なる。もっとも，ドイツの基本権保護義務は，人間の尊厳にかかわるものに限定されているわけではなく，私人間の契約等の関係における「基本権の間接適用」も一連のものとして行われている。

される（中絶行為を胎児の生命への侵害ととらえ，十分な保護手段を新た
に設けることなしに刑法の堕胎罪の対象を限定することとした法改正が違
憲とされている。）。

　このような考え方は，国家と個人の関係を，国家と規制される者という
二極関係としてではなく，保護を要する者を含めた三極関係として理解す
るものであって，私人による人権侵害を無視できない以上，適切なものと
いえる。日本においても，国家権力の対象となる者の人権を考えて規制の
行き過ぎを防ぐだけではなく，要保護者（潜在的被害者）の人権を十分に
考えて，行うべき規制を積極的に行わなければならないのである。

〔法の下の平等・貴族制度の否認・栄典の授与〕

第14条　すべて国民は，法の下に平等であつて，人種，信条，性別，社会
　的身分又は門地により，政治的，経済的又は社会的関係において，差別
　されない。
②　華族その他の貴族の制度は，これを認めない。
③　栄誉，勲章その他の栄典の授与は，いかなる特権も伴はない。栄典の
　授与は，現にこれを有し，又は将来これを受ける者の一代に限り，その
　効力を有する。

1　1項は，法の下の平等を定めている。法の下の平等は，憲法の人権保障
において，最も基本となるものの一つである。

　国民は法の下に平等であり，差別をしてはならない。法の運用だけでなく，
法制度を作る場合でも平等原則を守らなければならない。不合理な差別は憲
法に違反する。合理的といえるためには，異なった取扱いをする目的の正当
性と手段の合理性が求められる。(注11)これまで最高裁判所が法律を違憲と判断し
た10件のうち6件は，法の下の平等原則に反するものであった（刑法の尊属
殺人罪の規定，公職選挙法の衆議院議員定数配分の規定（2件），国籍法の
認知による日本国籍取得の規定における父母婚姻要件，民法の法定相続分の
規定，民法の女性の6月間の再婚禁止期間の規定）。

　本項では，人種，信条，性別，社会的身分又は門地の5つの事由を差別し
てはならないものとして定めている。人種は，皮膚の色，頭髪の色と形状な

どの身体的な特徴によって区別されるものを意味する。信条は，宗教的信念，政治的思想的信念・世界観といったものを意味する。性別は，男性女性の別である。社会的身分は，人が社会において占める継続的地位を意味する。門地は，家族的な起源を持つ社会的地位（家柄）を意味する。これらの事由は，差別につながる典型的なものとして挙げられているが，それ以外の理由による差別を認める趣旨ではない。

　政治的，経済的又は社会的関係において差別されないということは，国家との関係だけでなく，社会のあらゆる面で差別が禁止されるという意味である。このため，平等原則違反は，私人によるものであっても認められない（例えば，民間会社における女性のみの早期定年制は無効とされている。）。

　なお，外国人の場合にも，本項の趣旨は，特別の事情がある場合を除いて類推される。もっとも，本条に列記された人種等によるものとは異なり，政治的あるいは経済的な面で，外国人であることを理由に異なった扱いをすることが合理的とされる場合もある。

　法の下の平等に関しては，第1部第4章第2節（法の下の平等）で解説している。

2　2項は，旧憲法下で存在した華族制度その他の貴族制度を禁止すること^(注12)を定めている。門地による差別の典型であり，廃止を明確にしたものである。なお，皇室制度は，門地による貴族の一種であるが，憲法が認めた天皇制に伴うものであるから，本条違反とはならない。

3　3項は，栄典が平等原則に反するものとならないように，特権を伴って

（注11）　この判断は，時代とともに変わり得る。民法では，従来，婚姻関係にある者の間の子どもを嫡出子，そうでない子どもを非嫡出子とし，非嫡出子の相続分を嫡出子の2分の1としてきた。最高裁は，平成7年には，法律婚主義を採用した結果として嫡出子と非嫡出子との区別が生じたのはやむを得ず，法定相続分の違いは立法理由に合理的根拠があり，その区別が立法理由との間で著しく不合理なものとなっていないので，憲法14条には反しないとする判断を示していた（最高裁大法廷決定平成7年7月5日）が，平成25年に至って，国民の意識の変化，外国での状況の大きな変化（民法制定当初は各国とも差異を設けていたが，その後多くの国で同一化され，平成7年以降にドイツやフランスでも差別が撤廃されて欧米諸国ではすべて差異がなくなったこと），住民票の続柄欄の記載の変化（以前は両者が区分されていたが，平成7年から同じ「子」と記載）などを踏まえ，本件規定は遅くとも平成13年7月当時（最高裁で争われた事案が起きた時点）において憲法14条1項に違反していた，との判断がなされている（最高裁大法廷決定平成25年9月4日）。

はならず，世襲されないことを定めている。

＜参政権についての規定＞

〔公務員の選定罷免権・公務員の本質・普通選挙及び秘密投票の保障〕

第15条　公務員を選定し，及びこれを罷免することは，国民固有の権利である。

② すべて公務員は，全体の奉仕者であつて，一部の奉仕者ではない。

③ 公務員の選挙については，成年者による普通選挙を保障する。

④ すべて選挙における投票の秘密は，これを侵してはならない。選挙人は，その選択に関し公的にも私的にも責任を問はれない。

1　1項は，国民の公務員の選定罷免の権利を定めている。国民主権を実質的に定めた規定である。

ここでいう公務員は，国民によって直接選ばれる国会議員並びに地方公共団体の長及び議員だけでなく，国の行政機関の職員，裁判官を含む裁判所の職員，地方公共団体の職員など，すべての公務員を意味する。すべての公務員の地位の根拠は，段階的にさかのぼると最終的には，国民の意思に基づく。内閣の場合，内閣総理大臣が国会の指名によって選ばれ，国務大臣がその内閣総理大臣によって任命され，内閣は衆議院の信任が得られなくなったときは総辞職するのであって，いずれも国民によって間接的に選任，罷免されるといえる。最高裁判所の裁判官は，内閣によって決められる（国民との間では間接的な選任となる。）ほか，国民審査によって国民が直接罷免できる。これら以外の公務員は，国の場合は主に内閣，内閣総理大臣，各省大臣に

(注12)　華族は，明治17（1884）年に制定された華族令に基づいて創設されたもので，江戸時代までの公家，諸大名と明治維新及びその後の功臣（又はそれらの子孫）が対象となる。公爵，侯爵，伯爵，子爵及び男爵の5種類あり，当主が貴族院議員に選ばれた（公爵及び侯爵は全員が議員になり，伯爵以下の者は互選によって議員となる。）。憲法施行によって消滅する時点で，900余りの家が華族として存在していた。このほか，日韓併合に当たって，朝鮮貴族令が制定されている。なお，本条で，華族制度の廃止に続いて栄典における世襲禁止が定められているのは，旧憲法下で，功績による栄典として爵位が与えられ，華族となる者があったことを踏まえたものである。

よって任命罷免され，地方公共団体の場合は主に長によって任命罷免されることが，それぞれ法律によって定められている。なお，本項は，公務員の任免について，国民の意思によって根拠付けられていることを求めるだけであって，国民による具体的な解職制度の創設を義務付けたものではない。

　公務員の選任統制と国民主権の関係については，第 1 部第 1 章第 2 節 2（国民主権と公務員・行政組織）で解説している。

2　1 項は，参政権としての選挙権の根拠規定であると同時に，立候補する自由も実質的に保障した規定である。判例上，「憲法15条 1 項には，被選挙権者，特にその立候補の自由について，直接には規定していないが，これもまた，同条同項の保障する重要な基本的人権の一つと解すべきである。」ことが明らかにされている。^(注13)

　参政権については，第 1 部第 6 章第 2 節 1（参政権）で解説している。

3　2 項は，公務員が全体の奉仕者であることを定めている。公務員は国民によって選ばれ，権限を託され，職務を与えられた者として，国民全体の利益のために，その権限を行使し，職務の遂行に当たらなければならない。公務員は，特定の社会勢力，政治勢力をはじめ，限られた者への奉仕者となることがあってはならず，国民全体の奉仕者として，公共の利益のために勤務しなければならない。警察の場合，不偏不党公平中正に責務を遂行することがこれに当たる。

　公務員（自らが選挙によって選ばれる政治公務員を除く。）は，特定の政治勢力への奉仕者となってはならず，職務の遂行に当たって政治的中正の立場を堅持しなければならない。また，行政の中立性に対する国民の信頼確保の観点からすれば，職務を離れた行為についても，公務員法及びその下位法令に基づいて制限され得る。

　公務員の政治的活動の制限に関しては，第 1 部第 2 章第 3 節 2（公務員の場合の制限）で解説している。

4　3 項は，公務員の選挙について，成年者による普通選挙を保障している。成人であれば，財産等の制限を受けることなく，同等の選挙権を行使できる

　（注13）　最高裁大法廷判決昭和43年12月 4 日（三井美唄労組事件）。この判決は，労働組合役員が組合推薦以外の者が地方議会議員に立候補しようとしたのを威迫した行為について，選挙の自由妨害罪が成立しないとした原判決を破棄したものである。

という意味である。大正14年より前において行われていた納税額による選挙権の制限，戦前における女性の選挙権否定といったものとなってはならないことを意味する。44条では国会の両議院議員の選挙について，性別，教育，収入等による差別の禁止が改めて定められている。国民又は住民の代表を選ぶすべての選挙について普通選挙であることが求められるが，農業委員会委員のように特定の社会集団の代表を選ぶ制度については当てはまらない。

　なお，禁錮以上の刑に処せられて受刑中の者や，選挙犯罪で刑の執行猶予中である者などについて選挙権を停止することは憲法に違反しない。

　成年者を何歳とするかは法律で定められる。なお，成年者には選挙権を付与しなければならない（成年を18歳としつつ選挙権を20歳以上とすることは憲法に違反する。）が，未成年者に選挙権を付与する（成年を20歳としたままで選挙権を18歳以上とする。）ことは憲法に違反することにはならない。

5　　4項は，投票の秘密を保障している。誰（どの政党）に投票したのかを分かるようにしてはならないことを意味する。投票の秘密を侵害する行為は処罰の対象となる。無効投票となるべきものが誰に対する投票であるのかを調べることもできない。

　選挙人が誰に投票したのかをめぐって，公的にも私的にも責任が問われることがあってはならない。企業の使用者が従業員に，あるいは労働組合が組合員に対して，不利益な処分を行うことはできない。憲法の規定は，公の機関との間について定めているのが通例であるが，本項は，私人を含めて名宛人にしている。

　なお，本条は，一般の有権者の投票に関して定めたものであって，国会議員が国会で行う投票のようなものは，この対象とはならない（投票者の氏名を明らかにすることも，またその投票行為に関して所属政党が処分等を行うことも，何ら問題はない。）。

＜請願権と国家賠償請求権に関する規定＞

〔請願権〕
第16条　何人も，損害の救済，公務員の罷免，法律，命令又は規則の制定，
　廃止又は改正その他の事項に関し，平穏に請願する権利を有し，何人も，

> かかる請願をしたためにいかなる差別待遇も受けない。

　第16条は請願権について定めている。請願権は受益権（国務請求権）の一つである。請願とは，国又は地方公共団体に，要望，苦情を伝えることである。「損害の救済，公務員の罷免，法律，命令又は規則の制定，廃止又は改正」が挙げられているが，これらに限られない。平穏に行われた請願（請願法により，文書で，請願者の氏名住所の記載を要する。）については，受理し，誠実に処理しなければならない。請願をしたことを理由に不利益を与えることは，公の機関も，私的関係でも禁止される。

　請願権については，第１部第６章第１節４（請願権）で解説している。

〔国及び公共団体の賠償責任〕

第17条　何人も，公務員の不法行為により，損害を受けたときは，法律の定めるところにより，国又は公共団体に，その賠償を求めることができる。

　第17条は，国家賠償請求権を定めた規定である。公務員の不法行為によって損害を受けた者は，国又は公共団体（地方公共団体）に賠償を求める権利を持つ。戦前期の国家無答責の原則を改め，公権力的行為，非権力的行為を問わず，国が賠償責任を負うことを明らかにした規定である。

　この憲法の規定を受けて，国家賠償法が定められている。国家賠償法は，公権力の行使に当たる公務員の不法行為によって損害を与えた場合（職務を行うについて，故意又は過失によって，違法に他人に損害を加えた場合）と，公の営造物について瑕疵（通常あるべき安全性を欠くこと。安全性を欠くに至ったことについての公務員の故意過失は問わない。）があって他人に損害を生じた場合に，国又は公共団体が賠償責任を負うこととしている。それ以外の国が私人と同じ立場で行ったときについては，民法が適用される。(注14)

　公務員の違法行為はすべて国家賠償の対象となる。行政機関だけでなく，国会の立法や裁判所の裁判権行使も対象となり得る。(注15)もっとも，立法の場合はその裁量が広く認められるので，違法とされるのは例外的な場合に限られ

(注16)
る。

　国家賠償請求権については，第1部第6章第1節3（国家賠償請求権）で解説している。

＜自由権に関する規定＞

〔奴隷的拘束及び苦役からの自由〕
第18条　何人も，いかなる奴隷的拘束も受けない。又，犯罪に因る処罰の場合を除いては，その意に反する苦役に服させられない。

　第18条は，奴隷的拘束からの自由を定めている。奴隷的拘束とは，人間の尊厳に反するような拘束を意味する。この禁止は絶対的なものであり，犯罪による処罰でも，奴隷的拘束となることは許されない。意に反する苦役とは，本人の意思に反する労役のことで，犯罪による処罰の場合を除いて禁止される。懲役刑の執行は，本人の意に反する苦役であるが，許されることが規定上明確にされている。なお，徴兵制については，意に反する苦役に当たるとするのが政府の見解である。

　本条は，国家による行為だけでなく，私人による行為も対象としている。当事者間に契約があったとしても奴隷的拘束となることや，不当な拘束をし

(注14)　国家賠償法は民法の特例に当たるが，郵便法はさらにその特例法として，書留郵便物が亡失，き損したなどの場合に損害賠償の対象を限定し，さらに損害賠償額を限定するとともに請求権者も限定していた。これに対し，最高裁は内容の一部について憲法に違反するとした（最高裁大法廷判決平成14年9月11日）。故意又は重過失の場合や特別送達の場合にまで賠償責任を限定する理由はないとの判断を示した。

(注15)　裁判所の裁判については，本来の訴訟によって争われるべきで，賠償訴訟の対象にならないとする見解もあるが，判例は対象となることを認めつつ，裁判の本質に由来する制約があるとしている（最高裁判決昭和43年3月15日）。

(注16)　最高裁大法廷判決平成17年9月14日は，平成8年の衆議院議員選挙で投票できなかった在外国民が国家賠償を求めたことに対して，①選挙権の行使を制限するためにはやむを得ない事由（選挙の公正を確保しつつ選挙権の行使を認めることが事実上不可能ないし著しく困難と認められる事由）がなければならない，②昭和59年に選挙の執行の責任を負う内閣が在外国民の投票を認める法律案を国会に提出していたことを考慮すると，本件選挙の際にやむを得ない事由があったとはいえず，在外投票を認めなかった当時の法律は憲法に違反する，③同法律案が廃案となった後，国会が10年以上にわたって何らの立法措置もとらなかったのは著しい不作為であり，過失の存在を否定することはできない，として賠償請求を容認した。

て意に反する労働を強制することは許されない。不当に奪われた人身の自由を回復することが，裁判所を含めた国家に求められる。

　奴隷的拘束からの自由及び意に反する苦役については，第1部第3章第1節1（人身の自由）で解説している。

〔思想及び良心の自由〕

第19条　思想及び良心の自由は，これを侵してはならない。

　第19条は，思想及び良心の自由を保障した規定である。思想及び良心とは，個人の内面の精神活動を広く意味する（思想は論理的な考え，良心は倫理的な価値判断といえるが，本条では両者を一体のものとしてその自由を保障している。）。

　思想及び良心は，それが個々人の心の中にある限り，絶対に保障される。特定の考えを持つことを強制してはならないし，どのような考えを持っているかを明らかにさせることもできない。他方，思想及び良心の自由には，各人が自らの思想及び良心に基づいて行動することは含まれない。ある法律の規定が自らの良心に反するからといって，それに従わない自由が認められるものでないことは，当然である。

　思想及び良心の自由については，第1部第5章第4節2（思想・良心の自由）で解説している。

〔信教の自由〕

第20条　信教の自由は，何人に対してもこれを保障する。いかなる宗教団体も，国から特権を受け，又は政治上の権力を行使してはならない。

②　何人も，宗教上の行為，祝典，儀式又は行事に参加することを強制されない。

③　国及びその機関は，宗教教育その他いかなる宗教的活動もしてはならない。

　第20条は，信教の自由を定めている。1項前段と2項が信教の自由，1項

後段と3項がいわゆる政教分離の原則である。

1　1項前段は，信教の自由を保障している。宗教を信じる自由（信じない自由），宗教的行為をする自由（しない自由），宗教的結社の自由がこれに当たる。

宗教を信じる（信じない）ことは，個々人の内心に属するものであって，思想・信条の自由と同じく，絶対的に保障される。特定の宗教を持つこと，持たないことを強制し，あるいはそれを告白させることはできない。これに対し，宗教的行為をする自由については，尊重されるべきものではあるが，絶対無制約のものではなく，一般人も守るべき法規を守らないことが許されることにはならない。他人の生命，身体に危害を与えることが正当化されないのは当然である（「加持祈禱（かじきとう）」であっても不法な有形力の行使に当たる場合には，処罰の対象となる。）。

宗教的行為としての範囲は，その宗教によって異なる。宗教を信じ，その宗教によって求められる行為をし，あるいはしてはならないことをしないことは，その人にとって，極めて重要なことである。信じない人間からみれば大したことではないように思えたとしても，本人からすれば重大な侵害と評価されることに注意を要する。

2項は，宗教上の行為，祝典，儀式又は行事に参加することを強制されないことを定めている。これは，宗教的行為をしない自由の一種であり，1項前段で保障されているが，改めて明確にしたものである。

信教の自由に関しては，第1部第5章第4節3（信教の自由）で解説している。

2　1項後段及び3項は，いわゆる政教分離の原則を定めている。

1項後段では，宗教団体が国から特権を受け，又は政治上の権力を行使してはならないことを定め，3項では，国及びその機関がいかなる宗教的活動もしてはならないことを定めている（他にも，89条で公金を宗教上の団体のために支出することを禁じている。）。これは，国家と特定の宗教が結び付くことによって，信教の自由が実質的に損なわれることを防ぐためのものである。

1項後段は，国が宗教団体に特別の保護や優遇的扱いをしてはならないことを意味する。もっとも，文化財保護の観点や私立学校振興のために補助金

を宗教法人ないしその関係団体に支出することは，宗教団体であることを理由にして補助をするものではないのでこれに反しない。宗教団体の収益事業以外の所得に税を課さないことについても，公益法人を対象とした免税措置の一部として，同様に解されている。

　3項は，国が宗教的活動をすることを禁止している。「国及びその機関」には，実質的に，地方公共団体も含まれる。特定の宗教についての教育を行うことは禁じられるが，宗教に関する寛容の態度を養うようなものは禁止されていない。

　政教分離の原則は，国や自治体の宗教との一切の関わりを禁止するものではなく，我が国の社会的，文化的な条件に照らして相当とされる限度を超えてはならないという趣旨である。行為の目的が宗教上の意義を持ち，宗教に対する援助，助長，促進，圧迫，干渉といった効果をもたらすものは禁じられる。県が靖国神社・護国神社の例大祭・慰霊大祭に玉串料等を奉納する行為は，政教分離の違反となる。公有地を無償で宗教施設の敷地に提供する行為については，その施設の性格，経緯や態様，一般人の評価などから判断され，一般人から見て特定の宗教に特別の便益を提供し，援助をしていると評価される場合には違憲となる。

　最高裁が強調する「わが国の社会的，文化的諸条件」は，時代によって変化する。昭和期に最高裁で宗教と関わり合いをもつとしつつ合憲とされた行為が，今日でも合憲といえるかどうかは，今日の社会通念に照らし，改めて判断しなければならないものといえる。

（注17）　最高裁大法廷判決昭和52年7月13日（津市地鎮祭事件）は，本条の解釈として，このような目的と効果を有する場合に限って憲法に違反するとの見解を示した上で，体育館の起工式が神式地鎮祭として行われたことは，宗教とのかかわり合いがあるが，工事の無事安全を願う社会の一般的慣習に従った儀礼を行うという世俗的な目的であり，神道を援助，助長，促進し，又は他の宗教に圧迫，干渉を加えるものとは認められないとして，憲法に違反しないとした。なお，本判決には15人中5人の裁判官が反対意見を述べている。

（注18）　最高裁大法廷判決平成9年4月2日（愛媛県玉串料事件）は，愛媛県が昭和56年から61年まで，靖国神社の例大祭及びみたま祭と護国神社の慰霊大祭に合計16万6千円の玉串料・献灯料，供物料を支出したことに対し，県がその宗教団体を特別に支援しており，他の宗教団体とは異なる特別のものとの印象を与えることを指摘し，相当な限度を超えたものとして，公金の違法な支出であるとした。

〔集会・結社・表現の自由，通信の秘密〕

第21条　集会，結社及び言論，出版その他一切の表現の自由は，これを保障する。

②　検閲は，これをしてはならない。通信の秘密は，これを侵してはならない。

　第21条は，1項で集会，結社及び表現の自由の保障を定め，2項前段で表現の自由の保障の一部である検閲の禁止，2項後段で通信の秘密の保障を，それぞれ定めている。いずれも広い意味の表現行為の自由に関わるものであり，極めて重要な規定である。

1　集会，結社の自由が1項で保障される。集会及び結社の自由は，広い意味の表現の自由の一部であるが，集団である特性から他の利益と衝突することもあるため，公共の福祉によって制限される場合がある。

　集会とは，多数人が共通の目的のために集合することである。集会の自由（集会の開催，集会への参加，集会における意思形成とその表明の自由が含まれる。）は民主主義社会の重要な基本的人権の一つとして尊重される。集会の自由の制限は，他者の権利ないし利益と衝突する場合に，必要不可欠な

（注19）　最高裁大法廷判決平成22年1月20日は，砂川市が町内会の設置する神社（空知太神社）を含めた施設に無償で市有地を提供してきたことに対し，一体として神道の神社に当たり，一般人から見て市が特定の宗教に特別の便宜を提供し援助しているとされてもやむを得ないとし，憲法89条が禁止する公の財産の利用提供に当たり，憲法20条1項後段の宗教団体への特権の付与にも該当し，違憲であるとした（同時に，施設を撤去させることは氏子集団の信教の自由に重大な不利益を及ぼすことを指摘し，撤去を命じた高裁の判決を破棄した。その後，建物から神社の表示を撤去し，祠を取り出して鳥居付近に設置し，市が鳥居と祠の場所だけを有償で賃貸するとした措置が，違憲性を解消するものと認められている（最高裁判決平成24年2月16日）。）。また，最高裁大法廷判決令和3年2月24日は，那覇市が都市公園内に孔子等を祀った久米至聖廟の設置を許可し，観光資源等としての意義や歴史的価値があるとして公園使用料の全額を免除していることについて，法令上の文化財としての取扱いを受けているなどの事情がなく，施設設置者の宗教的活動を行うことを容易にするものであるとし，「市と宗教との関わり合いが，我が国の社会的，文化的諸条件に照らし，信教の自由の保障の確保という制度の根本目的との関係で相当とされる限度を超えるものとして，憲法20条3項の禁止する宗教的活動に該当する」として，「20条1項後段や89条に違反するか否かについて判断するまでもなく」憲法に違反すると結論付けている。

最小限度で行うことができる。破壊活動防止法やいわゆる成田新法による規制がその例である。

　市民会館などの公共施設であって集会に用いられることが一般に想定されるものについて，使用を拒むことも実質的に集会の自由への侵害となる。単に公の秩序を害するおそれがあるというだけで拒否することはできない。他の者への危害が具体的に予見できるような特別の事情のある場合に限られる。

　集会の一つの形式である集団行進，集団示威運動（デモ行進）についても，その自由が憲法上保障される。集団の力が暴発して，地域の安全を脅かすものとなることを防ぐ観点から，公安条例で最小限の規制をすることは可能であるが，規制の範囲は厳格に限定される。道路交通法によって道路の使用許可を求めることは，合憲性が認められている。

　結社の自由とは，団体を結成し，加入する自由，団体としての意思を形成し，行動する自由を意味する。政党も団体の一つであり，その結成の自由は民主主義にとって不可欠なものである。もっとも，犯罪目的の結社，憲法秩序を暴力的に破壊する目的での結社を禁止することは憲法上可能と解される。

　これらの集会，結社の自由については，第1部第5章第3節（集会結社の自由）で解説している。

2　1項では，集会，結社に加えて，表現の自由の保障が定められている。

　表現の自由は，人間が人間らしくあるために不可欠なものである（表現を封圧するのは人間の尊厳に反するものである。）と同時に，政治的意見の交換という民主主義の前提を守るために必要不可欠なものである。このため，他の権利に比べて優越的な地位にあるといわれることがある。

　同時に，表現行為は，他人の権利を侵害する場合があるため，絶対的な自由を認めることはできない。合理的で真に必要やむを得ない場合には，公共の福祉による制限が可能となる。制限によって守ろうとする利益と制限による不利益とが比べられ，表現の自由の重要性を踏まえてもなお規制の利益が大きい場合に限って認められる。

　表現内容に関する規制として，児童ポルノ，わいせつ物，犯罪のせん動などの処罰があるが，これらは憲法に違反しない。青少年に有害な図書について，条例で販売規制が行われているものも，判例上合憲とされている。これ

らは表現内容に価値がないとされる場合がほとんどであり，規制の必要があるからである（ただし，わいせつ物については，芸術性等の観点から，処罰対象が限定されることに留意する必要がある。）。人の名誉を毀損するものについては，被害者の権利を侵害するが，同時に公人の場合などには，規制が自由な言論を損なうものとなるおそれもある。このため，公共的事項に関しては真実であるかどうか（少なくとも真実と信じたことに相当な理由があるかどうか）で判断される。他方，営業上の広告に関しては，表現の自由の対象ではあるが，その営業に関わる問題を防止するための多くの制限が認められている。

　表現行為の形態（表現手段）に関する規制は，表現内容自体とは異なり，その時その場所，その方法で行うことを問題とするものであり，間接的付随的な制限であって，比較的広く容認される。表現のためでも他人の財産権・管理権への不当な侵害は許されないし，屋外広告物条例など公益確保のための規制にふれるような表現行為も制限される。なお，選挙運動における表現行為の規制については，選挙の公正確保という目標のための共通ルールを定めるものであって，比較的広い範囲での制限も認められる。

　報道の自由については，表現の自由の一部であるが，「国民の知る権利」（知る自由）に奉仕するものとして重要視されている。取材の自由も，本条の精神に照らして十分尊重に値するとされている。もっとも，取材の自由は，取材を受ける側に応ずる義務を課したものではなく，公務員の法的義務（守秘義務）を解除するようなものでもない。取材の自由の保障との関連で，取材資料の押収は限定的な場合に許容されるとするのが判例である。

　このほか，本条の趣旨から，刑事施設の被収容者等についても，新聞紙等の閲覧の自由が判例上認められている。

　これらの表現の自由に関しては，第１部第５章第２節（表現の自由）（5の項目を除く。）で詳しく説明している。

3　２項前段では，検閲を禁止している。この禁止は，絶対的なものであり，「検閲」に該当する限り，様々な公益上の必要性等があっても，憲法上認められない。

　検閲とは，行政機関が，発表前に網羅的一般的に表現物の内容を審査し，

不適当と認めるものの発表を禁止することである。税関検査，教科書検定，青少年保護育成条例による規制（有害図書をあらかじめ包括指定し自動販売機への収納を処罰するもの），裁判所による出版差し止めが，検閲ではないかとして争われたが，いずれも上記の要件を満たすものではなく，検閲に当たらないとされている。もっとも，裁判所の行う出版差し止めについては，発表前に止めるものであって，制限の程度が大きいことから，公人に関して認められるのは例外的な場合に限られている。

　検閲の禁止については，第1部第5章第2節5（検閲の禁止）で解説している。

4　2項後段では，通信の秘密を保障している。

　通信とは情報，意見を交換する媒体である。表現の自由の一環ともいえるが，同時にプライバシー保護，個人情報保護の典型ともいうことができる。

　通信の秘密は通信内容だけでなく，受発信者・日時にも及ぶ。公の機関も，通信を担当する組織の者も，その他の一般人も，この秘密を害することは禁止される。もっとも，この秘密の保持は，伝達の途中にあるものを，通信の当事者が知らないまま他に伝えることを意味するのであって，一方の当事者が同意する場合や，既に当事者に届いたものを調べる行為は通信の秘密とは関係がない。また，通信の秘密も，公共の福祉による制限を受けるのであって，裁判官の令状を得て，通信先の番号の特定，郵便物の押収，通信傍受などを行うことは可能である。

　通信の秘密については，第1部第5章第4節1（通信の秘密）で解説している。

〔居住・移転・職業選択の自由，外国移住及び国籍離脱の自由〕

第22条　何人も，公共の福祉に反しない限り，居住，移転及び職業選択の自由を有する。

②　何人も，外国に移住し，又は国籍を離脱する自由を侵されない。

　第22条は，1項で居住移転の自由及び職業選択の自由を保障し，2項で外国移住及び国籍離脱の自由を保障している。国籍離脱の自由を除き，外国人

にも同様に認められる。

1　職業選択の自由（営業の自由を含む。）は，経済的自由権の一つであり，本項によって，「公共の福祉」による制限が及ぶこととされている。各種人権に共通する制約だけでなく，政策的な見地からの制限を行うことを認めたものである。職業選択については，これにより，社会経済政策の見地から，様々な規制を及ぼすことが認められる。もっとも，薬事法（当時の名称）違憲判決が指摘するとおり，合理的根拠を欠く規制は違憲となる。

2　居住移転の自由が職業選択の自由とともに規定されたのは，前近代社会で固定されていた居住場所及び職業から人々が解放されることが，近代社会を形作ってきたからである。居住及び移転の自由は，今日では当然のこととして認められる。条文の規定上は，職業選択の自由と同じ「公共の福祉」による制限を受けることがあるように見えるが，居住移転の自由については，経済的な自由とは異なり，社会政策的制限は認められない。なお，国内における旅行の自由はこの規定が根拠となる。

3　外国移住の自由は，日本から出国する自由を意味する。海外旅行のために出国する行為もこれに含まれる。もっとも，日本人の場合には帰国の自由も認められるが，外国人の場合には，再入国する自由が保障されているわけではない。国籍離脱の自由は，日本人にのみ認められる。国籍法は，外国の国籍を有する者が届け出ることにより，日本国籍を失うことを定めている。無国籍になる自由を認めるものではない。

　本条の自由に関しては，第1部第5章第5節（経済的自由と居住等に関する自由）で解説している。

〔学問の自由〕
第23条　学問の自由は，これを保障する。

　第23条は，学問の自由を保障している。学問の自由とは，真理の探究を目指す自由を意味する。主として，大学における研究の自由を意味し，その一環として，大学の自治が認められる。大学の管理運営について，大学が自主的に決めることができることを意味する。大学の自治は，大学内を治外法権

とするものではなく，犯罪捜査等に必要な場合に警察が大学内に立ち入ることに制限が及ぶものでない。また，学生が一般社会の政治的社会的活動に当たる行為をすることに関しては，自治の保障が及ぶことにはならない。

　学問の自由については，第1部第5章第4節4（学問の自由）で解説している。

＜家族生活における平等に関する規定＞

〔家族生活における個人の尊厳と両性の平等〕
第24条　婚姻は，両性の合意のみに基いて成立し，夫婦が同等の権利を有することを基本として，相互の協力により，維持されなければならない。
②　配偶者の選択，財産権，相続，住居の選定，離婚並びに婚姻及び家族に関するその他の事項に関しては，法律は，個人の尊厳と両性の本質的平等に立脚して，制定されなければならない。

　第24条は，婚姻関係における夫婦の平等と，家族に関する法制が個人の尊厳と両性の本質的平等に基づくものでなければならないことを定めている。14条の定める法の下の平等を家族関係について具体化した規定である。

　戦前期に存在した家長（戸主）の統率の下にある「家」制度を廃止し，男尊女卑を改め，平等の個人である2人が婚姻によって家庭を作り，維持するものとして，家族を位置付ける法律の制定を求めている。

　これを受けて，民法の親族法及び相続法の部分が全面改正され（昭和22年に改正法成立，23年1月から施行），婚姻要件を両当事者の合意のみとすること（未成年者の場合を除く。），民事上の行為能力を妻にも等しく認めること，子どもに対する親権を共同行使すること，子どもの相続を平等にすること（長幼の序，男女の別を設けない。），成人の家族構成員の居所に対する指定権をなくすこと，裁判上の離婚事由を共通にすることといった内容が定められた。

　民法の規定については，その後の社会変化や国際的な立法動向の中で，平等化が十分ではないとの批判があり，婚姻制度の改正が論議されてきたが立法には至らなかった。これに対し，最高裁において，婚姻している夫婦間に

生まれた子どもとそうでない子どもの相続分の違いが憲法に違反するとされ，近時には女性の再婚期間に関する規定も憲法に反するとされている。^{(注20)(注21)}

＜社会権に関する規定＞

> 〔生存権，国の社会保障義務〕
> **第25条**　すべて国民は，健康で文化的な最低限度の生活を営む権利を有する。
> ②　国は，すべての生活部面について，社会福祉，社会保障及び公衆衛生の向上及び増進に努めなければならない。

第25条は，いわゆる生存権に関する規定である。国家が社会的経済的弱者を保護するために積極的に介入する役割を果たすという考え方（社会国家，福祉国家の理念）に立ち，国民が人間らしい生活を送ることができることを

(注19の2)　平成8年に法制審議会から選択的夫婦別氏（夫婦別姓）制度の導入等を内容とする答申があったことを受けて，法務省では，「最近の家族をめぐる状況の変化に鑑み」，選択的夫婦別氏制度の導入，嫡出である子（婚姻している夫婦間に生まれた子ども）とそうでない子の相続分の同等化，女性の婚姻適齢の引上げ（男性と同じ18歳に），再婚禁止期間の短縮等を内容とする民法の改正案を作成したが，国民各層に様々な意見があること等から，国会に提出するには至らなかった。

(注20)　民法が女性にのみ6月の再婚禁止期間を定めたことについて，最高裁は，婚姻中に懐胎した子が夫の子と推定される制度を前提に，再婚禁止によって重複推定を避けるという目的は認めつつ，婚姻から200日を経過し，又は婚姻の解消から300日以内に生まれた子を婚姻中に懐胎したと推定するとの規定を踏まえると，100日の再婚禁止期間を設ければ重複推定が回避できるから，その限度でのみ憲法に違反しない（100日を超える再婚禁止期間は憲法に違反する）との判断を示した（最高裁大法廷判決平成27年12月16日。なお，賠償請求の訴えに対しては，立法不作為が国家賠償法上の違法となるのは「憲法上保障され又は保護されている権利利益を合理的な理由なく制約するものとして憲法の規定に違反することが明白であるにも関わらず国会が正当な理由なく長期にわたって改廃等の立法措置を怠っていた」場合に限られるが，本件はそれに該当しないとして，請求を棄却した原審判決を認め，上告を棄却している。）。これを受けて，平成28年に民法が改正され，再婚禁止期間を100日に短縮するとともに，前婚の解消の時に懐胎していなかった場合又は前婚の解消後に出産した場合には再婚禁止期間の規定を適用しないとする規定が設けられた。

(注21)　夫婦が婚姻前の夫又は妻の氏を称する（夫婦別姓を認めない）ことを定めた民法の規定について，最高裁は憲法に違反しない（別姓を認めるかは，国会で論ぜられ，判断されるべき事柄）との判断を示している（最高裁大法廷判決平成27年12月16日。なお，裁判官15人のうち5人は憲法に違反するとの意見を明らかにしている。）。

「権利」として宣言した規定である。この「権利」は，国家にそのような状態を実現すべく努力するという責務を負わせるものであり，直接的に裁判を通じて実現される具体的な権利ではないが，国政のあり方の基本を定めたものとして，重要な意義を有する。

　1項は，福祉国家の理念に基づいて，すべての国民が健康で文化的な最低限度の生活を営むことを「権利」とし，そのように国政を運営すべきことを国の責務としたものである。憲法の中で最も有名な規定の一つであるが，政府の原案にはなく，衆議院の修正で追加されたものである。2項は，同じく，福祉国家の理念に基づいて，社会的立法や様々な制度，施策を通じて，社会福祉，社会保障及び公衆衛生の向上に努めることを国の責務としたものである。個々の国民との間では，具体的な権利が1項によって認められるのではなく，国が1項の責務を果たすべく2項に基づく立法等を行い，具体的現実的な権利が設定充実されるという関係に立つ。

　本条は，国政に目的を設定し，その実現のための積極的な国権の発動を期待するものであって，積極的な人権，社会権の一つとされる。(注22)もっとも，「健康で文化的な最低限度の生活」の具体的内容は，その時々の文化的経済的社会的状況，一般国民生活の状況等との関係で判断されることになるし，それを支える予算的な裏付けが必要となるのであって，一律に定まるものではなく，国会が総合的に判断すべきものである。国会には広範な裁量が認められるのであって，極端な場合を除けば，裁判所で審査される対象とはならない。(注23)

(注22)　社会権は，伝統的な人権の中にはなく，20世紀に入って認められたものであり，ドイツの第一次世界大戦後の憲法（ワイマール憲法）の「経済生活の秩序は，すべての人に対して人間たるに値する生活を保障することを目的とするとともに，正義の原則に適合することを要する。」と定めたものが有名である。また，経済的，社会的及び文化的権利に関する国際規約では，「この規約の締結国は，自己及びその家族のための相当な食糧，衣類及び住宅を内容とする相当な生活水準についての並びに生活条件の不断の改善についてのすべての者の権利を認める。」と規定されている。もっとも，今日の先進国の憲法にこのような規定が明確な形で置かれている例は少ない（ドイツの第二次世界大戦後の憲法（基本法）は国家目的に社会福祉国家を定めた以外には，社会権としての規定をほとんど定めていない。アメリカの憲法にはもともとこのような規定はない。）。

〔教育を受ける権利・義務教育〕

第26条 すべて国民は，法律の定めるところにより，その能力に応じて，ひとしく教育を受ける権利を有する。

② すべて国民は，法律の定めるところにより，その保護する子女に普通教育を受けさせる義務を負ふ。義務教育は，これを無償とする。

第26条は，1項で国民の教育を受ける権利を定め，2項でこれを実質化するために，保護者に対して子どもに教育を受けさせる義務を課し，義務教育を無償とすることを定めている。

教育を受ける権利は，国に対して，国民が教育を受けることができるようにするための制度を設ける責務（国民皆が受けるべき教育（普通教育）のための制度を整備する責務）を負わせることを意味する。教育を受けることは，その人の文化的，社会的，経済的な面に大きな影響を与えるものであって，生存権ともつながる。教育基本法は，教育の機会均等として，「すべて国民は，ひとしく，その能力に応じた教育を受ける機会を与えられなければならず，人種，信条，性別，社会的身分，経済的地位又は門地によって，教育上差別されない。」こと及び能力があるにも関わらず経済的な理由によって就学が困難な者に対して奨学の方法を講じなければならないことを定めている。教育を行うことは，子どもの学習する権利に対応するものとして，子ども自身の利益を守り，子どもの成長に対する社会公共の利益と関心に応えるために必要な限度で，国がその内容を決定する権能を有する。^(注24)

2項前段は，保護者が法律の定めるところにより，子どもに普通教育を受けさせる義務を定めている。高等学校までは普通教育であるが，義務教育期間は，教育基本法によって9年間（小中学校の期間）とされている。2項後段は，義務教育を無償としている。^(注25)授業料のみを無償とする意味である。教

（注23） 最高裁は，国会の立法が，著しく合理性を欠き明らかに裁量の逸脱，濫用（乱用）とみざるを得ないような場合を除けば，裁判所の審査に適さないとしている（最高裁大法廷判決昭和57年7月7日。なお，この判決では，法令で合理的理由のない差別的取扱いをしたり，個人の尊厳を損なうような内容を定めている場合には，憲法14条及び13条違反の問題が生ずることを指摘している。）。

科書を無償とするかどうかは，憲法上の問題ではなく，立法政策の問題である。

> 〔勤労の権利と義務・勤労条件の基準・児童酷使の禁止〕
> **第27条**　すべて国民は，勤労の権利を有し，義務を負ふ。
> ②　賃金，就業時間，休息その他の勤労条件に関する基準は，法律でこれを定める。
> ③　児童は，これを酷使してはならない。

　第27条は，勤労に関して，労働者保護の観点から，勤労の権利，勤労条件についての法定，児童酷使の禁止を定めるとともに，労働の義務についても定めた規定である。

１　１項は，勤労の権利と義務を定めている。「勤労の権利」といっても，私企業によって経済活動が行われる（日本国憲法は，財産権を保障し，営業の自由を含む職業選択の自由を保障している。）以上，国が勤労の機会を保障することはできないのであって，できるだけ労働の機会が提供されるような施策を講じるとともに，失業者に対して保護を提供するという一般的責務を負うのにとどまる。職業安定法によって公共職業安定所が求職者への職業紹介に努め，雇用保険法によって職を失った者への雇用保険の給付を行うといった施策がこれに当たる。

　他方，勤労の義務については，観念的なものであって，個々人に勤労する

（注24）　教育基本法に「教育は，不当な支配に服することなく」との規定があることを理由に，国の教育内容決定に関する権能を否定する主張が存在したが，最高裁は，教育に関して，親の自由（家庭教育及び学校選択），私学教育の自由，教育をする者の一定の範囲内の自由などが認められるが，それ以外の領域では，国が適切な教育政策を樹立実現すべき立場にある者として，子ども自身の利益を守り，子どもの成長に対する社会公共の利益と関心に応えるために必要かつ相当な限度で，教育内容についても決定する権能を有することを認めている（最高裁大法廷判決昭和51年５月21日）。

（注25）　経済的，社会的及び文化的権利に関する国際規約では，中等教育及び高等教育についても，すべての適当な方法により，特に無償教育の漸進的な導入により，すべての者に機会が与えられるべきことを定めているが，日本はこの条約の批准に当たって，無償教育の漸進的導入については拘束されない旨を宣言している。

ことを命じるものではない。生活保護などの生存権に関する施策において，勤労の義務を果たしていない者（勤労が可能なのにしていない者）を対象としないことができるという根拠を与えるものである。

2　2項は，勤労者保護の観点から，勤労条件に関する基準を国が法律で定めるとした規定である。労働者と使用者との自由な契約に任せると，経済的劣位にある労働者が一方的な不利な条件に従わされるおそれがあるので，最低基準を法律で定めるものである。賃金，就業時間，休息が例示されているが，安全，衛生，災害補償も対象となる。就業時間と休息には，休暇も含まれる（労働基準法は，労働時間，休憩，休日，年次有給休暇を一括して規定している。）。労働基準法のほか，労働安全衛生法，最低賃金法などがこの「法律」に当たる。なお，国家公務員には労働基準法等は適用されない（国家公務員法等で必要なことが定められる。）が，地方公務員には適用される。

3　3項は，児童酷使の禁止を定めている。本項は，明確に私人を対象としている規定である。年少者である労働者の保護は，労働基準法で具体化されている（15歳未満の児童を労働者として使用することが原則として禁止されるほか，18歳未満の者の超過勤務労働，深夜労働の制限，危険有害業務の就業制限などが規定されている。）。

〔勤労者の団結権・団体交渉権〕
第28条　勤労者の団結する権利及び団体交渉その他の団体行動をする権利は，これを保障する。

　第28条は，勤労者（労働者）が団結権，団体交渉権及び団体行動権を有することを保障している。雇用関係にある労働者が，使用者と対等な交渉を行うことができるようにするため，団結し，団体交渉を行い，その過程で団体行動をとる（争議行為をする）ことを権利として認めたものである。団結権，団体交渉権，団体行動権（争議権）を労働基本権という。労働組合法で具体化されている。

　団結権とは，労働組合その他の団体を結成する権利を意味する。日本の場合，企業内組合が多いが，企業横断的な組合の結成も権利の対象である。団

体の意思を決定し，活動する自由を含む。公権力機関や使用者側が団体内部の問題に不当に介入することは禁じられる。公務員も労働組合（職員団体）を結成する権利を持つが，警察職員，自衛隊員，消防職員，刑事施設職員及び海上保安庁職員は法律で禁止されている。

　団体交渉権とは，労働者の団体（労働組合）が，その代表者を通じて使用者と労働条件について交渉する権利を意味する。使用者側が正当な理由なく交渉を拒むことは不当労働行為となる。職員の一部しか加盟していない団体であっても，団体交渉を拒むことはできない（特定の労働組合の組合員であることを雇用の条件とすることが労働協約で締結されている場合を除く。）。団体交渉の結果成立した合意（労働協約）は，使用者，労働者の双方を拘束する。公務員の場合には，交渉権はあっても，労働協約締結権をもたない（地方公営企業の職員の場合は，一般の公務員とは異なり，締結権が認められている^(注25の2)。）。

　争議権とは，団体との交渉を自らに有利にするために，ストライキを含めた団体行動をする権利を意味する。正当な団体交渉及び争議行為に刑事罰を科することは許されない（ただし，暴力の行使は労働組合の正当な行為とはされない。）ことが労働組合法で定められている。労働基本権の行使は，民事上の損害賠償の対象ともならない。公務員の場合には，争議行為が禁止され，あおりそそのかした者に対する刑事罰が定められている。争議行為の制限に関しては，判例上，公務員の地位の特殊性及び職務の公共性，勤務条件の法定（労使による自主的決定ができないこと），争議行為に対する抑止力の不存在（民間企業の場合は使用者側が逆にロックアウト（工場等の閉鎖）をすることができるし，会社が倒産すれば労働組合員も不利益を被るが，公務員の場合にはそのような抑止がないこと），人事院制度をはじめとする代

（注25の2）　地方公営企業（地方公共団体が営む鉄道事業，バス事業，水道事業など）の場合は，地方公営企業等の労働関係に関する法律によって，労働協約の締結権が認められている（協約の内容が条例の改正を要する場合は，長は条例の改正等の議案を議会に付議する義務を負う。条例の改正等があるまでは，その労働協約は効力を生じない。）。なお，国の場合は，かつては郵政事業などの職員が公共企業体等労働関係法により労働協約の締結が認められていた。現在は民営化等によって適用されるものは少数になっている（印刷局などの職員が行政執行法人の労働関係に関する法律の適用を受けて，労働協約締結が認められている。）。

償措置の存在を理由として，憲法に違反しないとされている。

公務員の労働基本権制限に関しては，第1部第2章第3節2（公務員の場合の制限）の後半部分で解説している。

---

column **公務員の労働基本権に関する国際労働機関の見解**

労働条件の改善等を目的に設立された国際機関として，国際労働機関（ILO）がある。ILOが採択し，日本が加盟した条約として，結社の自由及び団結権の保護に関する条約（87号），団結権及び団体交渉権についての原則の適用に関する条約（98号），同一価値の労働についての男女労働者に対する同一報酬に関する条約（100号），最低賃金決定制度の創設に関する条約（26号），開発途上にある国を特に考慮した最低賃金の決定に関する条約（131号），社会保障の最低基準に関する条約（102号）などがある。

このうち，87号条約については，軍隊及び警察を除いて，団結権を保障しているが，日本は，「警察」に消防が含まれるとの解釈をとって批准している。

日本の公務員の労働基本権制限に関して，ILO理事会が2002年11月21日に採択した結社の自由委員会報告（中間報告）は，消防職員と刑事施設職員には団結権が与えられるべきである（軍と警察以外にはすべて団結権が認められる）こと，ストライキ権は軍隊，警察，国家の名において権力を行使する公務員，不可欠な業務に従事する労働者及び国家非常事態の場合以外は制限されないこと及び禁止制限される職員には十分な代替措置が保障されるべきこと，正当なストライキには刑事罰や重い行政処分が科せられるべきではないこと，団体交渉権は軍隊，警察，国の運営に関与する公務員を除いて認められるべきであること，を内容としている。

＜財産関係の権利義務に関する規定＞

〔財産権〕

第29条 財産権は，これを侵してはならない。

② 財産権の内容は，公共の福祉に適合するやうに，法律でこれを定める。

③ 私有財産は，正当な補償の下に，これを公共のために用ひることができる。

第29条は，財産権を保障している。1項で私有財産権制度を保障するとともに，個々人の保有する財産権を保障している。[注26]

　2項は，財産権の内容について，法律でその内容を定めることとしている。この項は，財産権自体が私法によって具体化されることと，公共の福祉の観点から，それに対する様々な制限を加えることができることとを意味する。22条1項で職業選択の自由に関して「公共の福祉」に反しない限度で認めることを定めたのと同様に，様々な社会政策的な見地からの制約を課すことができる。「法律で」定めると規定されているが，条例によって制限することも認められる。

　3項は，個別の財産を，正当な補償をして，公共の福祉に用いることができることを定めている。ある土地を公共目的の利用のために，正当な補償を支払って収用することがその典型である。土地利用等について各種の制限を課す場合には補償を要しないが，財産権を有する者又はその財産自体に何の原因もないのに特別の重い負担を負わせる場合には，補償を要するものとされている。^(注27)

〔納税の義務〕
第30条　国民は，法律の定めるところにより，納税の義務を負ふ。

　第30条は，国民の納税義務を定めている。国家が国民の納税で成り立つ以上，納税の義務を国民が負うのは当然のことである。個人，法人だけでなく，人格のない社団にも納税義務を課すことができる。また，日本に居住する外国人も，法律により，納税義務を負う。

　税については，国民の代表である国会が定めた法律によって定めなければならない。地方公共団体の住民の場合も，住民の代表が定めた条例によって納税の義務を負うことになる。

（注26）　財産権の保障は，公共の福祉による制約が広く認められるが，制約に合理性がない場合には，憲法に反するとされる場合もある。最高裁は，森林法の分割請求権の制限（森林が共有である場合に，持ち分が過半数の者しか分割請求できない。）について，立法目的との関係で合理性，必要性がないとして，違憲と判断した（最高裁大法廷判決昭和62年4月22日）。これを受けて，森林法が改正されている。

（注27）　損失補償を要する行為につき補償を行う規定がない場合には，その根拠法令が無効になるのではなく，憲法29条3項に基づいて，直接損失補償を請求することができるとするのが判例である（最高裁大法廷判決昭和43年11月27日）。

＜刑事手続その他裁判に関する権利に関する規定＞

〔法定手続の保障〕

第31条 何人も，法律の定める手続によらなければ，その生命若しくは自由を奪はれ，又はその他の刑罰を科せられない。

　第31条は，刑事手続における法定手続（適正手続）の保障を定めている。

　この規定は，法律の定める適正な手続によらなければ刑罰を科されないことを定めたものである。刑罰を科する手続の規定及び刑罰の根拠規定（罰則）のいずれもが法律で定められなければならないこと，並びにその手続規定及び罰則規定の内容がいずれも適正でなければならないことを，意味している。

　刑事手続は，刑罰という重大な不利益を国民に科すものであることから，その手続が法律（最高裁判所規則を含む。）で定められ，かつ適正なものであることが強く求められる。適正手続（デュー・プロセス）の原則は，捜査から刑の宣告，執行に至る刑事手続全体において，求められるものである。具体的には，無罪の推定が働くことのほか，罪に問われる側からみて，どのような行為をしたことが理由となるのかがあらかじめ告げられ，自らに有利なことを主張し，有利な証拠を提出できるようにすることが求められる。このような手続なしに刑罰を科することは憲法に違反する（起訴されていない余罪を処罰する趣旨で重い刑を科すことや，刑の対象となる者（関税法の第三者所有物の没収の場合における所有者）に告知弁解防御の機会を与えていないことは，違憲とされている。）。このほか，憲法33条以下に，手続上の保障をする規定が置かれている。

　刑罰の根拠規定（罰則）についても，法律（条例を含む。）によって定められなければならない（罪刑法定主義の原則）。また，刑罰規定は明確なものでなければならない。通常の判断力のある一般人（社会常識のある者）が，規制の対象となる行為を一応理解できるものでなければ，不明確な刑罰規定として憲法に反し無効となる。また，その行為を犯罪として刑罰の対象とすることが妥当であり，罪の悪質さと刑の重さとの均衡がとられていることも求められる。これまで刑罰規定が最高裁で31条違反を理由に違憲無効とされた

例はないが，いくつかの条例では問題が指摘されていることに注意を要する。

　本条は，直接には刑事手続について定めたものであるが，刑事手続以外の手続（行政手続）にも，この保障が及び得ると解されている。もっとも，行政手続は多様であるので，告知と弁解及び防御の機会の付与の要否及び態様は，制限される権利の程度や，公益の内容，緊急性といった点を踏まえて，総合的に判断されることになる。^(注28)

　適正手続の保障については，第1部第3章第2節（適正手続の保障）で詳しく解説している。

〔裁判を受ける権利〕

第32条　何人も，裁判所において裁判を受ける権利を奪はれない。

　第32条は，裁判を受ける権利を保障した規定である。民事事件，行政事件については，裁判所に訴える権利（裁判所は適法な訴えがあれば必ず審理をし，裁判をしなければならない。），刑事事件については，裁判所の裁判によらなければ刑罰を科されない権利，を意味する（刑事事件については，37条でも定められている。）。請願権，国家賠償請求権，刑事補償請求権とともに，受益権（国務請求権）に属する。

　なお，本条が「裁判官の裁判を受ける権利」ではなく，「裁判所において裁判を受ける権利」という文言を用いているのは，裁判への国民参加（裁判員制度や陪審制，参審制など）を否定しない趣旨のものであると解されている。

　行政事件に関して，出訴期間が制限され，特定の場合には不服申立てをして裁決等を受けた後でなければ訴えを提起できないとされているが，要件を満たしていれば裁判を受けることは可能であり，本条に反するものではない。刑事裁判の場合，略式手続が広く用いられているが，当事者が正式裁判を請求できることから，この権利を侵害するものではない。なお，本条の「裁判」は裁判の公開を定めた82条1項と同じであり，本来の訴訟事件について，

(注28)　行政処分に関して，現在は，行政手続法により，緊急性の高いものなどを除き，原則として聴聞等の事前手続を要することとされている。この法律の施行前においても，判例は，不公正な手続をとってはならないとして，主張と証拠の提出の機会を与えなかった処分を取り消している（最高裁判決昭和46年10月28日）。

非公開の審判で処理することは，憲法に違反することになる。

　裁判を受ける権利については，第1部第6章第1節2（裁判を受ける権利）で解説している。

〔逮捕に対する保障〕

第33条　何人も，現行犯として逮捕される場合を除いては，権限を有する司法官憲が発し，且つ理由となつてゐ（い）る犯罪を明示する令状によらなければ，逮捕されない。

　第33条は，逮捕における令状主義について定めている。現行犯の場合を除いては，何人も，司法官憲（裁判官を意味する。）の発する令状がなければ逮捕されない。捜査機関の不当な逮捕を防ぐために，裁判官が事前に審査することとしたものである。令状には，逮捕理由となっている犯罪が明示されていなければならない（この規定に基づいて，逮捕状には罪名とともに犯罪事実の要旨を記載すべきことが刑事訴訟法で定められている。）。

　本条の「逮捕」は，刑事訴訟法で定める「勾留」，「勾引」が含まれる。非行少年に対する保護手続での身体拘束（引致状や同行状の執行など）に関しても，同様に及ぶものと考えられる。

　現行犯の場合には逮捕に令状を要しない。明白であり，かつ迅速に逮捕しなければならない必要性があるからである。刑事訴訟法で定める準現行犯も，「現行犯」に含まれる。

　刑事訴訟法の定める緊急逮捕については，事前に令状を得ていないが，逮捕後直ちに令状を請求するという一時的な性格のものであることを踏まえ，最高裁判所は憲法違反でないことを明言している。

　なお，本条は，刑事手続ないしそれに準ずる手続における身体拘束について定めたものであって，それ以外の公権力機関による人の拘束についてはそのまま適用されることにはならず，外国人の退去強制手続における収容や，要保護者の一時的な保護などは，裁判官の令状を要しないこととされている。

　本条については，第1部第3章第3節1（逮捕における令状主義）で解説している。

〔抑留及び拘禁に対する保障〕

第34条　何人も，理由を直ちに告げられ，且つ，直ちに弁護人に依頼する
権利を与へられなければ，抑留又は拘禁されない。又，何人も，正当な
理由がなければ，拘禁されず，要求があれば，その理由は，直ちに本人
及びその弁護人の出席する公開の法廷で示されなければならない。

　第34条は，被逮捕者の権利について定めている。本条前段によって，抑留^{よくりゅう}
又は拘禁の際には，直ちに理由を告げられ，弁護人を依頼する権利が保障さ
れる。抑留とは短期間の拘束（逮捕後の留置），拘禁とは継続的な拘束（勾
留）を意味する。理由の告知については，逮捕後の弁解録取手続において逮
捕理由を告げることがこれに該当する。弁護人依頼権を妨害してはならない。
弁護人又は弁護人になろうとする者と立会人なくして接見する権利は，弁護
人依頼権の一部をなすものである。このほか，非行少年の保護手続や他害行
為を行った者の心神喪失者等医療観察法に基づく審判手続のように刑事手続
に類するものの場合には，弁護士を付添人に選任できることが制度化されて
いる。なお，法廷等の秩序維持に関する法律に基づく監置については，裁判
所における現行犯的なものであることなどから，理由開示や弁護人依頼権な
どの対象とならないものとされている。

　本条については，第1部第3章第3節2（被逮捕者の権利（不法な抑留・
拘禁からの自由））で解説している。

〔住居の不可侵〕

第35条　何人も，その住居，書類及び所持品について，侵入，捜索及び押
収を受けることのない権利は，第33条の場合を除いては，正当な理由に
基いて発せられ，且つ捜索する場所及び押収する物を明示する令状がな
ければ，侵されない。

②　捜索又は押収は，権限を有する司法官憲が発する各別の令状により，
これを行ふ。

　憲法35条は，裁判官の令状がない限り，住居への侵入，捜索・押収を受けない権利を保障している。「侵入」とは，住んでいる者の了承を得ることなく，住居の中に強制的に立ち入ることを意味する。「捜索」とは，相手方の了承を得ることなく人又は物を探すことを意味する。「押収」とは，相手方の了承を得ることなく物の占有を取得することを意味する（刑事訴訟法上の「押収」とは異なり，領置を含まない。）。「所持品」とは，身につけて所持している物だけでなく，本人が占有している物を広く意味する。書類も所持品の一つであるが，特に例示したものといえる。

　裁判官の令状は，正当な理由で発せられ，捜索する場所及び押収する物を明示するものでなければならない。「各別」であることを要し，複数の箇所を一つの捜索許可状とすることはできないが，一箇所にある複数の物を一つの差押許可状とすることは認められる。令状主義の精神を没却するような重大な違法があり，証拠として許容することが将来における違法捜査の抑制の見地から相当でないとされる場合には，得られた証拠の証拠能力が否定される。

　人を逮捕する場合（緊急逮捕も含む。）には，捜索等の令状がなくとも，逮捕のために人の捜索をすることや，逮捕に際して物の捜索押収をすることができる。

　刑事手続の場合だけでなく，行政手続でも，令状主義が及ぶ場合がある。証拠を収集し，刑事責任の追及につながるようなもの（例えば，国税犯則事件の調査として行われる強制立入り（臨検），捜索差押え）については，この保障が及ぶため，事前に裁判官の令状を得なければならない。これに対し，危険な状態の解消を目指す緊急の立入りには令状を要しない。許可対象事業者の行政監督のための立入検査の場合には，刑事責任追及を目指すものではなく，また物理的な強制ではないので，令状は不要とされている。なお，児童虐待のおそれのある場合の児童保護のための強制立入りのように，憲法上の令状主義が及ぶ対象以外でも，立入りを受ける者のプライバシー保護と，法益（この場合は虐待されているおそれのある児童の生命，身体の保護）との均衡を図るため，裁判官の事前の許可を要するという制度を法律で設けることもある。

　本条については，第1部第3章第4節（住居等の不可侵（不法な侵入・捜索・押収からの自由））で解説している。

〔拷問及び残虐な刑罰の禁止〕
第36条　公務員による拷問及び残虐な刑罰は，絶対にこれを禁ずる。

　第36条は，拷問及び残虐な刑罰の絶対的禁止を定めている。いかなる場合にも許されない。拷問とは，自白を強要するために，肉体的，精神的苦痛を与えることを意味する。警察官その他の犯罪捜査ないし被疑者等と関わる業務にたずさわる公務員が拷問を行った場合には，特別公務員暴行陵虐罪に当たることとなる。

　残虐な刑罰とは，不必要な精神的肉体的苦痛を与える非人道的な刑罰を意味する。死刑自体は，憲法が認めている（31条で刑罰によって生命を奪うことがあることが想定されている。）刑であって，現在の絞首による執行は残虐な刑罰に当たらないと解されている。

〔刑事被告人の権利〕
第37条　すべて刑事事件においては，被告人は，公平な裁判所の迅速な公開裁判を受ける権利を有する。
②　刑事被告人は，すべての証人に対して審問する機会を充分に与へられ，又，公費で自己のために強制的手続により証人を求める権利を有する。
③　刑事被告人は，いかなる場合にも，資格を有する弁護人を依頼することができる。被告人が自らこれを依頼することができないときは，国でこれを附する。

　第37条は，刑事事件における被告人の権利を定めている。
1　1項は，公平な裁判所の迅速な公開裁判を受ける権利を保障している。
　「公平な裁判所」とは，かたよった判断がされるおそれがない者で裁判所が構成されていることを意味する。[注29]刑事訴訟法は，これを受けて，裁判官が被害者と親族関係にあるとき，その事件の付審判決定，略式命令，前審の裁

判に関わっていたときなどは裁判官を除斥し，当事者が不公平な裁判をする
おそれがあるとして裁判官の忌避を申し立てることができることを定めてい
る（このほか，裁判官側からの回避が刑事訴訟規則で定められている。）。ま
た，裁判員法は，裁判員の選任の手続において，不公平な裁判をするおそれ
がある者などが除かれた上で，残った候補者から更にくじその他の作為が加
わらない方法に従って選任されるものとしている。

「迅速な裁判を受ける権利」は，被告人の利益のために，刑事事件をでき
るだけ速やかに審理すべきこととしたものである。もっとも，事件が複雑で
あり，多数の被告人が同一に審理されるといった理由で長期になることはや
むを得ない。被告人側の引き延ばしによる場合には，被告人の権利が侵害さ
れたことにはならない。審理が不当に遅延した場合の扱いに関する法律の規
定はないが，極めて極端な場合に，「異常な事態」として訴訟の打ち切りが
命じられたことがある。^(注30)

「公開の裁判を受ける権利」とは，公開の法廷で審理され，判決を受ける
ことを意味する。82条で定める裁判の公開と同じであるが，被告人側の権利
として構成されている。被害者などの保護の観点から，証人のまわりについ
たてを立てて視線が及ばないようにする場合があるが，裁判の傍聴自体は可
能であるから，公開の裁判を受ける権利を侵害することにはならない。なお，
略式手続については，事後に正式裁判を請求できるので，これに反しない。^(注31)

2　2項は，被告人に証人審問権と証人喚問権とを保障している。いずれも

(注29)　裁判員制度は「公平な裁判所における法と証拠に基づく適正な裁判が制度的に
　　保障されている」から，裁判員制度による審理裁判を受けるかどうかについて被告
　　人の選択権が認められていなくとも，憲法32条，37条に違反しない（最高裁判決平
　　成24年1月13日）。
(注30)　最高裁大法廷判決昭和47年12月20日（高田事件判決）。ただし，免訴とされたの
　　はこの一例のみであり，一審，二審で合計20年以上かかった事件でも，不当な遅延
　　とはされていない。昭和20年代から30年代にかけて発生した大衆闘争に関わる事件
　　では，被告人側の公判戦術もあって，裁判が長期化し，メーデー事件は一審判決ま
　　で17年以上かかった。今日では，様々な迅速化努力が払われ，長期の裁判は著しく
　　減少している。
(注31)　現行制度は，被告人の事前の同意も得ており，権利を侵害しないことは明らか
　　であるが，被告人の同意がない制度でも，事後の正式裁判への請求が容易にできる
　　のであれば，憲法には反しないと考えられる（旧刑事訴訟法における略式手続は，被
　　告人の意思に関わらないものであったが，合憲とされている。）。

被告人の防御のための権利である。

　証人審問権は，自己に不利な証言をする証人に対して，公判で反対尋問をする権利である。公判中心主義，伝聞証拠排除の原則は，この趣旨を受けたものであるが，合理的な例外を認めることが憲法に反することにはならない。

　証人喚問権は，被告人が自分のために証人を公費で強制的に喚問する権利を意味する。もっとも，裁判所は，被告人が求めた証人を喚問する義務はなく，事件を審理する上で必要適切な範囲の者を証人とすれば足りる。証人の日当や旅費は国が支払う（裁判で有罪判決を受けた場合に，その費用を含めた訴訟費用を被告人に負担させることは，この規定に反しない。）。

　なお，被害者保護の観点から，証人のまわりについたてを立てる措置（遮へい措置）や，ビデオリンク方式による証人尋問が平成12年の法改正で導入されたことは，証人審問権に反するものではない。

3　3項は，被告人に弁護人依頼権を保障している。弁護人を依頼できない場合で，被告人の請求があった場合には，国選弁護人が付けられる[注32]。被告人本人が望まない場合にまで弁護人を付ける義務を国は負わないが，必要的弁護事件（長期3年を超える事件）では裁判所が弁護士を付けるという制度が設けられている。なお，勾留された被疑者に対する起訴前の国選弁護制度は，憲法上の求めによるものではない。

　本条に関しては，第1部第3章第6節1（刑事被告人の権利）で解説している。

〔自己に不利益な供述と自白の証拠能力〕

第38条　何人も，自己に不利益な供述を強要されない。

②　強制，拷問若しくは脅迫による自白又は不当に長く抑留若しくは拘禁

（注32）　被告人側が，私選弁護人が辞任した後に国選弁護人を請求し，付けられた国選弁護人とも衝突して辞意を表明したため，裁判所が弁護人を解任，被告人が行った再度の弁護人選任請求に対し，裁判所は今後誠実に弁護を受ける意思のあることの確約を求めたが被告人が拒否したため，裁判所は弁護人を付けないで裁判を行ったという事件において，最高裁は，被告人側の主張を一種の権利濫用（乱用）とし，国選弁護人を改めて付けなかったことに違法性はないとした（最高裁判決昭和54年7月24日）。この事件は，必要的弁護事件ではなかったが，必要的弁護事件でも，同様の結論が得られるものと思われる。

された後の自白は，これを証拠とすることができない。
③　何人も，自己に不利益な唯一の証拠が本人の自白である場合には，有罪とされ，又は刑罰を科せられない。

1　1項は，自己に不利益な供述を強要されないことを定めている。黙秘権（自己負罪拒否特権）の保障とも呼ばれる。自らの刑事上の不利益となる事項（刑罰を受けることにつながるもの，量刑にかかわるもの）について，供述を直接に強制され，あるいは供述しないことで刑罰その他の不利益を課されないことを意味する。被疑者，被告人は供述義務を負わないし，刑事裁判で証言を義務付けられない。また，自らに疑いがかけられていなくとも，求められた証言が自己が刑事訴追を受け又は有罪判決を受けるおそれがある場合には，証言を拒否できる。

行政手続でも，国税機関の行う犯則調査のように，実質上刑事責任の追及のための資料の収集に直接結びつく作用を有するものについては，本条の保障が同様に及ぶ。それ以外の行政調査（一般の税務調査や事業者に対する行政監督上の調査）で，質問に答えることを義務付けているのは，行政目的を達成するために必要な調査であり，刑事責任追及に直結するものではないことから，憲法に違反しない。事業者に帳簿の記載義務を負わせ，あるいは交通事故の発生時の申告義務を課すという制度も，憲法違反とはならない。

2　2項は，強制等による自白を証拠とすることを禁ずるものである。自白排除法則とも呼ばれる。自白の強制が被疑者被告人の人権侵害であることから，物理的又は精神的な強制によって得られた自白は，証拠とすることはできない。不当に長期間の身体拘束の後で行われた自白も，証拠とできないことが定められている。単に拘束の期間だけでなく，その拘束が実質的に必要であったかどうかによって，判断される。これら以外でも，刑事訴訟法によって，任意性に疑いのある自白はすべて証拠能力が否定される。

3　3項は，自白のみによって有罪とすることを禁じている。自白を補強する証拠を要するという意味で，「自白補強法則」という。架空の自白によって有罪とされることを防止するための規定である。その裁判における公判廷での自白は，本項の「自白」には当たらないと解されているが，刑事訴訟法

ではその場合も補強証拠を要するものとしている。なお，共犯者の自白については，被告人本人から見れば「自白」ではないので，補強証拠を要しないとされている。

　本条については，第 1 部第 3 章第 5 節（黙秘権と自白法則）で解説している。

〔遡及処罰の禁止・一事不再理〕

第39条　何人も，実行の時に適法であつた行為又は既に無罪とされた行為については，刑事上の責任を問はれない。又，同一の犯罪について，重ねて刑事上の責任を問はれない。

　第39条は，事後法の禁止（遡及処罰の禁止）と一事不再理について定めている。

　実行の時に適法であった行為について，後で刑罰対象とされ，刑事上の責任を問われることはない。31条からも当然のことであるが，明確に規定したものである。刑罰対象とされていた行為について，その後に刑を重くする法改正が行われたときに，新たな法律を適用することもこれに反する。なお，刑事手続法が変わった場合には，それ以前の行為に適用しても，本条に反するものではない（例えば，時効期間を延長し，又は特定の罪について時効制度の適用対象外とし，それ以前の時効期間進行中の行為について適用することを法律で定めたとしても，憲法違反とはならない。）。

　いったん無罪とされた事件については，後で証拠が発見されても，刑事上の責任を問われることはない（再審は，被告人に有利な場合にのみ認められる。）。また，同一の犯罪について，二重に処罰することも禁じられる。

　本条については，第 1 部第 3 章第 6 節 2 （刑罰に関するその他の規定）で解説している。

〔刑事補償〕

第40条　何人も，抑留又は拘禁された後，無罪の裁判を受けたときは，法律の定めるところにより，国にその補償を求めることができる。

第40条は，刑事手続において身体を拘束された者が，裁判によって無罪となった場合には，国に対して補償を求めることができる（補償請求権を持つ）ことを定めている。政府原案にはなく，衆議院で追加された規定である。この権利は，国家賠償請求権，裁判を受ける権利等とともに，受益権（国務請求権）に属する。

刑事補償は，国が身体の自由を奪ったことについての結果責任として補償をするものであり，違法行為について責任を負う国家賠償とは異なる。公務員側の故意過失，違法性の有無とは関係がない（違法性がある場合には，国家賠償と刑事補償の双方が適用される。）。

制度の内容は，刑事補償法で定められている。^(注33)無罪判決を受けた場合が対象であるが，免訴や公訴棄却でも，もし免訴事由等がなければ無罪の裁判を受けるべきものと認められる充分な事由があるときには対象となる。

不起訴となった場合には，この制度の対象とならない。不起訴処分となった者のうち，罪を犯さなかったと認めるに足りる充分な理由がある者について，国（法務省）が被疑者補償規程に基づいて，一定の補償をしているが，被疑者であった者に権利を与えるものではなく，本条とは異なるものである。

本条については，第1部第3章第6節3（刑事補償請求権）で解説している。

（注33）　戦前から刑事補償法という名前の法律は存在していたが，恩恵としての位置付けであったため，新たに現行の刑事補償法が昭和25年に制定されている。

第4章　国　　会

　第4章は，国会について定めている。41条から64条までの24条あり，国会の地位，構成，活動等について規定している。なお，国会の権能に関しては，第4章だけでなく，第5章（内閣），第7章（財政）及び第9章（改正）でも規定されている。国会の地位，権能等の基本的な事項は，第1部第7章第1節1（三権分立と国会）及び2（国会の構成と権能）で説明している。

　本章の規定を規定順に並べると，以下のとおりである。

　国会の地位：立法権と国会の地位（41条）

　国会の構成と議員：両院制（42条），両議院の組織（43条），議員及び選挙人の資格（44条），衆議院議員の任期（45条），参議院議員の任期（46条），選挙に関する事項の法定（47条），両議院議員の兼職禁止（48条），議員の歳費（49条），議員の不逮捕特権（50条），議員の発言の無問責（51条）

　国会の運営：常会（52条），臨時会（53条），衆議院の解散と総選挙，特別会，緊急集会（54条），議員の資格争訟（55条），議事定数，表決（56条），会議の公開（57条），役員の選任，議院規則，懲罰（58条）

　国会の活動等：法律案の議決（59条），予算における衆議院の優越（60条），条約の承認における衆議院の優越（61条），議院の国政調査権（62条），国務大臣の議院出席の権利と義務（63条），弾劾裁判所（64条）

＜国会の地位に関する規定＞

〔国会の地位・立法権〕
第41条　国会は，国権の最高機関であつて，国の唯一の立法機関である。

　第41条は，国会の地位と，立法権が国会に専属するものであることを定めている。

1　国会は，主権者である国民によって直接選ばれた機関であり，国政上で最高の地位にある。憲法は，立法権を国会，行政権を内閣，司法権を裁判所に帰属させる三権分立制をとっているが，その中で国会のみが国民から選ばれている機関としての民主的正統性を持つ。内閣は，国会が指名する内閣総理大臣が組織し，国会（衆議院）の信任がなければ存続できない。裁判所は，国会の定めた法律にのっとって，裁判を行う。「最高機関」とは，そのような国会の地位を示した表現である。

　もっとも，「最高機関」であるといっても，三権の相互の具体的関係は憲法に定められているのであって，それを超えた存在になるわけではなく，絶対的地位にあるということにはならない。内閣は衆議院の解散権を実質的に有しているし，最高裁判所は国会の制定した法律を裁判の中で違憲無効とすることができる。

2　立法権は国会に専属する。法律は国会の意思によってのみ制定される。条例の場合，議会が議決した条例について知事が再議に付すことができるが，法律についてそのような関与を他の機関がすることは認められない（95条によって，地方特別法に関して住民投票で過半数の賛成を要するとされているのが，唯一の例外である。）。

　国民一般を拘束する法規範は，国会の定める法律によってのみ設けることができるのが原則である（地方公共団体の自主立法としての条例がその例外となる。）。国民に権利を付与する，国民の自由を制限し，義務を課す，刑罰の対象とするといったものがその典型である。それ以外にも，行政組織に関する重要な事項などは，国民を代表する国会が定めた法律によらなければならない。他方，法律は，その詳細に関する事項を内閣等の定める命令や地方公共団体の定める条例に委任することができる。

　法律については，第1部第8章第2節（法律）で詳しく解説している。

＜国会の構成と議員に関する規定＞

〔両院制〕
第42条　国会は，衆議院及び参議院の両議院でこれを構成する。

　第42条は，国会が衆議院と参議院という二つの院で構成されることを定めている。両議院は，それぞれ独立の意思決定機関であり，それぞれの意思が合致した場合に限って国会の意思が成立する（憲法上の例外として，内閣総理大臣の指名，予算及び条約の承認について，衆議院の優越が定められ，法律の場合にも衆議院が3分の2以上で再可決したときに成立するという特例が定められている。）。

　旧憲法の下で衆議院のほかに貴族院があり両者は対等とされていたのを改め，貴族院に代えて国民によって選ばれる参議院を設置した上で，予算等の面で衆議院の優越を定めたものである。

---

column　世界の二院制

　各国の国会は，一院制のものと二院制のものとがある。二院制の国が多いが，その場合は，一方の院が国民の代表で構成され，他方の院はそれ以外の代表とされるのが通例である。アメリカ及びドイツには上院があり，州の代表（アメリカでは選挙されるが，ドイツでは任命制である。）で構成される。ロシアも連邦院があり，連邦を構成する地方政府又は議会の代表で構成される。一方，イギリスには貴族院（一代限りの貴族の方が多く，事実上の任命制となっている。），フランス及びカナダには元老院がある（フランスは主として地方議会議員によって選出される地方公共団体の代表である。カナダは終身の任命制である。）が，いずれも国民から直接選出されるものではなく，政治的意思決定において，国民代表の議院と同等の地位にはない。イタリアは，上下両院とも国民によって直接選挙される議員で構成されるという点で日本と同じであるが，同一の機会に選挙される（いずれも5年の任期で解散がある。）点が日本と異なる。

〔両議院の組織〕

第43条　両議院は，全国民を代表する選挙された議員でこれを組織する。

②　両議院議員の定数は，法律でこれを定める。

　第43条は，衆議院及び参議院の二つの議院が，国民によって選挙された議員で組織されることを定めている。議員は，各地の選挙区で選出されても，地域の代表なのではなく，あくまで「全国民を代表する」者として行動する。二つの議院の議員とも，同じく「全国民を代表する選挙された議員」で組織

されるのが，日本の特徴である。

　両議院の定数は，法律（公職選挙法）で定められる。衆議院は平成28年改正法により465人，参議院は平成30年改正法により248人となっている。^(注1)

---

column ■ 参議院の設置に至る論議 ===

　現行憲法の基となったアメリカ側の案では，国会は一院制とされていた。^(注2)これに対し，日本側は二院制を強く主張し，アメリカ側も国民によって選ばれることを条件に受け入れた。日本側は，「健全な民意を反映させる」という観点から，地域別又は職業別に選挙する議員と一部の任命制の議員（適切な選挙母体のない職能代表者を選出するためのもの）で構成されるという案を作ったが，結局アメリカ側に受け入れられなかった。また，日本側は，参議院を衆議院に再考を促す機関と位置付け，イギリスにおける貴族院と庶民院との関係と同様に，同じ法律案を衆議院が引き続き3回可決した場合には，衆議院の議事開始から2年経てば，参議院の議決がなくとも法律になるという案を作った。これに対し，アメリカ側は，衆議院の3分の2以上の多数による可決とすべきこととした。その結果，日本の参議院は，国民から直接選出され，かつ法律案についてその成立を左右することができる，という他国にあまり例のない第二院となったのである。

〔**議員及び選挙人の資格**〕

第44条　両議院の議員及びその選挙人の資格は，法律でこれを定める。但し，人種，信条，性別，社会的身分，門地，教育，財産又は収入によつて差別してはならない。

（注1）　衆議院の定数は当初466人であった（旧憲法下の衆議院が大正14年以降466人であったのを引き継いだ。）が，沖縄復帰及び格差是正として511人にまで増え，その後選挙制度の改革とあわせて削減され，平成25年にも削減されて475人となり，さらに平成29年にも削減されて465人（小選挙区289人，比例代表176人）となった。参議院については，当初250人（全国区100人，地方区150人）であったが，沖縄復帰で252人となり，その後削減が行われて242人となった。平成30年の改正により，6人増やされ，令和4年の選挙から248人（比例区100人，地方区148人）となる。

（注2）　一院制とした場合に議会多数派の専制，行き過ぎた偏りを招くおそれがあり，二院制とすれば「衆議院多数派の横暴」を抑制することができることをあげ，その背景として日本の国民性が左右いずれに向かっても過激に偏り，その時の勢力に軽々しく乗ってしまったり，言いなりになってしまったりしやすい，ということを理由として述べている。

　第44条は，衆議院議員及び参議院議員の議員となる資格（被選挙権）及び選挙人の資格（選挙権）について，法律で規定しなければならないこと及び差別をしてはならないことを定めた規定である。差別してはならない事由として，14条の平等権の規定で列記されたものに「教育，財産又は収入」が加えられている。教育の程度や収入（納税額）によって選挙権に差を設けるという考えによってはならないことを明確にしたものである。これら以外の事由によっても，合理的理由がある限られた場合（一定の年齢に満たない者，選挙犯罪をした者など）を除けば，差別をすることは許されない。

　選挙権及び被選挙権を定めた法律は，公職選挙法である。公職選挙法は，日本国民で年齢満18年以上の者が衆議院議員及び参議院議員の選挙権を有することを定め，被選挙権については，日本国民であって，衆議院議員は年齢満25年以上，参議院議員は年齢満30年以上であることを要するとしている。その上で，犯罪で禁錮以上の刑で受刑中の者など^(注3)について，選挙権及び被選挙権を持たないこととしている。このほか，公務員は在職中立候補することが禁じられている。いずれも，憲法に反するものではない。

　本条は，実質的に，選挙権に関する平等を定めたものである。したがって，投票価値の不平等（選挙区ごとの被選出議員1人当たりの選挙人数の格差）についても，本条の問題となる。最高裁は，投票の価値の平等が求められるとしつつ，その配分が国会の合理的な裁量の範囲内として是認される限度にとどまるときは違憲ではないが，それを超えた場合（投票価値の不均衡が著しい不平等に至っている場合）には違憲状態となり，さらに選挙までの期間内に是正がされなかったことが国会の裁量権の限界を超えていれば選挙時の定数配分規定が違憲となるとの考えをとっている。衆議院議員の定数配分に

（注3）　禁錮以上の刑に処せられて執行を終わるまでの者（刑務所に収容されている者又は仮釈放中の者）のほか，公職にある間に収賄罪等を犯して刑の執行を終わってから5年以内の者（執行猶予中の者も含む。），選挙に関連する犯罪で禁錮以上の刑に処せられて執行猶予中の者については，選挙権及び被選挙権を有しない。公職にある間に収賄罪等を犯して刑の執行を終わってから5年を経過した者については，それ以降5年間は被選挙権を有しない。有罪判決が確定した者だけが対象になるのであって，それ以外の被疑者，被告人の時点では，選挙権，被選挙権とも制限されない。なお，公職選挙法では，このほかに成年被後見人も選挙権・被選挙権が否定されてきたが，平成25年の法改正で，制限を受けないこととなった。

ついては，過去に 2 回違憲としたほか，違憲状態にあるとの判断も数回示し^(注4)
ている。参議院議員の定数配分についても，かつては，半数改選という制約
の中で平等性を求めるのが困難であるとの理解もあったが，都道府県ごとの
大きな格差に対して，著しい不平等で違憲状態であるとの判断が繰り返し示
されている。^(注5)衆議院，参議院とも，投票価値の平等に向け，格差の是正を求
める傾向が近年より強まっているといえる。このほか，日本国内に居住しな
い日本人（在外国民）について，選挙権の行使が制限されていた状態につい
ても，最高裁は違憲の判断を下している。^(注6)

column 衆議院の定数配分と最高裁の判断

　最高裁は，投票価値の平等は国会が正当に考慮することのできる政策的
目的ないし理由との関連において調和的に実現されるべきものである（投
票価値の平等を絶対とはしない）としつつ，昭和47年選挙当時における人
口比の格差（最大約 5 対 1 ）について，合理性があるとは到底考えられな
い程度であって，選挙権の平等の要求に反し，合理的期間内に是正されな
かったものと認めざるを得ないとして，違憲とした（最高裁大法廷判決昭

（注4）　最高裁は，定数配分が違憲になるとしつつ，選挙自体については有効とした。選
　　　　挙自体を無効とすると，衆議院議員がすべて不在となるという憲法の予測しない異
　　　　常な事態となり，違憲とされた法律の改正自体もできなくなることから，違憲違法
　　　　であることを宣言するのにとどめたものといえる。
（注5）　参議院の選挙区定数に関しては，平成 4 年の選挙（最大格差6.6倍）で初めて違
　　　　憲状態という判断が示された。その後，最大格差 4 倍台での選挙では著しい不平等
　　　　とはされなかったが，平成22年の選挙（最大格差5.0倍）について，最高裁は，著し
　　　　い不平等で違憲状態とした上で，都道府県を単位とする現行制度の仕組み自体の見
　　　　直しを求めた（最高裁大法廷判決平成24年10月17日）。平成25年の選挙（最大格差4.8
　　　　倍）についても，同様に，違憲状態とする判断が示された（最高裁大法廷判決平成
　　　　26年11月26日）。これを受けて，鳥取県と島根県，徳島県と高知県をそれぞれ一つの
　　　　選挙区（合区）とすることを含めた法改正が平成27年に行われている。改正後の 2
　　　　回の選挙（平成28年選挙・最大格差 3 .08倍及び令和元年選挙・最大格差 3 .0倍）に
　　　　ついて，最高裁は，不均衡の問題を指摘しつつも，経過等を踏まえて，違憲状態で
　　　　はないとの判断を示している（最高裁大法廷判決平成29年 9 月27日，同令和 2 年11
　　　　月18日）。
（注6）　最高裁大法廷判決平成17年 9 月14日は，平成 8 年当時在外投票を認めていな
　　　　かったことは憲法に違反する，平成10年に成立した法律で在外投票を認めつつ，当
　　　　分の間両議院の比例代表選出議員のみに限定したことについては，遅くとも同判決
　　　　の言い渡し後に行われる選挙（衆議院議員総選挙，参議院議員通常選挙）の時点に
　　　　おいては憲法に違反するとの判断を示している。これを受けて，平成18年に選挙区
　　　　についても在外投票を認める法改正が平成18年に行われ，19年の選挙から実施され
　　　　ている。

和51年 4 月14日)。昭和58年選挙当時の格差(1 対4.4)についても同様に違憲としている(最高裁大法廷判決昭和60年 7 月17日)。このほか,中選挙区当時, 2 件では格差(1 対3.2, 1 対3.9)が違憲状態であるが合理的な是正期間内にあるとし, 2 件は格差(1 対2.9, 1 対2.8)が違憲状態ではないとした。

　平成 6 年に小選挙区比例代表制が導入されたが,小選挙区の区割りにおいて,人口比格差を 2 倍未満にするとしつつ各都道府県に定数 1 をあらかじめ割り振って策定された(一人別枠方式)。最初の選挙(平成 8 年)について,平成11年の判決では, 1 対2.3の格差を違憲の程度に達しているとまではいえないとした(平成19年にも同様の判断が示された。)。しかし,最高裁大法廷判決平成23年 3 月23日は,平成21年の選挙(格差 1 対2.3)について,一人別枠方式は新たな選挙制度の導入に際して安定性,連続性を確保し,改正を実現するためのものであって,合理性に時間的な限界があり,「新しい選挙制度が定着し,安定した運用がされるようになった段階で合理性は失われる」とし,選挙時には憲法の投票価値の平等の要求に反するものとなっていた(違憲状態にあった)との判断を示した上で,合理的な期間内に是正がなされなかったとはいえないとした。同じ区割で行われた平成24年の選挙についても,同様に違憲状態との判断が示されている。 5 つの県で定数が削減された平成26年の選挙(選挙時の最大格差2.1倍)についても,「憲法上,議員 1 人当たりの選挙人数ないし人口ができる限り平等に保たれることを最も重要かつ基本的な基準とすることが求められているというべきであるが,それ以外の要素も合理性を有する限り国会において考慮することが許容されている」とした上で,一人別枠の規定が廃止されても,旧区割基準によって相対的に有利な定数の配分を受けた都道府県が残っていることなどを指摘し,憲法の投票価値の平等の要求に反する状態にあったとしつつ,憲法上要求される合理的期間内における是正がなされなかったとはいえないとした(最高裁大法廷判決平成27年11月25日)。これを受けて,次の大規模国勢調査の結果が出てから 1 人別枠方式の影響を完全になくした本格的な定数是正を行う(都道府県ごとに新たな方式(注6の2)に基づいて定数を割り振り,その後も10年ごとの大規模調査結果によって再配分をしていく。)こととし,その前に 6 県で定数を削減するとした改正法が平成28年に成立し,当面の措置として最大格差を 2 倍未満と

(注 6 の 2)　「アダムズ方式」とよばれるもので,ある数で都道府県ごとの人口を割り,小数点以下を切り上げた数をその都道府県の議員定数とする(合計が全体の定数と一致するように,「ある数」を決める。)。人口の少ないところが単純比例より有利になるとはいえ,最大格差も大きくならない。自動的に議席数が決まるので公平性が高まるという面もある。この方式による都道府県ごとの定数の割り振りは,令和 2 年に実施された大規模国勢調査の結果を受けて行われる。

312

するための具体的な区割りを定める法改正が平成29年に行われた。同年に
実施された総選挙（選挙時の最大格差1.98倍）については，是正途中で
あることを評価して，国会における裁量権の行使として合理性があり，合
憲とされている（最高裁大法廷判決平成30年12月19日）。

〔衆議院議員の任期〕
第45条　衆議院議員の任期は，4年とする。但し，衆議院解散の場合には，
　その期間満了前に終了する。

　第45条は衆議院議員の任期について定めている。衆議院議員の任期は4年
である（補欠選挙で選ばれた者は，前議員の残り期間となる。）。衆議院の場
合には，解散があるので，解散されたときはその時点で終了する。この任期
を法律によって変更することはできない。

〔参議院議員の任期〕
第46条　参議院議員の任期は，6年とし，3年ごとに議員の半数を改選す
　る。

　第46条は，参議院議員の任期と改選方法を定めている。参議院議員の任期
は衆議院議員より長い6年であり，解散もないのでそれだけ長期に在任する。
このことは，衆議院議員に比べて継続性安定性が高いといえるが，同時に，
国民との直接的関係が低いということを意味する。
　半数改選であるので，選挙区，比例区とも定員の半分の者につき，3年ご
とに選挙（参議院議員通常選挙）が行われる。解散がなく，半数改選なので，
参議院議員がいないという状態は存在しない。

〔選挙に関する事項の定〕
第47条　選挙区，投票の方法その他両議院の議員の選挙に関する事項は，
　法律でこれを定める。

　第47条は，選挙に関する事項は法律で定めることとしている。選挙権及び被選挙権の平等，秘密投票制度といった憲法上の原則の下，公職選挙法で選挙に関する事項が規定されている。

　衆議院議員の選挙については，一つの選挙区で1人だけが当選する小選挙区と，ブロックごとの比例代表制^(注7)とで行われる（かつては一つの選挙区で複数（3人から5人）が当選するいわゆる中選挙区制がとられていたが，平成6年に成立した選挙制度改革によって改められ，現在の姿になった。）。参議院議員の選挙については，各都道府県（鳥取県と島根県，徳島県と高知県は2県で1選挙区）に1人ないし複数人（最多は6人）が当選する選挙区と，全国の比例代表制となっている（かつては全国を一つの選挙区とする全国区があったが，昭和57年の改正で，比例代表に改められた。）。

　投票の方式については，候補者の名前（又は政党名）を自書することによって行われる。目の不自由な人の場合には点字による投票ができる。身体の故障等で自ら記載できない場合は代理投票が認められる。

　〔両議院議員兼職の禁止〕
第48条　何人も，同時に両議院の議員たることはできない。

　第48条は，同じ人間が，同時に両議院の議員になることはできないことを

（注7）　比例代表制度は，政党の得票によって議席を政党に比例配分し，配分された数の名簿掲載者が当選する。政党に所属しないで立候補することを不可能にするものであるが，憲法が選挙に関する事項を法律で定めるとしていること，比例代表制は世界的に多くの国で行われており選挙制度としての合理性があること，衆議院，参議院ともに選挙区選挙では無所属の立候補が可能であることから，憲法に違反しないと解されている。なお，参議院の比例代表は，当初は政党のみに対して投票し，各政党の得票数に応じて割り振られた議席数に至るまで名簿の上位から順に当選する方式であったが，改正により，政党又は政党の名簿に記載された候補者に投票し，各政党の総得票（政党及び所属候補者への投票の合計）によって割り振られた議席数に至るまで，得票の多い候補者から順に当選するという方式になった（平成30年の改正法で一部修正され，特定枠として，優先的に当選人となる候補者を設けることができることになった。）。衆議院の場合には，政党のみに対して投票され，名簿の上位から順に当選するが，小選挙区との重複立候補が認められ，重複立候補者で名簿上同順位の場合には，小選挙区の惜敗率が高い者から順に当選する制度となっている。

定めている。二院制をとる以上，当然のことである。

〔議員の歳費〕

第49条　両議院の議員は，法律の定めるところにより，国庫から相当額の
　　歳費を受ける。

　第49条は，議員が国から議員としてふさわしい額の歳費（給料）を受ける
ことを定めている。議員が国民の代表である以上，国から給料を受け取るべ
きことは当然であるし，無給では別に収入のある者以外はなれなくなるので，
様々な立場の国民が議員になり得るようにする上で適切な歳費は不可欠であ
る。国会法で，一般職の国家公務員の最高の給与額より少なくない額とされ
ている。

〔議員の不逮捕特権〕

第50条　両議院の議員は，法律の定める場合を除いては，国会の会期中逮
　　捕されず，会期前に逮捕された議員は，その議院の要求があれば，会期
　　中これを釈放しなければならない。

　第50条は，議員のいわゆる不逮捕特権を定めている。議会制の初期におい
て，政府が反対する側の議員を逮捕して，不当な支配を議会に及ぼすという
ことがあり得たため，この規定が設けられたものである。

　国会法において，院外の現行犯の場合及び院の許諾があった場合以外は，
会期中逮捕されないことが定められている。現行犯の場合は，明確であり，
かつ緊急を要するので，議員であっても逮捕することができる（院外だけが
定められているのは，院内の場合は，議院自身が警察権を行使するためであ
る。）。現行犯以外の場合には，その議員の属する院の許諾を得なければなら
ない。許諾請求は，裁判官が逮捕状の発付をする前に，裁判所又は裁判官か
ら要求書が内閣に提出され，内閣が院に許諾を求める。院の意思決定は，本
会議で議決される（議院運営委員会に付託された後，本会議にかけられる。）。
許諾の可否の判断は，その逮捕が逮捕権の乱用であるかどうか（逮捕の理由

と必要性があるか）という観点で行われるものであり，審議における当該議員の必要性といった観点で行われるものではない。[注8]

逮捕以外の刑事手続上の身体拘束もこの対象となるが，確定判決に基づく収容については，この対象とはならない（裁判所の確定判決がある以上，乱用防止の必要性はないからである。）。

逮捕に許諾を要するのは，会期中に限られる。会期中でない時期には，通常の一般人と同じく，議員を逮捕することができる。その代わり，会期前に逮捕された議員について，議院の要求があれば，会期中釈放しなければならないことが定められている。

〔議員の発言・表決の無責任〕

第51条 両議院の議員は，議院で行つた演説，討論又は表決について，院外で責任を問はれない。

第51条は，議員のいわゆる免責特権を定めている。名誉毀損に該当する発言でも，民事上，刑事上の責任を問われない（名誉を侵害された者からの損害賠償訴訟も，名誉毀損罪での刑事訴訟も提起できない。）。[注9] 議院での自由な発言を認めることが，極めて重要であるという判断によるものである。国会議事堂内の本会議，委員会の場での発言が典型であるが，地方公聴会での発言など議院の公式な場における議員としての行動であれば，すべて含まれる。国会議員としての資格による行動のみが対象となる。私的な行動も，他の資格での行動（例えば，国会議員が国務大臣である場合における大臣としての発言）も，本条の対象とはならない。

この規定で免責されるのは，一般国民と同等の資格で受ける責任であり，本人が自らの判断で個別に所属している団体等から，責任を追及されること（所属政党から処分されることなど）は対象とはならない。また，院が責任

（注8） 許可するかしないかを判断するだけで，審議の都合で期限を付して許可するということはできない。「期限付き許可」の場合，期限の部分が無効として扱われる（期限とは無関係に勾留された実例がある。）。

（注9） 民事，刑事以外の公的懲戒も受けない。例えば，弁護士である議員の場合，弁護士会の懲戒処分の対象とはならない。

を追及する（懲罰を加える）ことは何ら制限されない。

なお，本条及び前条の特権は，国権の最高機関である国会の議員であるからこそ認められる例外的なものであって，地方議会議員には及ばない。

＜国会の運営に関する規定＞

〔常会〕

第52条 国会の常会は，毎年１回これを召集する。

第52条は，常会（通常国会ともいう。）が毎年１回召集されることを定めている。

国会は，会期ごとに活動する。天皇によって召集され，定められた期間の終了によって活動を終える。各会期ごとに，第○○○回国会と呼称される。会期ごとに活動するので，議案は継続しないのが原則である。他方，同一の会期中は，原則として，一度議決された案件を再び議題にすることはできないものとされている。会期と会期の間は国会としての活動を行わないが，議院の議決で，委員会が閉会中の審査を付託された案件については，審査することができ，その案件（法律案等）については次の会期に継続する。

毎年召集される常会のほか，臨時に召集される臨時会，衆議院の解散総選挙後に召集される特別会がある。召集時期，会期等に差はあるが，いずれも国会として同一の権能を有する。

常会は，毎年１月に召集される。会期は150日間である。会期の延長は１回に限り認められる。会期の延長の議決が衆議院と参議院とで異なったときは，衆議院の議決によって決められる。常会では，予算が議案とされるほか，予算関連法案など多くの法律案が内閣から提出されている。

〔臨時会〕

第53条 内閣は，国会の臨時会の召集を決定することができる。いづれかの議院の総議員の４分の１以上の要求があれば，内閣は，その召集を決定しなければならない。

　第53条は，臨時会の召集について定めている。内閣が臨時会の必要がある
と判断した場合と，いずれかの議院の総議員（議員定数）の4分の1以上の
要求があった場合に，内閣が召集を決定する。なお，議院の側からの要求で
特定の日を召集日とすることが含まれていたとしても，内閣がそれに拘束さ
れることにはならないものとして扱われている。

　召集を決定するのは内閣であるが，会期の日数は国会の側で決める（衆議
院と参議院との議決が異なったときは衆議院の議決によって決められる。）。
延長は2回まで可能である。

〔衆議院の解散と総選挙・特別会・緊急集会〕

第54条　衆議院が解散されたときは，解散の日から40日以内に，衆議院議
　　員の総選挙を行ひ，その選挙の日から30日以内に，国会を召集しなけれ
　　ばならない。

②　衆議院が解散されたときは，参議院は，同時に閉会となる。但し，内
　　閣は，国に緊急の必要があるときは，参議院の緊急集会を求めることが
　　できる。

③　前項但書の緊急集会において採られた措置は，臨時のものであつて，
　　次の国会開会の後10日以内に，衆議院の同意がない場合には，その効力
　　を失ふ。

　第54条は，衆議院が解散された場合について定めている。
1　1項は，解散の後の総選挙と国会召集を定めたものである。解散は，主
権者である国民に改めて衆議院議員を選び直してもらうために（民意を問う
ために）行われるものであるから，早期に選挙が行われ，早期に国会が開か
れる必要がある。憲法では，解散の日から40日（初日を参入する。）以内に
総選挙を行い，総選挙から30日以内に国会を召集しなければならないものと
している。総選挙後に召集される国会について，憲法では呼称を決めていな
いが，国会法で「特別会」と定めている。特別会が常会を兼ねることもある。
特別会の会期は，臨時会と同様に決められる。特別会が開かれると，内閣は
総辞職し（70条），新たな内閣総理大臣が指名される。

2　2項は，衆議院が解散された場合における参議院の緊急集会について定めている。衆議院が解散された場合には，国会を構成する一方の院の構成員がいなくなるのであるから，国会としての活動はできなくなる。したがって，当然に閉会となる（この場合，閉会中審査が行われることはない。）。他方，衆議院が解散されてから，新たな議員によって国会が活動できるようになるまでの間，緊急に立法措置等が必要となる場合があり得る^(注10)。そのため，緊急集会を内閣が召集することを決定し，参議院のみによって，国会の権能を行うことができるようにしたのがこの規定である。二院制の下の例外的なものである。

3　3項は，緊急集会において採られた措置について，その後の国会における衆議院の承認を要するとしたものである。10日以内に承認が得られなければ，それ以後の効力はなくなる。緊急集会での措置が参議院のみによる判断に基づく応急的なものであるから，衆議院側の承認が得られなければ，効力を維持させることはできない。

〔議員の資格争訟〕
第55条　両議院は，各々その議員の資格に関する争訟を裁判する。但し，議員の議席を失はせるには，出席議員の3分の2以上の多数による議決を必要とする。

　第55条は，議員の資格に関する争いをその議院が裁判することを定めた規定である。議員が，資格がないとき（被選挙権がない場合や兼職が禁じられている公職に就いた場合）には，議員の地位を維持することはできないが，

（注10）　個々の法律において解散されている場合の特例を定めることにより，緊急集会を求めることが必要な事態は減少する（例えば，中央選挙管理委員会委員は国会の議決によって指名されるが，現行法では，衆議院の解散の場合，新たな委員が任命されるまでの間は任期満了になった委員が在任するとされ，不在になることを防止している。）。なお，旧警察法は，内閣総理大臣が国家非常事態（現行法の緊急事態）の布告を発した場合国会の承認を得なければならないが，衆議院が解散されているときは緊急集会による参議院の承認を得なければならないこととしていた。現行法では，国会が閉会中又は衆議院が解散されているときは，その後最初に召集される国会で承認を求めることに改められている。

その争いを裁判所ではなく，議院が裁判するというものである。議院に最終的な裁判権を与えたものであり，議席を失った議員が裁判所に訴えることはできない。

　なお，選挙の効力や当選の効力が争われる場合には，本条の定める資格に関する争訟とは異なり，裁判所が判断する。

〔議事の定足数・表決〕

第56条　両議院は，各々その総議員の３分の１以上の出席がなければ，議事を開き議決することができない。

②　両議院の議事は，この憲法に特別の定のある場合を除いては，出席議員の過半数でこれを決し，可否同数のときは，議長の決するところによる。

　第56条は，議院の意思決定における定足数と議決の方法を定めている。議院の意思決定は本会議で行われるが，その本会議の定足数は，総議員（法定数）の３分の１とされる。原則として過半数で決し，可否同数のときは議長が決する。過半数では決められないのは，議員の資格争訟によって議員の資格を失わせるとき（55条），本会議を秘密会にするとき（57条），議員を除名するとき（58条），法律案につき衆議院で再可決するとき（59条），憲法改正を発議するとき（96条）に限られる（憲法改正は総議員の３分の２以上，その他は出席議員の３分の２以上の多数が求められる。）。なお，議決が成立した（定足数を満たし，過半数が賛成した）かどうかは，院が判断する事柄であって，裁判所が審査することはできない。

column 議決の方式

　衆議院では，議決をする場合，議長が異議がないことを確認する方法，起立による方法，記名投票による方法のいずれかが用いられる。起立による方法の場合は，可とする者が起立する。記名投票は，議員の名を記載した白色又は青色の票を議員が選択して投票する（立会職員に手渡す）もので，可とする者は白票，否とする者は青票を入れる。参議院では，平成９年までは衆議院と同じであったが，今では押しボタン方式がとられている。

　議員は，国民から選ばれた者として，その行動を明らかにする責任があ

ることから，投票する場合はその選択が公開される。次条の規定によって
両議院の会議録に記載されるほか，参議院のウェブサイトでは法律案ごと
の議員の賛否がすべて公表されている。

〔会議の公開と秘密会・会議録・表決の記載〕

第57条　両議院の会議は，公開とする。但し，出席議員の３分の２以上の
　　多数で議決したときは，秘密会を開くことができる。

②　両議院は，各々その会議の記録を保存し，秘密会の記録の中で特に秘
　　密を要すると認められるもの以外は，これを公表し，且つ一般に頒布し
　　なければならない。

③　出席議員の５分の１以上の要求があれば，各議員の表決は，これを会
　　議録に記載しなければならない。

　第57条は，会議の公開について定めた規定である。本条の会議とは，両議
院の本会議を意味する。各議院の本会議における議事は公開される。報道に
公表され，一般人の傍聴が認められる（現在では，インターネットで見るこ
ともできる。）。非公開とするには出席議員の３分の２以上の賛成を要する
（現行憲法下で本会議が秘密会とされた例はない。）。本会議の会議録は，官
報に掲載される。また，出席議員の５分の１以上の要求があったときは，各
議員の賛否の表決を会議録に記載しなければならない。記名投票の制度は，
このためのものである。

　なお，委員会の議事録は，本条の対象ではないが，現在では，本会議議事
録とともに公表され，国会会議録検索システムによって，その内容を調べる
ことが可能になっている。ただし，委員会が秘密会とされた場合（本会議と
異なり，過半数の賛成で秘密会とすることができ，実際に行われたこともあ
る。）には，議事録として公表されない。国防外交上の秘密の事項や，議院
の逮捕許諾請求における個々の議員の個人的情報に関わるものを取り上げる
場合などが想定される。

column 委員会とその運営

　衆議院及び参議院には，それぞれ委員会が置かれ，法律案等の議案の審

査が行われる。委員会には，常任委員会と特別委員会がある。常任委員会
は，国会法によって，衆議院，参議院に各17の委員会が置かれている。[注11]議
案は，関係する委員会に付託される。委員会は付託された法律案を審査す
るだけでなく，委員会として法律案を提出することができ，その場合は委
員長が提出者となる。委員会の定足数は半数で，表決は過半数，可否同数
の場合は委員長が決定する。委員会は，会期中に限り付託された案件を審
査するのが原則であるが，議院の議決で特に付託された案件は閉会中も審
査することができ，その場合に限って後の会期に継続する。委員会は，本
会議とは異なり，議員以外の傍聴は委員長の許可を得た場合の例外的なも
のとされている。委員会は決議によって秘密会とすることができる。委員
会の委員長は議事を整理し，秩序を保持する権限を有し，秩序保持のため
傍聴人の退場を命ずることができる。

〔役員の選任・議院規則・懲罰〕

第58条　両議院は，各々その議長その他の役員を選任する。

②　両議院は，各々その会議その他の手続及び内部の規律に関する規則を
　定め，又，院内の秩序をみだした議員を懲罰することができる。但し，
　議員を除名するには，出席議員の3分の2以上の多数による議決を必要
　とする。

第58条は，議院の自律権として，役員選任権，規則制定権及び懲罰権を定
めている。議長，副議長，常任委員会委員長等はその院が決める。

各議院の規則は，議事手続及び内部の規律について定められる。議院内の
事項に関する限り，議員のみならず，国務大臣や傍聴人等も拘束される。
もっとも，議院の外側の一般国民を拘束するものではないので，通常の法規
とは異なり，公布されない。

議院の内部規律に違反した議員については，院が懲罰として，公開の議場
での戒告，公開の議場での陳謝，登院停止又は除名をすることができる。議

（注11）　衆議院には，府及び省の事務に対応する12の委員会（警察事務は内閣委員会が
　　　担当する。なお，金融行政は内閣府の事務であるが，財務省と同じ委員会が担当し
　　　ている。）と，国家基本政策，議院運営，予算，決算行政監視及び懲罰の各委員会が
　　　ある。参議院の場合は，外交と防衛が同じ委員会となり，決算と行政監視が分かれ
　　　ているのが異なる。特別委員会は，各議院が必要な場合に置くものである。

院の品位を傷つけ，あるいは院内の秩序をみだすような議院内部での発言が典型であるが，院外での行為も，議員としての公的行動，義務違反である限り対象となる（例えば，秘密会の内容を漏らす行為はこれに当たる。）。除名は，議員の身分を失わせるものであるので，出席議員の3分の2以上の多数の議決を必要とする。

---

column 議院警察権

　議院における秩序（国会法上の「紀律」）の維持は，各議長の権限に属する。議長は，「議院警察権」（議院の秩序を維持するための権力作用で，強制力を用いることもできる。）を持つ。そのために警察官を必要とする場合には，議長の要求により内閣が派出することが国会法に定められている（現行警察法上は，警察官が配置される国の警察組織がないため，毎国会ごとに，内閣から警視庁に要請が行われ，警視庁から警察官が派出される。）。派出された警察官は，議長の指揮下に置かれる。議院警察権行使をする場合に指揮を受けるだけでなく，警察官が元々持っている一般警察権を行使することについても，議長の指揮下で行う趣旨である。衆議院，参議院とも，国会議事堂内は原則として衛視（国会職員）が秩序維持に当たるが，議長が特に必要と認めた場合に限って，警察官に議事堂内における議院警察権行使をさせることとなっている。

＜国会の活動等に関する規定＞

〔法律案の議決・衆議院の優越〕

第59条　法律案は，この憲法に特別の定のある場合を除いては，両議院で可決したとき法律となる。

②　衆議院で可決し，参議院でこれと異なつた議決をした法律案は，衆議院で出席議員の3分の2以上の多数で再び可決したときは，法律となる。

③　前項の規定は，法律の定めるところにより，衆議院が，両議院の協議会を開くことを求めることを妨げない。

④　参議院が，衆議院の可決した法律案を受け取つた後，国会休会中の期間を除いて60日以内に，議決しないときは，衆議院は，参議院がその法律案を否決したものとみなすことができる。

　第59条は，法律の成立について定めている。両議院で可決したとき法律となるのが原則である。「憲法に特別の定のある場合」とは，以下に述べる衆議院の再可決によって参議院の意思によらないで成立する場合と，95条の地方特別法における住民投票を要する場合（両議院が可決してもそれだけでは法律とはならない。），暫定的なものとしての参議院の緊急集会による場合がある。

　法律案は，まず一方の院で審議され，可決したとき（修正して可決したときを含む。）に他方の院に送られ，送られた案が他方の院で可決したときに法律となる。送られた院が修正したときは，元の院に回付され，元の院がその回付されたものに同意すれば法律となる。

　これに対し，本条2項は，衆議院が3分の2以上の多数で再可決する制度を設けている。衆議院で可決して参議院に送付された法律案について，参議院が否決した場合又は修正して可決した場合に，衆議院は，3分の2以上の多数で可決することによって，元の法律案を成立させることができる。参議院が議決しないで引き延ばすことを防ぐため，4項で60日以内（国会が正式に休会となっている期間を除くが，ゴールデンウィークなどで事実上開かれていないという場合には日数に含まれる。）に議決されなければ，否決したとみなすことを可能にしている。両院の意見調整を図るため，両院協議会を衆議院側が求めることができるとする規定が3項に置かれている。

　なお，法律案の作成から施行までの流れについては，第1部第8章第2節1（法律制定手続）で解説している。

〔衆議院の予算先議・衆議院の優越〕

第60条　予算は，さきに衆議院に提出しなければならない。

②　予算について，参議院で衆議院と異なつた議決をした場合に，法律の定めるところにより，両議院の協議会を開いても意見が一致しないとき，又は参議院が，衆議院の可決した予算を受け取つた後，国会休会中の期間を除いて30日以内に，議決しないときは，衆議院の議決を国会の議決とする。

　第60条は，予算に対する国会の議決について定めている。予算については，衆議院の優越が認められる。予算は先に衆議院に提出され，衆議院の議決が最終的に国会の議決になる（参議院が衆議院と異なった議決をした場合には両議院の協議会が開かれ，意見が一致しなければ衆議院の議決が国会の議決となる。参議院が30日以内に議決しないときも衆議院の議決が国会の議決となる。）。予算の提出に関しては，86条に定めがある。

　予算に関しては，第1部第7章第4節1（国の予算制度）で解説している。

〔条約の承認・衆議院の優越〕

第61条　条約の締結に必要な国会の承認については，前条2項の規定を準用する。

　第61条は，条約の承認に対する国会の議決について定めている。条約の承認については，予算の場合と同じく，衆議院の優越が認められている。ただし，予算の場合とは異なり，衆議院の先議とはされていない。

　条約については，内閣の権限との関係を含めて，73条で解説する。

〔議院の国政調査権〕

第62条　両議院は，各々国政に関する調査を行ひ，これに関して，証人の出頭及び証言並びに記録の提出を要求することができる。

　第62条は，議院の国政調査権について定めている。国政調査権は，国会の機能である立法権，予算審議権，行政に対する内閣を通じた監督権限（内閣は行政権行使について国会に対して責任を負う。）などを果たすために，各議院に認められた権限である。

　権限の行使主体は議院であるが，議院規則等により，委員会において行使することとされている。証人の出頭，証言及び記録の提出を，相手方に義務付けることができる。議院証言法がそのために制定され，証人の不出頭，書類不提出，宣誓・証言拒否及び偽証を処罰する旨を定めている。公務員の職務上の秘密であって所属機関が承認しないときは，理由を疎明しなければな

らず，議院側がその理由を受諾できないとするときには国家の重大な利益に
悪影響を及ぼす旨の内閣の声明がなければ拒否できないものとしている。

〔国務大臣の議院出席の権利と義務〕

第63条　内閣総理大臣その他の国務大臣は，両議院の一に議席を有すると
　有しないとにかかはらず，何時でも議案について発言するため議院に出
　席することができる。又，答弁又は説明のため出席を求められたときは，
　出席しなければならない。

　第63条は，国務大臣の出席権と出席義務を定めている。内閣は国会の信任
の上に成り立っているので，内閣の側で議院に出席して説明し，支持を求め
る，国会の側で内閣の責任を追及するために議院に大臣の出席を求める，と
いう関係があるからである。議院内閣制における当然の規定であるといえる。

〔弾劾裁判所〕

第64条　国会は，罷免の訴追を受けた裁判官を裁判するため，両議院の議
　員で組織する弾劾裁判所を設ける。

②　弾劾に関する事項は，法律でこれを定める。

　第64条は，裁判官を裁く弾劾裁判所を，国会に設けることについて定めて
いる。裁判官の身分保障が重要ではあるが，著しい非行や職務違反をした場
合にまで地位を保障することは適切でない。このため，国民の公務員の選定
罷免権を踏まえ，国会に弾劾裁判所を設けることとし，弾劾裁判によって裁
判官を罷免することができることとしている。この弾劾裁判所は，憲法自体
が認めた特別裁判所である。

　弾劾制度は，国会法及び裁判官弾劾法によって具体化されている。弾劾裁
判所は，各議院において選挙された裁判員各7人で組織される。裁判官訴追
委員会（各議院で選挙された訴追委員10人で構成）が，裁判官に職務上の著
しい義務違反があったとき，甚だしい職務怠慢があったとき又は裁判官の威
信を著しく失う非行があったと認めた場合に訴追を行う（訴追のための調査

は，一般人からの申告のほか，最高裁判所から訴追委員会に申し出たことで始まる場合もある。）。弾劾裁判所では，一種の裁判手続をとった上で，罷免をするかどうかを判断する[注12]。なお，弾劾裁判所及び裁判官訴追委員会は，国会自体とは異なり，国会の閉会中も活動する。

（注12）　担当する破産事件の破産管財人からゴルフクラブ2本，背広2着等の供与を受けた，児童買春行為をした，裁判所職員にストーカー行為をした，電車内でスカート内を盗撮したなどで，罷免の裁判がなされている。

第5章　内　　　閣

　　第5章は，内閣について定めている。65条から75条までの11条あり，内閣の地位，組織，職務等について規定している。行政権の内閣への帰属（65条），内閣の組織，国会に対する責任（66条），内閣総理大臣の指名（67条），国務大臣の任免（68条），衆議院の内閣不信任（69条），内閣総辞職（70条），総辞職後の内閣の職務（71条），内閣総理大臣の職務（72条），内閣の職務（73条），法律政令の署名（74条），国務大臣の訴追（75条）の各規定である。

　　内閣と国会との関係並びに内閣及びその下の行政機関については，第1部第7章第1節1（三権分立と国会），3（内閣とその下の行政機関）で説明している。

〔行政権〕
第65条　行政権は，内閣に属する。

1　第65条は，行政権が内閣に帰属することを定めている。日本国憲法は，立法権は国会に，司法権は最高裁判所に帰属させ，それ以外の行政権は内閣に帰属させている。憲法に定める国会，最高裁判所及び会計検査院に帰属する以外のすべての国の事務は，内閣とその下にある行政機関が担当する。内閣は，憲法に定めるもののほか，特に重要な事務を自ら処理し，その他を自らの下にある多くの行政機関に遂行させている。それらの行政機関の事務は，内閣の統率の下，内閣の責任において行使される。

2　行政権の行使が内閣の下で行われることは，国民主権の要請である。国民の代表で構成される国会が内閣総理大臣を指名し，内閣総理大臣と内閣総理大臣が任命する国務大臣とで構成される内閣が国会に対して連帯責任を負うことによって，国民の意思が国の行政に反映されることになる。国の行政が内閣とその下にある機関以外によって行われるとすれば，国民が国会を通

じてコントロールをすることができない行政を生じさせることになり，国民主権の原理に反する結果となる。

　もっとも，事務の性格から，大臣による監督になじまないもの又は一般の行政と同じように大臣の指揮監督下におくと悪い事態が生じるおそれがあるものについて，法律に基づいて，大臣の指揮監督下にない委員会（独立行政委員会）を設置して担当させることは，委員の人事及び予算を通じた大臣ないし内閣の関与が存在すること，委員の選任への同意のように国会による直接の関与があること，国会自体が法律によって認めるものであること，憲法が一切の例外を禁ずる旨の規定を置いているわけではないことから，憲法に反するものではないと解されている。

〔**内閣の組織・国会に対する連帯責任**〕

第66条　内閣は，法律の定めるところにより，その首長たる内閣総理大臣及びその他の国務大臣でこれを組織する。

②　内閣総理大臣その他の国務大臣は，文民でなければならない。

③　内閣は，行政権の行使について，国会に対し連帯して責任を負ふ。

　第66条は，内閣が内閣総理大臣とその他の国務大臣で構成されること及び内閣の国会に対する連帯責任について定めている。

　内閣は，内閣の長である内閣総理大臣とその他の国務大臣とで構成される。^(注1)内閣法により，国務大臣の数は14人以下（特に必要がある場合には17人まで増やすことができる。^(注1の2)これらの大臣は，11省の大臣，国家公安委員会委員長，内閣官房長官又は内閣府の特命担当大臣となる。）とされている。内閣の意

（注1）　内閣総理大臣に事故があるとき又は欠けたときは，内閣総理大臣によってあらかじめ指定されていた国務大臣が，臨時に内閣総理大臣の職務を行う。国際会議に出席するような場合が典型である。各国務大臣に事故があるとき又は欠けたときの臨時代理も，同様に，内閣総理大臣が指定する。なお，内閣総理大臣臨時代理は，内閣府の長としての権限，内閣の長としての権限のいずれも行使することができるが，国務大臣の任免をすることはできない（国会で指名された内閣総理大臣だからこそ国務大臣を任免できるのであって，臨時代理にはその権限はない。）。

（注1の2）　復興庁など担当大臣を置く臨時の組織が設置されている場合は，法律によって一時的に数の上限が引き上げられている。

思決定は，内閣総理大臣が主宰する閣議によって行われる。内閣は連帯責任
を負うので，閣議では全大臣の一致を要する。内閣には内閣官房が置かれ，
内閣官房長官が事務を統括する。^(注2)

　2項では，内閣総理大臣及び国務大臣は，文民でなければならないことを
定めている。ここでいう「文民」とは，軍人でないという意味であって，旧
軍の上級幹部であった者を除く趣旨である。また，自衛隊の自衛官も，現職
である間は，文民には当たらない。

　3項では，内閣が連帯して国会に対して責任を負うことを定めている。こ
れは，議院内閣制の本質である。

〔**内閣総理大臣の指名・衆議院の優越**〕

第67条　内閣総理大臣は，国会議員の中から国会の議決で，これを指名す
　る。この指名は，他のすべての案件に先だつて，これを行ふ。
②　衆議院と参議院とが異なつた指名の議決をした場合に，法律の定める
　ところにより，両議院の協議会を開いても意見が一致しないとき，又は
　衆議院が指名の議決をした後，国会休会中の期間を除いて10日以内に，
　参議院が，指名の議決をしないときは，衆議院の議決を国会の議決とす
　る。

　第67条は，内閣総理大臣の指名について定めている。内閣総理大臣は，国
会議員の中から，国会の議決で指名される。任命は天皇が行う。内閣総理大
臣が国会議員でなくなったとき（衆議院の解散による場合を除く。）は，内
閣総理大臣の地位を失う。

　内閣総理大臣の指名は，実質的に衆議院によって行われる（衆議院と参議
院の指名が異なれば，衆議院の指名が国会の議決となる。）。内閣総理大臣の

（注2）　内閣官房長官の下に，内閣官房副長官，内閣危機管理監，内閣情報通信政策監，
　　　内閣官房副長官補，内閣広報官，内閣情報官，内閣総理大臣補佐官が置かれる（副
　　　長官及び副長官補と補佐官は複数，他は1人）ほか，内閣安全保障局及び内閣人事
　　　局が置かれることが内閣法で定められている。また，法律によって内閣法制局等が
　　　置かれているほか，内閣官房組織令により，内閣総務官室，内閣広報室，内閣情報
　　　調査室及び内閣サイバーセキュリティセンターが置かれている。

指名は，重要でかつ速やかに行われるべきものであるから，議長の選任や会期の決定といったものを除く他のすべての案件に先立って行われる。

〔国務大臣の任命・罷免〕

第68条　内閣総理大臣は，国務大臣を任命する。但し，その過半数は，国会議員の中から選ばれなければならない。

②　内閣総理大臣は，任意に国務大臣を罷免することができる。

　第68条は，国務大臣の任免について定めている。国務大臣は，内閣総理大臣が自由に任命することができる。その要件は，過半数が国会議員でなければならないということだけである。また，内閣総理大臣は，いつでも，自由に国務大臣を罷免することができる。したがって，閣議で意見が異なる大臣がいた場合には，内閣総理大臣は，その大臣を罷免して意見を一致させることも法的に可能である。任免には，天皇の認証を要する。

　66条から本条までの定めは，国会によって指名された内閣総理大臣が自らの意思で内閣を組織し，国会に対して責任を負うという，議院内閣制の本質に基づくものである。

〔衆議院の内閣不信任と解散又は総辞職〕

第69条　内閣は，衆議院で不信任の決議案を可決し，又は信任の決議案を否決したときは，10日以内に衆議院が解散されない限り，総辞職をしなければならない。

　第69条は，衆議院による内閣不信任を定めている。内閣は，衆議院の信任を得ていることで成り立っている（実質的に衆議院の議決で内閣総理大臣が指名されることで，内閣がスタートする。）から，衆議院の信任がなくなったとき（内閣不信任決議が可決され，又は信任の決議が否決されたとき）には，総辞職しなければならない。

　内閣は，衆議院を解散したとき（解散は天皇の行為であるが，内閣が決定をする。）には，次条で定めるところにより，次の国会が召集された時点で総辞職しなければならない。

━━ **column**　解散権の所在 ━━━━━━━━━━━━━━━━━━━━━

　衆議院の解散は，天皇の行為であり，その決定権は天皇の国事行為に対する助言と承認を行う内閣に属する。「解散は内閣総理大臣の専権事項」という言葉がしばしば使われるが，法的にはあくまで内閣で決定しなければならない。もっとも，内閣の存立の基盤は衆議院による内閣総理大臣の指名によるのであって，その基盤自体を改める（国民によって改めて選任させる）という解散は，内閣総理大臣の意思によって行われるのが当然であり，反対する国務大臣がいれば罷免して内閣としての意思決定を行うことができる（平成17年の解散では，実際に行われた。）。「解散は内閣総理大臣の専権事項」という言葉は，各大臣が分担管理する事務を前提として内閣が閣議で決定するようなものと，内閣自体の存立の基盤に関わる解散権の行使とは，本質的に異なることを示すものであるといえる。

━━━━━━━━━━━━━━━━━━━━━━━━━━━━━━━━━━━━━

┌───┐
〔内閣総理大臣の欠缺（けんけつ）・新国会の召集と内閣の総辞職〕

第70条　内閣総理大臣が欠けたとき，又は衆議院議員総選挙の後に初めて
　　国会の召集があつたときは，内閣は，総辞職をしなければならない。
└───┘

　第70条は，内閣総辞職について定めている。内閣総理大臣が欠けたとき及び衆議院議員総選挙（解散による場合だけでなく，任期満了の場合も含む。）の後に初めて国会の召集があったときには，内閣は総辞職しなければならない。内閣の存立が，衆議院による内閣総理大臣の指名に基づいているので，内閣総理大臣が欠けたとき（死亡したとき又は国会議員としての身分を失ったとき）及び衆議院の構成が新しくなったときには，内閣が総辞職することになる。なお，総選挙の後で総辞職し，同一人が内閣総理大臣に指名された場合には，第二次○○内閣と呼ばれることになる。(注3)

┌───┐
〔総辞職後の内閣〕

第71条　前２条の場合には，内閣は，あらたに内閣総理大臣が任命される
└───┘

───
（注3）　衆議院解散後に内閣総理大臣が死亡した場合には，死亡した時点で「欠けたとき」として内閣が総辞職する（総選挙後の国会まで総辞職を延ばすことにはならない。）。昭和55年に，総選挙の投票日前に総理大臣が死亡した実例がある。

> まで引き続きその職務を行ふ。

　第71条は，内閣が総辞職した後の暫定的な職務遂行について定めている。内閣が総辞職しても，新たな内閣総理大臣が天皇によって任命されるまでの間は，総辞職した内閣が暫定的にその職務を行う。

　なお，「前2条の場合」と規定されているが，内閣総理大臣が自らの意思で総辞職をした場合も，同様に解されている(注4)。

〔内閣総理大臣の職務権限〕

第72条　内閣総理大臣は，内閣を代表して議案を国会に提出し，一般国務及び外交関係について国会に報告し，並びに行政各部を指揮監督する。

　第72条は，内閣の長としての内閣総理大臣の権限について定めている。内閣法によって，内閣総理大臣が内閣を代表して，内閣提出法律案，予算その他の議案を国会に提出することが定められている。また，国会の冒頭において行われる所信表明演説といった形で，一般国務（内政事務）及び外交関係について国会に報告する。

　「行政各部」とは，内閣の統轄の下に置かれる各種の行政機関を意味する。内閣自体に置かれるもののほか，内閣府及びその外局とそれらの下の機関並びに各省及びその外局とそれらの下の機関(注5)が該当する。行政各部の事務の遂行については，内閣府の長としての内閣総理大臣，各省の長としての大臣が指揮監督権を持つ（ただし，独立行政委員会の場合には，内閣総理大臣又は各省大臣の所轄の下にあるが，具体的な指揮監督権限を及ぼすことはできない。）。内閣総理大臣は，内閣を代表して監督権限を及ぼす，具体的には閣議にかけて決定した方針に基づいて行政各部を指揮監督する，処分を一時中止

（注4）　国会法で，内閣総理大臣が欠けたとき又は辞表を提出したときに，内閣が両議院に通知をすべき旨が規定されており，自らの意思で辞任する場合は「欠けたとき」には含まれないが，この場合も総辞職した内閣が引き続き職務を行うことが必要になる。

（注5）　内閣府及びその外局とそれらの下の機関については内閣府設置法で，各省及びその外局とそれらの下の機関については国家行政組織法で，基本的な事項が定められている（内閣府以外の具体的な組織は，各省庁の設置法で定められる。）。

させて閣議によって判断するまで待たせるといったことを行うことができる。

〔内閣の職務権限〕

第73条　内閣は，他の一般行政事務の外，左の事務を行ふ。

　一　法律を誠実に執行し，国務を総理すること。

　二　外交関係を処理すること。

　三　条約を締結すること。但し，事前に，時宜によつては事後に，国会
　　の承認を経ることを必要とする。

　四　法律の定める基準に従ひ，官吏に関する事務を掌理すること。

　五　予算を作成して国会に提出すること。

　六　この憲法及び法律の規定を実施するために，政令を制定すること。
　　但し，政令には，特にその法律の委任がある場合を除いては，罰則を
　　設けることができない。

　七　大赦，特赦，減刑，刑の執行の免除及び復権を決定すること。

　第73条は，内閣の権限について定めている。各号に列記されたのは，国会
等との関係で重要な事務であって，内閣が直接処理すべきものである。これ
以外の「一般行政事務」については，内閣は自ら行うか，統轄の下にある各
行政機関に行わせることになる。

1　1号は，法律を誠実に執行し，国の事務全体を総括することを定めてい
る。法律を執行することは，内閣に限らず，すべての行政機関の基本的な職
責である。法律について，違憲の疑いがあるとして執行をしないことは許さ
れない。

2　2号は，外交関係を処理することを定めている。外国との外交関係の処
理は，内閣としての職責である。一般の外交事務は外務省が担当するが，外
交使節（特命全権大使）の任命，外国の使節の受け入れ，交換公文の取り交
わしなどは内閣が決定する。

3　3号は，条約を締結することについて，内閣の権限としつつ，国会の承
認を要することを定めている。本号の「条約」には，国家間の文書による約
束のうち，法律事項を含むもの，財政支出義務を負うもの，政治的に重要な

意味を持つために批准（ひじゅん）を要件とするものが当たる。「議定書」，「協定」とい
う名称でも，上記に該当すれば，本号の条約として，国会の承認を要するも
のとなる（これに対し，国会の承認を得た条約の細目的なもの，予算の範囲
内かつ国内法の範囲内のものについては，本号の「条約」には当たらず，国
会の承認を要しない。）。条約のうち，多数国間のものや，二国間でも重要な
ものの場合は，署名の後に，内閣が批准することで，国としての条約締結意
思が対外的に確定する（多国間条約では批准書を寄託することで日本国に対
しての効力が生じる。）ので，内閣が批准する前に，国会の承認を得る。二（注6）
国間の条約の中には，批准手続を不要とし，署名によって成立させるものが
あるが，その場合には，署名の前に，国会の承認を得ることが必要になる。

4　4号は，国家公務員に関する事務を，法律の定める基準に従って，担当
し，取りまとめることを定めている。旧憲法下で，国家公務員（官吏）に関
することが，天皇の官制大権の対象として法律の定めが及ばない領域であっ
たのを改め，法律の定めに従って，内閣とその下の機関において行われる行
政とすることとしたものである。国家公務員法が制定され，任命権の行使は
各大臣の権限とされる一方，内閣の所轄の下に独立して職権を行使する人事
院が設けられた。内閣自体の関与をより強化する観点から，平成26年に，内
閣人事局が設置され，幹部職員人事の一元管理，国家公務員制度の企画立
案・各行政機関の人事管理に関する方針・計画の総合調整，定員管理などを
担うようになっている。一方，人事院は，独立性が求められる事務である給
与勧告のほか，採用試験，規則の制定，公平審査（不利益処分への不服申立
ての審理）などを担当している。

5　5号は，予算を作成して国会に提出することを定めている。予算は，1
年間の歳出歳入の見積りであり，歳出について行政機関を拘束する。法律案
とは異なり，内閣だけが作成することができる。

　予算については，第1部第7章第4節1（国の予算制度）で解説している。

6　6号は，政令の制定権について定めている。内閣の定める法規としての

（注6）　憲法上は，「時宜によつては事後に」承認を得ることも認められるが，承認を得
　　　る前に締結してその後に承認が得られないと，国際法上は有効なのに国内法上は無
　　　効という状態が生まれるので，事前の承認を得て行われる。

命令が政令であり，政令には，法律の委任がなければ，罰則を設けることができないとされている（委任があれば規定することができる。）。政令は，内閣が制定し，天皇が公布する。行政機関の命令の中で最も上位にあるのが政令である。

　政令については，第1部第8章第3節2（政令及び府省令）で解説している。

7　7号は，恩赦の決定について定めている。恩赦は，行政権の行使によって，裁判所による刑の言い渡しの効果を消滅させ，あるいはある特定の罪に関して有罪判決の前に公訴権を消滅させることである。恩赦は天皇が認証する。なお，恩赦については，第1部第7章第1節3（内閣とその下の行政機関）注3で説明している。

〔法律・政令の署名〕

第74条　法律及び政令には，すべて主任の国務大臣が署名し，内閣総理大臣が連署することを必要とする。

　第74条は，法律及び政令についての主任の大臣による署名を定めている。行政権は内閣に属するが，その大半は，府及び省において，それぞれの大臣によって分担管理されている。法律について執行する責任を負い，政令について制定し，執行する責任を負っている主任の大臣が，署名をすることになる。なお，内閣総理大臣が連署することになっているが，内閣府が所管する法律又は政令については，内閣総理大臣が主任の大臣として署名をするので，連署は行われない。複数の大臣が所管する場合には，複数の大臣が署名することになる。

〔国務大臣の訴追〕

第75条　国務大臣は，その在任中，内閣総理大臣の同意がなければ，訴追されない。但し，これがため，訴追の権利は，害されない。

　第75条は，国務大臣は内閣総理大臣が同意しなければ刑事事件で訴追され

ないことを定めている。内閣総理大臣自身も，国務大臣として，自らの同意がなければ訴追されない。国会議員の場合とは異なり，逮捕に関する制限はなく，訴追だけが制限される。国務大臣の在任中の特例であり，その職を離れたときは，起訴することができる（国務大臣の職にある間，時効は進行しない。）。

第6章　司　　法

　第6章は，「司法」と題し，裁判所への司法権の帰属と裁判官の独立（76条），最高裁判所の規則制定権（77条），裁判官の身分保障（78条），最高裁判所の裁判官（79条），下級裁判所の裁判官（80条），違憲審査権（81条），裁判の公開（82条）の規定を置いている。

　裁判所に関しては，第1部第7章第2節（裁判所）で解説している。

〔司法権と裁判所・特別裁判所の禁止・裁判官の独立〕

第76条　すべて司法権は，最高裁判所及び法律の定めるところにより設置する下級裁判所に属する。

②　特別裁判所は，これを設置することができない。行政機関は，終審として裁判を行ふことができない。

③　すべて裁判官は，その良心に従ひ独立してその職権を行ひ，この憲法及び法律にのみ拘束される。

　第76条は，司法権の裁判所への帰属と，特別裁判所の禁止及び裁判官の独立について，規定している。司法権の裁判所への帰属と裁判官の独立は司法制度の根幹であり，独立した裁判官が裁判権行使の基本的な担い手であることが想定されている。ただし，裁判員制度のように，国民の司法参加の一環として，裁判官以外の国民が裁判に関わることは，この規定に反することにはならない。

1　憲法は，司法権を裁判所に帰属させている。司法権とは，個々人の権利義務（刑事上の処分を受けることを含む。）をめぐる具体的な事件に関して，法を適用して争いを裁定する作用を意味する。行政事件訴訟も含まれる。

　最高裁判所とその下に置かれる下級裁判所が司法権を行使する。裁判所法によって，下級裁判所は，高等裁判所，地方裁判所，家庭裁判所及び簡易裁

判所とされ，個別の裁判所の設置については，下級裁判所の設立及び管轄区域に関する法律で定められている。

　裁判所の司法権行使の例外となるのは，憲法自体が定める議員の資格争訟（議院が行う。）と裁判官の弾劾（弾劾裁判所が行う。）である。また，国際法によって，外交使節のように日本国の裁判権の対象から免除される者に対しては，司法権を行使することはできない。

　法を適用して解決できる争いについては，司法権が及ぶのが原則であるが，三権分立の上で他の機関の自律権を認めるべきもの（各議院の議事手続や内閣の閣議決定が適法に行われたかどうかはそれぞれの機関の判断による。），それぞれの団体の内部的な事柄として自治にまかされたもの（大学の単位不認定など。退学処分のように内部的な事柄といえないものには司法権が及ぶ。第1部第7章第2節1の注9参照。），高度に政治性があって裁判所が判断するのに適さないもの^(注1)については，司法権の対象とならないものとされている。このほか，行政機関などの裁量が認められる範囲内のものについても，裁量権の範囲内であれば違法とはならない^(注2)。

2　特別裁判所の設置は禁止される。最高裁判所の下にある裁判所以外のものを設置してはならないという趣旨である。行政機関が法律上の争訟に関して裁定をすること（裁判所の裁判と区別して，「審判」「裁決」といった用語が用いられる。例えば，海難審判，国税不服審判などがある。）自体は禁止

（注1）　最高裁大法廷判決昭和35年6月8日は，解散権の行使が争われた事件について，司法権の本質に内在する制約として，「直接国家統治の基本に関する高度に政治性のある国家行為のごときはたとえそれが法律上の争訟となり，これに対する有効無効の判断が法律上可能である場合であつても，かかる国家行為は裁判所の審査権の外にあり，その判断は主権者たる国民に対して政治的責任を負うところの政府，国会等の政治部門の判断に委され，最終的には国民の政治判断に委ねられているものと解すべきである。」とした。このほか，最高裁大法廷判決昭和34年12月16日は，安保条約に関して，司法裁判所の審査には原則としてなじまない性質のものであり，一見極めて明白に違憲であると認められない限りは，裁判所の司法審査権の対象外であるとした。アメリカをはじめ，司法審査を広く認める国においても，高度に政治性のある国家行為については，明文の規定はなくとも，「政治問題」あるいは「統治行為」などとして，裁判所の審査権の例外とされている。

（注2）　行政機関の裁量処分については，その裁量権の範囲を超え，又は裁量権の濫用（乱用）があった場合に限って，裁判所が取り消すことができることが行政事件訴訟法に規定されている。国会の立法権の行使については，幅広い立法裁量が認められ，著しく合理性を欠く場合に限って，違憲との評価がなされる。

されないが，その判断が最終のものとなってはならず，裁判所に訴えること
ができなければならない。このことは，32条の裁判を受ける権利からも導か
れることである。

3　裁判官の独立が定められる。裁判官は憲法及び法律（法律の委任を受け
た命令，地方公共団体の条例など，法規としての性質を有するものを含む。）
にのみ拘束され，自らの良心に従って，独立してその職権を行使する。政府
などの裁判所の外との関係で独立であるだけでなく，裁判所の内部の者から
の影響を受けることもない（最高裁判所の持つ司法行政権が裁判に影響を与
えるものとなってはならない。）。

〔最高裁判所の規則制定権〕

第77条　最高裁判所は，訴訟に関する手続，弁護士，裁判所の内部規律及
び司法事務処理に関する事項について，規則を定める権限を有する。

②　検察官は，最高裁判所の定める規則に従はなければならない。

③　最高裁判所は，下級裁判所に関する規則を定める権限を，下級裁判所
に委任することができる。

第77条は，最高裁判所の規則制定権について定めている。最高裁判所規則
は，訴訟に関する手続を定めた法規としてのものと，内部規律及び司法事務
処理について定めた内部規則としてのものとがある。訴訟に関する手続の基
本的内容は法律で定められるが，手続的技術的細目的事項に関しては，本条
に基づいて最高裁判所規則で定められる。弁護士も検察官も，訴訟に関わる
ものとして，規則に従うことが求められる。警察官も，書類の作成，令状請
求などに関して，この規則に従う。裁判所の内部に関するもの（職員の規律，
裁判に関連する事務的事項，裁判所内の司法行政事務）については，下級裁
判所に規則制定を委任することができる。

本条の規則制定権は，司法権の行使（裁判）そのものとは異なり，司法行
政事務（組織としての裁判所の運営管理に関する事務）に属する。司法行政
事務について憲法が直接定めるのは本条の規則制定権と80条の裁判官任命に
関わる名簿作成権であるが，その他の司法行政事務についても最高裁判所が

行う（裁判所法は，最高裁判所が最高裁判所の職員並びに下級裁判所及びその職員を監督することを定めている。もっとも，この監督は，裁判官の裁判権に影響を及ぼし，制限するものとはできない。）。

〔裁判官の身分の保障〕

第78条　裁判官は，裁判により，心身の故障のために職務を執ることができないと決定された場合を除いては，公の弾劾によらなければ罷免されない。裁判官の懲戒処分は，行政機関がこれを行ふことはできない。

第78条は，裁判官の身分保障について定めている。裁判の独立を担保するためのものである。裁判官は，心身の故障のために職務を執ることができないと裁判（裁判官分限法に基づく裁判）で決定されたときと，国会議員で構成される弾劾裁判所によって罷免する裁判があったときのほかは，罷免されない。罷免以外で本人の意思によらないで職を離れるのは，任命の欠格事由に該当するに至った場合（禁錮以上の刑に処せられた場合など），定年及び任期の満了の場合である。懲戒については，憲法では行政機関が行うことができないとされているだけであるが，裁判官分限法によって，戒告と過料が定められており，執務不能な場合の免官と同じ手続で行われる^(注2の2)（一般の公務員とは異なり，減給，停職はない。）。

〔最高裁判所の裁判官・国民審査・定年・報酬〕

第79条　最高裁判所は，その長たる裁判官及び法律の定める員数のその他の裁判官でこれを構成し，その長たる裁判官以外の裁判官は，内閣でこれを任命する。

②　最高裁判所の裁判官の任命は，その任命後初めて行はれる衆議院議員総選挙の際国民の審査に付し，その後10年を経過した後初めて行はれる衆議院議員総選挙の際更に審査に付し，その後も同様とする。

（注2の2）　近年の例として，自身のフェイスブックに殺人事件の遺族を侮辱する投稿をしたとして，懲戒の申立てを受けた高等裁判所の裁判官に対して，裁判官に対する国民の信頼を損ねる言動であり，品位を辱めたとして，戒告の分限裁判が行われている。

③　前項の場合において，投票者の多数が裁判官の罷免を可とするときは，その裁判官は，罷免される。
④　審査に関する事項は，法律でこれを定める。
⑤　最高裁判所の裁判官は，法律の定める年齢に達した時に退官する。
⑥　最高裁判所の裁判官は，すべて定期に相当額の報酬を受ける。この報酬は，在任中，これを減額することができない。

　第79条は，最高裁判所の裁判官について定めている。最高裁判所の長たる裁判官（最高裁判所長官）は，内閣の指名に基づいて，天皇が任命する（6条2項）。その他の裁判官（最高裁判所判事。裁判所法で14人と定められている。）は，内閣が任命する。最高裁判所長官も，裁判においては，他の裁判官と同じ立場に立つ。裁判は，15人全員で構成される大法廷で行われる場合と，5人ずつの裁判官で構成される小法廷で行われる場合とがある。法律等が憲法に違反するかどうかについては，それ以前の大法廷判決と同じ判断をするときを除き，大法廷で判断がなされる。また，法令解釈適用について，前に最高裁判所がした裁判と反する場合（判例変更を行う場合）も大法廷で行われる。

　最高裁判所の裁判官は，裁判所法により，「識見の高い，法律の素養のある年齢40年以上の者」から任命することとされ，そのうち10人以上は法律専門家としての経歴を有する者でなければならないとされている。任命後に行われる最初の衆議院議員総選挙の際に，国民の審査を受ける。過半数が罷免すべきとする場合には，罷免される。国民の公務員選定罷免権を制度化したもので，解職制度の一つである。国民審査に関しては，最高裁判所裁判官国民審査法に基づき，くじで定めた順序で並べられた裁判官の氏名の上の欄に罷免を可とする場合に×を記載するという方式で行われる。

　最高裁判所の裁判官は，法律で定める年齢（70歳）に達したときに，退官する。在任中適切な額の報酬を受ける（最高裁判所長官は内閣総理大臣と同額，最高裁判所判事は大臣と同額となっている。）。この額を在任中減らすことはできない。

> 〔下級裁判所の裁判官・任期・定年・報酬〕
> **第80条** 下級裁判所の裁判官は，最高裁判所の指名した者の名簿によつて，内閣でこれを任命する。その裁判官は，任期を10年とし，再任されることができる。但し，法律の定める年齢に達した時には退官する。
> ② 下級裁判所の裁判官は，すべて定期に相当額の報酬を受ける。この報酬は，在任中，これを減額することができない。

　第80条は，下級裁判所の裁判官について定めている。下級裁判所の裁判官（高等裁判所長官，判事，判事補，簡易裁判所判事）は，最高裁判所の指名した者の名簿に基づいて，内閣が任命する。任命資格については，裁判所法で定められている。なお，指名に関しては，透明性を高める観点から，下級裁判所裁判官指名諮問委員会が平成15年に設置されている。任命は内閣であるが，個別の配置先（補職）は最高裁判所が行う。

　裁判官は，10年の任期が定められている。再任することは可能である。最高裁判所が再任すべき者の名簿に載せなければ，再任されない。65歳（簡易裁判所判事は70歳）になった時には退官する。相当額の報酬を受け，在任中減額できない（懲戒事由がある場合でも，減給処分をすることはこの規定に反するのでできない。）。

> 〔最高裁判所の法令審査権〕
> **第81条** 最高裁判所は，一切の法律，命令，規則又は処分が憲法に適合するかしないかを決定する権限を有する終審裁判所である。

　第81条は，違憲審査権について定めている。国会の定めた法律をはじめとするあらゆる法令及び処分について，最高裁判所は，憲法に適合するかどうかを最終的に判断する権限を有している（明文にはないが，条約，条例も対象となる。また，「処分」には，行政機関の行う処分だけでなく，裁判所の裁判も含まれる。）。違憲審査権は，憲法が国の最高法規として実効性を持ち，憲法によって保障された人権が立法等によって侵害されるのを防ぐものである。法令の違憲判断は，個別事件に適用する法令が憲法に違反するかどうか

の判断として行われる。法令自体を失効させるものではないが，違憲，無効とする判断がその後も裁判所によって行われることが見込まれる以上，法令改正によって，違憲とされた規定が改められることになる。下級の裁判所も，事件に適用する法令が憲法に反するかどうかの判断をすることができるが，最高裁判所のような最終的，有権的な判断ではない。^(注3)

　違憲審査権については，第1部第7章第2節3（裁判の実施と違憲審査）で解説している。なお，違憲判例については，第1部第8章第1節2のコラム（最高裁判所の違憲判例）に概略を記載したほか，関係する規定の解説で紹介している。

　〔裁判の公開〕

第82条　裁判の対審及び判決は，公開法廷でこれを行ふ。

②　裁判所が，裁判官の全員一致で，公の秩序又は善良の風俗を害する虞があると決した場合には，対審は，公開しないでこれを行ふことができる。但し，政治犯罪，出版に関する犯罪又はこの憲法第3章で保障する国民の権利が問題となつてゐ（い）る事件の対審は，常にこれを公開しなければならない。

　第82条は，裁判の公開について定めている。裁判が公開されることで，裁判の公正な運用とそれに対する国民の信頼を確保することが制度の目的である（刑事事件に関しては，37条で公開の裁判を受ける被告人の権利が定められているのと重なる。）。対審とは，訴訟で対立する両当事者が，裁判官の面前で，互いの主張を述べ，審理されることを意味する。民事訴訟の口頭弁論，刑事訴訟の公判手続がこれに当たる。対審と判決は，公開されなければならない。公開とは，傍聴を許すことを意味する（訴訟記録の公開まで憲法が要求しているとはいえない。）。他方，公判準備手続はこれに当たらないので，

（注3）　下級の裁判所の判断を参考としつつ，国会その他の機関が法令を改正することはあり得る。成年被後見人の選挙権を認めないとする公職選挙法の規定について，東京地方裁判所の違憲判決（平成25年3月14日）を踏まえ，同年5月に成年被後見人の選挙権の回復等のための公職選挙法の一部改正法が制定されたのは，その例である。

344

公開を要しない。非訟事件手続，家事審判手続，少年審判手続は，いずれも本条に当たらないと解されている。

判決は常に公開されるが，対審については，裁判官全員の一致（合議体の場合はその全員，単独の場合はその裁判官の判断）で公開が公の秩序又は善良の風俗を害するおそれがあると認める場合（私生活上の秘密にわたることが現れる離婚訴訟や営業秘密が現れる特許訴訟などに関しては，法律で具体化する規定が置かれている。）には，非公開とすることができる。ただし，刑事事件のうち，政治犯罪（政治的目的による犯罪），出版に関する犯罪及び基本的人権に対する侵害が争われる事件（表現行為が名誉毀損に当たるとされた事件の場合など）は，非公開とすることはできない。

第 7 章　財　　政

　　第 7 章財政は，国の財政に関し，9 条の規定を設け，主として国会による財政コントロールを定めている。財政処理の基本原則（83条），租税法律主義（84条），支出に関する国会の議決（85条），予算（86条），予備費（87条），皇室財産，皇室費用（88条），公の支出の制限（89条），決算と会計検査（90条），財政状況の報告（91条）の各規定である。

　　国の予算制度に関しては，第 1 部第 7 章第 4 節 1 （国の予算制度）で解説している。

〔**財政処理の要件**〕

第83条　国の財政を処理する権限は，国会の議決に基いて，これを行使しなければならない。

　　第83条は，国の財政を処理する権限が，国会の議決に基づくものでなければならないことを定めている。国が租税を徴収し，支出をするという財政に関する権限が，国会のコントロールの下で行われるという基本原則を明らかにしたものである。

〔**課税の要件**〕

第84条　あらたに租税を課し，又は現行の租税を変更するには，法律又は法律の定める条件によることを必要とする。

　　第84条は，租税を課すことについて，法律で定める必要があることを規定している。租税法律主義の原則と呼ばれる。租税は，国が一般的な経費に充てるための財力を取得する目的で，課税権に基づいて，一方的に賦課し，金銭を徴収するものを意味する。租税を課すことに議会の意思を要することが，

議会政治の発展における伝統であり，特に重要なこととして規定したものといえる。地方税について条例で根拠規定を定めることができること，細部について法律から命令に委任することができることは，他の場合と同様である。^(注1)国民健康保険の保険料のように，賦課徴収を強制し，租税に類似する性格のものについては，本条の趣旨が及ぶものとされている。なお，課徴金，営業許可の手数料や国が独占する事業の料金については，財政法によって，法律又は国会の議決に基づいて定めなければならないことが定められている。

〔国費支出及び債務負担〕

第85条　国費を支出し，又は国が債務を負担するには，国会の議決に基くことを必要とする。

第85条は，国費の支出及び国の債務負担が，国会の議決に基づかなければならないことを定めている。国費の支出に対する国会の議決は，政府（国の予算執行を行うすべての機関であり，内閣の下の機関だけでなく，裁判所，会計検査院，さらに国会自身も含まれる。）に対して，特定の行為をするために国費を支出することを承認するものであって，予算の議決によって行われる。国が債務を負担する（将来の支払いを約束する）行為についても，国会の議決に基づかなければならない。国債の発行のようなものは法律の形式で国会の議決を受ける。地方公共団体の債務の保証などは予算の形式（予算の中で「国庫債務負担行為」として記載される。）で国会の議決を受ける。

〔予算〕

第86条　内閣は，毎会計年度の予算を作成し，国会に提出して，その審議を受け議決を経なければならない。

第86条は，予算について定めている。予算は，毎会計年度（4月から翌年

（注1）　法律上は課税できる物品が実際上非課税となっていたのを，通達によって課税物品として新たに扱うことが，「あらたに租税を課し」に当たるかが争われた事件で，最高裁判決昭和33年3月28日は，通達の内容が法の正しい解釈に合致するのであれば，以前から課税対象であったのであるから，憲法に違反しないと判断している。

3月まで）の1年間の歳出及び歳入の見積りである。歳出については，予算によってのみ国費の支出が認められる，という法的効果を有する。行政機関を拘束する一種の法規ではあるが，一般の法律のように国民を拘束するものではないので，公布等は行われない。法律で義務付けられている支出でも，予算がなければ政府は支出をすることはできない。

　予算は，内閣が毎年度作成し，国会の議決を得る。財務省による予算編成作業を経て，閣議で決定される。基本的にはすべての歳入歳出を一つとした予算（一般会計予算）によるが，特定の歳入をもって特定の歳出に充てるもので，区分して経理する必要があるものについては別の予算（特別会計予算）が作られる。毎年度作成される通常の予算（本予算）の成立後に，新たな事情に基づいて予算の変更を行う必要がある場合には，補正予算が作成される。

　60条により，予算の国会審議は，衆議院に先に提出され，衆議院で議決されれば，参議院で異なった議決をしても（あるいは30日の間に議決がされなくても），衆議院の議決が国会の議決となる。国会での修正も可能であるが，内閣のみが提案権を持つので，それを損なわない限度に限られる（それを超える変更が必要と判断するときには全体を否決することになる。）。予算が新年度当初までに成立しなかった場合には，政府は一切の支出をすることができなくなるので，暫定予算が内閣から提出され，国会の議決を得て，義務的な支出等に充てられることになる。

　なお，法律による支出義務と，予算とが一致しない場合（予算にない支出を定める法律が制定されたときなど）には，支出に一切の裁量がないときには，内閣としては，補正予算を作成して国会に提出し，あるいは予備費から支出することとなる。

〔予備費〕

第87条　予見し難い予算の不足に充てるため，国会の議決に基いて予備費を設け，内閣の責任でこれを支出することができる。

②　すべて予備費の支出については，内閣は，事後に国会の承諾を得なければならない。

　第87条は，予備費について定めている。予算は本来，使途を定めて政府に支出権限を与えるものであるが，当初には予期できなかった事態に備えて，国会の議決に基づいて，使途を定めない予備費を設けることができる。災害が発生した場合における経費が典型である。予算の中に定めて，国会の議決を受けている。

　予備費は，予算では使途が定められていないので，内閣の責任で支出した後に，国会の承諾を得なければならないこととされている。

〔皇室財産・皇室費用〕
第88条　すべて皇室財産は，国に属する。すべて皇室の費用は，予算に計
　　上して国会の議決を経なければならない。

　第88条は，皇室財政に関して定めている。明治憲法下では，皇室が巨大な財産を有し，それに関しては国の会計経理の外側に位置付けられていた。憲法はこれを改め，皇室財産を国に移し，皇室に要する経費は，他の一般の歳出と同じく，予算に計上して国会の議決を経なければならないこととした。この結果，純然たる私有財産を除いて国有財産となっている（「御用邸」などは，国有財産であって，皇室用に用いる財産として，宮内庁が管理している。）。

　皇室に関する経費としては，内廷費（天皇ご一家の私的経費で，私的使用人に支払う人件費も含まれる。），宮廷費（天皇，皇族の公的活動に必要な経費で，公金として宮内庁が管理する。）及び皇族費（内廷以外の皇族の私的な経費で，毎年のもののほか，皇族の女子が婚姻によって皇族の身分を離れる際の一時金も含まれる。）の区分がある。

〔公の財産の用途制限〕
第89条　公金その他の公の財産は，宗教上の組織若しくは団体の使用，便
　　益若しくは維持のため，又は公の支配に属しない慈善，教育若しくは博
　　愛の事業に対し，これを支出し，又はその利用に供してはならない。

　第89条は，公の財産を宗教団体のために用いてはならないこと及び公の支

配に属しない慈善事業や教育などに用いてはならないことを定めている。

　宗教上の組織や団体に公金を支出したり，それらの使用，便益，維持のために公の財産を利用に供することは，政教分離の原則から禁止される。20条1項後段で，宗教団体が国から特権を受け，又は政治上の権力を行使してはならないことを定め，同条3項では国及びその機関がいかなる宗教的活動もしてはならないことを定めているが，本条は，これを公金の支出及び公の財産の利用という面から定めた規定である。これまで，県が玉串料等を支出した行為，市が無償で市有地を提供した行為に関して，これに違反するとされている（詳しくは20条の解説参照）。

　一方，公の支配に属しない慈善，教育又は博愛の事業に，公金を支出することを禁じ，公の財産を利用に供することを禁じているのは，慈善，教育，博愛への援助という美名の下に，一部の者への公費の不当な支出を防ぐことが目的であると思われる。しかし，民間の慈善，教育及び博愛のための事業は，社会福祉及び教育の観点から重要なものであり，公費負担が様々に求められる。このため，認可を受けた社会福祉法人などについて，公の支配に属しているものとして，公費の支出が行われている。また，私立学校にも，私立学校振興助成法に基づいて，助成を受ける場合に規制監督をしていることを理由に本条に違反しないものとされている。実質的には，憲法の規定の文言と大きく異なった運用がなされている状態にある。

〔**決算検査・会計検査院**〕

第90条　国の収入支出の決算は，すべて毎年会計検査院がこれを検査し，内閣は，次の年度に，その検査報告とともに，これを国会に提出しなければならない。

②　会計検査院の組織及び権限は，法律でこれを定める。

　第90条は，決算について定めている。決算とは，毎会計年度における国の収入，支出の実績を示すものである。毎年度，国の支出について，会計検査院の検査を受けた上で，国会の事後審査を受けることになる。会計検査院は，決算内容の合法性と適格性を判定し，確認する機関である。違法，不当な事

項を指摘するほか，検査の過程で問題点を発見した場合には関係省庁に改善を要求し，会計事務職員への懲戒処分を請求するといったことも権限として有している。国会の議決（承認，不承認）は，政治的責任に関わるものであり，法的な効果を生むものではない。

　会計検査院については，会計検査院法により，内閣に対して独立の地位を有するものとされ，3人の検査官による合議体が意思決定を行う。検査官の1人が会計検査院長となる。

〔財政状況の報告〕

第91条　内閣は，国会及び国民に対し，定期に，少くとも毎年1回，国の財政状況について報告しなければならない。

　第91条は，内閣の国会及び国民に対する財政状況の報告義務について定めている。財政法により，予算が成立した時はその予算及び前々年の決算その他財政に関する事項について国民に報告すること，毎四半期ごとに予算使用の状況，国庫の状況等について，国会及び国民に報告することが，定められている。

第 8 章　地 方 自 治

　　第 8 章は，「地方自治」と題して，地方自治の本旨（92条），地方公共団体の組織（93条），地方公共団体の権能（94条），地方特別法の住民投票（95条）の規定を置いている。憲法は，国民が身近な行政についてよりコントロールを及ぼすという観点と，権力主体を分散させることによって権力乱用による害を小さくするという観点から，地方自治を保障している。

　　地方自治については，第 1 部第 7 章第 3 節（地方自治）で解説している。

〔地方自治の基本原則〕

第92条　地方公共団体の組織及び運営に関する事項は，地方自治の本旨に基いて，法律でこれを定める。

　　第92条は，地方自治を保障し，地方公共団体の組織及び運営に関する事項を，地方自治の本旨に基づいて法律で定めることを規定している。

　　本条の「地方公共団体」には，市町村と都道府県が該当する。「地方自治の本旨」とは，地方公共団体が国から独立して存在し，その地域内の公共的な事務を住民の責任及び負担において行うこと，その地方公共団体の運営が住民の意思に基づいて行われることを意味する。「地方自治の本旨に基いて，地方公共団体の区分並びに地方公共団体の組織及び運営に関する事項の大綱を定め，あわせて国と地方公共団体との間の基本的関係を確立する」ものとして，地方自治法が制定されている。そのほか，警察法をはじめ，多くの法律において，国と地方公共団体との関係を含めた地方公共団体の組織及び運営に関わる事項が定められている。

　　本条に関しては，第 1 部第 7 章第 3 節 1 （地方自治の保障とその意義）で解説している。

〔地方公共団体の機関・直接選挙〕

第93条　地方公共団体には，法律の定めるところにより，その議事機関として議会を設置する。

②　地方公共団体の長，その議会の議員及び法律の定めるその他の吏員は，その地方公共団体の住民が，直接これを選挙する。

　第93条は，地方公共団体の組織の基本について定めている。地方公共団体に議事機関として議会を置くこと，長と議会の議員は住民が直接選挙で選ぶことが，憲法上求められている。これらの機関を置かないことや，直接選挙の対象としないことは憲法に違反する。もっとも，議会を置かないで，選挙権を有する者の総会（町村総会）を設けることは，一層住民の意思を代表するものであるので，本条に違反しない。

　長（市町村長及び都道府県知事）と議会の議員が住民の直接選挙によって選ばれる。議会が長を選挙するような間接選挙は認められない。公務員の選挙として，15条3項の成年者による普通選挙，4項の投票の秘密の保障が及ぶ。法律によって，「その他の吏員」も直接選挙で選ぶようにすることができる。もっとも，昭和31年の法改正前の教育委員は公選とされていたが，現在は，いずれの行政委員会の委員も公選ではなくなっている。

　このほか，憲法に規定はないが，地方自治法によって，住民が直接請求を行い，住民訴訟を提起するというように，よりコントロールを及ぼす制度が設けられている。

　地方公共団体の組織に関しては，第1部第7章第3節2（地方公共団体の組織と住民による統制）で詳しく解説している。

〔地方公共団体の権能〕

第94条　地方公共団体は，その財産を管理し，事務を処理し，及び行政を執行する権能を有し，法律の範囲内で条例を制定することができる。

　第94条は，地方公共団体の権能について定めている。地方公共団体は，自

らの財産を管理し，非権力的行政，権力的行政の双方を行う。住民にとって身近な行政は，基本的に地方公共団体によって行われる。地方公共団体は自らの事務（自治事務）を，自らの判断と責任で処理する。

　また，地方公共団体は，法律の範囲内で条例を定めることができる。条例は，住民の代表が定める自主立法であり，地方公共団体の事務に関して，法律の委任がなくとも，住民等の権利自由を制限し，義務を課すことができる。懲役 2 年までの刑罰を科す規定を設けることもできる。条例は，法律の範囲内で制定することができる。法律とぶつかる場合には，その限度で条例は無効となる。

　本条に関しては，第 1 部第 7 章第 3 節 3（地方公共団体の権能）及び 4（条例制定権）で詳しく解説している。また，条例に関しては，第 1 部第 8 章第 4 節において，条例の制定手続，法律と条例の関係，条例で定める事項，条例の立案と運用を詳しく解説している。

〔特別法の住民投票〕

第95条　一つの地方公共団体のみに適用される特別法は，法律の定めるところにより，その地方公共団体の住民の投票においてその過半数の同意を得なければ，国会は，これを制定することができない。

　第95条は，特定の地方公共団体のみに関わる法律（地方特別法）を制定するには，住民投票で過半数の同意を得なければならないとした規定である。特定の地方公共団体の組織，権能，運営あるいはその住民の権利義務について，一般法と異なる特例を定めるものがこの地方特別法である。国会議事堂等静穏保持法のように，実際に適用される対象が東京都内が大半である法律であっても，地方公共団体としての東京都に特有の特例を定めるものでない法律の場合は，これに当たらない。

第9章　改　　　正

　第9章は，「改正」と題し，96条の1条のみで構成されている。憲法改正が国会の両議院の3分の2以上の賛成と国民投票を要することとしている。

> 〔憲法改正の手続，その公布〕
>
> **第96条**　この憲法の改正は，各議院の総議員の3分の2以上の賛成で，国会が，これを発議し，国民に提案してその承認を経なければならない。この承認には，特別の国民投票又は国会の定める選挙の際行はれる投票において，その過半数の賛成を必要とする。
>
> ②　憲法改正について前項の承認を経たときは，天皇は，国民の名で，この憲法と一体を成すものとして，直ちにこれを公布する。

　第96条は，憲法改正について定めている。憲法の改正は，それぞれの議院の総議員（議員定数）の3分の2以上の賛成で国会が発議（国民に提案）し，国民投票で過半数が賛成することにより，行われる。両議院の3分の2以上の賛成が必要とされ，簡単に改正できないようになっている。憲法改正の発議に関して，両議院は対等であり，衆議院の優越性はない。また，国民投票の過半数を要件としたことは，主権者である国民の判断によってこそ，憲法改正が行われるべきとする考えに基づくものである。

　憲法の改正を行う場合でも，現憲法の基本を改めることはできないと解されている。国民主権を変えること，基本的人権の保障をなくすといったことは，改正として行うことはできない。

　改正手続を定めた法律として，「日本国憲法の改正手続に関する法律」が平成19年に制定された（平成22年5月に施行）。改正の原案は，衆議院では100人以上，参議院では50人以上の議員の賛成で国会に提出できる。国民投票については，18歳以上の日本国民が行う。受刑中の者，選挙関係犯罪等で

刑の執行猶予中の者なども，国民投票をすることができる（選挙権が停止されていても，憲法改正の国民投票についての投票権を持つ。）。賛成と反対の合計数の過半数が賛成であれば，承認となる。なお，最低投票率制度（一定の投票率を下回ったときには，過半数の賛成でも不成立とするもの。）は設けられていない。

　国民投票で承認された憲法改正は，天皇によって公布される。

第10章　最　高　法　規

　第10章は，「最高法規」と題して，基本的人権の本質（97条），憲法の最高
法規性（98条），公務員の憲法尊重擁護義務（99条）の3条を置いている。
憲法の実質的な最終章として，この憲法の理念と最高法規性とを宣言したも
のといえる。

〔基本的人権の本質〕

第97条　この憲法が日本国民に保障する基本的人権は，人類の多年にわた
　　る自由獲得の努力の成果であつて，これらの権利は，過去幾多の試錬に
　　堪へ，現在及び将来の国民に対し，侵すことのできない永久の権利とし
　　て信託されたものである。

　第97条は，基本的人権が，侵すことのできない永久の権利として，現在及
び将来の国民に信託されたものであることを述べている。「侵すことのでき
ない」権利であって，たとえ法律によっても，憲法の認めている範囲を超え
た制限を加えることはできない。基本的人権が人類の歴史的な努力によって
得られたものであること，そしてそれを現在及び将来の日本国民が，人々の
ために守り，適切に行使していくべきものであることを，理念として明らか
にしている。
　第3章（第11条及び第12条）で，基本的人権が侵すことのできない永久の
権利として現在及び将来の国民に与えられること並びに国民の不断の努力に
よって保持しなければならないこと（濫用（乱用）してはならず，公共の福
祉のために利用する責任を負うこと）が規定されているのに加えて，最高法
規の章で基本的人権の本質を改めて定めているのは，憲法が最高法規である
ことの実質的意味が，基本的人権の保障にあることを明らかにしたものとい
える。

基本的人権の保障の意味については，第1部第2章第1節1（基本的人権の考え方）で解説している。

〔憲法の最高法規性と条約及び国際法規の遵守〕

第98条　この憲法は，国の最高法規であつて，その条規に反する法律，命令，詔勅及び国務に関するその他の行為の全部又は一部は，その効力を有しない。

②　日本国が締結した条約及び確立された国際法規は，これを誠実に遵守することを必要とする。

第98条は，憲法が最高法規であり，これに反する法律等が効力を有しないことを明らかにしている。憲法は，国の最高法規である以上，憲法の規定に反する法律，命令（行政機関の定める命令），詔勅をはじめとする各種の公^(注1)の機関の行為は，効力が否定される。条例についてもこの対象に含まれる。憲法が最高法規であり，それに反する国及び地方公共団体の行為の効力が否定されることは，憲法の本質から当然のことといえる。裁判所に違憲審査権が認められることによって，その実質が確保されている。なお，本条2項で日本が国として締結した条約及び国際的に確立している国際法規（国際慣習法）を誠実に遵守することを定めているのは，この憲法の国際協調主義の考え方を示したものである。

憲法の最高法規性については，第1部第8章第1節1（憲法と国法の体系）で解説している。

〔憲法尊重擁護の義務〕

第99条　天皇又は摂政及び国務大臣，国会議員，裁判官その他の公務員は，この憲法を尊重し擁護する義務を負ふ。

（注1）　詔勅とは，天皇による公式の意思表示文書（詔書と勅書）である。天皇の国事行為として行われる解散や国会の召集は詔書によって行われる。勅書は，特定の者を名宛人とするもので，内閣総理大臣の任命をする文書などである。

　第99条は，天皇をはじめとする憲法上の職にある者及びその他の公務員の憲法尊重擁護義務を定めている。憲法が最高法規である以上，憲法に定められた職にある者をはじめ，すべての公務員は，憲法を尊重し，擁護すべき義務を負う。公務員が服務の宣誓を行うことを法律によって義務付けられ，その中で憲法を遵守することを誓うのも，この規定を具体化したものである。もっとも，国会議員のように憲法改正に関わる権限を有する者が，憲法改正を主張し，検討することは，本条の義務に反するものではない。

　なお，本条に関連して，公務員が守るべき憲法の規定の解釈については，第1部第8章第1節2（公務員の従うべき憲法解釈）で解説している。

巻末付録

日本国憲法　前文

　日本国民は，正当に選挙された国会における代表者を通じて行動し，われらとわれらの子孫のために，諸国民との協和による成果と，わが国全土にわたつて自由のもたらす恵沢を確保し，政府の行為によつて再び戦争の惨禍が起ることのないやうにすることを決意し，ここに主権が国民に存することを宣言し，この憲法を確定する。そもそも国政は，国民の厳粛な信託によるものであつて，その権威は国民に由来し，その権力は国民の代表者がこれを行使し，その福利は国民がこれを享受する。これは人類普遍の原理であり，この憲法は，かかる原理に基くものである。われらは，これに反する一切の憲法，法令及び詔勅を排除する。

　日本国民は，恒久の平和を念願し，人間相互の関係を支配する崇高な理想を深く自覚するのであつて，平和を愛する諸国民の公正と信義に信頼して，われらの安全と生存を保持しようと決意した。われらは，平和を維持し，専制と隷従，圧迫と偏狭を地上から永遠に除去しようと努めてゐる国際社会において，名誉ある地位を占めたいと思ふ。われらは，全世界の国民が，ひとしく恐怖と欠乏から免かれ，平和のうちに生存する権利を有することを確認する。

　われらは，いづれの国家も，自国のことのみに専念して他国を無視してはならないのであつて，政治道徳の法則は，普遍的なものであり，この法則に従ふことは，自国の主権を維持し，他国と対等関係に立たうとする各国の責務であると信ずる。

　日本国民は，国家の名誉にかけ，全力をあげてこの崇高な理想と目的を達成することを誓ふ。

文 献 案 内

　警察実務の観点から，憲法的な論点を含んだ施策を今後検討する際における参考として，いくつかの文献を紹介しておく。学問としての憲法学を学ぶことを目的としたものではないので，憲法学における評価とは関わらないし，憲法学の研究者によるものに限られない。実務家が比較的アクセスしやすいものを主に挙げており，網羅的なものではない。

（憲法解釈）

　実務家にとっての憲法解釈は，何よりもまず，最高裁の判例に基づくものでなければならない。判例集に登載されているものは，最高裁のウェブサイトで入手可能である。判例の意味を理解する上で，最も重要なのは最高裁調査官が執筆した判例解説である（雑誌「法曹時報」に掲載され，その後に1年分が民事，刑事の別にまとめられて法曹会発行の「最高裁判所判例解説（平成〇年度）」（民事篇，刑事篇）に載せられる。）。また，調査官が短い解説をジュリストの「時の判例」コーナーに載せており，分かりやすく便利である。その他の解説（研究者の評釈，判例百選，ジュリスト別冊「平成（令和）〇年の重要判例」など）は，事案の概要及び過去の判例との関係を理解する上では参考となるが，裁判官又は検察官が執筆している場合を除き，研究者の個人的見解に基づくものであることに留意する必要がある。

　憲法全体の解説書としては，芦部信喜（高橋和之補訂）『憲法（第七版）』（岩波書店，2019年）が代表的なものである。知事部局の法制担当者をはじめ，多くの者がこれを踏まえて論議をしている以上，対外的な説明をする場合には，自らが論ずる事項についてどのような記述が本書に存在するかを確認しておく必要がある。そのほか，比較的広く知られているものとして，野中俊彦・中村睦男・高橋和之・髙見勝利『憲法Ⅰ・Ⅱ（いずれも第5版）』（有斐閣，2012年），佐藤幸治『日本国憲法論（第2版）』（成文堂，2020年）がある。

（安全と自由）

　憲法における「安全と自由」に関しては，土井真一「憲法と安全－新たな行動計画の検討にあたって」警察学論集62巻11号（2009年）が，政府の有識者ヒアリングでの発言を基にしたものであり，研究者でない者にも分かるように説明されている。また，大沢秀介「自由VS安全」ジュリスト1134号（2007年）は，日米の状況を踏まえ，ドイツの予防国家論やアメリカでの論議を紹介し，日本での立法のあり方を示唆する。小山剛「自由と安全－若干の憲法学的考察」警察学論集58巻6号（2005年）は，ドイツの憲法学における安全と自由とを短い中に示し，日本での論議に示唆を与えている。なお，ドイツでの安全と自由をめぐる論議に関しては，吉田尚正（元警視総監（執筆時警察庁暴力団対策課長））「ドイツにおける「安全と自由」論と日本の治安への含意」自治研80巻11号（2004年）があり，参考となる。

　憲法学者によるものではないが，「自由」そのものの意味に関して，大屋雄裕『自由とは何か－監視社会と「個人」の消滅』（ちくま新書，2007年）が，自由が国家権力からの侵害だけでなく，共同体や他者から侵害されるものであり，国家によって守られるという面を当初からもっていることを指摘するほか，事前規制と事後規制の区分，自由と責任の関係など，多くの面で参考となる（同氏は法哲学が専攻）。

　自由と安全をめぐり，警察政策フォーラム「市民生活の自由と安全・理論と実務の架橋」が2008年に開催され，警察政策研究12号（警察大学校警察政策研究センター，2009年）に掲載されている（警察政策研究は同センターのウェブサイトから全文の入手が可能である。）。大屋氏を含む報告とともに，ディスカッションの部分における憲法学研究者（大沢氏及び小山氏）の発言と大屋氏らの応答が興味深い。さらに，小山剛・新井誠・横大道聡編『日常のなかの＜自由と安全＞』（弘文堂，2020年）は，日本における刑事立法をはじめ，子ども・女性の安全やパンデミックを含む多様な問題に関して，広く論じている。

（テロ対策）

　大沢秀介・小山剛編『市民生活の自由と安全－各国のテロ対策法制』（成文堂，2006年）は，各国のテロ対策法制の制定状況について，各国における

憲法論を踏まえて述べた最初のものである。大沢秀介・小山剛編『自由と安全－各国の理論と実務』（尚学社，2009年）は，日本，アメリカ及びEU各国において，テロ対策法制がどのように変化し，運用されているかを中心に論じている。大沢秀介・新井誠・横大道聡編『変容するテロリズムと法』（弘文堂，2017年）は，アメリカ，フランス，ドイツ，カナダ，イギリス，イタリア，オーストラリア，日本及び国際・EUにおけるテロ対策法制とその変容について，広く論じている。テロ対策に関して，憲法学研究者と国内外の実務家の双方が参加した警察政策フォーラムとして，「市民生活の自由と安全～各国のテロリズム対策法制の現状と課題～」，「自由と安全～テロ対策の理論と実務の架橋」，「変容する国際テロ情勢への対応～伊勢志摩サミットに向けて～」が2004年，2010年，2015年にそれぞれ開催され，警察政策研究9号，14号，20号に掲載されている。

（監視（防犯）カメラ）

　監視（防犯）カメラをめぐるものとして，大沢秀介「監視カメラに関する憲法上の一考察」警察学論集60巻8号（2007年）が，その意義を認めつつ，アメリカで提案されているガイドラインを紹介し，政府の説明責任の重要性を指摘しており，示唆に富む（同論文で引用されている高橋直哉「防犯カメラに関する一考察」法学新報112巻1・2号（2005年）も，憲法論ではないが，有意義な論稿である。）。憲法学研究者以外によるものとして，星周一郎「写真撮影と防犯カメラの法的性質」警察学論集63巻11号（2010年）が論点を網羅しており，基本的なものといえるほか，より詳細なものとして，同氏の『防犯カメラと刑事手続』（弘文堂，2012年）がある。同氏によるその後のものとして，「防犯カメラ・ドライブレコーダー等による撮影の許容性と犯罪捜査・刑事司法における適法性の判断」警察学論集70巻11号（2017年）がある。

　なお，石村耕治「監視カメラ社会化をどう考えるべきか」法学セミナー580号（2003年）は，監視反対派の立場ではあるが，「"プライバシー原理主義"を主張するだけでは立ち行かなくなってきているのも事実である」とした上で，規制のあり方を提言している。江下雅之『監視カメラ社会』（講談社＋α新書，2004年）も，監視カメラ社会化に警鐘を鳴らしつつ，セキュリ

ティを要求する以上それが不可避であるという認識を明らかにしている。

（情報・プライバシーと安全）

　安全と情報，取り分け情報の取扱い（データベース化を含む。）について
は，法の定めが少ない分野であるだけに，他の場面以上に憲法上の議論が重
要になる。大沢秀介監修・山本龍彦ほか編『入門・安全と情報』（成文堂，
2015年）所収の稲谷龍彦「警察における個人情報の取扱い」をはじめとする
各論文並びに山本龍彦「警察による情報の収集・保存と憲法」警察学論集63
巻8号（2010年）及び同「警察による情報保管・データベース化の「法律」
的統制について」大沢秀介ほか編『社会の安全と法』（立花書房，2013年）
が憲法学からの見方として参考になる。また，稲谷龍彦『刑事手続における
プライバシー保護』（弘文堂，2017年）は，GPS大法廷判決の問題点を含め
て，より深く令状主義と捜査機関の統制のあり方を考察している。

　性犯罪者に関わる情報の扱いに関しては，松井茂記『性犯罪者から子ども
を守る　メーガン法の可能性』（中公新書，2007年）が分かりやすく，参考
になる。

　なお，プライバシーの権利に関する憲法学の主要文献の代表的なものとし
ては，佐藤幸治『現代国家と人権』（有斐閣，2008年）がある。

（サイバー空間と通信の秘密）

　警察政策フォーラム「ICT社会の自由と安全～通信の秘密を考える」が
2013年に開催され，警察政策研究17号にその論議が掲載されている。サイ
バー空間に関しては，前記の『入門・安全と情報』でも多く論じられている。
急速に発達したインターネット社会に関しては，法の未整備な場面が多く，
憲法的な議論を踏まえた法的な検討が求められる。参考となるものとして，
松井茂記『インターネットの憲法学（新版）』（岩波書店，2014年），松井茂
記ほか編『インターネット法』（有斐閣，2015年），曽我部真裕・林秀弥・栗
田昌裕『情報法概説＜第2版＞』（弘文堂，2019年）がある。なお，サイ
バー空間と規制をめぐる現代の古典として，ローレンス・レッシグ［山形浩
生訳］『CODE　VERSION 2.0』（翔泳社，2007年）が名高い。

（条例と憲法）

　松村亨『憲法の視点から見る条例立案の教科書』（第一法規，2017年）は，

条例の基本的事項に加えて，憲法理念と条例制定権，条例の憲法適合性についての審査基準など多くの面で参考になる。木下昌彦「民主的実験としての地方分権」佐々木弘通・宍戸常寿編『現代社会と憲法学』（弘文堂，2015年）は，自治体の取組が民主的実験としての積極的な意義があると説くものである。武田真一郎「条例制定権と比例原則」成蹊法学92号（2020年），宇那木正寛「憲法的視点からみた行政手法の選択－自治体法政策の立案を例に」アカデミア121号（市町村アカデミー，2017年）も参考になる（いずれもウェブサイトから入手可能である。）。

判 例 索 引

事 項 索 引

あ と が き

　筆者は，警察大学校警察政策研究センター所長に在任中に始まった慶應義塾大学大学院法学研究科のプロジェクト科目「市民生活の自由と安全」に参加させていただき，大沢秀介，小山剛両教授をはじめ，山本龍彦氏（現桐蔭横浜大学准教授）ら若手研究者を含んだ研究会メンバーの論議に学ばせていただいた。本書の性質上，直接的に反映した部分はそれほど多くないが，最先端の憲法論を学んだことは私自身にとって大きな意味があった。研究会のメンバーの方々に，まずもって御礼申し上げたい。本書自体は憲法学の著作といえるものではないが，学恩に応えるべく，実務と理論の架橋を目指して取り組んでいきたいと考えている。

　最後に，私事ではあるが，本書の執筆に当たり，私を支え，励まし，多くの有益な示唆をくれた妻，歩美に感謝し，本書を捧げる。

　　平成22年7月

田村　正博

著者紹介

田村正博（たむら　まさひろ）

鳥取県米子市出身。昭和52年警察庁入庁。徳島県警察捜査二課長、京都府警察捜査二課長、内閣法制局第一部参事官補、警視庁公安総務課長、警察庁総務課企画官、秋田県警察本部長、警察庁運転免許課長、警察大学校警察政策研究センター所長、内閣参事官（内閣情報調査室国内部主幹）、警察大学校特別捜査幹部研修所長、福岡県警察本部長、早稲田大学客員教授等を経て、平成25年1月、警察大学校長を最後に退官。現在、京都産業大学法学部教授、社会安全・警察学研究所長。警察大学校講師兼任。弁護士（虎門中央法律事務所）。『全訂警察行政法解説（第二版補訂版）』、『重要条文解説警察法』（以上、東京法令出版）、『現場警察官権限解説』［上・下］（第三版）』（立花書房）など、警察権限の行使における考え方を分かりやすく解説した著書多数。

本書の内容等について、ご意見・ご要望がございましたら、編集室までお寄せください。FAX・メールいずれでも受け付けております。

〒112-0002　東京都文京区小石川5-17-3

TEL 03(5803)3304　FAX 03(5803)2560

e-mail police-law@tokyo-horei.co.jp

警察官のための憲法講義【改訂版】

平成22年 8 月10日	初　版　発　行
平成26年 4 月 1 日	補 訂 版 発 行
平成28年11月10日	補 訂 二 版 発 行
平成30年 6 月 1 日	補 訂 三 版 発 行
令和 3 年 8 月 1 日	改 訂 版 発 行

著者　田　村　正　博

発行者　星　沢　卓　也

発行所　東京法令出版株式会社

112-0002	東京都文京区小石川 5 丁目17番 3 号	03(5803)3304
534-0024	大阪市都島区東野田町 1 丁目17番12号	06(6355)5226
062-0902	札幌市豊平区豊平 2 条 5 丁目 1 番27号	011(822)8811
980-0012	仙台市青葉区錦町 1 丁目 1 番10号	022(216)5871
460-0003	名古屋市中区錦 1 丁目 6 番34号	052(218)5552
730-0005	広島市中区西白島町11番 9 号	082(212)0888
810-0011	福岡市中央区高砂 2 丁目13番22号	092(533)1588
380-8688	長野市南千歳町1005番地	

〔営業〕TEL 026(224)5411　FAX 026(224)5419

〔編集〕TEL 026(224)5412　FAX 026(224)5439

https://www.tokyo-horei.co.jp/

ISBN978-4-8090-1434-5